D1752256

dianus

trikont

David Bohm

Die implizite Ordnung

Grundlagen eines dynamischen Holismus

Titel der englischen Originalausgabe
„Wholeness And The Implicate Order"
© der englischen Originalausgabe 1980 by David Bohm,
first published by Routledge & Kegan Paul PLC, London

Ins Deutsche übersetzt von Johannes Wilhelm

1. Auflage 1985
© Dianus-Trikont Buchverlag GmbH, Türkenstraße 55,
8000 München 40
Alle Rechte vorbehalten

ISBN 3-88167-117-X
Satz: Ulrike Bauer, München
Buchgestaltung: Stefanie Kollmar
Titelgestaltung: Elisabeth Petersen
Druck- und Bindearbeiten: Claussen & Bosse, 2262 Leck

Inhalt

	Einleitung	9
I	Fragmentierung und Ganzheit	19
	Anhang: Zusammenfassende Betrachtung westlicher und östlicher Ganzheitsauffassungen	42
II	Der Rheomodus — ein Experiment mit Sprache und Denken	51
	1. Einleitung	51
	2. Eine Untersuchung unserer Sprache	52
	3. Die Form des Rheomodus	58
	4. Wahrheit und Faktum im Rheomodus	69
	5. Der Rheomodus und seine Auswirkungen auf unsere gesamte Weltanschauung	74
III	Realität und Wissen als Prozeß	77
	1. Einleitung	77
	2. Denken und Intelligenz	79
	3. Das Ding und der Gedanke	83
	4. Denken und Nichtdenken	86
	5. Das Feld des Wissens als Prozeß	94
IV	Verborgene Variablen in der Quantentheorie	99
	1. Hauptzüge der Quantentheorie	100
	2. Grenzen des Determinismus, die sich aus der Quantentheorie ergeben	101
	3. Zur Deutung des Indeterminismus in der Quantentheorie	101
	4. Argumente für die Deutung des quantenmechanischen Indeterminismus als irreduzible Regellosigkeit	104
	5. Bohrs Lösung für das Paradoxon von Einstein, Rosen und Podolsky: die Unteilbarkeit aller materiellen Prozesse	108
	6. Eine vorläufige Deutung der Quantentheorie durch verborgene Variablen	112
	7. Kritische Einwände gegen unsere vorläufige Deutung der Quantentheorie durch verborgene Variablen	116

	8. Schritte zu einer detaillierten Theorie verborgener Variablen 9. Die Behandlung der Quantenschwankungen 10. Die Heisenbergsche Unschärferelation 11. Die Unteilbarkeit des Quantenprozesses 12. Die Erklärung der Wirkungsquantelung 13. Erörterung von Versuchen zur Ergründung einer Subquantenebene 14. Schlußfolgerung	122 124 126 130 135 145 151
V	Die Quantentheorie als ein Hinweis auf eine neue Ordnung in der Physik Teil A: Die Entwicklung neuer Ordnungen in der Geschichte der Physik 1. Einleitung 2. Was ist Ordnung? 3. Maß 4. Struktur als eine Weiterentwicklung von Ordnung und Maß 5. Ordnung, Maß und Struktur in der klassischen Physik 6. Die Relativitätstheorie 7. Die Quantentheorie	153 153 157 161 163 165 166 173
VI	Die Quantentheorie als ein Hinweis auf eine neue Ordnung in der Physik Teil B: Implizite und explizite Ordnung im physikalischen Gesetz 1. Einleitung 2. Ungeteilte Ganzheit: die Linse und das Hologramm 3. Implizite und explizite Ordnung 4. Das „Holomovement" und seine Erscheinungsformen 5. Gesetzmäßigkeit im Holomovement Anhang: Implizite und explizite Ordnung im physikalischen Gesetz	187 187 191 195 199 206 208
VII	Einfaltung und Entfaltung von Universum und Bewußtsein 1. Einleitung 2. Zusammenfassung und Gegenüberstellung der	225 225

    mechanistischen Ordnung in der Physik und
    der impliziten Ordnung   226
 3. Die implizite Ordnung und die Struktur
    der Materie   233
 4. Die Quantentheorie als ein Hinweis auf eine
    multidimensionale implizite Ordnung   242
 5. Kosmologie und die implizite Ordnung   246
 6. Die implizite Ordnung, das Leben und der
    Druck der umfassenden Notwendigkeit   251
 7. Bewußtsein und die implizite Ordnung   254
 8. Materie, Bewußtsein und ihre gemeinsame
    Grundlage   267

Anhang   277

Index   281

Danksagung

Für die Erlaubnis zum Nachdruck von urheberrechtlich geschützten Aufsätzen möchten Autor und Verlag folgenden Stellen ihren Dank aussprechen: The Van Leer Jerusalem Foundation (für die Kapitel 1 und 2, aus *Fragmentation and Wholeness*, 1976); den Herausgebern von *The Academy* (für Kapitel 3, aus *The Academy* 19, 1, Februar 1975); Academic Press Ltd (für Kapitel 4, aus *Quantum Theory Radiation and High Energy Physics*, Teil 3, herausgegeben von D.R. Bates, 1962); Plenum Publishing Corporation (für die Kapitel 5 und 6, aus *Foundations of Physics* 1, 4 (1971), S. 359-381 und 3, 2 (1973), S. 139-168).

Einleitung

Das vorliegende Buch ist eine Sammlung von Aufsätzen (siehe „Danksagung"), die die Entwicklung meines Denkens im Laufe der letzten zwanzig Jahre darstellen. Eine kurze Einführung wird vielleicht sinnvoll sein, um auf die hauptsächlichen Fragestellungen, die behandelt werden sollen, sowie auf ihre Querverbindungen hinzuweisen.

Ich würde sagen, daß es das Hauptanliegen meiner wissenschaftlichen und philosophischen Arbeit war, die Natur der Realität im allgemeinen und des Bewußtseins im besonderen als ein zusammenhängendes Ganzes zu begreifen, das niemals statisch oder abgeschlossen ist, sondern einen endlosen Bewegungs- und Entfaltungsprozeß darstellt. Wenn ich so zurückblicke, sehe ich, daß ich bereits als Kind von dem Rätsel, ja dem Geheimnis fasziniert war, was das Wesen von Bewegung sei. Wenn man an irgendetwas *denkt*, so scheint man dieses entweder als statisch oder als eine Folge statischer Bilder wahrzunehmen. In der wirklichen Erfahrung der Bewegung jedoch *empfindet* man ein bruchloses, ungeteiltes Fließen, zu dem sich die Abfolge statischer Gedankenbilder verhält wie etwa eine Reihe von „stehenden" Fotos zur Wirklichkeit eines fahrenden Autos. Natürlich wurde dieses Problem philosophisch bereits vor mehr als 2000 Jahren in Zenons Paradoxen aufgeworfen; man kann aber nicht behaupten, daß es bis heute eine befriedigende Lösung gefunden hätte.

Dann ist da die weitere Frage nach dem Verhältnis des Denkens zur Realität. Wie die aufmerksame Betrachtung zeigt, befindet sich ein Gedanken selbst in einem wirklichen Prozeß der

Bewegung. Das heißt, man kann ein Gefühl des Fließens im „Strom des Bewußtseins" verspüren, nicht unähnlich dem Gefühl des Fließens in der Bewegung der Materie im allgemeinen. Wäre nicht demnach das Denken selbst ein Teil der Gesamtrealität? Aber was könnte es dann bedeuten, daß ein Teil der Realität einen anderen „weiß", und in welchem Maße wäre dies überhaupt möglich? Liefert uns der Inhalt des Denkens lediglich abstrakte und vereinfachte „Schnappschüsse" der Realität oder kann er darüber hinausgehen und das Wesen der lebendigen Bewegung, die wir in der wirklichen Erfahrung spüren, selbst erfassen?

Wenn man sich die Frage nach dem Wesen der Bewegung sowohl im Denken als auch im Objekt des Denkens stellt, so stößt man unweigerlich auf das Problem der Ganzheit oder Totalität. Die Vorstellung, der Denkende (das Ego) sei zumindest im Prinzip völlig getrennt und unabhängig von jener Realität, der sein Denken gilt, ist fest in unserer gesamten Tradition verankert. (Zweifellos wird diese Vorstellung im Westen fast ausnahmslos akzeptiert, während im Osten eine allgemeine Tendenz besteht, sie theoretisch zu bestreiten; jedoch durchdringt eine solche Einstellung den größten Teil des Alltags dort ebenso, wie dies im Westen der Fall ist.) Allgemeine Erfahrungen der oben genannten Art wie auch viele der modernen wissenschaftlichen Erkenntnisse über Beschaffenheit und Funktion des Gehirns als dem Sitz des Denkens deuten nachdrücklich darauf hin, daß eine solche Trennung nicht durchgängig aufrecht erhalten werden kann. Dies aber stellt uns vor eine äußerst schwierige Aufgabe: Wie sollen wir uns eine einzige, bruchlose, fließende Wirklichkeit des Daseins im ganzen zusammenhängend denken, die sowohl Denken (Bewußtsein) als auch die äußere Realität, wie wir sie erfahren, umfaßt?

Es ist klar, daß uns dies zum Nachdenken über unsere *Weltanschauung* bringt, die unsere allgemeinen Vorstellungen vom Wesen der Realität ebenso umfaßt wie die von der Gesamtordnung des Universums, also der *Kosmologie*. Um der vor uns liegenden Herausforderung gewachsen zu sein, müssen unsere Vorstellungen von der Kosmologie und der allgemeinen Beschaffenheit der Realität weit genug sein, um eine dazu passende Beschreibung des Bewußtseins zuzulassen. Umgekehrt müssen unsere Vorstellungen vom Bewußtsein weit genug sein, daß sie „die Realität im ganzen" beinhalten können. Beide Gedankengebäude zusammen sollten so beschaffen sein, daß sie ein Verständnis des <u>Zusammenhangs von Realität und Bewußtsein</u> gestatten.

Natürlich sind das gewaltige Fragen, die wahrscheinlich niemals endgültig und vollständig gelöst werden können. Dennoch ist es mir immer wichtig erschienen, jene Ansätze zu erforschen, die darauf abzielen, die hier dargelegte Aufgabe zu bewältigen. Die vorherrschende Richtung in der modernen Naturwissenschaft ist gegen ein solches Vorhaben, stattdessen geht es ihr hauptsächlich um relativ detaillierte und konkrete Vorhersagen, die wenigstens ein gewisses Maß an praktischer Anwendbarkeit versprechen. Es scheint daher einer Erklärung zu bedürfen, warum ich so nachdrücklich gegen die vorherrschende allgemeine Strömung angehen möchte.

Abgesehen davon, was ich als das inhärente Interesse von so grundlegenden und tiefen Fragen empfinde, möchte ich in diesem Zusammenhang die Aufmerksamkeit auf das allgemeine Problem der Fragmentierung des menschlichen Bewußtseins lenken, das im Kapitel 1 erörtert wird. Dort wird der Gedanke angeregt, daß der Ursprung der weitreichenden und durchgängigen Abgrenzungen zwischen den Menschen (nach Rasse, Volk, Familie, Beruf usw. usf.), die uns derzeit davon abhalten, für das gemeinsame Wohl, ja für das Überleben selbst, zusammenzuarbeiten, zu einem wesentlichen Teil in einem Denken besteht, das *Dinge* als ihrer Natur nach getrennt, und in immer kleiner werdende Bausteine „zerbrochen" behandelt. Jeder Teil wird als im wesentlichen unabhängig und für sich selbst existierend angesehen.

Wer so von sich selber denkt, wird unweigerlich dazu neigen, die Bedürfnisse seines „Ego" gegen die der anderen zu verfechten, oder er wird, wenn er sich mit einer Gruppe gleichgearteter Menschen identifiziert, in einer ähnlichen Weise für diese Gruppe eintreten. Er kann sich gar nicht ernsthaft vorstellen, daß die Menschheit die grundlegende Realität ist, deren Ansprüche an erster Stelle stehen. Selbst wenn er versuchen sollte, die Bedürfnisse der Menschheit in Betracht zu ziehen, so wird er dazu neigen, den Menschen als losgelöst von der Natur anzusehen und so weiter. Meine These lautet, daß die Vorstellung des Menschen von der Totalität, also seine allgemeine Weltanschauung, für die Gesamtordnung des menschlichen Bewußtseins selbst ausschlaggebend ist. Denkt er sich die Totalität als zusammengesetzt aus unabhängigen Bruchstücken, so wird sein Bewußtsein dementsprechend arbeiten; kann er jedoch alles einheitlich und harmonisch in ein umfassendes Ganzes einfügen, das ungeteilt, bruchlos und ohne Grenzen ist (denn jede Grenze bedeutet eine Trennung oder einen Bruch), so wird sein Bewußtsein sich ähnlich bewegen und daraus wird wiederum ein geordnetes Handeln innerhalb des Ganzen erwachsen.

Freilich ist, wie ich bereits angedeutet habe, unsere allgemeine Weltanschauung nicht der *einzige* Faktor, der in diesem Zusammenhang wichtig ist. In der Tat müssen viele andere Faktoren wie etwa Gefühle, körperliche Tätigkeiten, zwischenmenschliche Beziehungen, Gesellschaftsordnungen usw. Beachtung finden, aber vielleicht ist das gegenwärtige Fehlen eines einheitlichen Weltbildes der Grund für die weitverbreitete Neigung, die psychologische und soziale Bedeutung solcher Fragestellungen fast gänzlich außer acht zu lassen. Ich möchte den Gedanken anregen, daß eine geeignete Weltanschauung, die ihrer Zeit angemessen ist, im großen und ganzen eine Grundbedingung darstellt, die für Harmonie im Leben jedes einzelnen und in der Gesellschaft im ganzen wesentlich ist.

Im Kapitel 1 wird gezeigt, daß die Naturwissenschaft selbst nach einer neuen, nicht-fragmentarischen Weltanschauung verlangt, da das gegenwärtige analytische Verfahren, das die Welt in unabhängig existierende Teile zerlegt, sich in der modernen Physik nicht gut bewährt hat. Es wird gezeigt, daß sowohl in der Relativitäts- als auch in der Quantentheorie Begriffe, die von der ungeteilten Ganzheit des Universums ausgehen, eine weitaus geordnetere Art und Weise, über die allgemeine Natur der Realität nachzudenken, ermöglichen würden.

Im Kapitel 2 gehen wir auf die Rolle der Sprache bei der Fragmentierung des Denkens ein. Es wird gezeigt, daß das Schema Subjekt-Prädikat-Objekt der modernen Sprachen ein abgetrenntes Subjekt unterstellt, von dem alles Handeln ausgeht und das entweder auf ein gleichfalls getrenntes Objekt oder reflexiv auf sich selbst einwirkt. Dieses überall auftretende Schema führt dazu, daß die Gesamtheit des Daseins in Stücke aufgespalten wird, die ihrer Natur nach als im wesentlichen statisch angesehen werden. Wir werden dann der Frage nachgehen, ob es möglich ist, mit neuen Sprachformen zu experimentieren, in denen die tragende Rolle nicht dem Substantiv, sondern dem Verb zukommt. Solche Formen hätten eine Folge von Handlungen zum Inhalt, die ohne scharfe Trennungen ineinander fließen und miteinander verschmelzen. Somit wäre die Sprache sowohl der

Form wie dem Inhalt nach mit der bruchlosen, fließenden Bewegung des gesamten Daseins im Einklang.

Was hier vorgeschlagen wird, ist keine eigentlich neue Sprache, sondern vielmehr eine neue Weise, mit der bestehenden Sprache umzugehen, ein neuer *Modus*: der *Rheomodus* (die fließende Aussageweise). Wir werden einen solchen Modus als eine Form, mit der Sprache zu experimentieren, entwickeln, eine Form, die vor allem dazu dienen soll, uns zur Einsicht in das fragmentierende Wirken der Alltagssprache zu verhelfen, und die nicht eine neue Sprechweise darstellen soll, die man zur praktischen Verständigung gebrauchen kann.

Im Kapitel 3 werden dieselben Fragen in einem anderen Zusammenhang behandelt. Eingangs wird erörtert, wie sich die Realität im wesentlichen als ein Gefüge aus Formen in einer zugrundeliegenden universellen Bewegung oder einem universellen Prozeß ansehen läßt; dann wird die Frage gestellt, wie unser Wissen in gleicher Weise aufgefaßt werden kann. Somit könnte der Weg für eine Weltanschauung freigemacht werden, in der Bewußtsein und Realität nicht voneinander getrennt wären. Diese Frage wird ausführlich behandelt, und wir gelangen zu der Vorstellung, daß unser allgemeines Weltbild selbst eine allumfassende Denkbewegung ist, die in dem Sinne lebensgerecht sein muß, daß die Gesamtheit der Handlungen, die sich aus ihr ergeben, sowohl in sich harmonisch ist als auch in Bezug auf die gesamte Existenz. Eine solche Harmonie wird nur dann als möglich angesehen, wenn sich die Weltanschauung selbst in einem unendlichen Prozeß der Entwicklung, Ausprägung und Entfaltung befindet, der sich als Teil dem universellen Prozeß einfügt, der der Grund allen Daseins ist.

Die nächsten drei Kapitel sind eher fachbezogen und mathematisch, dürften jedoch über weite Strecken auch für den Laien verständlich sein, da die fachlichen Abschnitte zum Verständnis nicht unbedingt notwendig sind, wenngleich sie denjenigen, die ihnen folgen können, zusätzliche Information bieten.

Kapitel 4 befaßt sich mit verborgenen Variablen in der Quantentheorie. Die Quantentheorie ist gegenwärtig der bestfundierte Ansatz, über den die Physik verfügt, um die universellen Grundgesetze der Materie und ihrer Bewegung zu verstehen. Sie verdient daher bei jedem Versuch, zu einer Gesamtschau der Welt zu gelangen, ernsthafte Betrachtung.

Die Quantentheorie in ihrer derzeitigen Fassung bedeutet für uns eine sehr große Herausforderung, denn wir finden in dieser Theorie keinerlei geschlossene Vorstellung vom möglichen Wesen jener Realität, die der universellen Zusammensetzung und Struktur der Materie zugrunde liegt. Wenn wir uns also das herrschende Weltbild, das auf der Annahme von Teilchen beruht, zu eigen machen wollen, so entdecken wir, daß die „Teilchen" (wie etwa Elektronen) auch als Wellen auftreten können, daß sie sich diskontinuierlich bewegen können, daß es überhaupt keine Gesetze gibt, die für die tatsächlichen Bewegungen der einzelnen Teilchen genau zutreffen, und daß sich nur über große Massen solcher Teilchen statistische Vorhersagen machen lassen. Wenn wir jedoch andererseits das Weltbild anwenden, nach dem das Universum als ein kontinuierliches Feld erscheint, so finden wir, daß dieses Feld ebenfalls diskontinuierlich sein und Teilcheneigenschaften aufweisen muß und daß es in seinem tatsächlichen Verhalten genauso unbestimmt ist, wie man es annehmen muß, wenn man es als ein Beziehungsganzes von Teilchen sieht.

Es scheint somit klar, daß wir uns einer tiefen und radikalen Fragmentierung wie auch einer gründlichen Verwirrung aussetzen, wenn wir darüber nachzudenken versuchen, was das für eine Realität sein könnte, auf die sich unsere physikalischen Gesetze beziehen. Zur Zeit neigen die Physiker dazu, diesem Problem aus dem Weg zu gehen, indem sie sich auf den Standpunkt stellen, daß unsere übergreifenden Ansichten vom Wesen der Realität von geringer oder gar keiner Bedeutung sind. Was in der physikalischen Theorie angeblich allein zählt, ist das Aufstellen mathematischer Gleichungen, die es erlauben, das Verhalten großer statistischer Teilchenmassen vorherzusagen und zu kontrollieren. Eine solche Zielsetzung ist nicht nur um ihrer praktischen und technischen Nützlichkeit willen beliebt, vielmehr wird die meiste Arbeit in der modernen Physik unter der Voraussetzung erbracht, menschliches Wissen erschöpfe sich in derartiger Vorhersage und Kontrolle.

Eine Voraussetzung dieser Art paßt allerdings zum Geist unserer Zeit, aber es ist meine Hauptthese in diesem Buch, daß wir nicht so einfach auf eine übergreifende Weltanschauung verzichten können. Wenn wir dies versuchen, werden wir entdecken, daß wir mit eben den (meist unzulänglichen) Weltbildern vorlieb nehmen müssen, die gerade zur Hand sind. In der Tat sieht man, daß die Physiker in Wirklichkeit gar nicht in der Lage sind, sich bloß in Berechnungen zu ergehen, die auf Vorhersage und Kontrolle abzielen. Sie greifen notwendigerweise auf Bilder zurück, die auf *irgendeiner* allgemeinen Vorstellung vom Wesen der Realität beruhen wie etwa „die Teilchen, die die Bausteine des Universums sind", wobei diese Bilder heute äußerst verworren sind (z.B. bewegen sich diese Teilchen diskontinuierlich und sind zugleich Wellen.) Kurzum, wir stehen hier vor einem Beispiel dafür , wie tief und stark das Bedürfnis nach *irgendeiner* Vorstellung von der Realität in unserem Denken ist, und sei diese auch bruchstückhaft und verwaschen.

Ich möchte behaupten, daß man auf jeder Stufe des Wissens nicht nur mit formalen, logischen und mathematischen Begriffen vertraut sein muß, sondern auch mit Intuition und Bildern, Gefühlen und dichterischem Sprachgebrauch, wenn man von seinem Verstand Gebrauch machen will. (Vielleicht könnten wir sagen, daß es beim Zusammenwirken von „linker Gehirnhälfte" und „rechter Gehirnhälfte" genau darum geht.) Eine solche umfassende Denkweise ist nicht nur ein fruchtbarer Boden für neue theoretische Ideen; sie ist nötig, wenn der menschliche Verstand in einer im großen und ganzen harmonischen Weise arbeiten soll, was wiederum dazu beitragen könnte, eine geordnete und stabile Gesellschaft zu ermöglichen. Dies aber erfordert, wie in den Kapiteln davor gezeigt wird, ein kontinuierliches Weiterentwickeln unserer allgemeinen Vorstellungen von der Realität.

Mit diesem Prozeß der Entwicklung einer einheitlichen Sicht jener Realität, die die Grundlage für die in der Quantentheorie erzielten korrekten mathematischen Vorhersagen bilden könnte, will nun Kapitel 4 *einen Anfang machen*. Solche Versuche sind im Kreis der Physiker (im allgemeinen) einigermaßen ratlos aufgenommen worden, denn dort herrscht weithin das Gefühl, ein allgemeines Weltbild sollte — wenn es denn schon sein müsse — als „verbindliche" und „endgültige" Vorstellung vom Wesen der Realität angenommen werden. Meine Einstellung hingegen sah von Anfang an so aus, daß sich unsere Vorstellungen von der Kosmologie und der allgemeinen Natur der Realität in einem kontinuierlichen Entwicklungsprozeß befinden, und daß man möglicherweise mit Ideen beginnen muß, die lediglich einen Schritt über die bis jetzt verfügbaren hinausgehen, um von dort aus zu besseren Ideen zu gelangen. Kapitel 4 legt die tatsächlichen schwerwiegenden Probleme dar, auf die man stößt, wenn man einen konsistenten Begriff von der „quantenmechanischen

Realität" geben will, und zeigt einen bestimmten vorläufigen Weg zu einer Lösung dieser Probleme in Form verborgener Variablen auf.

Im Kapitel 5 wird ein anderer Zugang zum selben Problem erkundet. Er besteht im Befragen unserer grundlegenden Ordnungsvorstellungen. Die Gesamtheit der Ordnung ist letztendlich undefinierbar, da sie alles durchdringt, was wir sind und was wir tun (Sprache, Denken, Fühlen, Wahrnehmen, körperliches Handeln, Kunst und Wissenschaft, praktische Tätigkeiten usw.). In der Physik jedoch ist die grundlegende Ordnung seit Jahrhunderten das kartesische geradlinige Koordinatennetz gewesen (das in der Relativitätstheorie etwas erweitert zum krummlinigen Koordinatennetz wurde). Die Physik hat seit jener Zeit eine gewaltige Entwicklung durchgemacht, in deren Verlauf sie viele radikal neue Züge angenommen hat, aber die grundlegende Ordnung blieb dennoch im wesentlichen unverändert.

Die kartesische Ordnung taugt zum analytischen Zerlegen der Welt in getrennt existierende Teile (z.B. in Teilchen oder Feldelemente). In diesem Kapitel hingegen werden wir das Wesen der Ordnung einer weiter gespannten und tiefer gehenden Betrachtung unterziehen und entdecken, daß die kartesische Ordnung sowohl in der Relativitäts- als auch in der Quantentheorie zu ernstlichen Widersprüchen und Unklarheiten führt. Dies kommt daher, daß beide Theorien die bruchlose Ganzheit des Universums als wirklichen Sachverhalt unterstellen und nicht seine Zergliederung in unabhängige Teile. Dennoch unterscheiden sich die beiden Theorien in den Einzelheiten ihrer Ordnungsvorstellungen von Grund auf. In der Relativitätstheorie nämlich gilt die Bewegung als kontinuierlich, kausal bestimmt und wohldefiniert, während sie in der Quantentheorie als diskontinuierlich, nicht kausal bestimmt und nicht wohldefiniert gilt. Jede der Theorien ist ihrer eigenen Vorstellung von wesentlich statischen und fragmentarischen Seinsweisen verhaftet (die Relativitätstheorie der Vorstellung vereinzelter Ereignisse, die sich durch Signale aufeinander beziehen können, und die Quantentheorie der eines klar definierten Quantenzustandes). Man sieht also, daß eine Theorie neuer Art nötig ist, die diese grundlegenden Verhaftungen aufgibt und von den älteren Theorien bestenfalls einige wesentliche Züge wieder aufgreift, indem sie diese als abstrakte Formen einer tieferen Realität ableitet, in der bruchlose Ganzheit herrscht.

Im Kapitel 6 gehen wir weiter und beginnen damit, den neuen Begriff einer Ordnung, die einem Universum von bruchloser Ganzheit eigen sein könnte, konkreter herauszuarbeiten. Dies ist die *implizite* oder *eingefaltete* Ordnung (*implicate or enfolded order*). In der eingefalteten Ordnung sind Raum und Zeit nicht mehr die ausschlaggebenden Faktoren, die die Beziehungen zwischen verschiedenen Elementen in ihrer Abhängigkeit und Unabhängigkeit voneinander bestimmen. Es wird vielmehr eine gänzlich anders geartete Grundverbindung von Elementen möglich, von der unsere herkömmlichen Begriffe von Raum und Zeit wie auch von getrennt existierenden Materieteilchen als abgeleitete Formen abstrahiert sind. Wir nennen den Bereich, worin diese herkömmlichen Begriffe erscheinen, die *explizite* oder *entfaltete* Ordnung (*explicate or unfolded order*) und sehen in ihr eine besondere und wohlunterschiedene Form, die in der allgemeinen Totalität aller impliziten Ordnungen enthalten ist.

Im Kapitel 6 wird die implizite Ordnung auf eine allgemeine Weise eingeführt und in einem Anhang mathematisch erörtert. Das siebte und letzte Kapitel jedoch ist eine breiter ausgeführte (wenngleich nicht fachspezifische) Darstellung der impliziten Ordnung und ihrer Beziehung zum Bewußtsein. Daraus ergeben sich einige Ansätze dazu, wie man sich der dringlichen Forderung stellen könnte, eine Kosmologie sowie allgemeine Vorstellungen vom Wesen der Realität zu entwickeln, die unserer Zeit angemessen sind.

Zuletzt bleibt noch zu hoffen, daß die Art der Darstellung dem Leser zu einem Bild davon verhilft, wie sich der Gegenstand des Buches entfaltet hat, so daß seine Form gewissermaßen ein Beispiel für das ist, was mit dem Inhalt gemeint sein könnte.

I
Fragmentierung und Ganzheit

Die Überschrift dieses Kapitels heißt „Fragmentierung und Ganzheit". Es ist heutzutage besonders wichtig, sich mit diesem Thema auseinanderzusetzen, denn die Fragmentierung geht nicht nur im gesellschaftlichen Bereich sehr weit, sondern auch in jedem einzelnen, und dies führt zu einer Art allgemeiner geistiger Verwirrung, die eine endlose Kette von Problemen nach sich zieht und die Klarheit unserer Wahrnehmung derart nachhaltig beeinträchtigt, daß wir außerstande sind, die meisten von ihnen zu lösen.

So sind Kunst, Wissenschaft, Technologie und menschliche Arbeit im allgemeinen in Spezialgebiete aufgespalten, von denen jedes als wesensmäßig von den anderen getrennt betrachtet wird. Als man an diesem Zustand Anstoß zu nehmen begann, wurden weitere interdisziplinäre Themenbereiche geschaffen, die diese Spezialgebiete zusammenfassen sollten. Aber letztlich haben diese neuen Themenbereiche hauptsächlich dazu geführt, daß die Zahl der Fragmente zunahm. Zudem brachte die gesellschaftliche Entwicklung eine Trennung in verschiedene Völker und religiöse, politische, ökonomische, rassische und sonstige Gruppierungen mit sich. Dementsprechend wurde die natürliche Umwelt des Menschen als eine Ansammlung getrennt existierender Teile angesehen, die dazu da ist, von verschiedenen Gruppen von Menschen ausgebeutet zu werden. Auf ähnliche Weise besteht jeder Einzelmensch gemäß seinen verschiedenen Begierden, Zielen, Plänen, Verpflichtungen, seelischen Eigenschaften usw. aus einer großen Anzahl getrennter Schubfächer gegensätzlichen Inhalts, und dies in einem solchen Ausmaß, daß man allgemein einen gewissen Grad an Neurose als unvermeidlich gelten läßt, während viele Menschen, die innerlich über das „normale" Maß hinaus fragmentiert sind, als paranoid, schizoid, psychotisch usw. eingestuft werden.

Die Annahme, daß all diese Formen von Fragmentierung voneinander getrennt auftreten, ist offensichtlich ein Trugschluß, und dieser Trugschluß kann nur zu endlosen Konflikten und Verwirrungen führen. In der Tat ist der Versuch, gemäß der Vorstellung zu leben, die Teilstücke seien wirklich voneinander getrennt, wesentlich schuld an der Zunahme äußerst bedrohlicher Krisen, die uns heute reihenweise ins Haus stehen. So hat uns diese Lebensweise bekanntlich die Umweltverschmutzung, die Zerstörung des natürlichen Gleichgewichts, die Überbevölkerung, das weltweite ökonomische und politische Chaos und die Schaffung globaler Lebensbedingungen beschert, die für die meisten Menschen, die ihnen ausgesetzt sind, weder körperlich noch geistig zuträglich sind. In den einzelnen hat sich angesichts der scheinbar überhandnehmenden unvereinbaren gesellschaftlichen Mächte ein weitverbreitetes Gefühl der Hilflosigkeit und Verzweiflung entwickelt, weil die ihnen unterworfenen Menschen diese Mächte weder kontrollieren noch verstehen können.

In der Tat war es für den Menschen zu allen Zeiten notwendig und zweckmäßig, die Dinge in seinem Denken bis zu einem gewissen Grade zu unterteilen und zu isolieren, um seine Probleme in handhabbaren Größenordnungen zu halten; denn wollten wir versuchen, in unserer praktischen Arbeit das Ganze der Realität auf einmal in Angriff zu nehmen, so würden wir davon überschwemmt werden. So waren die Einrichtung von speziellen Forschungsbereichen und die Arbeitsteilung in gewisser Weise ein wichtiger Schritt vorwärts. Sogar zu noch früherer Zeit war das erste Erkennen des Menschen, daß er nicht mit der Natur identisch ist, ein entscheidender Schritt, denn er ermöglichte ihm eine Art Autonomie des Denkens, die es ihm erlaubte, zunächst in seiner Phantasie und schließlich in seiner praktischen Arbeit die unmittelbar gesetzten Grenzen der Natur zu überschreiten.

Dennoch brachte diese Fähigkeit des Menschen, sich von seiner Umwelt abzusetzen und sich die Dinge auf- und zuzuteilen, letztlich ein breites Spektrum von negativen und zerstörerischen Folgen mit sich, da der Mensch das Bewußtsein um das, was er da tat, verlor und daher den Vorgang des Teilens über die Grenzen hinaus trieb, in denen er angebracht ist. Im wesentlichen ist der Vorgang des Teilens eine Weise, *über die Dinge zu denken*. Sie ist vor allem auf dem Gebiet praktischer, technischer und funktionaler Tätigkeiten angebracht (etwa bei der Aufteilung eines Stückes Land in verschiedene Felder, auf denen unterschiedliche Frucht angebaut werden soll). Wird jedoch diese Denkweise im weiteren Sinne auf das Bild, das sich der Mensch von sich selbst macht, und die ganze Welt, in der er lebt, angewandt (also auf sein Selbst-Weltbild), dann hört der Mensch auf, die sich daraus ergebenden Teilungen als lediglich nützlich oder bequem zu betrachten, dann sieht und erfährt er sich selbst und seine Welt als tatsächlich aus getrennt existierenden Bruchstükken zusammengesetzt. Das fragmentierte Selbst-Weltbild verleitet ihn zu Handlungen, die darauf hinauslaufen, daß er sich selbst und die Welt fragmentiert, damit alles seiner Denkweise zu entsprechen scheint. Der Mensch verschafft sich so einen scheinbaren Beweis für die Richtigkeit seines fragmentierten Selbst-Weltbildes, obwohl er natürlich die Tatsache übersieht, daß er es mit seinem Handeln, das auf sein Denken folgt, selbst ist, der die Fragmentierung herbeigeführt hat, die nunmehr ein autonomes Dasein unabhängig von seinem Wollen und Wünschen zu haben scheint.

Die Menschen waren sich seit unvordenklichen Zeiten dieses Zustands scheinbar von selbst auftretender Fragmentierung bewußt und haben oft Mythen von einem noch älteren „goldenen Zeitalter" gesponnen, bevor sich die Kluft zwischen Mensch und Natur und zwischen Mensch und Mensch aufgetan hatte. In der Tat hat der Mensch immer die Ganzheit gesucht — seelische, körperliche, gesellschaftliche, individuelle.

Es ist lehrreich, sich vor Augen zu führen, daß das Wort „health" (Gesundheit) im Englischen von dem angelsächsischen Wort „hale" kommt, was auch mit „whole" (ganz) verwandt ist (wie auch mit „heil" im Deutschen, Anm. d. Übers.) und eben dies bedeutete. Heil sein heißt auch ganz (whole) sein, und dieses „whole" kommt wohl in groben Zügen dem hebräischen „schalom" gleich. Ebenso stammt englisch „holy" (wie entsprechend deutsch „heilig", Anm. d. Übers.) von derselben Wurzel ab wie „whole". Dies alles deutet wohl darauf hin, daß der Mensch von jeher die Ganzheit oder das Heilsein als eine unabdingbare Notwendigkeit dafür empfunden hat, daß das Leben lebenswert sei. Und doch hat er die meiste Zeit in einem Zustand der Fragmentierung gelebt.

Sicherlich verlangt die Frage, warum dies alles so gekommen ist, sorgfältige Beachtung und ernsthafte Erwägung.

In diesem Kapitel werden wir das Augenmerk auf die hintergründige, aber entscheidende Rolle richten, die unsere üblichen Denkschemata für den Fortbestand der Fragmentierung und beim Niederhalten unseres tiefsten Dranges nach Ganzheit oder Heilsein spielen. Um der Erörterung einen konkreten Inhalt zu geben, werden wir uns bis zu einem gewissen Grade der Begrifflichkeit der Naturwissenschaft auf ihrem derzeitigen Forschungsstand bedienen, da dies ein Feld ist, mit dem ich einigermaßen vertraut bin (wenn auch natürlich die übergreifende Bedeutung der behandelten Fragen stets mitbedacht wird).

Was es, zunächst einmal im Bereich der wissenschaftlichen Forschung und später in einem umfassenderen Zusammenhang, zu betonen gilt, ist der Umstand, daß die Fragmentierung fortwährend durch die fast jedermann eigene Gewohnheit herbeigeführt wird, den Inhalt unseres Denkens für „eine Beschreibung der Welt wie sie ist" zu halten. Oder wir könnten sagen, daß dieser Gewohnheit zufolge unser Denken als unmittelbar mit der objektiven Realität übereinstimmend angenommen wird. Da unser Denken sich stets in Absetzungen und Unterscheidungen bewegt, so verführt uns infolgedessen solch eine Gewohnheit dazu, diese als wirkliche Teilungen anzusehen, so daß die Welt dann tatsächlich in Stücke zerbrochen erscheint und erfahren wird.

Das Verhältnis zwischen dem Denken und der Realität, der dieses Denken gilt, ist in Wirklichkeit weitaus komplexer als das einer bloßen Übereinstimmung. So vollzieht sich in der wissenschaftlichen Forschung ein Großteil unseres Denkens in Form von *Theorien*. Das Wort „Theorie" kommt von griechisch „theoria", dessen Vorderglied auch in „Theater" vorkommt und auf ein Wort „thea" zurückgeht, welches „das Anschauen, die Schau" bedeutet, während das zweite Glied von „horaein" – „sehen" kommt. Folglich kann man sagen, daß eine Theorie in erster Linie eine *An-Sicht* ist, das heißt eine Weise, die Welt anzuschauen, und keine Form des *Wissens*, wie die Welt beschaffen ist.

Im Altertum bestand beispielsweise die Theorie, daß die Himmelsmaterie von Grund auf anders sei als die Erdmaterie und daß irdische Körper natürlicherweise zu fallen hätten, während

Himmelskörper wie etwa der Mond natürlicherweise am Himmel bleiben müßten. Mit dem Aufkommen der modernen Zeit begannen die Wissenschaftler jedoch, die Ansicht zu entwickeln, daß kein wesentlicher Unterschied zwischen irdischer und himmlischer Materie bestünde. Dies hätte natürlich bedeutet, daß Himmelskörper wie etwa der Mond fallen müßten, aber lange Zeit übersahen die Menschen diese natürliche Schlußfolgerung. Es war Newton, der in einem blitzartigen Erkennen *sah*, daß der Mond ebenso fällt wie der Apfel und wie tatsächlich alle Körper. Dies führte ihn zur Theorie der universellen Gravitation, der zufolge alle Körper auf verschiedene Zentren zufallen (z.B. die Erde, die Sonne, die Planeten usw.). Diese Theorie stellte eine neue Art der *Anschauung* des Himmels dar, welche die Bewegungen der Planeten nicht mehr durch die Brille der antiken Vorstellung von einem wesentlichen Unterschied zwischen himmlischer und irdischer Materie betrachtete. Vielmehr erklärte man diese Bewegungen aus der jeweiligen Geschwindigkeit, mit der alle Materie, die himmlische wie die irdische, auf verschiedene Zentren zufällt, und wenn etwas auftauchte, was sich nicht auf diese Weise begründen ließ, so hielt man Ausschau nach neuen und bis dahin unbekannten Planeten, auf die die Himmelskörper zufielen, und entdeckte diese auch oft (was die Stichhaltigkeit dieser Anschauungsweise unter Beweis stellte).

Ein paar Jahrhunderte lang leistete diese Newtonsche Ansicht gute Dienste, aber schließlich führte sie (wie die ihr vorausgegangenen Ansichten der alten Griechen) zu ungenauen Ergebnissen, als sie auf neue Gebiete ausgedehnt wurde. Auf diesen neuen Gebieten wurden neue Ansichten entwickelt (die Relativitätstheorie und die Quantentheorie). Sie entwarfen ein Bild der Welt, das sich von dem Newtons von Grund auf unterschied (obgleich dieses freilich noch immer in einem beschränkten Bereich seine Gültigkeit behielt). Würden wir davon ausgehen, daß Theorien ein wahres Wissen davon, „wie die Realität ist", wiedergeben, so müßten wir zu dem Schluß gelangen, daß die Newtonsche Theorie bis etwa zum Jahre 1900 wahr war, worauf sie plötzlich falsch wurde und die Relativitätstheorie und die Quantentheorie zur Wahrheit wurden. Zu solch einer unsinnigen Schlußfolgerung kann es aber gar nicht kommen, wenn wir alle Theorien als Ansichten bezeichnen, die weder wahr noch falsch sind, sondern vielmehr in bestimmten Bereichen genau sind, während sie, wenn über diese Bereiche hinaus ausgedehnt, ungenau werden. Dies bedeutet jedoch, daß wir Theorien nicht mit

Hypothesen gleichsetzen. Wie das griechische Wort besagt, ist eine „hypothesis" eine Unter-stellung, also eine Idee, die unserem Denken als eine vorläufige Grundlage, die man dann experimentell auf ihre Wahrheit oder Falschheit abklopft, „unterstellt" bzw. „unterlegt" wird. Wie allerdings heute wohlbekannt ist, kann für eine *allgemeine* Hypothese, die das Ganze der Realität abzudecken sucht, kein *endgültiger* experimenteller Nachweis ihrer Wahrheit oder Falschheit erbracht werden. Vielmehr findet man (wie z.B. im Falle der Ptolemäischen Epizykeln oder des Versagens der Newtonschen Begriffe unmittelbar vor der Aufstellung der Relativitätstheorie und der Quantentheorie), daß ältere Theorien zunehmend ungenauer werden, wenn man sie dazu benutzen will, sich einen Einblick in neue Bereiche zu verschaffen. Ein sorgfältiges Beachten dieses Vorgangs liefert dann meistens den wesentlichen Hinweis für neue Theorien, die weitere neue Ansichten darstellen.

Anstatt also davon auszugehen, daß ältere Theorien zu einem bestimmten Zeitpunkt falsch werden, sagen wir lediglich, daß sich der Mensch laufend neue Ansichten bildet, die bis zu einem gewissen Punkt genau sind und dann zusehends ungenauer werden. Es besteht bei diesem Vorgang offensichtlich kein Grund zu der Annahme, daß es eine letztgültige Ansicht gibt oder geben wird (die die absolute Wahrheit wäre) oder auch nur eine stetige schrittweise Annäherung an die absolute Wahrheit. Vielmehr darf man der Natur der Sache nach eine endlose Entwicklung neuer Ansichten erwarten (die jedoch bestimmte Grundzüge der älteren als Vereinfachungen gelten lassen, wie es die Relativitätstheorie mit der Newtonschen Theorie macht). Wie bereits ausgeführt, bedeutet dies jedoch, daß unsere Theorien vor allen Dingen als Anschauungsweisen der Welt als Ganzes aufzufassen sind (das heißt als Weltbilder) und nicht als „absolut wahres Wissen von den Dingen" (oder als eine stetige Annäherung daran).

Wenn wir die Welt nach unserer theoretischen Ansicht wahrnehmen, so wird das Faktenwissen, das wir uns erwerben, offenbar von unseren Theorien geformt und geprägt. So wurde z.B. im Altertum die Planetenbewegung mit Hilfe der Ptolemäischen Idee der Epizykeln (Kreise, deren Mittelpunkte sich auf einem anderen Kreis befinden) beschrieben. Zu Newtons Zeit wurde dieses Faktum mit Hilfe genau angegebener Planetenbahnen beschrieben, die man über die Berechnung der Geschwindigkeit des Falls auf verschiedene Zentren zu bestimmte.

Später wurde das Faktum gemäß Einsteins Begriffen von Raum und Zeit relativistisch gesehen. Noch später nahm die Quantentheorie (die im allgemeinen nur ein statistisches Faktum angibt) eine ganz andere Faktenbestimmung vor. In der Biologie werden Fakten heute im Rahmen der Evolutionstheorie beschrieben, aber in früheren Zeiten im Rahmen einer festen Ordnung der Arten.

Allgemeiner gesagt, stellen also unsere theoretischen Ansichten — Wahrnehmung und Handeln einmal vorausgesetzt — die Hauptquelle für die Organisation unseres Faktenwissens dar. In der Tat ist unsere gesamte Erfahrung so geformt. Wie es vermutlich von Kant als erstem dargestellt wurde, ordnet sich unsere ganze Erfahrung gemäß der Kategorien unseres Denkens, das heißt anhand der Art und Weise, wie wir über Raum, Zeit, Materie, Substanz, Kausalität, Zufall, Notwendigkeit, Allgemeinheit, Besonderheit usw. denken. Man kann sagen, daß diese Kategorien allgemeine Ansichten oder Anschauungsweisen von allem sind, so daß sie in gewissem Sinne eine Art Theorie bilden (wobei sich natürlich diese Theorieebene sehr früh in der Evolution der Menschheit entwickelt haben muß).

Die Klarheit von Wahrnehmung und Denken erfordert offensichtlich, daß wir uns bewußt sind, wie unsere Erfahrung von der (genauen oder verworrenen) Ansicht geformt wird, mit der uns die in unseren üblichen Denkweisen impliziten oder expliziten Theorien versehen. Dafür ist es von Nutzen zu betonen, daß Erfahrung und Wissen ein einziger Prozeß sind, anstatt zu denken, wir hätten ein Wissen *über* irgendeine getrennte Erfahrung. Wir können diesen einen Prozeß als Erfahrungs-Wissen bezeichnen (wobei der Bindestrich ausdrückt, daß es sich dabei um zwei untrennbare Seiten einer einzigen ganzen Bewegung handelt).

Wenn wir uns nun nicht bewußt sind, daß unsere Theorien laufend wechselnde Ansichten sind, die der allgemeinen Erfahrung Form verleihen, so wird unser Gesichtskreis begrenzt. Man könnte es so sagen: Naturerfahrung ist der Erfahrung im Umgang mit Menschen sehr ähnlich. Wenn man an einen anderen Menschen mit einer fertigen „Theorie" herantritt, derzufolge er ein „Feind" ist, gegen den man sich zur Wehr setzen muß, so wird er sich ähnlich verhalten, und somit erhält man seine „Theorie" durch die Erfahrung scheinbar bestätigt. In ähnlicher Weise wird sich auch die Natur entsprechend der Theorie verhalten, mit der man an sie herantritt. So nahmen die Menschen früherer Zeiten Seuchen als unvermeidlich an, und dieser Gedanke trug dazu bei, daß sich aufgrund ihres tatsächlichen Verhaltens die Zustände fortzeugen konnten, die für ihre Ausbreitung verantwortlich waren. Durch die modernen wissenschaftlichen Ansichten wird das Verhalten des Menschen nun so geformt, daß er die unhygienische Lebensweise aufgibt, die für die Ausbreitung von Seuchen verantwortlich sind, und deshalb sind sie auch nicht mehr unvermeidlich.

Was theoretische Einsichten daran hindert, bestehende Schranken zu überwinden und sich wechselnden Gegebenheiten anzupassen, ist eben der Glaube, daß Theorien ein wahres Wissen der Realität lieferten (was natürlich bedeutet, daß sie sich nie zu ändern brauchen). Obwohl sich unser modernes Denken im Vergleich zu dem des Altertums natürlich gehörig verändert hat, so haben die beiden doch ein wesentliches Merkmal gemeinsam: Beide lassen sich im allgemeinen durch die Vorstellung verblenden, daß Theorien ein wahres Wissen davon, „wie die Realität ist", lieferten. Folglich verwirren beide die von einer theoretischen Ansicht in unserer Wahrnehmung hervorgerufenen Formen mit einer von unserem Denken und unseren Anschauungsweisen unabhängigen Realität. Diese Verwirrung ist von entscheidender Bedeutung, da sie uns dazu bringt, an Natur, Gesellschaft und den einzelnen Menschen mit mehr oder weniger festgelegten und beschränkten Denkschemata heranzutreten und uns dadurch die Begrenzung dieser Denkschemata in der Erfahrung offenbar immer wieder zu bestätigen.

Diese endlose Bestätigung der Beschränktheiten unserer Denkweisen ist im Hinblick auf die Fragmentierung von besonderer Bedeutung, denn jede theoretische Ansicht bringt, wie zuvor dargelegt, ihre eigenen, für sie wesentlichen Absetzungen und Unterscheidungen mit sich (wie im Altertum eine wesensmäßige Unterscheidung zwischen himmlischer und irdischer Materie getroffen wurde, während es für die Newtonsche Theorie wesentlich war, die Zentren auseinanderzuhalten, auf die alle Materie zufiel). Wenn wir diese Unterscheidungen als Anschauungsweisen auffassen, als Leitfäden der Wahrnehmung, so folgt daraus nicht, daß sie getrennt existierende Substanzen oder Gebilde bezeichnen.

Wenn wir andererseits unsere Theorien als „direkte Beschreibungen der Realität wie sie ist" betrachten, so werden wir unweigerlich diese Unterscheidungen als Teilungen behandeln und damit den verschiedenen Grundbegriffen, die in der Theorie vorkommen, eine gesonderte Existenz zuschreiben. Wir erliegen so der Täuschung, die Welt sei tatsächlich aus getrennten Bruchstücken zusammengesetzt, und dies wird uns, wie bereits gezeigt, dazu veranlassen, so vorzugehen, daß wir eben jene Fragmentierung wirklich herbeiführen, die in unserer Einstellung zur Theorie angelegt ist.

Es ist wichtig, diesen Punkt hervorzuheben. Zum Beispiel könnte jemand sagen: „Fragmentierung nach Städten, Religionen und politischen Systemen, Streit in Form von Kriegen, Gewalt im Alltag, Brudermord usw. sind Realität. Ganzheit ist nur ein Ideal, nach dem wir vielleicht streben sollten." Aber was hier gesagt wird, ist etwas anderes. Es ist nämlich die Ganzheit, die real ist, dies sollte zum Ausdruck kommen, und Fragmentierung ist nur die Antwort dieses Ganzen auf das Handeln des Menschen, das sich von einer trügerischen, von zerteilendem Denken geformten Wahrnehmung leiten läßt. Mit anderen Worten, eben weil die Realität ganz ist, erhält der Mensch auf sein fragmentierendes Vorgehen notwendig eine entsprechend fragmentierte Antwort. Was also dem Menschen nottut, ist Aufmerksamkeit gegenüber seinem gewohnheitsmäßig fragmentierenden Denken, sich dessen bewußt zu sein und es dadurch zu beenden. Dann kann der Mensch vielleicht ganzheitlich an die Realität herantreten, und folglich wird auch die Antwort ganzheitlich sein.

Ausschlaggebend dafür ist jedoch, daß sich der Mensch den Vorgang seines Denkens *als solchen* bewußt macht, das heißt als eine Ansicht, eine Anschauungsweise und nicht als „ein wahres Abbild der Realität wie sie ist".

Es ist klar, daß wir eine beliebige Anzahl verschiedener Ansichten haben können. Nicht eine *Gleichschaltung* des Denkens ist verlangt oder eine Art aufgesetze Einheit, denn jeder derart erzwungene Standpunkt würde selbst bloß ein weiteres Bruchstück darstellen. Vielmehr sollten wir alle unsere verschiedenen Denkweisen als Anschauungsweisen der einen Realität auffassen, von denen eine jede einen Geltungsbereich besitzt, innerhalb dessen sie genau und angemessen ist. Man kann in der Tat eine Theorie mit einem bestimmten Blick auf irgendeinen Gegenstand vergleichen. Jeder Blick empfängt nur das Bild der ihm erscheinenden Seite des Gegenstands. Der ganze Gegenstand wird nicht in einem einzigen Blick wahrgenommen, sondern bloß *implizit* als jene einzigartige Realität begriffen, die sich all diesen Blicken darbietet. Wenn wir ein tiefes Verständnis dafür gewinnen, daß es mit unseren Theorien genauso steht, dann werden wir nicht in die Gewohnheit fallen, die Realität so zu sehen und anzupacken, als setzte sie sich aus getrennt existierenden Bruchstücken zusammen, und zwar je nachdem, wie sie in unserem Denken und in unserer Phantasie erscheint, wenn wir unsere Theorien für „direkte Beschreibungen der Realität wie sie ist" halten.

Es ist über ein allgemeines Bewußtsein von der Rolle der Theorien hinaus, wovon oben die Rede war, vonnöten, besondere Aufmerksamkeit auf jene Theorien zu verwenden, die einen Beitrag zum Ausdruck unserer allumfassenden Selbst-Weltbilder leisten. Denn unsere allgemeinen Vorstellungen vom Wesen der Realität und vom Verhältnis zwischen unserem Denken und der Realität werden in einem beträchtlichen Ausmaß implizit oder explizit im Rahmen dieser Weltbilder geformt. In dieser Beziehung spielen die allgemeinen Theorien der Physik eine wichtige Rolle, denn so, wie man sie begreift, befassen sie sich mit dem allgemeinen Wesen der Materie, aus der sich alles aufbaut, sowie mit den Begriffen von Raum und Zeit, mit denen alle Bewegung der Materie beschrieben wird.

Nehmen wir z. B. die Atomtheorie, die zuerst von Demokrit vor mehr als 2000 Jahren vorgeschlagen wurde. Im wesentlichen führt uns diese Theorie dazu, die Welt als aus Atomen zusammengesetzt anzusehen, die sich im leeren Raum bewegen. Die stets wechselnden Formen und Eigenschaften makroskopischer Körper werden nun als Folge der wechselnden Anordnungen der sich bewegenden Atome betrachtet. Offensichtlich war diese Auffassung in gewisser Weise eine wichtige Form, die Ganzheit zu erkennen, denn sie versetzte die Menschen in die Lage, die ungeheure Vielfalt der ganzen Welt als Bewegungen einer einzigen Menge von Grundbestandteilen durch einen einzigen leeren Raum, der alles Seiende durchwaltet, zu begreifen. Dennoch wurde die Atomtheorie im Zuge ihrer Entwicklung schließlich eine Hauptstütze einer fragmentierenden Einstellung zur Realität. Denn sie wurde allmählich nicht mehr als eine Ansicht aufgefaßt, als eine Anschauungsweise; stattdessen sahen es die Menschen als absolute Wahrheit an, daß das Ganze der Realität tatsächlich aus nichts anderem als aus „atomaren Bausteinen" bestünde, die allesamt mehr oder weniger mechanisch zusammenwirkten.

Natürlich muß die Annahme irgendeiner physikalischen Theorie als absolute Wahrheit die Neigung mit sich bringen, die allgemeinen Denkschemata der Physik zu verfestigen und somit zur Fragmentierung beizutragen. Darüber hinaus war jedoch der besondere Inhalt der Atomtheorie hervorragend dazu geeignet, der Fragmentierung Vorschub zu leisten, denn es war darin unterstellt, daß sich die gesamte natürliche Welt einschließlich des Menschen mit seinem Gehirn, seinem Nervensysten, seinem Verstand usw. im Prinzip vollkommen als Strukturen und Funktionen von Massen getrennt existierender Atome begreifen ließ. Die Tatsache, daß Experimente und die allgemeine Erfahrung dem Menschen dieses atomistische Bild bestätigten, wurde selbstverständlich als Beweis für die Richtigkeit und sogar für die universelle Wahrheit dieser Vorstellung genommen. So stand die Wissenschaft fast geschlossen hinter der fragmentierenden Einstellung zur Wirklichkeit.

Es ist allerdings wichtig, darauf hinzuweisen, daß die experimentelle Bestätigung (wie sie in solchen Fällen üblich ist) des atomistischen Standpunktes seine Grenzen hat. In der Tat führt der Atomismus in den Bereichen, die von der Quantentheorie und der Relativitätstheorie abgedeckt werden, zu verworrenen Fragestellungen, was auf die Notwendigkeit neuer Ansichten hinweist, die sich so sehr vom Atomismus unterschieden wie dieser von den Theorien, die ihm vorausgingen.

So zeigt die Quantentheorie, daß der Versuch, ein Atomteilchen in allen Einzelheiten zu beschreiben und zu verfolgen, wenig Sinn hat. (Weitere Einzelheiten über diesen Punkt finden sich im Kapitel 5.) Die Idee einer Atombahn besitzt nur einen beschränkten Anwendungsbereich. In einer ausführlicheren Beschreibung erscheint das Atom in vielerlei Hinsicht seinem Verhalten nach ebenso als Welle wie als Teilchen. Es läßt sich vielleicht am ehesten als eine verschwommene Wolke betrachten, deren jeweilige Gestalt vom ganzen Umfeld einschließlich des Beobachtungsinstruments abhängt. Somit läßt sich die Trennung zwischen Beobachter und Beobachtetem nicht länger aufrecht erhalten (wie dies in der atomistischen Sicht, die beide als voneinander getrennte Atommassen auffaßt, vorausgesetzt ist). Beobachter und Beobachtetes sind vielmehr miteinander verschmelzende und sich gegenseitig durchdringende Aspekte einer einzigen ganzen Realität, die unteilbar und unzerlegbar ist.

Die Relativitätstheorie führt uns zu einer Art der Weltbetrachtung, die der obigen in mancher entscheidenden Hinsicht gleicht (siehe Kapitel 5 für weitere Einzelheiten über diesen Punkt). Aus der Tatsache, daß es in Einsteins Sichtweise kein schnelleres Signal als das Licht geben kann, folgt der Zusammenbruch des Begriffs eines starren Körpers. Dieser Begriff jedoch nimmt in der klassischen Atomtheorie eine Schlüsselstellung ein, denn nach dieser Theorie muß es sich bei den letzten Bestandteilen des Universums um kleine, unteilbare Objekte handeln, und dies ist nur möglich, wenn jeder Teil eines solchen Objekts starr mit allen anderen Teilen verbunden ist. In einer relativistischen Theorie ist es notwendig, die Vorstellung vollständig fallen zu lassen, die Welt setze sich aus grundlegenden Objekten oder „Bausteinen" zusammen. Es gilt vielmehr, die Welt als ein universelles Fließen von Ereignissen und Prozessen anzusehen. Demnach sollte man, wie durch A und B in Abbildung 1.1. angedeutet, statt an ein Teilchen an eine „Weltenröhre" denken.

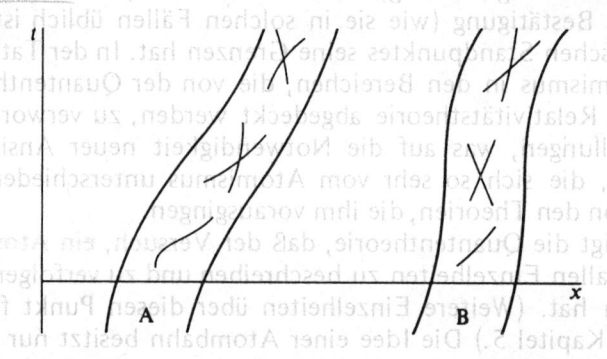

Abbildung 1.1

Diese Weltenröhre stellt einen unendlich komplexen Prozeß einer Struktur in Bewegung und Entwicklung dar, der in einem Bereich konzentriert ist, der von den Grenzlinien der Röhre eingefaßt wird. Allerdings besitzt jedes „Teilchen" selbst außerhalb der Röhre ein Feld, das sich durch den Raum erstreckt und mit den Feldern anderer Teilchen verschmilzt.

Ein lebendigeres Bild davon, was hiermit gemeint ist, erhält man, wenn man Wellenformen als Strudelbildungen in einem fließenden Strom ansieht. Wie in Abbildung 1.2 gezeigt, entsprechen die beiden Strudel gleichbleibenden Strömungsfiguren der Flüssigkeit, deren Mittelpunkte mehr oder weniger bei A und B liegen. Es versteht sich, daß die beiden Strudel als Abstraktionen zu betrachten sind, die wir durch unser Denken für unsere Wahrnehmung hervorheben. Tatsächlich verschmelzen und vereinigen sich die beiden abstrahierten Strömungsfiguren natürlich in einer ganzheitlichen Bewegung des fließenden Stromes. Es gibt weder eine scharfe Trennung zwischen ihnen, noch lassen sie sich als gesondert oder unabhängig existierende Gebilde auffassen.

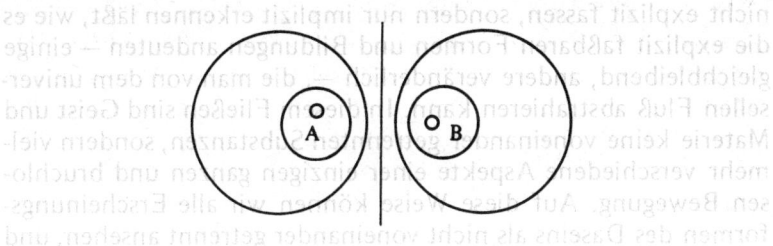

Abbildung 1.2

Die Relativitätstheorie verlangt eine solche Anschauungsweise der Atomteilchen, aus denen sich alle Materie aufbaut einschließlich natürlich der Menschen mit ihren Gehirnen, ihren Nervensystemen und den Beobachtungsinstrumenten, die sie sich geschaffen haben und die sie in ihren Labors benutzen. Wenn sie auch die Frage auf verschiedenen Wegen angehen, so stimmen die Relativitätstheorie und die Quantentheorie doch beide in der Notwendigkeit überein, die Welt als ein *ungeteiltes Ganzes* anzuschauen, worin alle Teile des Universums einschließlich dem Beobachter und seiner Instrumente zu einer einzigen Totalität verschmelzen und sich darin vereinigen. In dieser Totalität stellt die atomistische Ansicht eine Vereinfachung und Abstraktion dar, die nur in einem beschränkten Rahmen gültig ist.

Die neue Ansicht kann man vielleicht am besten als „*Ungeteilte Ganzheit in fließender Bewegung*" bezeichnen. Diese Sichtweise impliziert, daß das Fließen gewissermaßen den „Dingen", die man in diesem Fließen entstehen und vergehen sehen kann, vorausgeht. Vielleicht läßt sich dies veranschaulichen, wenn man den „Strom des Bewußtseins" betrachtet. Dieser Fluß des Bewußtseins ist nicht genau faßbar, und doch geht er offensichtlich den faßbaren Formen der Gedanken und Ideen voraus, die man fließend entstehen und vergehen sehen kann wie Kräuselungen, Wellen und Strudel in einem fließenden Strom. Und wie es auch mit solchen Bewegungsfiguren in einem

Strom der Fall ist, so kehren manche Gedanken immer wieder und halten sich mehr oder weniger hartnäckig, während andere verschwinden.

Nach der hier vorgeschlagenen, allgemeinen Ansicht ist alle Materie so beschaffen: Es gibt einen universellen Fluß, der sich nicht explizit fassen, sondern nur implizit erkennen läßt, wie es die explizit faßbaren Formen und Bildungen andeuten — einige gleichbleibend, andere veränderlich —, die man von dem universellen Fluß abstrahieren kann. In diesem Fließen sind Geist und Materie keine voneinander getrennten Substanzen, sondern vielmehr verschiedene Aspekte einer einzigen ganzen und bruchlosen Bewegung. Auf diese Weise können wir alle Erscheinungsformen des Daseins als nicht voneinander getrennt ansehen, und damit können wir der Fragmentierung ein Ende setzen, die in der derzeitigen Einstellung zum atomistischen Standpunkt angelegt ist, der uns dazu führt, gründlichst alles von allem zu trennen. Dennoch können wir jene Seite des Atomismus akzeptieren, die immer noch eine richtige und gültige Ansicht bietet; das heißt, daß trotz der ungeteilten Ganzheit in fließender Bewegung die verschiedenen Figuren, die man davon abstrahieren kann, eine gewisse relative Autonomie und Stabilität besitzen, ein Umstand, dem allerdings durch das universelle Gesetz der fließenden Bewegung Rechnung getragen wird. Nunmehr jedoch sind wir uns über die Grenzen dieser Autonomie und Stabilität deutlich im klaren.

So können wir uns in entsprechend festgesetzten Zusammenhängen verschiedene andere Ansichten zu eigen machen, die es uns ermöglichen, gewisse Dinge zu vereinfachen und sie für den Augenblick und bestimmte begrenzte Zwecke so zu behandeln, als wären sie autonom und stabil wie auch vielleicht getrennt existent. Doch müssen wir nicht darauf verfallen, uns selbst und die ganze Welt auf diese Weise zu betrachten. Daher braucht uns unser Denken nicht zu der Illusion verleiten, die Realität sei tatsächlich von Natur aus fragmentiert, und ebensowenig zu den entsprechenden fragmentierenden Handlungsweisen, die sich aus einer derart von Illusion getrübten Wahrnehmung ergeben.

Der oben zur Sprache gebrachte Standpunkt ähnelt in mancher entscheidenen Hinsicht dem, den auch einige der alten Griechen vertraten. Man kann diese Ähnlichkeit erkennen, wenn man den Begriff der Kausalität bei Aristoteles betrachtet. Aristoteles unterscheidet viererlei Ursachen:

Stoff (causa materialis)
Wirken (causa efficiens)
Form (causa formalis et exemplaris)
Zweck (causa finalis)

Als ein gutes Beispiel zum Verständnis dieser Unterscheidung kann man ein Lebewesen wie etwa einen Baum oder ein Tier heranziehen. Die stoffliche Ursache ist dann einfach die Materie, auf die alle anderen Ursachen einwirken und aus der das Wesen besteht. So sind im Fall einer Pflanze Erde, Luft, Wasser und Sonnenlicht die stoffliche Ursache, denn sie bilden die Substanz der Pflanze. Die Wirkursache besteht in einem (für das Wesen) äußeren Vorgang, der dafür sorgt, daß der ganze Prozeß seinen Lauf nimmt. Im Fall eines Baumes zum Beispiel könnte das Pflanzen des Samens als die Wirkursache gelten.

Es ist in diesem Zusammenhang von entscheidender Bedeutung zu verstehen, was mit der formalen Ursache gemeint war. Leider bezeichnen die Worte „formal" oder „förmlich" im modernen Sprachgebrauch eher eine äußere Form, der keine große Bedeutung zukommt (wie man etwa von „förmlichem Benehmen oder „einer bloßen Formalität" spricht). In der altgriechischen Philosophie hingegen bedeutete das Wort *Form* in erster Linie eine innere *formende Tätigkeit* (*forming activity*), die die Ursache für das Wachstum der Dinge und für die Entwicklung und Differenzierung ihrer verschiedenen wesentlichen Formen ist. Was der Begriff „formale Ursache" beispielsweise im Fall einer Eiche bezeichnet, ist die ganze innere Bewegung von Saft, Zellwachstum, Ausbildung von Zweigen, Blättern usw., die für diese Baumart kennzeichnend und von der anderer Baumarten verschieden ist. Besser ließe sich dies vielleicht als *formgebende Ursache* (*formative cause*) beschreiben, um zu betonen, daß es sich nicht um eine bloße Form handelt, die von außen übergestülpt wird, sondern vielmehr um *eine geordnete und gegliederte innere Bewegung, die den Dingen wesensmäßig eigen ist*.

Eine jede derartige formgebende Ursache muß offenbar zu einem Ziel oder einem Ergebnis kommen, das zumindest darin angelegt ist. So ist es nicht möglich, davon zu sprechen, daß die innere Bewegung einer Eichel eine Eiche hervorbringt, ohne gleichzeitig die Eiche zu erwähnen, die eben das Ergebnis dieser Bewegung ist. So impliziert die formgebende Ursache stets die Zweckursache.

Natürlich kennen wir die Zweckursache auch als *Absicht*, die bewußt im Denken durchgehalten wird (eine Vorstellung, die man auch auf Gott ausdehnte, von dem man annahm, er habe das Universum nach einem großen Plan geschaffen). Eine Absicht ist jedoch nur ein Sonderfall der Zweckursache. So verfolgen die Menschen z.B. in ihren Gedanken oft bestimmte Ziele, aber was dann bei ihren Handlungen tatsächlich herauskommt, ist in der Regel etwas ganz anderes, als was sie beabsichtigt hatten, was jedoch in ihrem Tun *impliziert* war, wenn es die Ausführenden auch nicht bewußt erkannten.

In der Sicht des Altertums galt die formgebende Ursache, die auf den Verstand wirkte, im wesentlichen als dieselbe, die sich auf das Leben und den Kosmos im ganzen bezog. In der Tat betrachtete Aristoteles das Universum als einen einzigen Organismus, worin jeder Teil in Bezug auf das Ganze wächst und sich entwickelt und darin Ort und Aufgabe findet, die ihm eigen sind. Was den Verstand angeht, so können wir uns diese Vorstellung in modernen Begriffen klarmachen, indem wir uns der fließenden Bewegung des Bewußtseins zuwenden. Wie zuvor gezeigt, lassen sich zunächst einmal verschiedene Denkfiguren in diesem Fließen ausmachen. Diese folgen relativ mechanisch aufeinander durch einen Assoziationsvorgang, der durch Gewohnheit und prägende Umstände bedingt ist. Offensichtlich sind solche assoziativen Übergänge dem inneren Bau der betreffenden Gedanken äußerlich, sodaß sich diese Übergänge wie eine Reihe von Wirkursachen verhalten. Jedoch den *Grund* einer Sache einzusehen, ist kein mechanischer Vorgang dieser Art; man erkennt vielmehr jede Erscheinungsform als in ein einziges Ganzes eingebettet, dessen sämtliche Teile innerlich verbunden sind (wie beispielsweise die Organe des Körpers). Hier gilt es zu betonen, daß die Begründung im wesentlichen ein Vorgang der Wahrnehmung über den Verstand ist, die in gewisser Weise der künstlerischen Wahrnehmung gleicht, und nicht bloß die assoziative Wiederholung von bereits bekannten Gründen. So mag man ratlos vor einem breiten Spektrum von Faktoren stehen, vor Dingen, die nicht zusammenpassen wollen, bis es plötzlich zu einem blitzartigen Verstehen kommt und man dadurch erkennt, wie alle diese Faktoren als Aspekte einer einzigen Totalität zusammenhängen (man denke z.B. an Newtons Erkenntnis der universellen Gravitation). Solche Wahrnehmungsakte lassen sich eigentlich nicht genau analysieren oder beschreiben. Sie müssen vielmehr als Aspekte der *formenden* Tätigkeit des Verstandes angesehen

die formende Tätigkeit als das Primäre, Vorausgehende

werden. Ein bestimmtes Begriffsgefüge ist dann das *Ergebnis* dieser Tätigkeit, und es sind diese Ergebnisse, die von der Reihe der Wirkursachen, die im gewöhnlichen assoziativen Denken am Werk sind, verknüpft werden — und wie zuvor ausgeführt, wird in dieser Sicht die formende Tätigkeit sowohl in der Natur als auch im Verstand als vorrangig aufgefaßt, sodaß die Ergebnisformen in der Natur gleichfalls durch Wirkursachen miteinander verknüpft sind.

Offensichtlich ist der Begriff der formgebenden Ursache wichtig für jene Sichtweise der ungeteilten Ganzheit in fließender Bewegung, von der wir gesehen haben, daß sie in den modernen Entwicklungen in der Physik verlangt wird, vor allem in der Relativitätstheorie und der Quantentheorie. So ist, wie dargelegt wurde, jede relativ autonome und stabile Struktur (z.B. ein Atomteilchen) nicht als etwas unabhängig und dauernd Existentes zu verstehen, sondern vielmehr als ein Produkt, das im Zuge der ganzen fließenden Bewegung geformt wurde und das sich zuletzt wieder in dieser Bewegung auflösen wird. Wie es sich formt und erhält, hängt demnach von seinem Ort und seiner Aufgabe im Ganzen ab. Wir sehen also, daß bestimmte Entwicklungen in der modernen Physik eine Art Einblick in die Natur nach sich ziehen, der im Hinblick auf die Begriffe der formgebenden und der Zweckursache wesentliche Ähnlichkeiten mit Anschauungen aufweist, die zu früheren Zeiten üblich waren.

Dennoch kommt den Begriffen der formgebenden und der Zweckursache in der heute auf dem Feld der Physik geleisteten Arbeit meistens keine primäre Bedeutung zu. Eine Gesetzmäßigkeit wird in der Regel immer noch als ein selbstbestimmtes System von Wirkursachen aufgefaßt, das in einer Gesamtmenge materieller Bestandteile des Universums wirkt (etwa Atomteilchen, die den Kräften gegenseitiger Wechselwirkung unterworfen sind). Von diesen Bestandteilen nimmt man nicht an, daß sie in einem Gesamtprozeß geformt werden, und somit werden sie auch nicht so wie etwa Organe betrachtet, die ihrem Ort und ihrer Aufgabe im Ganzen angepaßt sind (das heißt den Zielen, denen sie in diesem Ganzen dienen). Eher begreift man sie als getrennt existierende, mechanische Elemente von feststehender Art.

Der vorherrschende Trend in der modernen Physik ist von daher stark gegen jegliche Sichtweise gerichtet, die der formgebenden Tätigkeit im ungeteilten Ganzen der fließenden Bewegung einen Vorrang zuspricht. In der Tat neigen die meisten Physiker *das Verharren in den alten Vorstellungsweisen*

dazu, jene Aspekte der Relativitätstheorie und der Quantentheorie, die die Notwendigkeit einer solchen Sichtweise nahelegen, herunterzuspielen und in der Tat kaum zu bemerken, da sie weitgehend als Faktoren mathematischer Berechnungen und nicht als Hinweise auf das wirkliche Wesen der Dinge betrachtet werden. Betrachtet man die Umgangssprache und das informelle Denken in der Physik, wie es die Vorstellungswelt erfüllt und das Gefühl dafür weckt, was wirklich und wesentlich ist, so sprechen und denken die meisten Physiker noch immer, in der vollen Überzeugung ihrer Wahrheit, in den Begriffen des herkömmlichen Atomismus, nach dem das Universum aus Elementarteilchen besteht, die die „Grundbausteine" darstellen, aus denen alles gemacht ist. In anderen Wissenschaften wie etwa der Biologie ist die Kraft dieser Überzeugung sogar noch größer, denn unter denen, die auf diesen Gebieten arbeiten, besteht nur ein geringes Bewußtsein vom revolutionären Charakter der Entwicklung in der modernen Physik. Zum Beispiel glauben moderne Molekularbiologen im allgemeinen, daß sich die Gesamtheit von Leben und Seele letztlich durch eine Art Erweiterung der Arbeit, die über Struktur und Funktion der DNS-Moleküle geleistet wird, in mehr oder weniger mechanischen Begriffen verstehen läßt. Ein ähnlicher Trend gibt bereits in der Psychologie den Ton an. Wir gelangen so zu dem höchst merkwürdigen Ergebnis, daß in den Bereichen der Erforschung des Lebens und der Seele, in denen ja gerade das Wirken der formgebenden Ursache in der ungeteilten und bruchlosen fließenden Bewegung der Erfahrung und Beobachtung am ehesten ersichtlich ist, heute das stärkste Vertrauen in die fragmentierende atomistische Einstellung zur Realität besteht.

Natürlich ist diese vorherrschende Tendenz in der Naturwissenschaft, in den Begriffen eines fragmentierten Selbst-Weltbildes zu denken und wahrzunehmen, Teil einer umfassenderen Bewegung, die sich im Laufe langer Zeit entwickelt hat und heute nahezu unsere gesamte Gesellschaft durchdringt. Aber umgekehrt trägt eine solche Denk- und Anschauungsweise in der wissenschaftlichen Forschung sehr nachhaltig zur Bekräftigung der allgemeinen fragmentierenden Einstellung bei, da sie dem Menschen ein Bild entwirft, nach dem die ganze Welt lediglich aus einer Masse getrennt existierender „Atombausteine" besteht, und sie wartet mit experimentellen Beweisen auf, aus denen der Schluß gezogen wird, diese Sichtweise sei notwendig und unumgänglich. Dadurch erzeugt man das Gefühl, die Fragmentierung brächte nichts anderes zum Ausdruck, als „wie alles in Wirklichkeit ist", und alles andere sei unmöglich. Die Bereitschaft, sich nach Beweisen für das Gegenteil umzuschauen, ist folglich sehr gering. Selbst wenn dann solche Beweise auftauchen, wie in der modernen Physik, so besteht, wie bereits dargelegt wurde, in der Tat die Tendenz, deren Bedeutung herunterzuspielen oder sie gar völlig außer acht zu lassen. Man könnte wirklich soweit gehen zu behaupten, daß der gegenwärtige Gesellschaftszustand sowie das gegenwärtig übliche wissenschaftliche Unterrichtsverfahren, worin sich ja dieser Gesellschaftszustand bekundet, eine Art Vorurteil zugunsten eines fragmentierten Selbst-Weltbildes nähren und vermitteln (zu einem gewissen Grade explizit und bewußt, aber hauptsächlich auf eine implizite und unbewußte Art und Weise).

Wie schon gesagt, können aber Menschen, die sich von solch einem fragmentierten Selbst-Weltbild leiten lassen, auf lange Sicht nicht umhin zu versuchen, durch ihr Handeln sich selbst und die Welt in Stücke zu brechen, wie es ihrer gewohnten Denkweise entspricht. Da die Fragmentierung in erster Linie einen Versuch darstellt, das analytische Zergliedern der Welt in getrennte Teile über den angemessenen Bereich hinaus fortzuführen, so bedeutet dies eigentlich den Versuch, zu teilen, was in Wirklichkeit unteilbar ist. Der nächste Schritt wird dann darin bestehen, daß wir zu vereinigen versuchen, was sich in Wirklichkeit nicht vereinigen läßt. Dies kann man besonders deutlich im Fall von Gruppenbildungen in der Gesellschaft sehen (politischer, ökonomischer, religiöser Art usw.). Das bloße Bilden einer solchen Gruppe läuft darauf hinaus, daß ein Gefühl der Absonderung und Getrenntheit vom Rest der Welt unter den Mitgliedern geschaffen wird, aber da die Mitglieder in Wirklichkeit mit dem Ganzen verbunden sind, kann das nicht gutgehen. Jedes Mitglied hat in der Tat eine etwas andere Verbindung, und früher oder später tritt dies als Differenz zwischen ihm und anderen Gruppenmitgliedern zutage. Wenn Menschen sich vom Gesellschaftsganzen absetzen und sich aufgrund einer Übereinstimmung in einer Gruppe zusammenschließen wollen, so ist klar, daß schließlich immer innere Zwistigkeiten in der Gruppe entstehen müssen, die zu einem Zerbrechen ihrer Geschlossenheit führen. In gleicher Weise wird ein ähnlicher Zustand der Gegensätzlichkeit und Uneinigkeit aufkommen, wenn Menschen versuchen, irgendeinen Aspekt der Natur in ihrer praktischen, technischen Arbeit auszugrenzen. Dasselbe wird dem einzelnen widerfahren, der sich von der Gesellschaft abzusetzen versucht. Wahre Einheit im Einzelmenschen, zwischen Mensch und Natur, zwischen Mensch und Mensch kann sich nur durch eine Form des Handelns bilden, die nicht darauf aus ist, die Ganzheit der Realität zu zerstören.

Unsere fragmentierenden Denk-, Anschauungs- und Handlungsweisen haben offensichtlich in jedem Bereich menschlichen Lebens ihre Folgen. Es sieht so aus, als sei die Fragmentierung ironischerweise der einzige universelle Zug in unserer Lebensweise, der alles uneingeschränkt und grenzenlos ergreift. Dies kommt daher, weil die Wurzeln der Fragmentierung sehr tief reichen und alles durchdringen. Wie gesagt, wir versuchen zu teilen, was eins und unteilbar ist, und dies hat im nächsten Schritt zur Folge, daß wir versuchen gleichzusetzen, was verschieden ist.

Die Fragmentierung ist also ihrem Wesen nach eine Verwirrung angesichts der Frage, was verschieden und was zusammengehörig (oder eins) ist, aber das klare Erfassen dieser Kategorien ist in jeder Lebensphase notwendig. *Wer das, was verschieden ist und was nicht, durcheinanderbringt, bringt alles durcheinander.* Daher ist es kein Zufall, wenn unsere fragmentierende Denkweise ein derart breites Spektrum von Krisen hervorbringt: soziale, politische, ökonomische, ökologische, psychologische usw., und dies sowohl im einzelnen wie in der Gesellschaft im ganzen. Solch eine Denkweise bedeutet das endlose Ausufern von chaotischem und sinnlosem Konflikt, der darauf hinausläuft, daß alle Energien durch gegeneinander gerichtete oder sich durchkreuzende Bewegungen vergeudet werden.

Es ist wichtig und äußerst dringlich, diese tiefgreifende und überall anzutreffende Verwirrung, die sich durch unser ganzes Leben zieht, zu klären. Wozu sollen soziale, politische, ökonomische und andere Maßnahmen dienen, wenn der Verstand so wirr ist, daß er für gewöhnlich unterscheidet, was nicht verschieden ist, und zusammenbringt, was nicht zusammen gehört? Ein solches Handeln wird bestenfalls unnütz und schlimmstenfalls zerstörerisch sein.

Ebensowenig wäre es sinnvoll, wollte man versuchen, unserem Selbst-Weltbild irgendein starres oder vereinheitlichendes „ganzheitliches" Prinzip überzustülpen, denn ein starres Selbst-Weltbild jeder Art würde, wie zuvor gezeigt, implizieren, daß wir unsere Theorien nicht mehr als Ansichten oder Anschauungsweisen behandeln, sondern vielmehr als „absolut wahres Wissen des wirklichen Sachverhalts". Demnach würden, ob es uns nun paßt oder nicht, die Unterscheidungen, die unweigerlich in jeder Theorie vorkommen, selbst in einer „ganzheitlichen", in irriger Weise als Trennungen behandelt. Dies würde die gesonderte Existenz der unterschiedlichen Begriffe unterstellen (worauf wir dann alles, was nicht unterschieden wurde, fälschlicherweise als absolut identisch auffassen würden).

Wir müssen also auf der Hut sein und den Umstand sorgfältig beachten, daß unsere Theorien keine „Beschreibungen der Realität wie sie ist" sind, sondern vielmehr laufend wechselnde Ansichten, die auf eine implizite und in ihrer Gesamtheit nicht beschreibbare oder bestimmbare Realität hinweisen. Die Notwendigkeit, derart wachsam zu sein, besteht sogar gegenüber dem hier in diesem Kapitel Gesagten, insofern dies nicht als „absolut wahres Wissen vom Wesen der Fragmentierung und der Ganzheit" zu betrachten ist. Es ist vielmehr gleichfalls *eine Theorie*, die eine Ansicht dieser Frage bietet. Es ist Sache des Lesers, für sich selbst herauszufinden, ob diese Ansicht genau oder ungenau ist und wo die Grenzen ihrer Gültigkeit liegen.

Was kann also dazu getan werden, den herrschenden Zustand der Fragmentierung zu beenden? Auf den ersten Blick mag dies als eine vernünftige Frage erscheinen, aber eine nähere Prüfung läßt einen daran zweifeln, ob es tatsächlich eine vernünftige Frage ist, denn man kann sehen, daß diese Frage auf Voraussetzungen beruht, die nicht klar sind.

Allgemein gesprochen, unterstellt die Frage, wie man beispielsweise irgendein Sachproblem lösen kann, daß wir zwar anfangs die Antwort nicht wissen, aber unser Verstand dennoch klar genug ist, um eine Antwort zu finden oder wenigstens eine Antwort, die ein anderer gefunden hat, einzusehen. Wenn jedoch unser ganzes Denken von der Fragmentierung ergriffen ist, so bedeutet dies, daß wir dazu nicht in der Lage sind, denn die fragmentierte Wahrnehmung ist im wesentlichen eine weitgehend unbewußte, gewohnheitsmäßige Verwirrung angesichts der Frage, was verschieden ist und was nicht. Wenn wir also herauszufinden versuchen, was wir gegen die Fragmentierung unternehmen sollen, so werden wir eben dabei mit dieser Angewohnheit fortfahren, was darauf hinausläuft, daß wir noch weitere Formen der Fragmentierung schaffen.

Dies heißt freilich nicht unbedingt, daß es überhaupt keinen Ausweg gibt, aber es heißt, daß wir zunächst innehalten müssen, damit wir nicht mit unseren gewohnten fragmentierenden Denkweisen weitermachen, während wir Lösungen suchen, die schnell zur Hand sind. Das Problem von Fragmentierung und Ganzheit ist heikel und schwierig, heikler und schwieriger als jene, die zu grundlegend neuen Entdeckungen in der Wissenschaft geführt haben. Zu fragen, wie die Fragmentierung zu beenden sei und im Handumdrehen eine Antwort zu erwarten, ist noch unsinniger, als zu fragen, wie sich eine Theorie entwickeln ließe, die so neu ist wie jene Einsteins war, als er noch daran arbeitete, und zu erwarten, man bekäme nun Handlungsanweisungen in Form von Rezepten oder Formeln.

Einer der schwierigsten und heikelsten Punkte dieser Frage besteht darin, klarzustellen, was mit dem Verhältnis zwischen dem Gedankeninhalt und dem Denkvorgang, der diesen Inhalt hervorbringt, gemeint ist. Eine Hauptquelle der Fragmentierung ist nämlich die allgemein akzeptierte Voraussetzung, der zufolge der Vorgang des Denkens hinreichend getrennt und unabhängig von seinem Inhalt abläuft, sodaß uns im großen und ganzen Raum bleibt für ein klares, geordnetes, rationales Denken, das diesen Inhalt zu Recht als korrekt oder inkorrekt, rational oder irrational, fragmentiert oder ganzheitlich usw. beurteilen kann. Tatsächlich besteht aber, wie wir gesehen haben, die einem Selbst-Weltbild innewohnende Fragmentierung nicht nur im Gedankeninhalt, sondern in der ganzen Vorgehensweise desjenigen, der „sich Gedanken macht", und damit ebensosehr im Vollzug des Denkens wie in seinem Inhalt. In Wirklichkeit sind Inhalt und Prozeß <u>nicht zwei getrennt voneinander existierende Dinge, sondern sie sind vielmehr zwei Aspekte, von denen aus man eine einzige ganze Bewegung betrachten kann.</u> Daher müssen der fragmentierte Inhalt und der fragmentierende Prozeß *gemeinsam* zu einem Ende kommen.

Womit wir es hier zu tun haben, ist eine Einheit des Denkvorgangs mit seinem Inhalt, die in mancher entscheidenden Hinsicht der Einheit von Beobachter und Beobachtetem gleicht — dies wurde im Zusammenhang mit der Relativitätstheorie und der Quantentheorie erörtert. Wir können Fragen dieser Art nicht korrekt behandeln, solange wir noch bewußt oder unbewußt in einem Denken befangen sind, das sich selbst vom Standpunkt einer vermeintlichen Trennung aus zwischen dem Denkvorgang und dem Gedankeninhalt, dessen Ergebnis er ist, begreifen will. Bejahen wir eine solche Annahme, dann führt uns dies im nächsten Schritt dazu, uns ein Handeln mittels Wirkursachen vorzugaukeln, das der Fragmentierung des Inhalts ein Ende setzte, dabei jedoch die Fragmentierung des tatsächlichen Denkvorgangs unangetastet ließe. Dagegen ist es notwendig, die allumfassende *formgebende Ursache* der Fragmentierung irgendwie zu erfassen, worin Inhalt und wirklicher Prozeß zusammen gesehen werden, in ihrer Ganzheit.

Man könnte hier das Bild aufgewühlter Strudel in einem Fluß zur Hilfe nehmen. Die Gestalt und Verteilung von Strudeln, die gewissermaßen den Inhalt einer Beschreibung der Bewegung bilden, sind nicht vom formgebenden Fließen des Stromes getrennt, das die Gesamtheit der Strudelbildungen hervorruft, erhält und schließlich auflöst. Es wäre also offenkundiger Unsinn, die Strudel beseitigen zu wollen, ohne das formgebende Wirken des Stromes zu verändern. Wenn sich unsere Wahrnehmung erst einmal von der richtigen Einsicht in die Bedeutung der ganzen Bewegung leiten läßt, so werden wir gewiß nicht mehr dazu geneigt sein, einen derart müßigen Versuch zu unternehmen. Wir werden uns vielmehr die ganze Sachlage besehen, um in Erfahrung zu bringen, was für ein Handeln hier wirklich angebracht und auf dieses Ganze anwendbar ist, damit wir den aufgewühlten Strudeln ein Ende bereiten können. Und wenn wir die Wahrheit von der Einheit des Denkvorgangs, den wir vollziehen, und des Gedankeninhalts, der das Ergebnis dieses Vorgangs ist, wirklich erfassen, dann wird uns eine solche Einsicht in die Lage versetzen, die ganze Denkbewegung zu beobachten, zu überblicken und in Erfahrung zu bringen und dadurch eine Handlungsweise zu finden, die auf dieses Ganze anwendbar ist und die „Aufgewühltheit" der Bewegung beendet, die das Wesen der Fragmentierung in jeder Lebensphase darstellt.

Natürlich wird ein solches Lernen und Entdecken viel sorgfältige Aufmerksamkeit und harte Arbeit verlangen. Wir sind dazu bereit, solche Aufmerksamkeit und Arbeit auf ein breites Spektrum von Feldern — wissenschaftliche, ökonomische, soziale, politische usw. — zu verwenden, aber bis jetzt hat davon wenig oder gar nichts zu einer Einsicht in den Denkvorgang beigetragen, von dessen Klarheit der Wert alles anderen abhängt. Vor allem müssen wir uns über die große Gefahr klar werden, die besteht, wenn wir mit einem fragmentierenden Denkvorgang weitermachen. Dies würde der Forschung danach, wie sich das Denken tatsächlich vollzieht, jene erforderliche Dringlichkeit und Energie verleihen, um sich dem wahren Ausmaß der Schwierigkeiten zu stellen, mit denen uns die Fragmentierung heute konfrontiert.

Anhang: Zusammenfassende Betrachtung westlicher und östlicher Ganzheitsauffassungen

Auf den sehr frühen Entwicklungsstufen der Zivilisation waren die Ansichten des Menschen im wesentlichen ganzheitlich und nicht fragmentiert. Im Osten (vor allem in Indien) sind solche Ansichten insofern noch immer lebendig, als Philosophie und Religion die Ganzheit betonen und die Vergeblichkeit eines analytischen Zergliederns der Welt zum Ausdruck bringen. Warum also geben wir unsere fragmentierende westliche Einstellung nicht einfach auf und machen uns die östlichen Vorstellungen zu eigen, die nicht nur ein Selbst-Weltbild einschließen, das Teilung und Fragmentierung verwirft, sondern auch Meditationstechniken, die das ganze Gedankentreiben in einer non-verbalen Weise in jenen Ruhezustand geordneten und gleichmäßigen Fließens überführen, der zur Beendigung der Fragmentierung sowohl im tatsächlichen Denkvorgang als auch in seinem Inhalt nötig ist?

Um eine solche Frage zu beantworten, mag es als Einstieg ratsam sein, auf den Unterschied zwischen westlichen und östlichen Maßbegriffen einzugehen. Nun hat im Westen der Begriff des Maßes von sehr früher Zeit an eine Schlüsselrolle bei der Festlegung des allgemeinen Selbst-Weltbildes und der darin beschlossenen Lebensweise gespielt. So betrachteten es die alten Griechen, von denen wir (auf dem Weg über die Römer) einen großen Teil unserer Grundbegriffe übernommen haben, als eine der Hauptbedingungen für ein gutes Leben, alles im rechten Maß zu halten (z.B. stellten die griechischen Tragödien das Leid des Menschen gewöhnlich als Folge seines Vergehens gegen das rechte Maß dar). Das diesbezügliche Messen wurde nicht in seinem modernen Sinne primär als eine Art Vergleich eines Objektes mit einem äußerlichen Maßstab oder einer Maßeinheit angesehen. Dieser letztere Vorgang galt vielmehr als eine Art äußeres Zutagetreten oder Erscheinen eines tieferen „inneren Maßes", das überall eine wesentliche Rolle spielte. Wenn etwas über sein rechtes Maß hinausging, so hieß das nicht bloß, daß es irgendeiner äußerlichen Norm nicht entsprach, sondern viel wichtiger war, daß ihm innerlich die Harmonie fehlte und es demnach notwendig seinen Zusammenhalt verlieren und in Stücke brechen mußte. Man kann einen Einblick in diese Denkweise gewinnen, wenn man über die früheren Bedeutungen bestimmter Worte nachdenkt. So beruht lateinisch „mederi" — „heilen" (von dem unser Wort „Medizin" herkommt) auf einer Wurzel, die „messen" bedeutet. Darin spiegelt sich die Ansicht wieder, daß körperliche Gesundheit als das Ergebnis eines Zustandes anzusehen ist, bei dem sich alle Teile und Abläufe des Körpers im rechten inneren Maß befinden. So beruht auch die antike „moderatio", die hoch angesehene Tugend der Mäßigung, auf derselben Wurzel, und darin zeigt sich, daß diese Tugend als die Frucht eines rechten inneren Maßes, das dem gesellschaftlichen Handeln und Verhalten des Menschen zugrunde lag, betrachtet wurde. Auch das Wort „Meditation", das auf derselben Wurzel beruht, beinhaltet eine Art Abwägen, Erwägen oder Ermessen des ganzen Denkvorgangs, wodurch die innere Aktivität des Verstandes in einen harmonisch maßvollen Zustand gebracht werden konnte. Man sah also das Bewußtsein vom inneren Maß der Dinge körperlich, gesellschaftlich und seelisch als den wesentlichen Schlüssel für ein gesundes, glückliches, harmonisches Leben an.

Es ist klar, daß das Maß genauer gefaßt als Proportion oder Verhältnis ausgedrückt werden muß, und dies heißt auf lateinisch „ratio", was unter anderem auch „Erwägung" und „Vernunft" bedeutet. In der Sicht des Altertums erscheint Vernunft als Einblick in die Gesamtheit eines Verhältnisses oder einer Proportion, von der man annimmt, daß sie innerlich für das Wesen der Dinge selbst relevant ist (und nicht nur äußerlich in der Form eines Vergleichs mit einem Maßstab oder einer Maßeinheit). Freilich ist diese „ratio" nicht unbedingt bloß ein Zahlenverhältnis (wenn sie natürlich auch ein solches Verhältnis einschließt). Sie ist vielmehr im allgemeinen die qualitative Form einer universellen Proportion oder Beziehung. Als demnach Newton die universelle Gravitation erkannte, hätte man seine Einsicht in folgende Worte kleiden können: „Wie der Apfel fällt, so fällt auch der Mond und so fällt in der Tat alles." Um die Form des Verhältnisses noch deutlicher herauszustellen, kann man schreiben:

$$A : B :: C : D :: E : F.$$

Hierbei stellen A und B aufeinanderfolgende Positionen des Apfels zu aufeinanderfolgenden Zeitpunkten dar, C und D die des Mondes und E und F die eines beliebigen anderen Objekts.

Immer wenn wir für etwas einen theoretischen Grund finden, geben wir damit ein Beispiel für diesen Begriff der „ratio" (was ja auch „Grund" bedeutet), da wir damit zu verstehen geben, daß so, wie sich seine verschiedenen Seiten in unserer Vorstellung zueinander verhalten, sie sich auch in dem Ding, dem diese Vorstellung gilt, verhalten. Der wesentliche Grund oder die „ratio" eines Dings ist dann die Gesamtheit der inneren Verhältnisse in seiner Struktur sowie in dem Prozeß, worin es sich bildet, erhält und schließlich auflöst. Eine solche „ratio" verstehen heißt in dieser Sicht, das „innerste Wesen" jenes Dings verstehen.

Daraus ergibt sich, daß das Maß eine Form der Einsicht in das Wesen aller Dinge ist und daß die menschliche Wahrnehmung, die einer solchen Einsicht folgt, deutlich ist und in der Regel zu geordnetem Handeln und harmonischer Lebensweise führen wird. Es ist in diesem Zusammenhang von Nutzen, sich auf die altgriechischen Vorstellungen vom Maß in der Musik und in den bildenden Küsten zu besinnen. In diesen Vorstellungen wurde nachdrücklich betont, daß ein Erfassen des Maßes ein Schlüssel zum Verständnis der Harmonie in der Musik sei (z.B. Maß als Rhythmus, als rechte Abstimmung in der Tonstärke, der Tonart usw.). In gleicher Weise wurde in den bildenden Künsten das rechte Maß als wesentlich für die gesamte Harmonie und Schönheit eines Werkes angesehen (man denke etwa an den „Goldenen Schnitt"). Dies alles deutet darauf hin, wie weit der Begriff des Maßes über den eines Vergleichs mit einem äußeren Maßstab hinausging und auf eine universelle innere „ratio" oder Proportion hinauslief, die sowohl über die Sinne als auch durch den Verstand wahrzunehmen war.

Natürlich begann sich dieser Maßbegriff im Laufe der Zeit nach und nach zu verändern, sodaß er seinen inneren Sinn einbüßte und relativ grob und mechanisch wurde. Wahrscheinlich lag das daran, daß dem Menschen sein Maßbegriff zunehmend zur Routine und Gewohnheit wurde, und zwar sowohl was seine äußere Anwendung auf Messungen anhand einer äußerlichen Maßeinheit betraf als auch seine innere Bedeutung als universelle „ratio" für körperliche Gesundheit, Gesellschaftsordnung und seelische Harmonie. Die Menschen fingen an, sich solche Maßbegriffe mechanisch anzueignen, indem sie sich an die Unterweisungen ihrer Vorfahren oder ihrer Lehrer hielten, und nicht schöpferisch durch ein inneres Erspüren und Erfassen der tieferen Bedeutung dessen, was sie als Verhältnis oder Proportion lernten. So wurde das Maß allmählich als eine Art Richtschnur gelehrt, die man dem Menschen von außen anzulegen hätte, und dieser legte seinerseits körperlich, gesellschaftlich und seelisch — in jedem Zusammenhang, in dem er tätig war — das entsprechende Maß an. Als eine Folge davon wurden die geltenden Maßbegriffe nicht mehr als Ansichten betrachtet. Sie erscheinen vielmehr als „absolute Wahrheiten über die Realität wie sie ist", die die Menschen wohl zu allen Zeiten gekannt hätten und deren Ursprünge oft mythisch als bindende Weisungen der Götter erklärt wurden, die in Frage zu stellen ebenso gefährlich wie sündhaft sei. Mehr und mehr sank das Maßdenken in den Bereich unbewußter Gewöhnung ab, und infolgedessen wurden die Formen, die dieses Denken in der Wahrnehmung hervorrief, als direkt beobachtete objektive Realitäten angesehen, die im wesentlichen unabhängig davon seien, wie man über sie dachte.

Dieser Prozeß war bereits zur Zeit der alten Griechen weit fortgeschritten, und als die Menschen dies erkannten, stellten sie den Maßbegriff in Frage. So sagte Protagoras: „Der Mensch ist das Maß aller Dinge", und betonte damit, daß das Maß keine dem Menschen äußerliche Realität darstellt, die etwa unabhängig von ihm vorhanden wäre. Aber viele, die gewohnheitsmäßig alles äußerlich betrachteten, übertrugen diese Anschauungsweise auch auf das, was Protagoras sagte. Sie zogen daher den Schluß, das Maß sei etwas Willkürliches und dem launischen Belieben oder Geschmack jedes einzelnen unterworfen. Dadurch übersahen sie freilich das Faktum, daß das Maß eine Ansicht ist, die zur Gesamtwirklichkeit, in der der Mensch lebt, passen muß und sich in der Klarheit der Erkenntnis und der Harmonie im Handeln, zu denen sie führt, erweisen muß. Zu einer solchen Einsicht kann man nur dann gelangen, wenn man ernsthaft und redlich zu Werke geht und Wahrhaftigkeit und Tatsachentreue den Vorrang vor seinen eigenen Launen und Wünschen gibt.

Die allgemeine Erstarrung und Vergegenständlichung des Maßbegriffes schritt bis in die moderne Zeit weiter fort, in der mittlerweile das Wort „Maß" selbst vor allem ein Vergleichen einer Sache mit einem äußerlichen Maßstab bezeichnet. Wenn sich auch der ursprüngliche Sinn in manchen Zusammenhängen noch gehalten hat (z.B. in der Kunst und der Mathematik), so wird dieser doch im allgemeinen als eine bloße Nebenbedeutung empfunden.

Im Osten nun hat der Maßbegriff eine nicht annähernd so grundlegende Rolle gespielt. Stattdessen wird in der vorherrschenden Philosophie des Orients das Unermeßliche (das, was auf keinem rationalen Wege benannt, beschrieben oder verstanden werden kann) als das eigentlich Wirkliche betrachtet. So gibt es im Sanskrit (das einen der ganzen indoeuropäischen Sprachfamilie gemeinsamen Ursprung besitzt) das Wort „matra", das „Maß" im musikalischen Sinne bedeutet und offensichtlich mit dem griechischen „metron" verwandt ist. Aber dann wird aus derselben Wurzel das Wort „maya" gebildet, das „Illusion" bedeutet. Dies ist ein außerordentlich bedeutsamer Punkt. Für die westliche Gesellschaft, wie sie von den Griechen ihren Ausgang nimmt, ist das Maß mit all dem, was dieses Wort beinhaltet, das Wesen der Realität selbst oder wenigstens der Schlüssel zu diesem Wesen. Im Osten dagegen wurde das Maß im Laufe der Zeit als irgendwie irrig und trügerisch angesehen. In dieser Sicht erscheinen die Gestalt und die Ordnung der Formen, die Proportionen und die „rationalen" Verhältnisse, die sich dem gewöhnlichen Wahrnehmen und Verstehen darbieten, samt und sonders als eine Art Schleier, der die wahre Realität verhüllt, die mit den Sinnen nicht wahrgenommen werden kann und über die sich nichts sagen oder denken läßt.

Es ist klar, daß die unterschiedlichen Formen, in denen sich die beiden Gesellschaften entwickelt haben, zu ihren verschiedenen Haltungen dem Maß gegenüber passen. So hat im Westen die Gesellschaft das Schwergewicht auf die Herausbildung von (maßabhängiger) Wissenschaft und Technologie gelegt, während es im Osten mehr auf Religion und Philosophie liegt (die letztlich auf das Unermeßliche gerichtet sind).

Bedenkt man diesen Sachverhalt sorgfältig, kann man erkennen, daß der Osten in gewissem Sinne darin im Recht war, das Unermeßliche als das eigentlich Wirkliche zu betrachten. Denn wie bereits gezeigt, ist das Maß eine Ansicht, die sich der Mensch gebildet hat. Eine Realität, die den Menschen übersteigt und ihm vorausgeht, kann nicht von einer solchen Ansicht abhängen. Wie wir ja gesehen haben, führt der Versuch der Annahme, das Maß sei älter als der Mensch und unabhängig von ihm vorhanden, in der Tat zur „Vergegenständlichung" der menschlichen Ansicht, sodaß diese starr und unveränderlich wird und schließlich Fragmentierung und allgemeine Verwirrung entstehen läßt, wie es in diesem Kapitel beschrieben wurde.

Man kann darüber Mutmaßungen anstellen, ob vielleicht in alten Zeiten die Menschen, die weise genug waren, um das Unermeßliche als das eigentlich Wirkliche zu erkennen, auch weise genug waren, um im Maß eine Ansicht eines zweitrangigen und untergeordneten, wenngleich notwendigen Aspekts der Realität zu erblicken. So mögen sie wohl mit den Griechen darin übereingestimmt haben, daß das Erfassen des Maßes dazu beitragen kann, Ordnung und Harmonie in unser Leben zu bringen, während sie vielleicht gleichzeitig tiefer blickten und sahen, daß das Maß in dieser Beziehung nicht der letzte Grund sein kann.

Sie könnten also darüber hinaus gesagt haben, daß, wenn man das Maß mit dem eigentlichen Wesen der Realität gleichsetzt, *dies* eine Illusion sei. Als dann aber die Menschen dies einfach den überlieferten Lehren entnahmen, sank der Sinn weitgehend ins Gewohnheitsmäßige und Mechanische ab. Wie zuvor angedeutet, ging der tiefere Sinn dabei verloren, und die Menschen sagten bald bloß noch: „Maß ist Illusion." So mag sich sowohl im Osten wie im Westen eine wahre Auffassung im Trott des mechanischen Anlernens vorgegebener Lehren zu etwas Falschem und Irreführendem verkehrt haben, anstatt daß die diesen Lehren innewohnenden Einsichten schöpferisch und ursprünglich erfaßt worden wären.

Es ist natürlich unmöglich, zu einem Zustand der Ganzheit zurückzukehren, den es gegeben haben mag, bevor sich die Kluft zwischen Ost und West aufgetan hatte (und sei es auch nur aus dem Grund, weil wir wenig, wenn überhaupt etwas, über diesen Zustand wissen). Wir müssen aufs Neue lernen und beobachten, für uns selbst dem Sinn der Ganzheit nachspüren und ihn entdecken. Freilich sollten wir um die Lehren der Vergangenheit wissen, die westlichen wie die östlichen, aber diese Lehren zu imitieren oder danach zu streben, ihnen zu folgen, hätte wenig Wert, denn um eine neue Einsicht in Fragmentierung und Ganzheit zu gewinnen, ist, wie ja in diesem Kapitel ausgeführt wurde, eine schöpferische Arbeit erforderlich, die sogar noch schwieriger ist als grundlegend neue wissenschaftliche Entdeckungen zu machen oder große und ursprüngliche <u>Kunstwerke zu schaffen</u>. Man könnte in diesem Zusammenhang sagen, daß nicht derjenige Einstein an Kreativität gleichkommt, der dessen Lehren nachahmt — nicht einmal, wer neue Anwendungsmöglichkeiten für diese Ideen findet, sondern eben jener, der von Einstein lernt und sich dann daran macht, etwas Eigenes zu schaffen, worin das Gültige in Einsteins Werk Aufnahme finden kann und das doch auf qualitativ neuen Wegen darüber hinausgeht. Wir müssen also mit der großen Weisheit vom Ganzen, die in der Vergangenheit im Osten wie im Westen vorhanden war, so verfahren, daß wir sie in uns aufnehmen und dann zu einer neuen und ursprünglichen Wahrnehmung fortschreiten, die für unsere gegenwärtigen Lebensbedingungen relevant ist.

Dabei ist es wichtig, daß wir uns über den Stellenwert von Techniken, wie sie in den verschiedenen Meditationsformen benutzt werden, im klaren sind. Meditationstechniken lassen sich gewissermaßen als Maß-nahmen betrachten (durch Wissen und Vernunft gelenkte Handlungen), die der Mensch ergreift, um das Unermeßliche zu erreichen, das heißt einen Bewußtseinszustand, in dem das Gefühl einer Trennung zwischen ihm und dem Ganzen der Realität erlischt. Aber diese Vorstellung enthält eindeutig einen Widerspruch, denn wenn das Unermeßliche überhaupt irgendein Etwas ist, so eben jenes, das sich nicht in die Grenzen zwängen läßt, die Wissen und Vernunft des Menschen abstecken.

Sicherlich können uns in gewissen genau festlegbaren Zusammenhängen technische Maße, wenn sie recht verstanden werden, zu Werken anleiten, aus denen wir eine Einsicht ziehen können, wenn wir aufmerksam sind. Solche Möglichkeiten sind jedoch begrenzt. Es wäre ein Widerspruch in sich, wollte man sich Techniken ausdenken, um grundlegend neue wissenschaftliche Entdeckungen oder ursprüngliche und schöpferische Kunstwerke zustande zu bringen, denn das Wesen eines solchen Schaffens besteht eben in einer gewissen Freiheit und Unabhängigkeit von anderen, deren man etwa als Führer bedürfte. Wie ließe sich diese Freiheit in einer Tätigkeit übermitteln, die ihre Hauptenergiequelle darin hat, aus dem Wissen eines anderen zu schöpfen? Und wenn Ursprünglichkeit und Kreativität in Kunst und Wissenschaft nicht über Techniken lehrbar sind, um wieviel weniger ist es dann über sie möglich, „das Unermeßliche zu entdecken"?

Es gibt wahrhaftig keinerlei direkte und positive Schritte, die ein Mensch unternehmen könnte, um mit dem Unermeßlichen in Berührung zu kommen, denn dieses muß unendlich weit über alles hinausgehen, was der Mensch mit seinem Verstand erfassen oder mit seinen Händen und Instrumenten vollbringen kann.

Dies allein *kann* der Mensch tun: seine ganze Aufmerksamkeit und seine schöpferischen Energien aufbringen, um auf dem gesamten Feld des Messens Klarheit und Ordnung zu schaffen. Dies erfordert freilich nicht nur ein äußeres Messen mittels äußerlicher Maßeinheiten, sondern auch eine innere Maßgerechtigkeit etwa in Form von körperlicher Gesundheit, maßvollem Handeln und Meditation, wodurch man Einblick in die Angemessenheit des Denkens erlangt. Diese ist besonders wichtig, denn wir haben gesehen, daß die Illusion, das Selbst und die Welt seien in Stücke zerbrochen, aus einer Denkhaltung erwächst, die sich an ihrem rechten Maß vergeht und ihr eigenes Produkt mit der gleichartigen unabhängigen Realität verwechselt. Um diese Illusion zu beenden, bedarf es der Einsicht und zwar nicht nur in die Welt im ganzen, sondern auch darin, wie das Werkzeug des Denkens arbeitet. Eine solche Einsicht beinhaltet ein ursprüngliches und schöpferisches Wahrnehmen des Lebens in all seinen Aspekten, geistigen und körperlichen, sowohl durch die Sinne wie durch den Verstand, und vielleicht ist dies der wahre Sinn von Meditation.

Wie wir gesehen haben, rührt die Fragmentierung im wesentlichen von der Festlegung der Ansichten her, die unser allumfassendes Selbst-Weltbild darstellen, eine Festlegung, die sich aus unserem für gewöhnlich mechanischen, routine- und gewohnheitsmäßigen Denken darüber ergibt. Da das eigentlich Wirkliche alles übersteigt, was sich in solche festen Maßformen fassen läßt, müssen diese Ansichten schließlich unzulänglich werden und folglich Unklarheit und Verwirrung in den verschiedensten Formen aufkommen lassen. Wenn sich jedoch das ganze Feld des Messens ohne festgelegte Grenzen oder Schranken einer ursprünglichen und schöpferischen Einsicht darbietet, so werden unsere übergreifenden Weltbilder ihre Starrheit verlieren und auf dem ganzen Feld des Messens wird insoweit Harmonie einkehren, wie die Fragmentierung darauf zu einem Ende kommt. Aber eine ursprüngliche und schöpferische Einsicht in das ganze Feld des Messens *ist* das Wirken des Unermeßlichen. Denn wenn es zu einer derartigen Einsicht kommt, so kann ihr Ursprung nicht in Ideen bestehen, die bereits auf dem Feld des Messens vorhanden sind, sondern er muß vielmehr im Unermeßlichen liegen, das die wesentliche formgebende Ursache all dessen enthält, was sich auf dem Feld des Messens abspielt. Das Meßbare und das Unermeßliche befinden sich dann in Harmonie, und man erkennt in der Tat, daß es sich bei ihnen nur um verschiedene Weisen handelt, das eine und ungeteilte Ganze zu betrachten.

Wenn eine solche Harmonie herrscht, so kann der Mensch nicht nur einen Einblick in den Sinn der Ganzheit gewinnen, sondern er kann auch — und das ist sehr viel bedeutsamer — die Wahrheit dieses Einblicks in jeder Phase und jeder Erscheinungsform seines Lebens erkennen und verwirklichen.

Wie Krishnamurti (1) es mit großer Kraft und Klarheit zum Ausdruck gebracht hat, erfordert dies, daß der Mensch seine vollen schöpferischen Energien der Untersuchung auf dem Feld des Messens widmet. Dies mag vielleicht äußerst schwierig und mühsam sein, aber da sich alles darum dreht, verdient es gewiß ernsthafte Beachtung und reiflichste Überlegung eines jeden von uns.

II

Der Rheomodus – ein Experiment mit Sprache und Denken

1. Einleitung

Im vorigen Kapitel wurde dargestellt, daß unser Denken fragmentiert ist, vor allen Dingen dadurch, daß wir es für ein Bild oder Modell dessen halten, „was die Welt ist". Den Unterteilungen im Denken wird so eine unverhältnismäßige Bedeutung beigemessen, als ob sie eine ausgedehnte und allgegenwärtige Struktur unabhängig existierender, tatsächlicher Brüche in dem „was ist" wären und nicht bloß praktische Begleiterscheinungen der Beschreibung und Analyse. Es wurde gezeigt, daß ein solcher Gedanke eine gründliche Verwirrung stiftet, die alle Lebensbereiche durchdringt und letztlich die Lösung individueller und sozialer Probleme unmöglich macht. Wir erkannten die dringende Notwendigkeit dieser Verwirrung ein Ende zu bereiten, indem wir sorgfältig auf die Einheit von Gedankeninhalt und tatsächlichem Denkvorgang, der diesen Inhalt hervorbringt, achten.

In diesem Kapitel wird es vor allem darum gehen, den Anteil zu untersuchen, den der Bau der Sprache bei dieser Art von Fragmentierung im Denken hat. Wenn auch die Sprache nur *einer* der wichtigsten Faktoren ist, die hieran beteiligt sind, so nimmt sie doch eindeutig eine Schlüsselstellung im Denken, in der Verständigung und bei der Gestaltung der menschlichen Gesellschaft im allgemeinen ein.

Natürlich ist es möglich, die Sprache lediglich so, wie sie in den unterschiedlichsten gesellschaftlichen Gruppen und Geschichtsperioden gesprochen wird und wurde, ins Auge zu fassen, aber uns soll es in diesem Kapitel darum zu tun sein, mit Veränderungen im Bau der Umgangssprache zu *experimentieren*. Es ist bei diesem Experimentieren nicht unser Ziel, den gegenwärtigen Formen des Sprachbaus eine ausgefeilte Alternative entgegenzusetzen, sondern vielmehr zu sehen, wie sich eine Veränderung der Sprache auswirkt, und uns somit möglicherweise einen gewissen Einblick zu verschaffen, wie die Sprache zur allgemeinen Fragmentierung beiträgt. In der Tat lernt man mit am besten begreifen, wie man von einer Gewohnheit (wie sie der übliche Sprachgebrauch zu einem hohen Grade darstellt) geprägt ist, indem man sich gelegentlich „auf die Probe stellt", wenn man etwas vom automatischen und gewohnten Trott grundsätzlich Abweichendes tut, und dabei sorgfältig darauf achtet, was dabei geschieht. Es geht bei der in diesem Kapitel angegangenen Aufgabe hauptsächlich darum, einen Schritt auf ein unter Umständen unendliches Experimentieren mit der Sprache (und dem Denken) hin zu tun. Dadurch bringen wir zum Ausdruck, daß ein solches Experimentieren als eine normale Betätigung des einzelnen und der Gesellschaft anzusehen ist (als welche man ja auch das Experimentieren mit der Natur und dem Menschen selbst im Laufe der letzten paar Jahrhunderte anzusehen gelernt hat). Die Sprache (wie auch das mit ihr einhergehende Denken) wird also als ein besonderer Wirkungsbereich unter allen anderen erscheinen und somit aufhören, der einzige Bereich zu sein, der von experimenteller Erkundung ausgenommen ist.

2. Eine Untersuchung unserer Sprache

Ein entscheidender Schritt bei wissenschaftlichen Untersuchungen besteht darin, die richtige Frage zu stellen, denn hinter jeder Frage verbergen sich Voraussetzungen, die großenteils unausgesprochen sind. Sind diese Voraussetzungen falsch oder verworren, so ist die Fragestellung selbst falsch, das heißt der Versuch, sie zu beantworten, ergibt keinen Sinn. Daher muß man *die Tauglichkeit alter Fragestellungen untersuchen*. Wahrhaft originäre Entdeckungen in wissenschaftlichen und anderen Bereichen waren tatsächlich in der Regel mit einer solchen Untersuchung alter Fragestellungen verbunden, wodurch deren Untauglichkeit erkannt und somit Platz geschaffen wurde, um neue

Fragestellungen aufzuwerfen. Dies ist oft sehr schwierig, da sich diese Voraussetzungen meist sehr tief in die Struktur unseres Denkens eingenistet haben. (Beispielsweise erkannte Einstein, daß Fragen, die sich mit Raum und Zeit und dem Teilchencharakter der Materie befaßten, wie sie von der Physik jener Tage gewöhnlich gestellt wurden, von verworrenen Voraussetzungen ausgingen, die fallengelassen werden mußten, und dadurch war er in der Lage, zu neuen Fragestellungen zu gelangen, die zu grundsätzlich anderen Vorstellungen führten.)

Wie wird nun unsere Frage lauten, wenn wir diese Untersuchung unserer Sprache (und unseres Denkens) in Angriff nehmen? Wir gehen von der Tatsache der allgemeinen Fragmentierung aus. Als vorläufigen Einstieg können wir fragen, ob die gewöhnliche Umgangssprache Züge aufweist, die diese Fragmentierung eher bestärken und verbreiten und sie vielleicht auch widerspiegeln. Eine flüchtige Prüfung zeigt, daß ein sehr bedeutsamer Zug dieser Art das Satzschema Subjekt-Prädikat-Objekt ist, das der Grammatik und Syntax der modernen Sprachen gemein ist. Dieses Schema besagt, daß alles Wirken von einer abgetrennten Wesenheit, dem Subjekt, ausgeht, um daraufhin — sofern es durch ein transitives Verb beschrieben wird — den Raum zwischen dieser und einer anderen getrennten Wesenheit, dem Objekt, zu durchqueren. (Ist das Verb intransitiv, wie in der Aussage: „Er fährt", so wird das Subjekt dennoch als eine getrennte Wesenheit betrachtet, aber das Wirken erscheint entweder als eine Eigenschaft oder als ein reflexives Handeln des Subjekts, etwa in dem Sinne, wie man „Er fährt" als „Er fährt (sich) selbst" auffassen kann.)

Dies ist ein allgegenwärtiges Schema, das dazu führt, daß dem Denken im Lebensganzen die Aufgabe zukommt, das Sein in voneinander getrennte Seiende zu unterteilen, also in Gebilde, die man sich im Grunde als ihrer Natur nach starr und statisch denkt. Wird diese Sicht bis zum Äußersten getrieben, so gelangt man zur herrschenden naturwissenschaftlichen Weltanschauung, die alles als letztlich aus einer Menge fester Elementarteilchen zusammengesetzt betrachtet.

Das Schema Subjekt-Prädikat-Objekt der Sprache neigt in Verbindung mit der zu ihm gehörigen Weltanschauung dazu, unser Sprechen stark zu prägen, selbst in Fällen, in denen sich bei einiger Achtsamkeit seine offensichtliche Untauglichkeit aufweisen ließe. Man betrachte beispielsweise den Satz: „Es regnet." Wo ist dieses „Es", das dem Satz zufolge der „Regner" ist, der das Regnen besorgt? Es wäre doch genauer zu sagen: „Regen fällt." In gleicher Weise sagen wir gewöhnlich: „Ein Elementarteilchen wirkt auf ein anderes", aber jedes Teilchen ist, wie im vorigen Kapitel dargestellt, nur eine Abstraktion von einer relativ gleichbleibenden Bewegungsform auf dem ganzen Feld des Universums. Es wäre also richtiger zu sagen: „Elementarteilchen sind stattfindende Bewegungen, die voneinander abhängen, weil sie letztlich miteinander verschmelzen und sich gegenseitig durchdringen." Dieselbe Beschreibungsform stimmt allerdings auch auf der makroskopischen Ebene. Anstatt also zu sagen: „Der Beobachter betrachtet einen Gegenstand", können wir richtiger sagen: „Beobachtung vollzieht sich in einer ungeteilten Bewegung zwischen zwei Abstrakta, die man üblicherweise 'den Menschen' und 'den von ihm betrachteten Gegenstand' nennt."

Diese Überlegungen zu den umfassenden Hintergründen von Formen des Satzbaus legen eine weitere Frage nahe. Ist es nicht möglich, die Syntax und die grammatikalische Form der Sprache so zu verändern, daß dem Verb anstelle des Substantivs eine tragende Rolle zukommt? Dies würde dazu beitragen, die oben dargestellte Form von Fragmentierung zu beenden, denn das Verb beschreibt Handlungen und Bewegungen, die ohne scharfe Trennungen oder Brüche ineinander fließen und übergehen. Da sich zudem Bewegungen in der Regel immerzu verändern, besitzen sie kein bleibendes, starr geformtes inneres Gerüst, mit dem man getrennt existierende Dinge gleichsetzen könnte. Eine solche Einstellung zur Sprache fügt sich offensichtlich in das übergreifende Weltbild ein, das im vorigen Kapitel besprochen wurde, wonach Bewegung als ein Primärbegriff genommen wird, während scheinbar statische und getrennt existierende Dinge als relativ gleichbleibende Zustände einer andauernden Bewegung gesehen werden (man entsinne sich etwa des Beispiels vom Strudel).

In manchen alten Sprachen wie beispielsweise im Hebräischen wurde nun das Verb in der Tat im oben beschriebenen Sinne als primär angenommen. So besaßen fast alle Worte im Hebräischen eine bestimmte Verbalwurzel, während Adverb, Adjektiv und Substantiv gebildet wurden, indem man die Stammform des Verbs mit Hilfe von Präfixen, Suffixen und anderen Mitteln abwandelte. Der tatsächliche Sprachgebrauch im modernen Hebräisch ähnelt jedoch dem im Englischen, denn auch dort spielt das Substantiv in Wirklichkeit die sinntragende Hauptrolle, obwohl alle Worte der formalen Grammatik zufolge noch immer von der Verbalwurzel ausgehend gebildet werden.

Wir müssen hier natürlich versuchen, mit einer Struktur zu arbeiten, worin dem Verb eine Hauptaufgabe zufällt, und diese Forderung ernst zu nehmen. Dies bedeutet, daß es keinen Zweck hat, dem Verb formal eine Hauptrolle zuzusprechen und dabei in Begriffen zu denken, die eine Menge getrennter und feststellbarer Objekte als grundlegend annehmen. Das eine sagen und das andere tun würde eine Form der Verwirrung darstellen, die bloß die allgemeine Fragmentierung vermehren würde, anstatt dazu beizutragen, ihr ein Ende zu bereiten.

Plötzlich eine ganz neue Sprache zu erfinden, die eine von Grund auf andere Denkstruktur impliziert, ist jedoch eindeutig undurchführbar. Man kann nur vorläufig und versuchsweise einen *neuen Modus* in die Sprache einführen. So haben wir bereits verschiedene Verbmodi wie Indikativ, Konjunktiv und Imperativ, und unser Geschick im Umgang mit der Sprache entwickelt sich darin, daß wir jeden dieser Modi nach Bedarf verwenden können, ohne dabei eine bewußte Wahl treffen zu müssen. In gleicher Weise werden wir uns nun einen Modus überlegen, bei dem die Bewegung die erste Stelle in unserem Denken einnimmt und bei dem dieser Gedanke so dem Sprachbau einverleibt wird, daß wir dem Verb anstelle des Substantivs die Hauptrolle zugestehen. Indem man einen solchen Modus entwickelt und sich eine Weile seiner bedient, kann man sich die nötige Geschicklichkeit im Umgang damit erwerben, so daß man ihn ebenfalls nach Bedarf verwenden kann, ohne eine bewußte Wahl treffen zu müssen.

Der Einfachheit halber werden wir diesem Modus einen Namen geben, und zwar *Rheomodus* („Rheo-" stammt von griechisch „rheein" — „fließen"). Wenigstens im ersten Anlauf wird es sich beim Rheomodus um ein Experiment im Umgang mit der Sprache handeln, bei dem es vor allem darum geht herauszufinden, ob es möglich ist, eine neue Sprachstruktur zu schaffen, die nicht so anfällig für Fragmentierung ist wie die gegenwärtige. Unsere Untersuchung wird demnach damit anfangen müssen, daß wir die Rolle betonen, die die Sprache bei der Ausprägung unserer umfassenden Weltanschauungen spielt wie auch dabei, diese Anschauungen genauer in Form allgemeiner philosphischer Ideen auszudrücken. Es wurde ja im vorigen Kapitel zu verstehen gegeben, daß die Weltanschauungen und ihre allgemeinen Ausdrucksformen (die unausgesprochene Folgerungen über alles beinhalten einschließlich der Natur, der Gesellschaft, uns selbst, unserer Sprache usw.) heute eine ausschlaggebende Rolle dabei spielen, die Fragmentierung in jedem Lebensbereich hervorzurufen und zu verstärken. Wir werden also den Rheomodus zu Anfang vor allem experimentell gebrauchen. Wie bereits angeführt, impliziert dies ein sorgfältiges Achten auf das tatsächliche Funktionieren von Denken und Sprache, eine Aufmerksamkeit, die über ein bloßes Erwägen ihres Inhalts hinausgeht.

Zumindest in der jetzigen Untersuchung wird sich der Rheomodus hauptsächlich auf Fragestellungen beziehen, die sich um die Implikationen unserer umfassenden Weltanschauungen drehen, wie sie derzeit großenteils in der Philosophie, der Psychologie, der Kunst, der Naturwissenschaft und der Mathematik, vor allem aber in der Erforschung von Denken und Sprache selbst erörtert werden. Natürlich kann ein Fragen dieser Art auch im Rahmen der gegenwärtigen Sprachstruktur stattfinden. Zwar wird diese Struktur in der Tat von dem zerteilenden Schema Subjekt-Prädikat-Objekt beherrscht, aber sie birgt dennoch eine reiche und vielfältige Anzahl anderer Formen, die größtenteils *stillschweigend* und *implizit* gebraucht werden (besonders in der Dichtung, aber auch darüber hinaus in allen künstlerischen Ausdrucksweisen). Das beherrschende Schema Subjekt-Prädikat-Objekt neigt jedoch ständig zur Fragmentierung, und es ist offenkundig, daß das Bestreben, diese Fragmentierung durch ein geschicktes Ziehen anderer Sprachregister zu umgehen, nur in beschränktem Umfang gelingen kann, da wir durch den Zwang der Gewohnheit früher oder später — vor allem bei weitreichenden Fragestellungen, die unsere umfassenden Weltanschauungen betreffen — unwissentlich doch wieder der fragmentierenden Vorgehensweise erliegen, die der Struktur zugrunde liegt. Der Grund dafür besteht nicht nur darin, daß das Schema Subjekt-Prädikat-Objekt der Sprache ständig unter der Hand eine unangebrachte Trennung zwischen Dingen vornimmt, sondern daß darüber hinaus das gewöhnliche Sprechen stark dazu neigt, seine eigene Funktion als selbstverständlich anzunehmen, und uns somit dazu verleitet, uns fast ausschließlich mit dem ausgesagten Inhalt zu befassen, sodaß der wirklichen Zeichenfunktion der Sprache selbst nur wenig oder gar keine Beachtung geschenkt wird. Wie aber zuvor ausgeführt, hat der wesentliche Hang zur Fragmentierung gerade hier seinen Ursprung. Da nämlich das gewöhnliche Denken und Sprechen nicht die rechte Aufmerksamkeit auf seine eigene Funktion verwendet, so entspringt diese scheinbar einer von Denken und Sprechen unabhängigen Realität, so daß die in der Sprachstruktur angelegten Teilungen nach außen projiziert werden, als ob man es mit Bruchstücken zu tun hätte, die tatsächlich Brüchen in dem „was ist" entsprächen.

Solch eine fragmentierte Wahrnehmung mag jedoch den falschen Eindruck erwecken, man ließe dem Wirken von Denken und Sprache bereits die angemessene Beachtung zukommen, und zu dem falschen Schluß führen, es gäbe in Wirklichkeit gar keine ernstliche Schwierigkeit von der oben beschriebenen Art. Beispielsweise könnte man annehmen, daß ebenso, wie das Wirken der natürlichen Welt in der Physik erforscht wird, das der Gesellschaft in der Soziologie und das der Seele in der Psychologie, das Wirken der Sprache Angelegenheit der Linguistik sei. Aber es versteht sich, daß solch eine Vorstellung nur dann zuträfe, wenn alle diese Felder wirklich scharf voneinander abgegrenzt wären und sich in ihrem Wesen entweder gar nicht oder nur langsam veränderten, so daß die in einem jeden Sonderbereich gewonnenen Ergebnisse in allen Situationen und bei jeder Gelegenheit, auf die sie angewandt werden könnten, gültig wären. Wir haben jedoch betont, daß bei Fragen von solcher Tiefe und solchem Umfang eine Trennung dieser Art nicht angebracht ist und daß es entscheidend ist, in jedem Moment auf die Sprache (und das Denken) zu achten, derer man sich bei der Untersuchung der Sprache bedient, was natürlich für jede andere Untersuchung ebenso gilt. Es genügt also nicht, die Sprache als ein besonderes Forschungsfeld herauszugreifen und sie als eine relativ statische Sache anzusehen, die sich nur langsam (oder gar nicht) verändert, wenn man sich mit ihr befaßt.

Somit ist klar, daß wir uns bei der Entwicklung des Rheomodus vor allem bewußt sein müssen, wie notwendig es ist, daß das Sprechen im selben Moment, in dem es stattfindet, genau auf sein eigenes Wirken achtet. Auf diese Weise können wir nicht nur zusammenhängender über weitreichende Fragestellungen, die unsere allgemeinen Weltanschauungen betreffen, nachdenken, sondern wir können auch besser verstehen, wie die gewöhnliche Sprechweise wirkt, und von daher sogar dieses gewöhnliche Sprechen stimmiger gebrauchen.

3. Die Form des Rheomodus

Wir begeben uns nun im einzelnen an die Untersuchung der Frage, was eine geeignete Ausdrucksform für den Rheomodus sein könnte.

Als ersten Schritt in dieser Untersuchung können wir fragen, ob sich in dem reichhaltigen und vielfältigen lockeren Gefüge der Umgangssprache nicht — und sei es auch nur in einer keimhaften und unentfalteten Form — irgendetwas findet, womit sich das oben genannte Bedürfnis, auf das reale Wirken von Denken und Sprache aufmerksam zu machen, zufriedenstellen ließe. Wenn man dieser Frage nachgeht, so kann man entdecken, daß es so etwas gibt. In der Tat ist das treffende Beispiel dafür in der heutigen Zeit der Gebrauch (und Übergebrauch) des Wortes ,,relevant" (den man vielleicht als eine Art Herantasten an die aufmerksamkeitsheischende Funktion verstehen kann, die die Menschen beinahe unbewußt als wichtig empfinden).

Das Wort ,,relevant" ist abgeleitet vom lateinischen Verb ,,relevare" — ,,wieder aufheben". Wir wollen darunter verstehen, daß etwas deutlich hervorgehoben wird, sodaß der hervorgehobene Inhalt dann erhaben, ,,im Relief", vorsteht. Wenn ein zur Beachtung hervorgehobener Inhalt stimmig ist oder in den betreffenden Zusammenhang paßt, wenn er sich also auf den Zusammenhang bezieht oder in einem Verhältnis zu ihm steht, dann sagt man, dieser Inhalt sei *relevant*. Paßt er nicht, so nennt man ihn natürlich *irrelevant*.

Als ein Beispiel dafür können wir die Bücher von Lewis Carroll anführen, die deshalb so witzig sind, weil er vom Irrelevanten Gebrauch macht. So findet in *Alice im Wunderland* ein Gespräch zwischen dem Hutmacher und dem Schnapphasen statt, bei dem jener sich darüber beschwert, daß die Uhr zwei Tage nachgeht, worauf dieser sich damit rechtfertigt, er habe doch ,,echte Tafelbutter" genommen. Durch diese Aussage wird der irrelevante Gedanke hervorgehoben, daß die Qualität von Butter irgendeinen Einfluß auf das Laufen von Uhren hätte — ein Gedanke, der im Zusammenhang mit dem wirklichen Bau eines Uhrwerks offensichtlich unpassend ist.

Macht man eine Aussage über Relevanz, so behandelt man damit Denken und Sprache als Realitäten, die auf derselben Ebene angesiedelt sind wie der Kontext, auf den sie sich beziehen. Wirklich faßt man in dem Moment, in dem die Aussage gemacht wird, sowohl diesen Kontext als auch das Gesamtwirken von

Denken und Sprache ins Auge, um zu sehen, ob sie zusammenpassen oder nicht. Somit ist das Erkennen der Relevanz oder Irrelevanz einer Aussage in erster Linie ein Wahrnehmungsvorgang von sehr hohem Rang, vergleichbar etwa dem, der sie als wahr oder falsch erkennt. Die Frage nach der Relevanz geht gewissermaßen der nach der Wahrheit voraus, denn fragt man, ob eine Aussage wahr oder falsch ist, so setzt man damit voraus, daß sie relevant ist (so daß der Versuch, eine irrelevante Aussage als wahr oder falsch zu erklären, eine Form von Verwirrung ist), aber in einem tieferen Sinne ist die Feststellung der Relevanz oder Irrelevanz offenbar ein Aspekt der Wahrheitserkenntnis im umfassenden Sinne.

Zweifellos kann das Erfassen der Relevanz oder Irrelevanz nicht auf eine Technik oder Methode, die einer Anzahl von Regeln gehorcht, reduziert werden. Es ist eher eine *Kunst*, und zwar sowohl in dem Sinne, daß es eine schöpferische Wahrnehmung erfordert, als auch in dem, daß diese Wahrnehmung zu einer Art Fertigkeit weiterentwickelt werden muß (wie es bei der Arbeit des Künstlers der Fall ist).

Es ist demnach zum Beispiel nicht richtig, die Unterteilung zwischen Relevanz und Irrelevanz als eine Form angesammelten Wissens über Eigenschaften von Aussagen zu betrachten (etwa indem man sagt, daß gewisse Aussagen Relevanz „besitzen" und andere nicht). Vielmehr teilt in jedem Fall die Erklärung der Relevanz oder Irrelevanz eine Wahrnehmung mit, die im Augenblick der Äußerung stattfindet, und gibt den eigentümlichen Kontext ab, der in dem Augenblick bezeichnet wird. Wie sich der fragliche Kontext verändert, so kann eine Aussage, die zunächst relevant war, irrelevant werden und umgekehrt. Des weiteren kann man nicht einmal behaupten, daß eine bestimmte Aussage entweder relevant oder irrelevant ist und daß damit alle Möglichkeiten erschöpft sind. So mag in vielen Fällen der Gesamtzusammenhang so beschaffen sein, daß man nicht eindeutig ausmachen kann, ob die Aussage zutreffend ist oder nicht. Dies bedeutet, daß man mehr in Erfahrung bringen muß und daß sich die Angelegenheit sozusagen im Fluß befindet. Wenn man also etwas für relevant oder irrelevant erklärt, so muß man verstehen, daß dies keine unumstößliche Trennung zwischen gegensätzlichen Kategorien ist, sondern vielmehr ein Ausdruck einer sich fortwährend verändernden Wahrnehmung, der es möglich ist, in einem Augenblick eine Übereinstimmung zwischen dem zur Beachtung hervorgehobenen Inhalt und dem entsprechenden Bezugsrahmen zu erblicken und im nächsten schon wieder nicht mehr.

Gegenwärtig wird die Frage der Übereinstimmung oder Nichtübereinstimmung in einer Sprache erörtert, für deren Bau Substantive die Grundlage bilden (z.B. indem man sagt: „Dieser Gedanke ist relevant."). Ein solcher Bau impliziert in der Tat in aller Form eine unumstößliche Trennung zwischen Relevanz und Irrelevanz. Über die Form der Sprache wird also ständig ein Hang zur Fragmentierung eingeschleppt, und dies sogar in den Bildungen, die die Aufgabe hätten, auf die Ganzheit von Sprache und Zusammenhang, in dem sie gebraucht wird, aufmerksam zu machen.

Wie bereits erklärt, sind wir natürlich oft in der Lage, diese Tendenz zur Fragmentierung zu überwinden, indem wir mit der Sprache auf eine freiere, ungezwungenere und „poetischere" Art und Weise umgehen, wodurch die wahrhaft fließende Natur des Unterschieds zwischen Relevanz und Irrelevanz richtig zum Ausdruck gebracht wird. Wäre es aber nicht möglich, dies zusammenhängender und wirkungsvoller zu tun, indem man das Problem der Relevanz im Sinne des Rheomodus angeht, in dem, wie zuvor angedeutet, der Form nach keine unumstößlichen Trennungen auftreten, da dem Verb anstelle des Substantivs die Hauptrolle zukommt?

Um diese Frage zu beantworten, müssen wir zunächst anmerken, daß das lateinische Verb „relevare", von dem sich das Adjektiv „relevant" herleitet, eine Präfixbildung zu „levare" ist (was natürlich „heben" heißt). Als einen Schritt zur Entwicklung des Rheomodus schlagen wir daran anschließend die Bildung eines Verbes „levieren" vor, das bedeuten soll: „Das spontane und uneingeschränkte Hervorheben eines beliebigen Inhalts, einschließlich des Hervorhebens der Frage, ob dieser Inhalt in einen weiteren Zusammenhang paßt oder nicht, wie auch das Hervorheben eben dieser Wirkung, *auf etwas aufmerksam zu machen*, die von dem Verb ausgelöst wird." Dies beinhaltet eine uneingeschränkte Weite und Tiefe der Bedeutung, die nicht in festen Grenzen befangen ist.

Wir führen nun das Verb „re-levieren" ein. Dies bedeutet: „Einen bestimmten Inhalt in einem besonderen Zusammenhang, wie er von Denken und Sprache bezeichnet wird, wieder hervorheben." Hierbei muß betont werden, daß „re-" „wieder" bedeutet, das heißt zu einer anderen Gelegenheit. Es impliziert offensichtlich *Zeit* und Gleichheit (aber auch einen Unterschied, da jede Gelegenheit nicht nur gleich, sondern auch anders ist).

Wie zuvor ausgeführt wurde, ist von Fall zu Fall ein Wahrnehmungsvorgang erforderlich, um festzustellen, ob der derart „wieder gehobene" Inhalt in den betrachteten Zusammenhang paßt oder nicht. In den Fällen, in denen dieser Wahrnehmungsvorgang eine Übereinstimmung zeigt, sagen wir: „Re-levieren ist re-levant." (Man beachte, daß der Bindestrich hier wesentlich ist und daß das Wort mit einer Atempause gesprochen werden sollte, wie der Bindestrich sie anzeigt.) In Fällen, in denen eine Nichtübereinstimmung wahrgenommen wird, sagen wir selbstverständlich: „Re-levieren ist irre-levant."

Wir sehen also, daß Adjektive ausgehend von der Stammform des Verbes gebildet wurden. Substantive kann man ebenfalls auf diesem Weg erhalten, und sie werden nicht getrennte Objekte bezeichnen, sondern vielmehr *andauernde Zustände* der jeweils besonderen Bewegungen, die die Verben benennen. „Relevation" heißt demnach „ein andauernder Zustand des Hervorhebens eines *gegebenen* Inhalts".

Die Re-levation fortzusetzen, wenn dies irre-levant ist, wird hingegen „Irre-levation" heißen. Im wesentlichen bedeutet Irrelevation, daß es beim Hervorheben an Achtsamkeit fehlt. Ist ein Inhalt irre-levant, so sollte er normalerweise früher oder später fallengelassen werden. Geschieht dies nicht, dann ist man in gewissem Sinne nicht aufmerksam oder wachsam. Irre-levation bedeutet folglich die Notwendigkeit, das Faktum zu beachten, daß es an Achtsamkeit fehlt. *Achtet man auf diesen Mangel an Achtsamkeit, so beendet eben dies natürlich die Irre-levation.*

Als letztes werden wir das Substantiv „Levation" einführen, das eine Art verallgemeinerte und uneingeschränkte Gesamtheit von Handlungen bezeichnet, die etwas zur Beachtung hervorheben. (Man beachte den Unterschied zu „levieren", das einen einzigen spontanen und uneingeschränkten Akt dieser Art bezeichnet.)

Zweifellos versetzt uns dieser Umgang mit einer von einem Grundverb abgeleiteten Sprachstruktur in die Lage, das, was man gemeinhin unter „Relevanz" versteht, in einer von Fragmentierung freien Art zu erörtern, da wir durch die Struktur der Sprache nicht mehr dazu verleitet werden, eine sogenannte Relevanz wie eine getrennte und feststehende Eigenheit zu betrachten. Noch wichtiger ist dabei, daß wir keine Trennung vornehmen zwischen dem, was das Verb „levieren" bedeutet, und dem, was wirklich geschieht, wenn wir dieses Verb gebrauchen. „Levieren" heißt also nicht nur den Gedanken fassen, einen uneingeschränkten Inhalt hervorzuheben, sondern das Hervorheben eines solchen uneingeschränkten Inhalts wird damit selbst vollzogen. Der Gedanke ist folglich kein bloßes Abstraktum ohne konkrete Wahrnehmung, auf die er sich beziehen kann. Es geschieht vielmehr tatsächlich etwas, das mit der Bedeutung des Wortes übereinstimmt, und man kann in dem Augenblick, da man das Wort gebraucht, die Übereinstimmung zwischen der Bedeutung und dem Geschehen erkennen. Der Inhalt des Denkens und seine tatsächliche Wirkung werden so als eins gesehen und empfunden, und von daher versteht man, was es heißen kann, wenn Fragmentierung von Anfang an gar nicht erst entsteht.

Offenbar ist es möglich, diese Art der Bildung von Sprachformen zu verallgemeinern, sodaß jedes beliebige Verb als Grundform genommen werden kann. Wir werden daher behaupten, daß sich der Rheomodus seinem Wesen nach durch diesen Gebrauch des Verbs auszeichnet.

Wir wollen uns als Beispiel das lateinische Verb „videre" — „sehen" vornehmen, das im Deutschen in Fremdwortbildungen wie etwa „Video" auftaucht. Wir führen nun als Grundform das Verb „vidieren" ein. Dies bedeutet nicht bloß „sehen" mit dem Gesichtssinn, sondern wir werden damit jede Art der Wahrnehmung ausdrücken, auch die verstandesmäßige, die das Erfassen einer Gesamtheit unter Einbeziehung der Sinneswahrnehmung, des Intellekts, des Gefühls usw. darstellt (wie ja auch „verstehen" und „einsehen" in der Umgangssprache austauschbar verwandt werden können). Das Wort „vidieren" wird demnach auf irgendeinen spontanen und uneingeschränkten Akt der Wahrnehmung jeder beliebigen Art aufmerksam machen, einschließlich der Wahrnehmung der Übereinstimmung oder Nichtübereinstimmung von dem, was man sieht, mit dem „was ist" wie auch der Wahrnehmung selbst jener Wirkung des Wortes, daß es überhaupt auf etwas aufmerksam macht. Somit besteht, wie schon bei „levieren", keine Kluft zwischen dem Inhalt (der Bedeutung) dieses Wortes und der Gesamtwirkung, die es hervorruft.

Wir betrachten nunmehr das Verb „re-vidieren", welches bedeutet, einen gegebenen, von einem Wort oder einem Gedanken angezeigten Inhalt *wieder* erkennen. Wenn wir finden, daß dieser Inhalt zu dem angegebenen Zusammenhang paßt, so sagen wir: „Re-vidieren ist re-vidant." Paßt er nicht, sagen wir selbstverständlich: „Re-vidieren ist irre-vidant." (Dies heißt im üblichen Sprachgebrauch, daß es eine verkehrte oder trügerische Wahrnehmung war.)

„Re-vidation" ist dann ein andauernder Zustand der Wahrnehmung eines bestimmten Inhalts, wohingegen „Irre-vidation" ein andauernder Zustand der Verstrickung in eine Illusion oder Täuschung in bezug auf einen bestimmten Inhalt ist. Offenbar geht Irre-vidation (wie auch Irre-levation) mit einem Mangel an Achtsamkeit einher, und achtet man auf diesen Mangel an Achtsamkeit, so beendet dies die Irre-vidation.

Das Substantiv „Vidation" schließlich nennt eine uneingeschränkte und verallgemeinerte Gesamtheit von Wahrnehmungsakten. Offensichtlich darf man nicht scharf zwischen *Vidation* und *Levation* trennen. Bei einer Vidation ist es notwendig, einen Inhalt zur Beachtung zu levieren, und bei einer Levation muß dieser Inhalt vidiert werden. Die zwei Bewegungen der Levation und Vidation verschmelzen folglich miteinander und durchdringen sich gegenseitig. Jedes dieser Worte betont (das heißt re-leviert) nur einen bestimmten Aspekt der Bewegung im allgemeinen. Es wird noch deutlich werden, daß dies für alle Grundverben im Rheomodus gilt. Alle bedingen sie sich gegenseitig und gehen ineinander über. Somit wird der Rheomodus eine gewisse Ganzheitlichkeit an den Tag legen, die dem üblichen Sprachgebrauch nicht eigen ist (wenngleich sie darin angelegt ist, denn wenn wir die Bewegung als primär ansetzen, so müssen wir gleichfalls behaupten, daß alle Bewegungen ineinander verschwimmen, miteinander verschmelzen und sich gegenseitig durchdringen).

Wir fahren nun damit fort, uns das normale Verb „dividieren" anzusehen. Wir werden es in seiner lateinischen Urform als eine Verbindung des Verbs „videre" mit dem Präfix „di-", was „getrennt" heißt, behandeln. Wir nehmen also für „dividieren" die Bedeutung „als getrennt sehen" an. (1)

Mit dieser Bedeutung führen wir also das Verb „di-vidieren" (2) ein. Dieses Wort macht auf den spontanen Akt aufmerksam, Dinge in jeder beliebigen Form als getrennt anzusehen, was die Feststellung einschließt, ob die Erkenntnis mit dem „was ist" übereinstimmt oder nicht, und sogar die, daß die auf etwas aufmerksam machende Wirkung dieses Wortes etwas Trennendes hat. In Bezug auf diesen letzten Punkt merken wir, daß der Unterschied des Wortes „di-vidieren" von „vidieren", wovon es abgeleitet ist, schon bei bloßer Betrachtung ins Auge springt. Di-vidieren gibt also nicht nur den *Inhalt* (die Bedeutung) der Trennung an, sondern der reine Gebrauch dieses Wortes wirkt dergestalt, daß sich die Vorstellung des Trennens als eine passende Beschreibung einstellt.

Wir besehen uns nun das Verb „re-dividieren" was bedeutet, einen gegebenen Inhalt durch Denken und Sprache als eine besondere Form von Trennung oder Teilung wieder erkennen. Finden wir dabei, daß dieser in den angezeigten Zusammenhang paßt, so sagen wir: „Re-dividieren ist re-dividant." Finden wir, daß er nicht paßt, sagen wir: „Re-dividieren ist irre-dividant."

„Re-dividation" ist demnach ein andauernder Zustand, in dem ein bestimmter Inhalt in Form von Trennung oder Teilung gesehen wird. „Irre-dividation" ist ein andauernder Zustand, in dem man dort Trennung erblickt, wo wir normalerweise sagen würden, daß die Trennung irrelevant ist.

Irre-dividation ist offensichtlich im wesentlichen dasselbe wie Fragmentierung. Damit wird deutlich, daß die Fragmentierung unmöglich etwas Gutes sein kann, denn sie besagt nicht nur, daß Dinge als getrennt angesehen werden, sondern daß man daran in einem Zusammenhang festhält, in dem diese Sichtweise unpassend ist. Die Irre-dividation unbegrenzt fortzusetzen ist nur durch einen Mangel an Achtsamkeit möglich. Die Irre-dividation findet also durch das bloße Achten auf diesen Mangel an Achtsamkeit ihr Ende.

Das Substantiv „Di-vidation" schließlich bezeichnet natürlich eine uneingeschränkte und verallgemeinerte Gesamtheit von Handlungen, in denen Dinge als getrennt gesehen werden. Wie zuvor gezeigt wurde, beinhaltet Di-vidation eine Trennung in der auf etwas aufmerksam machenden Wirkung des Wortes, so daß die Dividation als von der Vidation unterschieden gesehen wird. Dennoch gilt dieser Unterschied nur in einem begrenzten Rahmen und darf nicht als Fragmentierung oder wirklicher Bruch zwischen Bedeutung und Funktion der beiden Worte aufgefaßt werden. Vielmehr zeigen ihre Formen selbst, daß die Di-vidation eine Art Vidation ist, tatsächlich ein Sonderfall von dieser. In letzter Hinsicht ist also die Ganzheit das Primäre, insofern wie Bedeutung und Wirkung ineinander übergehen und sich gegenseitig durchdringen. Die Trennung erscheint so als ein bequemes Mittel für eine mehr gegliederte und ins einzelne gehende Beschreibung dieses Ganzen und nicht als eine Fragmentierung dessen „was ist".

Die Bewegung von der Unterteilung zur Einheit der Wahrnehmung vollzieht sich als *Ordnen*. (Dies wird im Kapitel 5 ausführlich behandelt.) Beispielsweise läßt sich ein Lineal in Zentimeter unterteilen, aber diese Unterteilung geht in unser Denken nur als ein bequemes Ausdrucksmittel für eine *einfache Abfolgeordnung* ein, wodurch wir etwas in bezug auf irgendein ganzes Objekt, das mittels eines solchen Lineals gemessen wird, mitteilen und verstehen können.

Diese einfache Idee einer Abfolgeordnung, die durch regelmäßige Unterteilungen einer Linie auf einer Skala ausgedrückt wird, leitet uns bei unserer Bautätigkeit an, bei unseren Reisen und Bewegungen auf der Eroberfläche und im Raum sowie bei einer großen Anzahl von allgemein praktischen und wissenschaftlichen Vorhaben. Aber natürlich sind auch komplexere Ordnungen möglich, und diese müssen durch feinere Unterteilungen und gedankliche Kategorien ausgedrückt werden, die für differenziertere Bewegungsformen stehen. So gibt es die Bewegung des Wachstums und der Entwicklung von Lebewesen, die Bewegung einer Symphonie, die Bewegung, die das Wesen des Lebens selbst ist, usw. Diese müssen offensichtlich auf unterschiedliche Weisen beschrieben werden, die in der Regel nicht auf eine Beschreibung im Sinne einer einfachen Abfolgeordnung reduziert werden können.

Über all diese Ordnungen hinaus geht die Bewegung der Achtsamkeit. Diese Bewegung muß in einer Ordnung erfolgen, die mit der Ordnung dessen, dem die Beobachtung gilt, übereinstimmt, denn sonst werden wir nicht sehen, was es zu sehen gibt. Wenn wir zum Beispiel eine Symphonie hören möchten und dabei vor allem auf eine zeitliche Abfolgeordnung achten, wie eine Uhr sie anzeigt, so werden wir die feinen Ordnungen überhören, die den wesentlichen Sinn der Musik ausmachen. Unsere Fähigkeit zum Wahrnehmen und Verstehen ist offenbar so eng oder so weit wie die Freiheit, mit der wir unsere Achtsamkeit umordnen können, sodaß diese mit der Ordnung, auf die man achtet, übereinstimmt.

Es ist daher klar, daß der Begriff der Ordnung für das Verständnis der wahren Bedeutung der Unterteilungen im Denken und in der Sprache, die wir der Einfachheit halber vornehmen, eine Schlüsselstellung einnimmt. Um diesen Begriff im Rheomodus zu behandeln, wollen wir als Grundform das Verb „ordinieren" einführen. Dieses Wort macht auf irgendeinen spontanen und uneingeschränkten Ordnungsvorgang jeder beliebigen Art aufmerksam einschließlich jenes Ordnens, das mit der Feststellung verbunden ist, ob eine bestimmte Ordnung in einen betrachteten Zusammenhang paßt oder nicht, und sogar des Ordnens, das mit dem Aufmerksammachen selbst einhergeht. „Ordinieren" bedeutet also in erster Linie nicht, „über eine Ordnung nachdenken", sondern vielmehr, das Ordnen der Achtsamkeit selbst zu vollziehen, während man zugleich auf seine Gedanken über Ordnung achtet. Abermals erblicken wir die Ganzheit der Bedeutung eines Wortes und seiner Gesamtwirkung, und dies ist ein wesentlicher Aspekt des Rheomodus.

„Re-ordinieren" heißt demnach, mittels Sprache und Denken wieder auf eine gegebene Ordnung aufmerksam machen. Wenn wir finden, daß diese Ordnung zu dem paßt, was in dem fraglichen Zusammenhang betrachtet werden soll, so sagen wir: „Re-ordinieren ist re-ordinant." Finden wir, daß sie nicht paßt, sagen wir: „Re-ordinieren ist irre-ordinant" (wie z.B. bei der Verwendung eines geradlinigen Gitternetzes für einen Irrgarten mit verschlungenen Pfaden).

Das Substantiv „Re-ordnination" beschreibt dann einen andauernden Zustand, worin auf eine bestimmte Ordnung aufmerksam gemacht wird. Einen anhaltenden Zustand der Re-ordination in einem irre-ordinanten Zusammenhang wird man als „Irre-ordination" bezeichnen. Wie bei allen anderen Worten auch, ist Irre-ordination nur durch seinen Mangel an Achtsamkeit möglich und findet ihr Ende, wenn man diesem Mangel an Achtsamkeit Beachtung schenkt.

Das Substantiv „Ordination" schließlich bezeichnet natürlich eine uneingeschränkte und verallgemeinerte Gesamtheit von Ordnungsvorgängen. Ordination beinhaltet offensichtlich Levation, Vidation und Di-vidation, und letzten Endes beinhalten all diese Ordination. Will man also sehen, ob ein gegebener Inhalt re-levant ist, muß man seine Achtsamkeit entsprechend ordnen, um diesen Inhalt wahrzunehmen; eine Anzahl entsprechender Unterteilungen oder Kategorisierungen muß im Denken vorgenommen werden usw.

Wir haben genug über den Rheomodus gesagt, um wenigstens einen allgemeinen Begriff davon zu geben, wie er funktioniert. Es mag jedoch an dieser Stelle von Nutzen sein, das Gesamtschema des Rheomodus darzustellen, indem wir die Worte auflisten, die bis jetzt verwandt wurden:

>Levieren, re-levieren, re-levant, irre-levant, Levation, Re-levation, Irre-levation.

Vidieren, re-vidieren, re-vidant, irre-vidant, Vidation, Re-vidation, Irre-vidation.
Di-vidieren, re-dividieren, re-dividant, irre-dividant, Di-vidation, Re-dividation, Irre-dividation.
Ordinieren, re-ordinieren, re-ordinant, irre-ordinant, Or-dination, Re-ordination, Irre-ordination.

Es sollte angemerkt werden, daß der Rheomodus in erster Linie eine neue grammatische Konstruktion mit sich bringt, bei der die Verben neuartig gebraucht werden. Neu ist dabei außerdem, daß die Syntax nicht nur die Anordnung von Worten umfaßt, die man als schon vorgegeben betrachten kann, sondern auch ein System von Regeln für die Bildung neuer Worte.

Natürlich ist es in den meisten Sprachen von jeher zu solchen Wortbildungen gekommen (beispielsweise stammt „relevant" von dem Grundwort „levare", dessen Stammform „lev" mit dem Präfix „re-" und dem Suffix „-ant" versehen wird), aber Bildungen dieser Art sind vor allem auf zufälligem Wege entstanden, wahrscheinlich aus dem Drang heraus, die eine oder andere nützliche Beziehung auszudrücken. Hatte man jedenfalls die Worte erst einmal zusammengesetzt, so neigte man meistens dazu, das Faktum dieses Vorgangs aus dem Auge zu verlieren und jedes Wort als eine „Grundeinheit" zu betrachten, so daß man in Wirklichkeit so tat, als wäre es für die Bedeutung solcher Worte völlig belanglos, daß sie aus einer Konstruktion hervorgegangen waren. Im Rheomodus hingegen erfolgt die Wortbildung nicht zufällig, sondern diese trägt entscheidend dazu bei, einen ganz neuen Sprachmodus zu ermöglichen, wobei uns der Vorgang der Wortbildung laufend zu Bewußtsein gebracht wird, da die Bedeutungen wesentlich von den Formen solcher Bildungen abhängen.

Es ist hier vielleicht von Nutzen, einen Vergleich vorzunehmen mit dem, was sich in der Entwicklung der Naturwissenschaft zugetragen hat. Wie wir im Kapitel 1 gesehen haben, vertritt die herrschende naturwissenschaftliche Weltanschauung im großen und ganzen die Annahme, daß im Grunde alles als Ergebnis der Verbindungen gewisser „Teilchen" beschrieben werden muß, die man als Grundeinheiten ansieht. Diese Haltung stimmt offenbar mit dem ausgeprägten Hang in der gewöhnlichen Sprechweise überein, Worte als „elementare Einheiten" zu behandeln, von denen man annimmt, daß man sie verbinden kann, um ganz nach Belieben alles auszudrücken, was sich nur sagen läßt.

Natürlich kann man neue Worte erfinden, um die Unterhaltung in der gewöhnlichen Sprechweise zu bereichern (ebenso wie man in der Physik neue Elementarteilchen einführen kann), aber im Rheomodus wurde ein Anfang damit gemacht, weiterzugehen und die Bildung von Worten als nicht wesentlich verschieden von der Bildung von Redewendungen, Sätzen, Satzfolgen usw. zu behandeln. Die „atomistische" Einstellung den Worten gegenüber wurde somit fallengelassen, und stattdessen ist unser Standpunkt dem der Feldtheorie in der Physik recht ähnlich, worin „Teilchen" nur zweckmäßige Abstraktionen von der ganzen Bewegung darstellen. In gleicher Weise können wir sagen, daß die Sprache ein ungeteiltes Feld der Bewegung ist, das Schall, Bedeutung, Aufmerksammachen, Gefühls- und Muskelreflexe usw. umfaßt. Es ist einigermaßen willkürlich, den Brüchen zwischen den Worten die gegenwärtige übertriebene Bedeutung beizumessen. Tatsächlich können die Beziehungen zwischen Teilen eines Wortes im großen und ganzen von ziemlich gleicher Art sein wie die zwischen verschiedenen Worten. Damit hört das Wort auf, als ein „unteilbares Bedeutungsatom" zu gelten, und wird stattdessen nur noch als ein zweckmäßiges Sinnzeichen in der ganzen Bewegung der Sprache gesehen, nicht mehr und nicht weniger grundlegend als der Satzteil, der Satz, der Absatz, das Kapitel usw. (Dies heißt, daß die Aufmerksamkeit, die man derart auf die Bestandteile der Worte verwendet, in erster Linie keiner analytischen Haltung entspringt, sondern vielmehr eine Einstellung darstellt, die den freien Fluß der Bedeutung zuläßt.)

Man gewinnt etwas Einblick in die Bedeutung dieses Einstellungswandels den Worten gegenüber, wenn man die Sprache als eine Sonderform von Ordnung ansieht. Dies soll heißen, daß die Sprache nicht nur auf Ordnung aufmerksam macht. Sie *ist* eine Ordnung aus Lauten, Worten, Wortgefügen, Nuancen des Ausdrucks und der Gebärde usw. Offensichtlich hängt die Bedeutung einer sprachlichen Mitteilung wesentlich von der Ordnung ab, die Sprache *ist*. Diese Ordnung gleicht der einer Symphonie, in der jedes Motiv und jede Bewegung im Lichte ihrer Beziehung auf das Ganze verstanden werden muß und nicht als eine einfache Abfolgeordnung nach Art einer Uhr oder eines Lineals.

Und da (wie hier ausgeführt wurde) die Ordnung der Laute *innerhalb* eines Wortes ein untrennbarer Aspekt der Gesamtbedeutung ist, können wir Grammatik- und Syntaxregeln entwickeln, die diese Ordnung auf systematische Weise handhaben, um die Möglichkeiten der Sprache zur Mitteilung und zum Denken zu bereichern und zu vergrößern.

4. Wahrheit und Faktum im Rheomodus

In der gewöhnlichen Sprechweise erscheint die Wahrheit als Substantiv, das somit für eine Sache steht, die ein für allemal erfaßt werden oder der man sich wenigstens Schritt für Schritt nähern kann. Auch kann man die Möglichkeit, wahr oder falsch zu sprechen, als eine *Eigenschaft* von Aussagen auffassen. Wie aber zuvor gezeigt, müssen Wahrheit und Falschheit wie auch Relevanz und Irrelevanz in Wirklichkeit von Moment zu Moment in einem Wahrnehmungsakt von sehr hohem Rang geschaut werden. So begreift man die Wahrheit oder Falschheit *im Inhalt* einer Aussage, indem man sich anschaut, ob dieser Inhalt in einen größeren Zusammenhang paßt oder nicht, der entweder in der Aussage selbst bezeichnet ist oder durch irgendeine Tätigkeit oder Geste (wie etwa Deuten), die die Aussage begleitet. Wenn wir nun gar zu Aussagen über Weltanschauungen kommen, die sich um „die Totalität all dessen was ist" drehen, so gibt es keinen klar definierbaren Zusammenhang, auf den sie sich beziehen können, und wir müssen daher besonderen Wert auf die *funktionale Wahrheit* legen, das heißt auf die Möglichkeit freier Bewegung und Veränderung in unseren allgemeinen Vorstellungen von der Realität im ganzen, damit wir stets für eine neue Erfahrung offen bleiben, die in den Grenzen älterer derartiger Vorstellungen nicht mehr aufgeht. (Siehe hierzu die Kapitel 3 und 7, wo diese Frage näher behandelt wird.)

Es ist demnach klar, daß die gewöhnliche Sprechweise höchst untauglich ist, wenn es um Fragen von Wahrheit oder Falschheit geht, da sie den Hang besitzt, jede Wahrheit als ein getrenntes Bruchstück zu behandeln, das statisch in seiner Art ist. Es wird daher interessant sein, mit dem Gebrauch des Rheomodus zu experimentieren, um herauszufinden, in welcher Weise uns dieser gestattet, die Frage der Wahrheit passender und zusammenhängender zu erörtern.

Wir werden eingangs das lateinische „verus" betrachten, das

„wahr" heißt. Wir führen also als Grundform das Verb „verrieren" ein. Dieses Wort macht auf die im vorigen Abschnitt besprochene Art auf einen spontanen und uneingeschränkten Akt aufmerksam, worin die Wahrheit in jeder beliebigen Form erblickt wird, und auf die Feststellung, ob diese Wahrnehmung mit dem, was als tatsächliches Geschehen beim Erfassen der Wahrheit wahrgenommen wird, übereinstimmt oder nicht, wie auch auf die Feststellung der Wahrheit bei der auf etwas aufmerksam machenden Wirkung des Wortes selbst. „Verrieren" heißt also, im Wahrnehmen der Wahrheit begriffen sein, wie auch darauf zu achten, was Wahrheit eigentlich bedeutet.

„Re-verrieren" heißt dann, mittels Denken und Sprache wieder auf eine besondere Wahrheit in einem gegebenen Zusammenhang aufmerksam zu machen. Wenn wir finden, daß sie zu dem paßt, was sich in diesem Zusammenhang beobachten läßt, so sagen wir: „Re-verrieren ist re-verrant", und finden wir, daß sie nicht paßt, sagen wir: „Re-verrieren ist irre-verrant" (das heißt eine besondere Wahrheit verliert ihre Gültigkeit, wenn sie in einem Zusammenhang, der über die ihr eigenen Grenzen hinausgeht, wiederholt und darauf ausgedehnt wird).

Wir sehen, daß die Frage der Wahrheit nicht mehr vom Standpunkt getrennter und wesentlich statischer Bruchstücke aus gestellt wird. Unsere Aufmerksamkeit wird vielmehr auf den allgemeinen Vorgang der „Verration" gelenkt sowie auf seine Fortsetzung in einem bestimmten Rahmen als „Re-verration" bzw. „Irre-verration". (Die Irre-verration, also das hartnäckige Festhalten an einer Wahrheit über die ihr eigenen Grenzen hinaus, war offenbar eine der Hauptquellen der Illusion und Täuschung im Laufe der ganzen Geschichte und in jeder Lebensphase.) Verration muß als eine fließende Bewegung gesehen werden, die mit Levation, Vidation, Di-vidation, Ordination und in der Tat mit allem anderen Bewegungen, die in der späteren Entwicklung des Rheomodus dargestellt werden, verschmilzt und sich gegenseitig durchdringt.

Wenn wir nun auf gewöhnliche Weise von der Wahrheit sprechen, so werden wir unweigerlich zur Betrachtung dessen angeregt, was *das Faktum* genannt wird. Sagt man etwa: „Dies ist ein Faktum", so ist damit gewissermaßen unterstellt, daß der Inhalt der fraglichen Aussage wahr ist. Aber die Grundbedeutung des Wortes „factum" im Lateinischen ist „das Gemachte, die Tat-sache" (wie etwa in „Manufaktur"). Diese Bedeutung fällt hier ins Gewicht, weil wir offensichtlich das Faktum in gewissem Sinne wirklich „machen". Dieses Faktum hängt nämlich nicht nur von dem betrachteten Zusammenhang und unserer unmittelbaren Wahrnehmung ab, sondern auch davon, wie unsere Gedanken unsere Wahrnehmung prägen, und außerdem davon, was wir *tun*, um unsere Schlußfolgerungen zu überprüfen und sie in praktisches Handeln umzusetzen.

Wir wollen nun unser Experimentieren mit dem Gebrauch des Rheomodus fortsetzen und sehen, wohin wir gelangen, wenn wir uns überlegen, was denn mit „Faktum" gemeint ist. Wir führen das Grundverb „faktieren" ein, das ein spontanes und uneingeschränktes Achtgeben auf bewußt gesteuertes, menschliches Handeln mit dem Ziel, *irgendetwas Beliebiges zu machen oder zu tun*, bezeichnet (3) (und dies schließt natürlich die Wirkung des Wortes ein, auf etwas aufmerksam zu machen). „Re-faktieren" heißt dann, durch Denken und Sprechen auf solch ein „Machen" oder „Tun" in einem besonderen Zusammenhang wieder aufmerksam zu machen. Finden wir, daß solche Betätigung in den Zusammenhang paßt (wenn also das, was wir tun, „klappt"), so sagen wir: „Re-faktieren ist re-faktant", und finden wir, daß es nicht paßt, sagen wir: „Re-faktieren ist irre-faktant."

Zweifellos ist ein Großteil dessen, was man gemeinhin unter der Wahrheit oder Falschheit einer Aussage versteht, in den Worten „re-faktant" und „irre-faktant" impliziert. Wenn also wahre Begriffe praktisch angewandt werden, so ist es klar, daß sie uns im allgemeinen dahin bringen, etwas zu unternehmen, das „funktioniert", während falsche Begriffe uns zu Verrichtungen führen, die nicht „funktionieren".

Wir müssen hierbei natürlich vorsichtig sein, daß wir die Wahrheit nicht einfach mit dem „was funktioniert" gleichsetzen, da wir gesehen haben, daß die Wahrheit eine ganzheitliche Bewegung ist, die bei weitem über den begrenzten Bereich unserer bewußt gesteuerten, funktionalen Handlungen hinausgeht. Obwohl also die Aussage, „Re-verration ist re-faktant", richtig ist, was das anbetrifft, so ist es doch wichtig, dabei im Auge zu behalten, daß sie nur auf einen bestimmten Aspekt dessen, was mit Wahrheit gemeint sein soll, aufmerksam macht. In der Tat deckt sie nicht einmal alles ab, was mit *Faktum* gemeint ist. Die Feststellung des Faktums erfordert viel mehr, als nur darauf zu achten, daß unser Wissen re-faktant ist, also daß es uns im großen und ganzen dahin gebracht hat, mit Erfolg die Ziele zu erreichen, die wir uns anfänglich in Gedanken gesteckt hatten.

Außerdem muß das Faktum ständig durch weitere Beobachtung und Erfahrung *überprüft* werden. Das Hauptziel eines solchen Überprüfens besteht nicht darin, ein bestimmtes gewünschtes Ergebnis oder einen solchen Zweck zu verwirklichen, sondern vielmehr darin herauszufinden, ob das Faktum — entweder im wesentlichen so wie zuvor oder in einer neuen Form, die sich möglicherweise auf den Bezugsrahmen auswirken könnte — „standhält", selbst wenn dieser Rahmen wieder und wieder unter die Lupe genommen wird. In der Naturwissenschaft geschieht ein solches Überprüfen durch Experimente, die nicht nur wiederholbar sein, sondern sich auch in der „Gegenprobe" durch andere Experimente bewähren müssen, die in dem sachlichen Zusammenhang von Bedeutung sind. Im allgemeineren Sinn sorgt unsere Erfahrung im ganzen stets für eine Überprüfung von ähnlicher Art, wenn wir nur wach und aufmerksam genug sind, um zu erkennen, was sie uns wirklich zeigt.

Wenn wir sagen: „Dies ist ein Faktum", so unterstellen wir dabei eine gewisse Fähigkeit des Faktums, einem breiten Spektrum verschiedenartiger Prüfungen „standzuhalten". Dadurch wird das Faktum *festgestellt*, das heißt, es erweist sich in dem Sinn als *beständig*, daß es nicht in jedem Augenblick dazu neigt, bei einer folgenden Untersuchung allgemeiner Art, wie sie bereits durchgeführt wurde, umzufallen oder für null und nichtig erklärt zu werden. Diese Beständigkeit ist natürlich nur relativ, denn das Faktum wird stets wieder und wieder auf die Probe gestellt, und zwar sowohl auf bereits bekannten Wegen als auch auf neuen, die laufend erforscht werden. Es kann also durch weitere Beobachtung, Experiment und Erfahrung verfeinert, abgewandelt und sogar radikal verändert werden. Um aber ein „wirkliches Faktum" zu sein, muß seine Gültigkeit dabei offensichtlich *konstant* bleiben, wenigstens in bestimmten Zusammenhängen bzw. über eine bestimmte Zeitspanne.

Um die Grundlage für die Erörterung dieser Eigenschaft des Faktums im Rheomodus zu schaffen, wollen wir zunächst anmerken, daß das Wort „konstant" mit dem Verb „konstatieren" zusammenhängt, das „feststellen" bedeutet. Diese Bedeutung wird noch sinnfälliger, wenn wir uns das zugrundeliegende lateinische Verb „constare" ansehen, von dessen 3. Person Singular Präsens „constat" — „es steht fest" — das Wort „konstatieren" auf dem Wege über französisch „constater" abgeleitet ist. Wir können daher sagen, daß wir das Faktum durch die Überprüfung „konstatieren", so daß es als ein geschlossenes Gebilde, das in einem gewissen relativen Sinne fähig ist, den Anforderungen der Prüfung „standzuhalten", festgestellt ist und „fest zusammensteht" (denn „stare" heißt „stehen" und „con-" heißt „zusammen"). Somit bleibt das Faktum in bestimmten Grenzen kon-stant.

Für die Behandlung dieser Frage im Rheomodus nehmen wir nunmehr „kon-statieren" als Grundverb an. Es bedeutet, „spontan und uneingeschränkt darauf achten, wie irgendeine beliebige Handlung oder Bewegung in einer relativ konstanten Form, die relativ beständig zusammensteht, festgestellt wird, einschließlich des Feststellens einer Gruppe von Fakten, die auf diese Weise zusammensteht, und sogar des Mitwirkens dieses Wortes daran, das Faktum über die Sprachfunktion selbst festzustellen."

„Re-konstatieren" heißt dann, mittels Wort und Gedanken wieder auf eine besondere derartige Handlung oder Bewegung in einem gegebenen Zusammenhang aufmerksam zu machen. Wenn wir finden, daß diese in den fraglichen Rahmen paßt, so sagen wir: „Re-konstatieren ist re-konstatant", und finden wir, daß sie nicht paßt, sagen wir: „Re-konstatieren ist irre-konstatant" (wenn sich etwa zeigt, daß das zuvor festgestellte Faktum weiterer Beobachtung und Erfahrung faktisch nicht „standhält").

Das Substantiv „Re-konstatation" bezeichnet dann einen besonderen andauernden *Zustand* der Handlung oder Bewegung in einem gegebenen Rahmen, der relativ konstant „zusammensteht", ob es sich dabei nun um unser eigenes Handeln beim Feststellen eines Faktums oder irgendeine andere Bewegung handelt, die sich der Form nach als festgestellt oder beständig beschreiben läßt. Es kann sich daher zunächst einmal auf die Möglichkeit beziehen, daß in einer Reihe von Beobachtungs- oder Versuchsvorgängen wieder und wieder bestätigt wird, daß „das Faktum noch besteht", oder es kann sich auf einen bestimmten andauernden Bewegungszustand (oder einen „Stand der Dinge") beziehen, der in einer Gesamtrealität, die unsere Beobachtungen und Experimente einschließt und darüber hinausgeht, „noch besteht". Schließlich kann es sich auf eine mündliche Bestätigung beziehen (be*stät*igen heißt stetig, stehend machen), durch die das mitgeteilt wird, was einer konstatiert, damit andere es re-konstatieren können. Eine Re-konstatation ist also im gewöhnlichen Sprachgebrauch „ein festgestelltes Faktum" oder „der tatsächliche Bewegungszustand oder Stand der Dinge, den das Faktum faßt", oder „die mündliche Bestätigung des Faktums". Wir ziehen dennoch keinen scharfen Trennstrich zwischen der Wahrnehmung und dem Experiment, der Wirkung dessen, was wir wahrnehmen und was wir experimentell erforschen, und der mündlichen Übermittlung dessen, was wir beobachtet und getan haben. Dies alles betrachten wir als Seiten oder Aspekte einer bruchlosen und ungeteilten ganzen Bewegung, die sowohl der Wirkung wie dem Inhalt nach eng zusammenhängen (und wir verfallen daher nicht auf die zerstückelnde Trennung zwischen „inneren" seelischen Bewegungen und ihrer „äußeren" Funktion.)

Offensichtlich paßt dieser Gebrauch des Rheomodus ausgezeichnet zu der Weltanschauung, derzufolge scheinbar statische Dinge in gleicher Weise als Abstraktionen von relativ gleichbleibenden Aspekten einer bruchlosen und ungeteilten ganzen Bewegung gesehen werden. Er geht aber insofern weiter, als er impliziert, daß das Faktische an diesen Aussagen selbst als eben jener relativ konstante, in der Wahrnehmung auftauchende und im Handeln erfahrene Aspekt der ganzen Bewegung abstrahiert ist, der in einem andauernden Zustand „zusammensteht" und der sich somit zur Mitteilung in Form einer Aussage eignet.

5. Der Rheomodus und seine Auswirkungen auf unsere gesamte Weltanschauung

Durch die Erkenntnis, daß der Rheomodus (wie im vorigen Abschnitt dargelegt) es uns nicht gestattet, das betrachtete Faktum als getrennt existierendes Ding von wesentlich statischem Charakter zu behandeln, begreifen wir auch, daß der Gebrauch des Rheomodus Auswirkungen auf unsere gesamte Weltanschauung hat. In der Tat trägt, wie bereits bis zu einem gewissen Grade herausgearbeitet wurde, jedes Sprachschema eine Art vorherrschende oder maßgebende Weltanschauung in sich, die dazu neigt, sich in unserem Denken und in unserer Wahrnehmung auszuwirken, so daß es für gewöhnlich sehr schwer ist, einer Weltanschauung, die der im ursprünglichen Bau einer Sprache angelegten widerspricht, einen klaren Ausdruck zu verleihen. Daher ist es bei der Untersuchung jeder allgemeinen Sprachform notwendig, ihrer Weltanschauung ernsthafte und anhaltende Beachtung zu schenken, und zwar sowohl in Bezug auf ihren Inhalt als auch auf ihre Funktion.

Wie zuvor gezeigt, besteht einer der Hauptmängel des gewöhnlichen Sprachgebrauchs gerade in der üblichen Unterstellung, daß die Sprache die Weltanschauung in keiner Weise einschränke und daß jedenfalls weltanschauliche Fragen lediglich mit „der eigenen, persönlichen Philosophie" zu tun hätten und nicht mit Inhalt und Funktion unserer Sprache oder mit der Art und Weise, auf die wir die Gesamtwirklichkeit, in der wir leben, für gewöhnlich erfahren. Indem uns also der gewöhnliche Sprachgebrauch vorgaukelt, unsere Weltanschauung sei bloß eine relativ unwichtige Angelegenheit, bei der es vielleicht hauptsächlich um den persönlichen Geschmack oder die besondere Vorliebe ginge, verleitet er uns zu einem Mangel an Achtsamkeit gegenüber der tatsächlichen Wirkung der zerteilenden Weltanschauung, von der er selbst durchdrungen ist, so daß dann der automatische und gewohnheitsmäßige Ablauf unseres Denkens und Sprechens diese Unterteilungen (auf die zuvor besprochene Art und Weise) nach außen projizieren kann, als wären sie wirkliche Brüche in dem „was ist". Daher ist es wesentlich, der in jedem Sprachschema angelegten Weltanschauung gewahr zu sein, sowie aufmerksam dafür, wann diese Weltanschauung der wirklichen Beobachtung und Erfahrung nicht mehr gerecht wird, dann nämlich, wenn diese über bestimmte Grenzen hinaus betrieben werden.

Es hat sich in diesem Kapitel gezeigt, daß die Weltanschauung, die der Rheomodus implizierte, im wesentlichen dieselbe ist, die im ersten Kapitel beschrieben wurde und die sich so ausdrücken läßt, daß *alles* eine bruchlose und ungeteilte ganze Bewegung ist und daß jedes „Ding" nur als eine relativ gleichbleibende Seite oder Erscheinungsform von dieser Bewegung abstrahiert ist. Es ist somit klar, daß dem Rheomodus eine Weltanschauung zugrunde liegt, die von der des üblichen Sprachbaus völlig verschieden ist. Genauer gesagt sehen wir, sobald wir solch eine neue Sprechweise nur einmal ernsthaft erwägen, daß uns dies dazu verhelfen kann, auf die Art und Weise aufmerksam zu werden, wie unser gewöhnlicher Sprachbau nachhaltig und hintergründig Druck auf uns ausübt, damit wir an einem fragmentierten Weltbild festhalten. Ob es allerdings sinnvoll wäre, weiterzugehen und zu versuchen, den Rheomodus praktisch in Gebrauch zu nehmen, läßt sich zur Zeit nicht sagen, wenngleich vielleicht eine Entwicklung in dieser Richtung zum gegebenen Zeitpunkt als hilfreich empfunden werden könnte.

III

Realität und Wissen als Prozeß

1. Einleitung

Die Vorstellung, daß die Realität als Prozeß aufzufassen sei, bestand schon im Altertum und geht mindestens bis auf Heraklit zurück, der erklärte, daß alles fließt. In neuerer Zeit war Whitehead (1) der erste, der diese Vorstellung systematisch und umfassend entwickelte. In diesem Kapitel werde ich die Frage nach dem Zusammenhang von Realität und Wissen von einem solchen Gesichtspunkt aus erörtern. Wenn auch mein erklärter Ausgangspunkt im großen und ganzen dem Whiteheads gleicht, so werden sich doch einige Folgerungen ergeben, die entscheidend von denen seines Werkes abweichen können.

Meiner Ansicht nach wird das Wesen des Begriffs Prozeß durch die Aussage wiedergegeben: Nicht nur ist alles im Wandel, sondern alles *ist* Fluß. Das *was ist* ist demnach der Prozeß des Werdens selbst, während alle Gegenstände, Ereignisse, Wesen, Umstände, Strukturen usw. Formen sind, die von diesem Prozeß abstrahiert werden können.

Vielleicht ist das beste Bild für den Prozeß der fließende Strom, dessen Substanz an einem Ort niemals dieselbe ist. Auf diesem Fluß kann man das sich laufend verändernde Figurenspiel der Strudel, Kräuselungen, Wellen, Spritzer usw. sehen, die allesamt offensichtlich nicht unabhängig für sich existieren. Sie sind vielmehr von der fließenden Bewegung abstrahiert, entstehen und vergehen im Gesamtprozeß des Fließens. Das flüchtige

Dasein, das diesen abstrahierten Formen eigen ist, läßt darauf schließen, daß sie in ihrem Verhalten nur eine relative Unabhängigkeit oder Autonomie besitzen und kein absolut unabhängiges Dasein als grundlegende Substanzen führen. (Siehe hierzu Kapitel 1, wo sich dieser Gedanke eingehender behandelt findet.)

Freilich behauptet die moderne Physik, daß tatsächliche Strömungen (etwa von Wasser) aus Atomen zusammengesetzt seien, die wiederum aus „Elementarteilchen" wie Elektronen, Protonen, Neuronen usw. zusammengesetzt seien. Lange nahm man an, daß diese die „Grundsubstanz" der Gesamtrealität darstellten und daß alle strömenden Bewegungen wie etwa die von Flüssen auf Formen zurückgehen müßten, die von den Bewegungen von Massen miteinander interagierender Teilchen durch den Raum abstrahiert wären. Man entdeckte jedoch, daß sogar die „Elementarteilchen" erzeugt, vernichtet und umgewandelt werden können, und dies deutet darauf hin, daß nicht einmal sie als Grundsubstanzen gelten können, vielmehr stellen sie ebenfalls relativ konstante Formen dar, die von einer Bewegung auf einer tieferen Ebene abstrahiert wurden.

Man könnte vermuten, diese tiefere Ebene der Bewegung ließe sich analytisch in noch feinere Teilchen zerlegen, die sich vielleicht als die Grundsubstanz der Gesamtrealität erwiesen. Jedoch die Vorstellung, der wir hier nachgehen, daß nämlich alles Fluß ist, bestreitet eine solche Mutmaßung. Sie besagt vielmehr, daß jedes beschreibbare Ereignis, Objekt, Wesen usw. eine Abstraktion von einer unbekannten und undefinierbaren Totalität fließender Bewegung ist. Dies bedeutet, daß sich die physikalischen Gesetzmäßigkeiten, ganz gleich wie weit unser Wissen von diesen Gesetzmäßigkeiten gehen mag, inhaltlich stets in solchen Abstraktionen bewegen werden, die in ihrem Dasein und Verhalten nur eine relative Unabhängigkeit besitzen. Damit wird man nicht zu der Annahme verleitet, daß *alle* Eigenschaften, die Häufungen von Objekten, Ereignissen usw. besitzen, im Sinne irgendeiner erkennbaren Menge von Grundsubstanzen erklärbar sein müßten. Auf jeder Stufe können weitere Eigenschaften solcher Häufungen auftreten, als deren letzten Grund man die unbekannte Totalität des universellen Flusses ansehen muß.

Nachdem wir erörtert haben, was der Begriff Prozeß für das Wesen der Realität bedeutet, wollen wir uns nunmehr überlegen, wie sich dieser Begriff zum Wesen des Wissens verhält. Bei folgerichtigem Vorgehen muß man zweifellos sagen, daß Wissen ebenfalls ein Prozeß ist, eine Abstraktion von dem einen Gesamtfluß, der daher den gemeinsamen Grund sowohl der Realität als auch des Wissens von dieser Realität abgibt. Natürlich läßt sich ein solcher Gedanke ziemlich leicht aussprechen, aber in Wirklichkeit ist es sehr schwer, nicht dem fast überall verbreiteten Hang zu verfallen, unser Wissen als eine Ansammlung im Grunde feststehender Wahrheiten zu behandeln, die also in ihrer Art kein Prozeß ist (so kann man etwa zugestehen, daß sich das Wissen laufend ändert, aber es zugleich als anwachsend bezeichnen, was besagt, daß seine Grundelemente bleibende Wahrheiten sind, die wir entdecken müssen). Wenn wir auch nur auf einem absolut gleichbleibenden Wissenselement bestehen (etwa auf der Aussage: „Alles ist Fluß"), so legen wir damit auf dem Feld des Wissens etwas Dauerndes fest. Aber wenn *alles* im Fluß ist, dann kann jedes Teilstück des Wissens nur ein Sein als eine abstrahierte Form im Prozeß des Werdens besitzen, und somit kann es keine absolut unveränderlichen Wissenselemente geben.

Ist es möglich, sich von diesem Widerspruch freizuhalten, also nicht nur die Realität, sondern auch *alles* Wissen als in der fließenden Bewegung gegründet zu begreifen? Oder muß man notwendig *einige* Wissenselemente (die z.B., die das Wesen des Prozesses betreffen) als absolute Wahrheiten jenseits des fließenden Prozesses betrachten? Dieser Frage wollen wir uns in diesem Kapitel zuwenden.

2. Denken und Intelligenz

Wenn wir die Frage untersuchen, wie Wissen als Prozeß zu verstehen ist, so bemerken wir als erstes, daß alles Wissen im *Denken* erzeugt, entfaltet, übermittelt, umgewandelt und angewandt wird. Das Denken in seiner *Bewegung des Werdens* betrachtet (und nicht bloß in seinem Inhalt relativ klar umrissener Bilder und Ideen) *ist* in der Tat der Prozeß, worin das Wissen sein wirkliches und konkretes Dasein findet. (Dies ist in der Einleitung besprochen worden.)

Was ist der Denkprozeß? Das Denken ist im wesentlichen das aktive Reagieren des Gedächtnisses in jeder Lebenssituation. Beim Denken beziehen wir die intellektuellen, emotionalen, sinnlichen, muskulären und physischen Reaktionen des Gedächtnisses mit ein. Diese sind allesamt Aspekte eines untrennbaren Prozesses. Sie getrennt zu behandeln, schafft Fragmentierung und Verwirrung. Sie alle sind ein Prozeß, worin das Gedächtnis auf jede wirklich eintretende Situation reagiert, und diese Reaktion schlägt sich nun wiederum im Gedächtnis nieder und bedingt dadurch den nächsten Gedanken.

Eine der frühesten und primitivsten Formen des Denkens ist beispielsweise die Erinnerung an Lust oder Schmerz, die mit einem Gesichts-, Gehör- oder Geruchssinn verbunden ist und durch einen Gegenstand oder eine Situation ausgelöst werden kann. Es ist in unserer Kultur üblich, Erinnerungen an Bilder und Eindrücke von Erinnerungen an Gefühlsstimmungen zu trennen. Es ist jedoch klar, daß *der ganze Sinn* einer solchen Erinnerung gerade in der Verbindung des Bildes mit dem dazu gehörigen Gefühl besteht, denn daraus (zusammen mit dem intellektuellen Gehalt und der körperlichen Reaktion) erwächst das umfassende Urteil darüber, ob das, was erinnert wird, gut oder schlecht, erwünscht oder unerwünscht ist usw.

Zweifellos ist das Denken, wenn man es in dieser Weise als die Reaktion des Gedächtnisses betrachtet, in seiner Funktionsweise letztlich mechanisch. Es ist entweder eine Wiederholung eines bereits vorhandenen, dem Gedächtnis entnommenen Musters, oder es ist eine Verbindung und Anordnung dieser Erinnerungen zu weiteren Mustern von Ideen und Begriffen, Kategorien usw. Diese Verbindungen mögen einen gewissen Grad an Neuheit aufweisen, der sich aus dem zufälligen Wechselspiel der Erinnerungselemente ergibt, aber es ist klar, daß solche Neuheit dennoch wesentlich mechanischer Art ist (wie die neuen Figuren, die in einem Kaleidoskop erscheinen).

Es ist in diesem mechanischen Prozeß kein Grund dafür vorhanden, warum die auftauchenden Gedanken für die tatsächliche Situation, die sie auslöst, relevant oder passend sein sollten. Um zu erkennen, ob irgendwelche besonderen Gedanken relevant oder passend sind bzw. nicht, muß eine Energie wirksam werden, die nicht mechanisch ist, eine Energie, die wir *Intelligenz* nennen werden. Diese vermag eine neue Ordnung oder eine neue Struktur wahrzunehmen, die nicht bloß eine Abwandlung des bereits Bekannten oder im Gedächtnis Behaltenen ist. Beispielsweise kann jemand lange über einem kniffligen Problem brüten. Plötzlich erkennt er in einem Geistesblitz die Irrelevanz seiner ganzen Art und Weise, über das Problem zu denken, und gewinnt eine andere Einstellung, bei der sich alle Elemente in eine neue Ordnung und eine neue Struktur einfügen. Ein solcher Geistesblitz ist zweifellos im wesentlichen ein *Akt der Wahrnehmung* und kein Denkvorgang (ein ähnlicher Gedanke wurde im Kapitel 1 besprochen), wenn er auch später als Gedanke ausgedrückt werden mag. Bei diesem Akt handelt es sich um eine *durch den Verstand erfolgende Wahrnehmung* abstrakter Ordnungen und Bezüge wie etwa Gleichheit und Unterschied, Trennung und Verbindung, Notwendigkeit und Zufall, Ursache und Wirkung usw.

Wir haben damit alle im Grunde mechanischen und bedingten Reaktionen des Gedächtnisses unter ein Wort bzw. ein Symbol zusammengefaßt, nämlich Denken, und wir haben dieses von der frischen, ursprünglichen und unbedingten Reaktion der Intelligenz (oder der intelligenten Wahrnehmung) unterschieden, bei der etwas Neues entstehen mag. An dieser Stelle läßt sich jedoch fragen: „Wie kann man wissen, daß solch eine spontane Reaktion überhaupt möglich ist?" Dies ist eine weitreichende Frage, die hier nicht erschöpfend behandelt werden kann. Es kann hier aber darauf hingewiesen werden, daß in der Tat jeder zumindest im Stillen den Gedanken hegt, Intelligenz sei nicht konditioniert (und daß man logischerweise gar nicht anders kann).

Man stelle sich zum Beispiel vor, jemand wollte behaupten, alles menschliche Handeln sei konditioniert und mechanisch. Bezeichnenderweise wird eine solche Ansicht in einer von zwei Formen geäußert: Entweder wird gesagt, der Mensch sei im Grunde ein Produkt seiner Erbanlagen, oder er werde vollständig durch Umwelteinflüsse determiniert. Aber man könnte denjenigen, der an die Abhängigkeit von der Vererbung glaubt, fragen, ob seine eigene diesbezügliche Aussage lediglich das Produkt seiner Erbmasse sei, mit anderen Worten, ob er von seiner genetischen Struktur dazu gezwungen sei, eine solche Äußerung zu tun. In gleicher Weise könnte man denjenigen, der an die Umweltabhängigkeit glaubt, danach befragen, ob in einer solchen Meinungsäußerung nur jene Muster, die ihm von seiner Umwelt eingeprägt wurden, in Wortform hervorgesprudelt kämen. Offensichtlich muß die Antwort in beiden Fällen (wie auch in dem Fall, daß jemand behauptete, der Mensch sei vollständig von Vererbung *und* Umwelt bedingt) negativ ausfallen, denn sonst würden ihre Fürsprecher die bloße Möglichkeit in Abrede stellen, daß das von ihnen Gesagte einen Sinn haben könnte. In der Tat wird in jeder Aussage notwendig vorausgesetzt, daß der Sprecher in der Lage ist, aufgrund intelligenter Wahrnehmung zu reden, die wiederum eine *Wahrheit* beinhalten kann, die nicht nur das Ergebnis eines Mechanismus ist, der auf in der Vergangenheit erworbenen Meinungen oder Fertigkeiten beruht. Wir sehen also, daß niemand darum herumkommt, durch die Form seiner Mitteilung zum Ausdruck zu bringen, daß er wenigstens die Möglichkeit jener freien, unbedingten Wahrnehmung, die wir Intelligenz genannt haben, gelten läßt.

Nun deutet vieles darauf hin, daß das Denken im Grunde ein materieller Prozeß ist. Beispielsweise wurde in einer Vielzahl verschiedener Zusammenhänge beobachtet, daß das Denken von elektrischen und chemischen Vorgängen im Gehirn und im Nervensystem wie auch von begleitenden Spannungen und Bewegungen der Muskeln nicht zu trennen ist. Ließe sich demnach sagen, daß Intelligenz ein ähnlicher Prozeß ist, wenn auch vielleicht von etwas subtilerer Art?

Die Ansicht, die wir hier vertreten, geht davon aus, daß dem nicht so ist. Wenn Intelligenz ein unbedingter Akt der Wahrnehmung sein soll, so kann sie nicht in Strukturen wie etwa Zellen, Molekülen, Atomen, Elementarteilchen usw. gründen. Letzten Endes muß sich alles, was von den Gesetzmäßigkeiten solcher Strukturen bestimmt wird, auf dem Feld dessen abspielen, was sich wissen läßt, das heißt im Gedächtnis aufgespeichert werden kann, und somit muß ihm die mechanische Natur all dessen anhaften, was von dem im Grunde mechanischen Verfahren des Denkprozesses aufgenommen werden kann. Das tatsächliche Wirken der Intelligenz steht demnach außerhalb der Möglichkeit einer Bestimmung oder Bedingung durch Faktoren, die in irgendeine kenntliche Gesetzmäßigkeit einbezogen werden könnten. Wir sehen also, daß die Intelligenz ihren Grund in dem unbestimmten und unbekannten Fluß haben muß, der gleichfalls der Grund aller definierbaren Formen der Materie ist. Intelligenz ist nicht auf der Grundlage irgendeines Wissenszweiges (etwa Physik oder Biologie) ableitbar oder erklärbar. Ihr Ursprung liegt tiefer und weiter im Inneren als irgendeine kenntliche Ordnung, die sie beschreiben könnte. (Sie muß in der Tat sogar die Ordnung der definierbaren Formen der Materie umfassen, durch die wir die Intelligenz zu erfassen hoffen.)

Wie sieht also der Zusammenhang von Intelligenz und Denken aus? Kurz gefaßt kann man sagen, daß das Denken in seinem eigenen Ablauf mechanisch und nicht intelligent ist, weil es anderem seine eigene, dem Gedächtnis entnommene Ordnung aufzwingt, die in der Regel irrelevant und unangebracht ist. Das Denken ist aber in der Lage, nicht nur aus der Erinnerung heraus, sondern auch auf die unbedingte Wahrnehmung der Intelligenz zu reagieren, die in jedem Fall ausmachen kann, ob ein bestimmter Gedankengang relevant und passend ist oder nicht.

Es mag vielleicht von Nutzen sein, hier das Bild eines Radiogeräts heranzuziehen. Wenn die Ausgangsspannung des Empfängers auf den Eingang „rückkoppelt", so kommt es zur Selbsterregung des Empfängers und dieser sendet hauptsächlich irrelevante und sinnlose Geräusche. Ist er aber auf das Signal der Radiowelle eingestellt, so ist seine eigene Ordnung der inneren Bewegung des elektrischen Stroms (der in Schallwellen umgewandelt wird) parallel zu der Ordnung des Signals, und somit dient der Empfänger dazu, eine sinnvolle Ordnung, die einer höheren Ebene als der seines eigenen Baus entspringt, in Bewegungen auf der Ebene seines eigenen Baus zu fassen. Man könnte die Ansicht vertreten, daß das Gehirn und das Nervensystem in der intelligenten Wahrnehmung unmittelbar auf eine Ordnung im universellen und unbekannten Fluß reagieren, der nicht auf irgendetwas reduziert werden kann, das sich im Sinne kenntlicher Strukturen definieren ließe.

Intelligenz und materieller Prozeß haben folglich einen einzigen Ursprung, der letztlich die unbekannte Totalität des universellen Flusses ist. Dies bedeutet gewissermaßen, daß das, was man gemeinhin Bewußtsein und Materie nennt, Abstraktionen vom universellen Fluß sind und daß beide als verschiedene und relativ autonome Ordnungen innerhalb der einen ganzen Bewegung betrachtet werden müssen. (Dieser Gedanke wird im Kapitel 7 näher erörtert.) Nur ein Denken, das auf intelligente Wahrnehmung reagiert, ist imstande, eine umfassende Harmonie bzw. Übereinstimmung zwischen Bewußtsein und Materie herbeizuführen.

3. Das Ding und der Gedanke

Wenn wir davon ausgehen, daß Denken ein materieller Prozeß ist, der in einem allgemeinen Zusammenhang relevant sein kann, falls er sich parallel zur intelligenten Wahrnehmung bewegt, so führt uns dies nun dazu, den Zusammenhang von Denken und Realität zu untersuchen. Üblicherweise meint man, der Gedankeninhalt stehe in einer Art Widerspiegelungsverhältnis zu „realen Dingen", er sei vielleicht eine Art Kopie, ein Bild oder eine Nachahmung der Dinge, vielleicht eine Art „Lageplan" der Dinge oder vielleicht (wenn man ihn so ähnlich wie Platon begreift) ein Erfassen der wesentlichen und innersten Form der Dinge.

Stimmt irgendeine dieser Ansichten? Oder bedarf nicht die Frage selbst noch weiterer Klärung? Denn sie unterstellt, wir wüßten, was mit dem „realen Ding" und mit der Unterscheidung zwischen Realität und Denken gemeint ist. Eben dieser Punkt aber wird nicht richtig verstanden (so ist sogar der relativ anspruchsvolle Kantsche Begriff des „Ding an sich" genauso unklar wie die naive Annahme des „realen Dings").

Vielleicht erhalten wir einen Hinweis, wenn wir dem Ursprung solcher Worte wie „Ding" und „Realität" nachgehen. Die Erforschung der Wortursprünge kann man als eine Art Archäologie unseres Denkens ansehen, insofern wie die Spuren früherer Denkformen durch Beobachtungen auf diesem Feld entdeckt werden können. Hinweise aus der archäologischen Forschung können wie bei der Untersuchung der menschlichen Gesellschaft oft dazu beitragen, die gegenwärtige Lage besser zu verstehen.

Das Wort „Ding" entstammt der germanischen Rechtssprache (2) und bezeichnet ursprünglich die Gerichtsversammlung und in der Folge auch das Verfahren, dessen Zeitpunkt sowie dessen „Sache" oder Gegenstand". Davon abgeleitet sind die Verben „dingen" und „bedingen", mit denen die Vorstellungen von „festmachen, bestimmen" verbunden ist. Im weitesten Sinne läßt sich also das Wort „Ding" als eine hochgradig verallgemeinerte Bezeichnung einer jeden — flüchtigen oder dauernden — Existenzform verstehen, die durch gewisse Umstände begrenzt oder „bedingt" ist.

Und wo liegt der Ursprung des Wortes „Realität"? Es stammt vom lateinischen „res", das „Ding" bedeutet. „Real" sein heißt, ein „Ding" sein. In seiner früheren Bedeutung würde „Realität" demnach „die Dingheit im allgemeinen" oder „die Eigenschaft, ein Ding zu sein", bezeichnen.

Es ist von besonderem Interesse, daß „res" von dem Verb „reri" stammt, das „denken" bedeutet, sodaß „res" wörtlich das ist, „was gedacht wird". Dies besagt natürlich, daß das, was gedacht wird, ein vom Denkvorgang unabhängiges Dasein hat oder, mit anderen Worten, daß wir durch unser Denken wohl einen Gedanken als ein geistiges Bild erzeugen und erhalten, damit aber dennoch kein „reales Ding" erzeugen und erhalten. Dennoch wird das „reale Ding" durch Umstände begrenzt, die sich in Gedanken fassen lassen. Freilich umfaßt das reale Ding mehr, als je im Inhalt unseres Denkens darüber enthalten sein kann, wie es sich stets durch weitere Beobachtungen zutage bringen läßt. Außerdem ist unser Denken in der Regel nicht völlig korrekt, so daß man erwarten kann, daß das reale Ding schließlich ein Verhalten oder Eigenschaften an den Tag legt, die einigen der Annahmen unseres Denkens darüber widersprechen. Sie gehören in der Tat zu den Hauptformen, in denen das reale Ding seine grundlegende Unabhängigkeit vom Denken zeigen kann. Der hauptsächliche Hinweis auf den Zusammenhang von Ding und Gedanke sieht folglich so aus, daß ein richtiger Gedanke, den man sich von einem Ding gemacht hat, bis zu einem gewissen Punkt das Handeln in bezug auf dieses Ding anleiten kann, um so eine Gesamtsituation herbeizuführen, die harmonisch und frei von Widersprüchlichkeit und Verwirrung ist.

Wenn das Ding und der Gedanke darüber in der einen undefinierbaren und unbekannten Totalität des Flusses gründen, dann ergibt es keinen Sinn, ihren Zusammenhang durch die Annahme erklären zu wollen, der Gedanke stehe in einem Widerspiegelungsverhältnis zum Ding, denn sowohl Gedanke als auch Ding sind vom Gesamtprozeß abstrahierte Formen. Die Ursache, warum diese Formen zusammenhängen, könnte nur in dem Grund liegen, dem sie entspringen, aber von einem Widerspiegelungsverhältnis kann in diesem Grund nicht die Rede sein, denn dieses setzt Wissen voraus, wohingegen der Grund jenseits all dessen steht, was in den Inhalt des Wissens aufgenommen werden kann.

Soll das heißen, daß es keine weitere Einsicht in den Zusammenhang von Ding und Gedanken geben kann? Wir sind der Meinung, daß solch eine weitere Einsicht möglich ist, aber daß sie eine andere Betrachtungsweise der Frage verlangt. Um die damit verbundene Orientierung anzuzeigen, können wir uns zum Vergleich den wohlbekannten Bienentanz anschauen, bei dem eine Biene in der Lage ist, anderen Bienen den Standort nektarträchtiger Blüten zu bezeichnen. Dieser Tanz darf wohl kaum so verstanden werden, als würde dadurch im „Geist" der Bienen eine Art Wissen erzeugt, das zu den Blüten in einem Widerspiegelungsverhältnis steht. Er ist vielmehr eine Handlung, die, wenn sie richtig ausgeführt wird, ein Hinweisen oder Anzeigen darstellt, wodurch die Bienen in die Bereitschaft versetzt werden, in einer Ordnung vorzugehen, die sie in der Regel zum Honig führt. Diese Handlung ist nicht von dem übrigen Geschehen getrennt, das mit dem Honigsammeln verbunden ist. In einem bruchlosen Prozeß geht sie in den nächsten Schritt über und verschmilzt mit diesem. Somit könnte man die Frage aufwerfen, ob nicht das Denken eine Art „Tanz des Geistes" ist, der in bezeichnenden Schritten erfolgt und, wenn er richtig ausgeführt wird, in eine Art harmonischen und geordneten Gesamtprozeß des Lebens im ganzen einfließt und damit verschmilzt.

In praktischen Dingen ist es einigermaßen klar, wozu diese Harmonie und Ordnung gut sind (etwa daß es der Gemeinschaft gelingt, für Nahrung, Kleidung, Unterkunft, gesunde Lebensbedingungen usw. zu sorgen), aber der Mensch ergeht sich auch in Gedanken, die über das unmittelbar Praktische hinausgehen. So hat er zum Beispiel seit unvordenklichen Zeiten danach gestrebt, den Ursprung aller Dinge, ihre allgemeine Ordnung und ihr Wesen in Form von religiösem Denken, Philosophie und Wissenschaft zu verstehen. Man kann dies ein Denken nennen, das „die Totalität all dessen was ist" zum Inhalt hat (wie etwa bei dem Versuch, das Wesen der Realität im ganzen zu begreifen). Wir vertreten hier die Ansicht, daß ein solches Begreifen der Totalität kein Widerspiegelungsverhältnis zwischen „Denken" und „Realität im ganzen" ist. Es muß vielmehr als eine Kunstform wie die Dichtung betrachtet werden, die uns im allumfassenden „Tanz des Geistes" (und somit im allgemeinen Funktionieren des Gehirns und des Nervensystems) in die Bereitschaft zu Ordnung und Harmonie versetzen kann. Dieser Ansicht wurde bereits in der Einleitung Ausdruck verliehen.

Was also hier erforderlich ist, ist keine *Erklärung*, die uns mit etwas Wissen vom Zusammenhang von Gedanke und Ding oder vom Denken und der „Realität im ganzen" versehen würde. Es ist vielmehr ein *Akt des Verstehens* nötig, wodurch wir die Totalität als einen wirklichen Prozeß sehen, der, wenn er richtig ausgeführt wird, zu einem harmonischen und geordneten Gesamthandeln führen wird, das sowohl das Denken als auch den Gegenstand des Denkens in einer einzigen Bewegung vereinigt, in der ein analytisches Zergliedern in getrennte Teile (etwa Gedanke und Ding) keinen Sinn hat.

4. Denken und Nichtdenken

Wenn es nun klar ist, daß Gedanke und Ding *letzten Endes* nicht wirklich als getrennte Gebilde analysiert werden können, so ist es gleichfalls offenkundig, daß in der unmittelbaren Erfahrung des Menschen eine derartige analytische Zergliederung und Trennung vorgenommen werden muß, wenigstens vorläufig oder als Ausgangspunkt. In der Tat ist die Unterscheidung zwischen dem, was real und was gedacht und daher eingebildet oder illusorisch ist, absolut notwendig, nicht nur für das Gelingen in praktischen Dingen, sondern auch wenn wir geistig gesund bleiben wollen.

Es ist hier von Nutzen, sich einmal anzusehen, wie eine solche Unterscheidung entstanden sein mag. Beispielsweise ist es wohlbekannt (3), daß es einem kleinen Kind oft schwerfällt, die Inhalte seines Denkens von realen Dingen auseinanderzuhalten (so kann es sich etwa einbilden, daß diese Inhalte anderen ebenso sichtbar seien wie ihm selbst, und es kann sich vor Gefahren fürchten, die andere als „bloße Einbildung" bezeichnen). Während es also dazu neigt, den Denkvorgang naiv zu beginnen (das heißt, ohne sich ausdrücklich darüber im klaren zu sein, *daß* es denkt), so wird ihm doch auf einer bestimmten Stufe der Denkvorgang bewußt, dann nämlich, wenn es erkennt, daß manche der „Dinge", die es wahrzunehmen meint, wirklich „nur Gedanken" und daher „keine Dinge" (also nichts) sind, während andere „real" (also etwas) sind.

Der primitive Mensch muß sich oft in einer ähnlichen Lage befunden haben. In dem Maße, wie er den Umfang seines praktisch-technischen Denkens in seinem Gebrauch der Dinge auszudehnen begann, wurden solche Gedankenbilder immer eindringlicher und häufiger. Um entsprechend in seinem Lebensganzen Gleichgewicht und Harmonie herzustellen, verspürte er wahrscheinlich den Drang, sein Denken über die Totalität in ähnlicher Weise zu entwickeln. Bei dieser Art von Denken ist die Unterscheidung zwischen Gedanke und Ding besonders in Gefahr, verwischt zu werden. Als die Menschen daher anfingen, über die Naturgewalten und über Götter nachzudenken, und als Künstler realistische Bilder von Tieren und Göttern anfertigten, die man mit magischen oder übernatürlichen Kräften ausgestattet wähnte, da führte das den Menschen dazu, sich in einer Art von Denken ohne deutlichen sinnlichen Bezug zu ergehen, ein Denken, das so eindringlich, so beharrlich und so „realistisch" war, daß er keine klare Unterscheidung zwischen geistigem Bild und Realität mehr treffen konnte. Solche Erfahrungen müssen schließlich einen tief empfundenen Drang ausgelöst haben, diesen Unterschied aufzuklären (was sich in Fragen ausdrückte wie:

„Wer bin ich?", „Was ist mein Wesen?", „Wie sieht der wahre Zusammenhang von Mensch, Natur und Göttern aus?" usw.), denn der Mensch muß eine dauernde Verwirrung über das, was real ist und was nicht, als einen Zustand empfinden, der letztlich unerträglich ist, da dieser nicht nur ein vernünftiges Angehen praktischer Probleme unmöglich macht, sondern auch dem Leben allen Sinn raubt.

Somit ist klar, daß der Mensch im Gesamtprozeß seines Denkens früher oder später systematische Versuche unternimmt, um diesen Unterschied aufzuklären. Wie man sehen kann, muß in diesem Prozeß auf einer bestimmten Stufe das Gefühl wach werden, daß es nicht ausreicht zu wissen, wie man einzelne Gedanken von einzelnen Dingen unterscheidet. Es ist vielmehr notwendig, die Unterscheidung im umfassenden Sinne zu verstehen. Vielleicht empfangen dann der primitive Mensch oder das kleine Kind einen Geistesblitz, der sie erkennen läßt (wahrscheinlich ohne daß sie es ausdrücklich benennen könnten), daß *das Denken im ganzen* und *das Ganze, was nicht Denken ist*, auseinander gehalten werden müssen. Dies läßt sich knapper als die Unterscheidung zwischen Denken und Nichtdenken fassen und weiter als D und ND abkürzen. Der Gedankengang, der einer solchen Unterscheidung zugrunde liegt, ist folgender:

D ist nicht ND (Denken und Nichtdenken sind verschieden und schließen sich gegenseitig aus).
Alles ist entweder D oder ND (Denken und Nichtdenken umfassen die Gesamtheit dessen, was sein kann).

Wahres Denken beginnt gewissermaßen mit dieser Unterscheidung. Bevor sie getroffen ist, mag wohl ein Denken stattfinden, aber es kann, wie zuvor angedeutet, kein volles Bewußtsein davon geben, daß es sich dabei um Denken handelt. Das eigentliche Denken beginnt folglich so gesehen mit einem Denken, das seiner selbst bewußt wird, indem es sich vom Nichtdenken absetzt.

Darüber hinaus ist dieser Schritt, mit dem das eigentliche Denken anfängt, vielleicht der erste Gedanke des Menschen, der die Totalität zum Inhalt hat. Und wir können sehen, wie tief dieser Gedanke im Bewußtsein der gesamten Menschheit verankert ist und wie er sehr früh als eine notwendige Stufe im Bemühen des Denkens entsteht, geistige Klarheit und Ordnung in seinen „Tanz" zu bringen.

Diese Denkweise wird weiter entwickelt und ausgebildet, indem man versucht, verschiedene charakteristische Merkmale oder Eigenschaften zu entdecken, die dem Denken bzw. dem Nichtdenken eigen sind. So wird das Nichtdenken gemeinhin mit der Realität im Sinne der Dinglichkeit gleichgesetzt. Wie zuvor gezeigt, erkennt man reale Dinge vor allem an ihrer Unabhängigkeit davon, wie wir über sie denken. Weiterhin ist für reale Dinge charakteristisch, daß sie handgreiflich, beständig, widerstandsfähig gegenüber Änderungsversuchen sowie Auslöser unabhängigen Handelns im ganzen Bereich der Realität sein können. Andererseits kann man Gedanken als bloße „Hirngespinste" ansehen, als ungreifbar, flüchtig, leicht veränderlich und unfähig, unabhängige Handlungsabläufe außerhalb ihrer selbst in Gang zu setzen, usw.

Letzten Endes kann jedoch eine solche starre Unterscheidung zwischen Denken und Nichtdenken nicht aufrechterhalten werden, denn man kann sehen, daß Denken eine reale Tätigkeit ist, die in einer breiten Totalität realer Bewegung und Handlung, die das Denken übergreift und umfaßt, gegründet sein muß.

Denken ist also, wie bereits ausgeführt wurde, ein materieller Prozeß, dessen Inhalt in der Gesamtreaktion des Gedächtnisses besteht, einschließlich der Gefühle, der Muskelreflexe und sogar der körperlichen Empfindungen, die mit der ganzen Reaktion verschmelzen und daraus hervorgehen. In der Tat sind alle von Menschenhand geschaffenen Bedingungen unserer allgemeinen Umwelt in diesem Sinne Erweiterungen des Denkvorgangs, denn ihre Prägungen, Formen und allgemeinen Bewegungsordnungen entspringen im Grunde dem Denken und gehen über die Ausübung menschlicher Arbeit, die von solchem Denken geleitet wird, in diese Umwelt ein. Umgekehrt besitzt alles in der allgemeinen Umwelt entweder auf natürliche Weise oder durch menschliches Handeln eine bestimmte Prägung, Form und Bewegungsweise, deren Inhalt uns über die Wahrnehmung „zufließt", Sinneseindrücke entstehen läßt, die Erinnerungsspuren zurücklassen, und so den Grund für weiteres Denken legt.

In dieser ganzen Bewegung geht Inhalt, der ursprünglich im Gedächtnis vorhanden war, fortwährend als ein integraler Bestandteil in die Umwelt ein, und Inhalt, der ursprünglich in der Umwelt war, geht als ein integraler Bestandteil ins Gedächtnis ein, so daß (wie bereits ausgeführt) die zwei an einem einzigen Gesamtprozeß teilhaben, bei dem ein analytisches Zergliedern in getrennte Teile (z.B. Gedanke und Ding) letztlich keinen Sinn hat. Ein solcher Prozeß, in dem das Denken (das heißt die Reaktion des Gedächtnisses) und die allgemeine Umwelt unzertrennlich miteinander verknüpft sind, ist seinem Wesen nach offenbar ein *Kreislauf*, wie er symbolisch in Abbildung 3.1. dargestellt wird (obwohl natürlich der Kreislauf zutreffender als eine sich stets neu eröffnende Spirale betrachtet werden sollte).

Gedächtnis   Allgemeine Umwelt

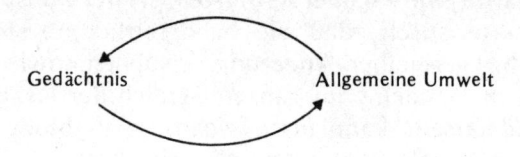

Abbildung 3.1.

Diese Kreis- oder Spiralbewegung, in der das Denken sein volles wirkliches und konkretes Dasein findet, schließt auch den Gedankenaustausch zwischen Menschen ein (von denen jeder ein Teil der Umwelt des anderen ist) und reicht unbegrenzt weit in die Vergangenheit zurück. Somit können wir nicht behaupten, daß der *Gesamtprozeß* des Denkens auf irgendeiner Stufe anfängt oder endet. Er muß vielmehr als eine bruchlose Totalität der Bewegung gesehen werden, die keiner bestimmten Person, Örtlichkeit, Zeit oder Menschengruppe angehört. Durch die Betrachtung der körperlichen Natur der Gedächtnisreaktion in Form von Nerven-, Gefühls-, Muskelreflexen und anderen und durch die Betrachtung des Verschmelzens dieser Reaktionen mit der allgemeinen Umwelt in dem oben beschriebenen zyklischen Gesamtprozeß erkennen wir also: Denken *ist* Nichtdenken (D *ist* ND).

Umgekehrt können wir aber auch erkennen, daß Nichtdenken Denken *ist* (ND *ist* D). Denn „Realität" *ist tatsächlich* ein Wort mit einem bestimmten darin implizierten Gedankeninhalt. Sicherlich läßt sich das von jedem Begriff in unserer Sprache behaupten, aber wie wir gesehen haben, werden solche Begriffe im allgemeinen reale Dinge bezeichnen, die wir im Prinzip wahrnehmen können. Es ist jedoch ausgeschlossen, so zu tun, als wäre die Realität eine Art „Ding", um dann die Probe darauf zu machen, ob unsere Idee mit diesem „Ding namens Realität" übereinstimmt oder nicht. In der Tat haben wir in diesem Zusammenhang bereits darauf hingewiesen, daß der Begriff „Realität" eine unbekannte und undefinierbare Totalität von Fluß bezeichnet, die die Grundlage aller Dinge und des Denkvorgangs selbst ist wie auch der Bewegung der intelligenten Wahrnehmung. Aber dies ändert im Grunde nichts an der Frage, denn wenn die Wirklichkeit somit unbekannt und unergründlich ist, wie können wir dann sicher sein, daß es sie überhaupt gibt? Die Antwort lautet selbstverständlich, daß wir nicht sicher sein können.

Dennoch folgt daraus nicht, daß „Realität" ein sinnloses Wort ist, denn der Verstand kann sich, wie wir bereits gesehen haben, in seinem „Gedankentanz" auf lange Sicht nur dann geordnet und gesund bewegen, wenn die „Form des Tanzes" irgendeine Unterscheidung zwischen Denken und Nichtdenken (also der Realität) einschließt. Wir haben jedoch ebenfalls gesehen, daß diese Unterscheidung in dem sich laufend verändernden Fortfließen des Prozesses getroffen werden muß, wo Denken in Nichtdenken und Nichtdenken in Denken übergeht und der somit nicht als feststehend betrachtet werden kann. Solch eine nicht feststehende Unterscheidung erfordert offensichtlich die freie Bewegung der intelligenten Wahrnehmung, die in jedem Fall ausmachen kann, welcher Inhalt dem Denken entspringt und welcher einer Realität, die vom Denken unabhängig ist.

Damit ist klar, daß der Begriff „Realität" (der in diesem Zusammenhang „Realität im ganzen" bedeutet) strenggenommen nicht als Teil des Gedankeninhalts angesehen werden darf. Oder anders ausgedrückt können wir sagen, *Realität ist kein Ding* und sie ist auch nicht die *Totalität aller Dinge* (das heißt wir dürfen „Realität" und „alles" nicht miteinander gleichsetzen). Da das Wort „Ding" natürlich eine bedingte Existenzform bezeichnet, so bedeutet das, daß „Realität im ganzen" überdies nicht als bedingt angesehen werden darf. (Dies ließe sich auch gar nicht konsequent durchführen, denn allein schon der Begriff „Realität im ganzen" besagt ja, daß alle Faktoren, von denen sie bedingt sein und abhängen könnte, darin enthalten sind.) So muß jede Vorstellung davon, daß die Totalität auf einer feststehenden und bleibenden Unterscheidung zwischen Denken und Realität beruht, zusammenbrechen, wenn sie auf die Totalität bezogen wird.

Die ursprüngliche Form der feststehenden Unterscheidung zwischen Denken und Realität (also Nichtdenken) war:

D ist nicht ND
Alles ist entweder D oder ND

Diese Form ist charakteristisch für die sogenannte Aristotelische Logik (obwohl sie wahrscheinlich so alt wie das Denken selbst ist und Aristoteles bloß der erste uns bekannte Mensch war, der sie klar und prägnant formulierte). Man kann sie die Logik der Dinge nennen. Jede besondere Denkform, die in dieser Logik aufgeht, kann natürlich auf ein entsprechendes Ding nur unter bestimmten Bedingungen anwendbar sein, die gegeben sein müssen, damit das Ding ist, was es ist. Das heißt, daß eine Reihe von Denkformen, die den Regeln der Aristotelischen Logik folgen, nur in einem begrenzen Bereich als geeignete Richtlinien für die Behandlung von Dingen dienen können und daß sich die Dinge außerhalb dieses Bereiches verändern oder auf neue Art und Weise verhalten müssen, worauf dann andere Denkformen benötigt werden.

Wenn wir jedoch die „Totalität all dessen was ist" betrachten, so geht es uns, wie wir gesehen haben, in erster Linie nicht um feststehende Dinge, sondern um die unbedingte Totalität, die den letzten Grund von allem bildet. Hier versagen die von Aristoteles aufgestellten Regeln, da nicht einmal ein begrenzter Bereich oder eine bestimmte Anzahl von Bedingungen, unter denen sie gelten können, vorhanden ist. Denn zusätzlich zu den Aristotelischen Regeln müssen wir behaupten:

D *ist* ND
ND *ist* D

Alles ist *sowohl* D *als auch* ND (das heißt die zwei verschmelzen und fließen in einem einzigen bruchlosen Prozeß ineinander, worin sie letzten Endes eins sind).

Alles ist *weder* D *noch* ND (das heißt der letzte Grund ist unbekannt und daher nicht näher benennbar, weder als D noch als ND noch auf irgendeine andere Weise).

Wenn wir diese Aussagen mit den ursprünglichen „D ist nicht ND" und „Alles ist entweder D oder ND" zusammenbringen und wenn wir weiterhin annehmen, „D" und „ND" seien Namen für *Dinge*, so widersprechen wir uns selbst völlig. Wir aber wollen diese Zusammenstellung als ein Anzeichen dafür ansehen, daß „D" und „ND" keine Namen für Dinge sind. Sie müssen vielmehr, wie zuvor gezeigt wurde, als Begriffe in unserem Diskurs aufgefaßt werden, deren Funktion es ist, den Verstand für einen Akt intelligenter Wahrnehmung zu rüsten, bei der es darum geht, in jedem Fall festzustellen, welcher Inhalt dem

Denken entspringt (das heißt der Reaktion des Gedächtnisses) und welcher einer „Realität", die vom Denken unabhängig ist. Da die vom Denken unabhängige Realität letztendlich unbekannt und unerkennbar ist, können wir bei einer solchen Feststellung nicht eine bestimmte inhaltliche Eigenschaft einer bestimmten feststehenden Kategorie, D oder ND, zuschreiben. Wenn es stattdessen ein Bewußtsein von der sich laufend verändernden *Totalität* dessen gibt, was dem Denken entspringt (das heißt der Reaktion des Gedächtnisses, das das Feld des Bekannten ist), dann muß folglich für das, was dieser Totalität *nicht* angehört, ein vom Denken unabhängiger Ursprung angesetzt werden.

Zweifellos ist es äußerst wichtig, daß kein Stück dessen, was der Reaktion des Gedächtnisses entspringt, vom Bewußtsein unterschlagen oder ausgelassen wird. Der wesentliche „Fehler", den man auf diesem Feld begehen kann, ist demnach nicht jener *positive*, etwas was dem Denken entspringt, fälschlich einer vom Denken unabhängigen Realität zuzuschreiben, sondern vielmehr der *negative*, den Umstand zu übersehen oder sich nicht bewußt zu machen, daß eine bestimmte Bewegung dem Denken entspringt, und daher diese Bewegung stillschweigend so zu behandeln, als ob sie dem Nichtdenken entspränge. Auf diese Weise wird mit dem in Wirklichkeit einen und einzigen Denkvorgang unter der Hand so verfahren, als ob er in zwei Teile gespalten wäre (aber natürlich ohne sich dessen bewußt zu sein). Solche unbewußte Fragmentierung des Denkvorgangs muß zu einer Verzerrung der gesamten Wahrnehmung führen.

Denn wenn man sich derart dazu verleiten läßt, seine eigenen Gedächtnisreaktionen einer Realität zuzuordnen, die von diesen Reaktionen unabhängig ist, so wird es zu einer weiteren „Rückkoppelung" kommen, die zu weiteren irrelevaten Gedanken über diese „unabhängige Realität" führt. Diese Gedanken wiederum werden die unangebrachten Gedächtnisreaktionen vermehren, die in einem sich selbst erhaltenden Prozeß, der in der Regel sehr schwer zu durchbrechen ist, diese „unabhängige Realität" weiter verfestigen. Diese Art von Rückkoppelung (auf die wir bereits in Verbindung mit dem Vergleich des Denkens mit einem Radiogerät hingewiesen haben) wird schließlich dazu führen, das ganze Arbeiten des Verstandes durcheinander zu bringen.

5. Das Feld des Wissens als Prozeß

In der Alltagserfahrung, in der wir uns mit sinnlich wahrnehmbaren Dingen auseinandersetzen, ist es der intelligenten Wahrnehmung für gewöhnlich früher oder später möglich, die Totalität jener Erfahrungsformen, die dem Denken entspringen, klar auszumachen (und folglich auch die Totalität derjenigen, deren Ursprung vom Denken unabhängig ist). Wie wir jedoch gesehen haben, hat es ein Denken, das inhaltlich auf die Totalität abzielt, mit einer solchen Klarheit sehr viel schwerer, weil einerseits dieses Denken so eindringlich, andauernd und total ist, daß es einen starken Eindruck von Realität erzeugt, und weil es andererseits keine sinnlich wahrnehmbaren „Dinge" gibt, an denen es überprüft werden könnte. Es ist von daher bei unzureichender Beachtung des tatsächlichen eigenen Denkvorgangs sehr einfach, in eine Form bedingter Gedächtnisreaktion „hineinzugeraten", bei der man sich nicht bewußt ist, daß es sich immer noch bloß um eine Denkform handelt, die darauf abzielt, eine Ansicht des „Ganzen der Realität" zu geben. So fällt man „durch Abwesenheit" darauf herein, eine solche Ansicht stillschweigend so zu behandeln, als ob ihr Ursprung vom Denken unabhängig wäre, und unterstellt damit, daß ihr Inhalt *tatsächlich* das Ganze der Realität ist.

Man wird von da an auf dem ganzen Feld, das einem zugänglich ist, keinen Raum zur Veränderung in der Gesamtordnung erblicken, wie sie sich aus den eigenen Totalitätsbegriffen ergibt, die nun den Anschein gewinnen, als umfaßten sie alles, was möglich oder gar denkbar ist. Dies bedeutet jedoch, daß unser Wissen vom „Ganzen der Realität" uns dann in einer fix und fertigen Form erscheinen muß, die eine entsprechende fix und fertige Form dessen, was diese gesamte Realität tatsächlich ist, widerspiegelte oder offenbarte. Wenn man sich eine solche Einstellung zu eigen macht, so wird dies augenscheinlich die freie Bewegung des Verstandes, die zu einer Klarheit der Wahrnehmung nötig ist, mehr oder weniger verhindern und so der Verzerrung und Verwirrung dazu verhelfen, beherrschend auf alle Aspekte der Erfahrung überzugreifen.

Wie zuvor gezeigt, muß ein Denken, das die Totalität zum Inhalt hat, als eine Form von Kunst wie etwa Dichtung betrachtet werden, deren Aufgabe in erster Linie darin besteht, eine neue Wahrnehmung sowie ein Handeln, das in dieser Wahrnehmung angelegt ist, entstehen zu lassen, anstatt ein spiegelbildliches Wissen davon zu vermitteln, „wie alles ist". Daraus folgt, daß ein solches Denken ebensowenig eine endgültige Form besitzen kann, wie es ein endgültiges Gedicht geben könnte (das alle weiteren Gedichte überflüssig machte).

Jede besondere Form, über die Totalität nachzudenken, ist in der Tat für eine Sichtweise unseres gesamten Realitätsbezugs bezeichnend und hat von daher Auswirkungen darauf, wie wir uns in diesem Bezug verhalten. Jede solche Sichtweise ist jedoch in dem Sinne begrenzt, daß sie eine umfassende Ordnung und Harmonie nur bis zu einem gewissen Punkt herbeiführen kann, über den hinaus sie nicht mehr relevant und passend ist. (Vergleiche dies mit dem Begriff der funktionalen Wahrheit im Kapitel 2.) Letzten Endes muß die wirkliche Denkbewegung, die jeden besonderen Totalitätsbegriff in sich schließt, als ein Prozeß gesehen werden, dessen Form und Inhalt sich laufend verändern. Verläuft dieser Prozeß richtig, das heißt unter bewußter Beachtung des Denkens in seinem wirklichen Fluß des Werdens, so wird man nicht der Gewohnheit verfallen, den Inhalt stillschweigend als eine endgültige und im wesentlichen statische Realität zu behandeln, die vom Denken unabhängig ist.

Aber sogar diese Aussage über die Natur unseres Denkens ist selbst nur eine Form im Gesamtprozeß des Werdens, eine Form, die auf eine bestimmte Bewegungsordnung des Verstandes hinweist sowie auf eine Verfassung, in der sich der Verstand befinden muß, um eine solche Bewegung harmonisch zu vollziehen. Sie hat also nichts Endgültiges an sich. Auch läßt sich nicht sagen, wohin sie führt. Offenbar müssen wir für weitere grundlegende Veränderungen der Ordnung unseres Denkens offen sein, wenn wir diesen Prozeß weitertreiben. Solche Veränderungen müssen in frischen und schöpferischen Einsichten vor sich gehen, die für die geordnete Bewegung solchen Denkens notwendig sind. In diesem Kapitel soll also zu bedenken gegeben werden, daß man im allgemeinen nur, wenn man das Wissen als einen integralen Bestandteil des fließenden Gesamtprozesses auffaßt, zu einer harmonischeren und geordneteren Einstellung zum Leben im ganzen gelangt anstatt zu einer statischen und fragmentierenden Sichtweise, die das Wissen nicht als Prozeß begreift und es von der übrigen Realität abspaltet.

In diesem Zusammenhang ist es wichtig zu betonen, daß man das Wissen nicht *konsequent* als einen integralen Bestandteil des Gesamtprozesses begreift, wenn man auf Dauer eine bestimmte Ansicht von der Totalität als die von Whitehead oder von sonst jemandem ausgibt. Wer aber eine Ansicht Whiteheads aufgreift, nimmt diese damit zum Ausgangspunkt in einem weitergehenden Prozeß *des Werdens von Wissen*. (Vielleicht könnte man sagen, daß er im „Strom des Wissens" weiter flußab schwimmt.) In diesem Prozeß können sich manche Aspekte ziemlich langsam verändern, andere hingegen schneller, aber vor allen Dingen gilt es dabei im Auge zu behalten, daß der Prozeß keinen genau definierbaren Aspekt besitzt, der *absolut* feststehend wäre. Natürlich bedarf es in jedem Moment intelligenter Wahrnehmung, um jene Aspekte zu bestimmen, die sich eigentlich langsamer verändern sollten, sowie jene, die sich eigentlich schnell verändern sollten, wenn man die „Kunst" der Schöpfung von Ideen über „die Totalität all dessen was ist" ausübt.

Wir müssen hier sehr achtsam sein, denn wir neigen zu dem Versuch, den wesentlichen Inhalt unserer Darlegungen in einem bestimmten Begriff oder Bild zu fixieren und dann darüber zu reden, als ob es ein abgetrenntes „Ding" wäre, das unabhängig davon ist, was wir darüber denken. Wir merken nicht, daß dieses „Ding" mittlerweile tatsächlich zu einem bloßen Bild geworden ist, zu einer Form im Gesamtprozeß des Denkens, das heißt der Reaktion des Gedächtnisses, das ein Rückstand einer früheren Wahrnehmung durch den Verstand ist (entweder von jemand anderem oder von einem selbst). Dadurch können wir auf eine sehr hintergründige Art und Weise wieder in einer Bewegung verharren, in der wir etwas, das unserem eigenen Denken entspringt, so behandeln, als ob ihm eine Realität unabhängig von diesem Denken zukäme.

Wir können dieser Falle entgehen, wenn wir uns bewußt sind, daß das Wissen in Wirklichkeit ein lebendiger Prozeß ist, der sich *eben jetzt* (und an diesem Ort) abspielt. In solch einem wirklichen Prozeß reden wir nicht nur über die Bewegung des Wissens, als ob wir ihr von außen zuschauten. Wir nehmen tatsächlich an dieser Bewegung teil und sind uns bewußt, daß *sie* stattfindet und nichts anderes. Dies besagt, daß sie für uns alle eine echte Realität ist, eine Realität, die wir beobachten und der wir unsere Aufmerksamkeit widmen können.

Die Schlüsselfrage lautet demnach: „Können wir uns der sich laufend verändernden und fließenden Realität dieses tatsächlichen Wissensprozesses bewußt sein?" Wenn wir aus einer solchen Bewußtheit heraus denken können, so werden wir nicht das, was dem Denken entspringt, mit dem verwechseln, was der vom Denken unabhängigen Realität entspringt, und somit kann sich die Kunst des Denkens, das die Totalität zum Inhalt hat, frei von der Verwirrung entfalten, welche jenen Denkformen innewohnt, die ein für allemal definieren wollen, „was das Ganze der Realität ist", und die uns daher dazu verleiten, den Inhalt solchen Denkens mit der umfassenden Ordnung einer Gesamtrealität zu verwechseln, die vom Denken unabhängig ist.

IV

Verborgene Variablen in der Quantentheorie

Die Frage, ob es verborgene Variablen gibt, die der Quantentheorie zugrunde liegen, hielt man für längst mit einem klaren Nein beantwortet. Als eine Folge davon betrachtet die Mehrzahl der modernen Physiker diese Frage für die physikalische Theorie als nicht mehr relevant. In den letzten Jahren allerdings wurde von einer Anzahl Physikern, unter ihnen der Autor, ein neuer Ansatz zu diesem Problem entwickelt, der die Frage verborgener Variablen wieder aufwirft. (1) Ich beabsichtige hier, in groben Zügen einen Überblick darüber zu geben, was dabei bisher erreicht wurde, und die allgemeine Richtung anzugeben, in die sich Theorien über verborgene Variablen zur Zeit entwickeln.

Im Laufe dieses Kapitels werden wir eine Anzahl Gründe nennen, warum Theorien, die verborgene Variablen enthalten, für die Behandlung neuer physikalischer Probleme von Bedeutung zu sein versprechen, besonders für solche, die im Bereich sehr kurzer Entfernungen (von der Größenordnung von 10^{-13} cm oder weniger) und sehr hoher Energien (von der Größenordnung von 10^9 eV oder mehr) auftauchen. Zuletzt werden wir auf die Haupteinwände eingehen, die gegen den Gedanken verborgener Variablen vorgebracht wurden, nämlich auf die Schwierigkeiten im Umgang mit der Heisenbergschen Unschärferelation, auf die Quantelung der Wirkung, auf das Paradoxon von Einstein, Rosen und Podolsky sowie auf von Neumanns Argumente gegen die Möglichkeit solcher Variablen.

1. Hauptzüge der Quantentheorie

Um zu verstehen, wie sich die Theorie der verborgenen Variablen entwickelt hat, ist es zuallererst notwendig, daß wir uns über die Hauptzüge der Quantentheorie im klaren sind. Obwohl es mehrere voneinander abweichende Formulierungen dieser Theorie gibt (von Heisenberg, Schrödinger, Dirac, von Neumann und Bohr), die sich in ihren Deutungen etwas unterscheiden (2), so stimmen sie doch alle in den folgenden Grundannahmen überein:
1. Die Grundgesetze der Quantentheorie müssen mit Hilfe einer (im allgemeinen mehrdimensionalen) *Wellenfunktion* ausgedrückt werden, die eine lineare Gleichung erfüllt (so daß die Lösungen linear superponiert werden können).
2. Alle physikalischen Ergebnisse müssen mit Hilfe bestimmter „Observablen" berechnet werden, die von hermiteschen Operatoren dargestellt werden, welche sich linear auf die Wellenfunktion abbilden.
3. Jede besondere Observable ist nur dann bestimmt (scharf definiert), wenn die Wellenfunktion eine Eigenfunktion des entsprechenden Operators ist.
4. Ist die Wellenfunktion keine Eigenfunktion dieses Operators, so läßt sich das Ergebnis einer Messung der entsprechenden Observable nicht im voraus bestimmen. Die Ergebnisse einer Messungsreihe an einer von derselben Wellenfunktion dargestellen Gesamtheit von Systemen werden von einem Fall zum anderen im Bereich der verschiedenen Möglichkeiten zufällig (regellos) schwanken.
5. Ist die Wellenfunktion gegeben durch

$$\psi = \sum_n C_n \psi_n$$

wobei ψ_n die Eigenfunktion des betreffenden Operators ist, die dem *n*-ten Eigenwert entspricht, so wird die Wahrscheinlichkeit, den *n*-ten Eigenwert in einer großen Gesamtheit von Messungen zu erhalten, durch $P_n = |C_n|^2$ gegeben sein.
6. Aus der Nichtvertauschbarkeit vieler Operatoren (wie etwa *p* und *x*), die Variablen entsprechen, welche in der klassischen Mechanik zusammen definiert werden müssen, folgt, daß es keine Wellenfunktionen geben kann, die zugleich Eigenfunktionen

aller für ein bestimmtes physikalisches Problem bedeutsamen Operatoren sind. Dies bedeutet, daß nicht alle physikalisch bedeutsamen Observablen zusammen bestimmt werden können, und, was noch wichtiger ist, daß diejenigen, welche nicht bestimmt sind, in einer Reihe von Messungen an einer Gesamtheit, die von derselben Wellenfunktion dargestellt wird, regellos (zufällig) schwanken werden.

2. Grenzen des Determinismus, die sich aus der Quantentheorie ergeben

Aus den im vorigen Abschnitt beschriebenen Annahmen ersieht man sofort, daß es eine gewisse Grenze für den Grad gibt, bis zu dem die Ergebnisse *einzelner* Messungen der Quantentheorie zufolge bestimmt sind. Diese Grenze gilt für jede Messung, die spürbar auf die Quanteneigenschaften der Materie angewiesen ist. So kann in einer Gesamtheit von radioaktiven Kernen der Zerfall jedes Kerns *einzeln* durch das Klicken eines Geigerzählers festgestellt werden. Eine genauere Untersuchung der Quantenmechanik des Problems zeigt, daß der Operator, der der Messung eines Zerfallsproduktes entspricht, nicht mit dem Operator vertauschbar ist, dessen Eigenfunktionen die nicht zerfallenen Kerne darstellen. Wenn wir folglich von einer Gesamtheit nicht zerfallener Kerne ausgehen, die von derselben Wellenfunktion dargestellt wird, so wird jeder einzelne Kern zu einem nicht vorhersagbaren Zeitpunkt zerfallen. Dieser Zeitpunkt wird von Kern zu Kern auf eine regellose Weise verschieden sein, und nur der durchschnittliche Bruchteil, der in einem gegebenen Zeitintervall zerfällt, kann aufgrund der Wellenfunktion annähernd vorhergesagt werden. Werden solche Vorhersagen mit dem Experiment verglichen, so entdeckt man in der Tat, daß es eine Zufallsverteilung der „Klicks" des Geigerzähles gibt, mit einer Normalverteilung der Häufigkeiten, die den Wahrscheinlichkeitsgesetzen, wie sie von der Quantentheorie impliziert werden, gehorcht.

3. Zur Deutung des Indeterminismus in der Quantentheorie

Aus der Tatsache, daß die Quantentheorie in einem derart weiten Bereich mit dem Experiment übereinstimmt (einschließlich des Problems, das im vorigen Abschnitt als ein besonderer, aber typischer Fall behandelt wurde), ist klar ersichtlich, daß die indeterministischen Züge der Quantenmechanik in gewisser Weise eine Widerspiegelung des wirklichen Verhaltens der Materie in den atomaren und nuklearen Bereichen sind, aber es taucht hier die Frage auf, wie man nun diesen Indeterminismus zu deuten hat.

Um den Sinn dieser Frage klarzumachen, wollen wir uns ein paar analoge Probleme anschauen. So ist es wohlbekannt, daß Versicherungsgesellschaften auf der Grundlage gewisser statischer Gesetze arbeiten, die mit einem hohen Näherungsgrad die durchschnittliche Anzahl der Menschen einer bestimmten Alters-, Größen-, Gewichtsklasse usw. vorhersagen, die in einer festgesetzten Zeitspanne an einer bestimmten Krankheit sterben werden. Sie können dies, obwohl sie nicht die genaue Todeszeit des einzelnen Versicherungsnehmers vorhersagen können und sogar obwohl solche einzelnen Todesfälle auf eine Weise zufällig eintreten, die in keiner gesetzmäßigen Beziehung zu der Art von Daten steht, die die Versicherungsgesellschaft zu sammeln vermag. Dennoch beeinträchtigt die Tatsache, daß statistische Gesetze dieser Art wirken, nicht das gleichzeitige Wirken von Einzelgesetzen, die detaillierter die genauen Umstände des Todes jedes Versicherungsnehmers bestimmen (z.B. kann ein Mann zu einem gewissen Zeitpunkt eine Straße überqueren und von einem Auto angefahren werden, er kann von Krankheitserregern angesteckt werden, während er sich in einem Schwächezustand befindet, usw.), denn wenn dasselbe Ergebnis (Tod) durch eine große Anzahl von im wesentlichen unabhängigen Ursachen hervorgerufen werden kann, so gibt es keinen Grund, warum diese Ursachen nicht eben auf solche Weise verteilt sein sollten, daß sie in einer großen Masse zu statistischen Gesetzen führen.

Die Wichtigkeit solcher Erwägungen liegt auf der Hand. So wird im Bereich der medizinischen Forschung das Wirken statistischer Gesetze niemals als ein Grund gegen die Suche nach genaueren Gesetzmäßigkeiten für den Einzelfall angesehen (die etwa angeben, was den Tod eines bestimmten Menschen zu einem gegebenen Zeitpunkt verursacht usw.).

Auf ähnliche Weise bildete sich, als man entdeckte, daß Sporen und Rauchteilchen einer Zufallsbewegung unterliegen, die gewissen statistischen Gesetzen gehorcht (der Brownschen Bewegung), in der Physik die Annahme, daß diese auf die Stöße von Myriaden von Molekülen zurückzuführen sei, die tiefer liegenden Einzelgesetzen gehorchen. Man sah daraufhin die statistischen Gesetze als mit der Möglichkeit tiefer liegender Einzelgesetze vereinbar an, denn das Gesamtverhalten eines einzelnen Brownschen Teilchens wäre, wie im Fall der Versicherungsstatistiken, von einer sehr großen Zahl von wesentlich unabhängigen Faktoren bestimmt. Oder um die Sache allgemeiner zu fassen: *Regellosigkeit von individuellem Verhalten im Kontext eines statistischen Gesetzes ist im allgemeinen mit der Annahme vereinbar, daß detaillierte Gesetze in einem breiteren Kontext auf dieses Verhalten anwendbar sind.*

Angesichts dieser Erörterung sollten wir die Hypothese in Erwägung ziehen, daß die Ergebnisse einzelner quantenmechanischer Messungen von einer Vielzahl neuartiger Faktoren bestimmt werden, die aus dem Rahmen dessen fallen, was in die Quantentheorie eingehen kann. Diese Faktoren würden mathematisch von einer weiteren Variablenmenge dargestellt werden, womit die Zustände neuartiger Gebilde beschrieben würden, die einer tiefer liegenden, subquantenmechanischen Ebene angehörten und qualitativ neuartigen Einzelgesetzen gehorchten. Solche Gebilde und ihre Gesetzmäßigkeiten würden dann eine neue Seite der Natur bilden, eine Seite, die gegenwärtig „verborgen" ist. Aber auch die Atome, die man zunächst postulierte, um die Brownsche Bewegung und makroskopische Regelmäßigkeiten zu erklären, waren ursprünglich auf ähnliche Weise „verborgen" und wurden im einzelnen erst später durch neuartige Experimente (z.B. mit Geigerzählern, Nebelkammern usw.), die auf die Eigenschaften der einzelnen Atome reagierten, aufgedeckt. Vermutlich werden wir die Variablen zur Beschreibung der subquantenmechanischen Gebilde im einzelnen aufdecken, wenn wir noch andere Experimente finden, die von denen des jetzigen Typs so verschieden sind, wie diese von Experimenten, die die Gesetzmäßigkeiten auf der makroskopischen Ebene aufdecken können (z.B. Temperatur- und Druckmessungen u.a.).

Es muß an diesem Punkt festgestellt werden, daß sich die Mehrzahl der modernen theoretischen Physiker (3), wie ja wohlbekannt ist, dafür entschieden hat, jede Andeutung des oben beschriebenen Typs zurückzuweisen. Dies beruht hauptsächlich auf dem Schluß, daß die statistischen Gesetze der Quantentheorie mit der Möglichkeit tiefer liegender Einzelgesetze unvereinbar seien. Mit anderen Worten, während sie also im allgemeinen zugestehen würden, daß manche statistischen Gesetze mit der Annahme zusätzlicher Einzelgesetze, die in einem breiteren Kontext wirken, vereinbar sind, so glauben sie doch, daß die Quantenmechanik niemals auf zufriedenstellende Weise als ein derartiges Gesetz betrachtet werden könnte. Die statistischen Züge der Quantentheorie stellen folglich in dieser Sicht eine Art irreduzible Regellosigkeit *individueller* Phänomene im Quantenbereich dar. Alle Einzelgesetze (etwa der klassichen Mechanik) werden dann als Grenzfälle der Wahrscheinlichkeitsgesetze der Quantentheorie aufgefaßt, die für Systeme mit einer großen Zahl von Molekülen annähernd gültig sind.

4. Argumente für die Deutung des quantenmechanischen Indeterminismus als irreduzible Regellosigkeit

Wir werden jetzt auf die Hauptargumente eingehen, auf denen der Schluß beruht, der quantenmechanische Indeterminismus stelle eine Art irreduzible Regellosigkeit dar.

4.1. Die Heisenbergsche Unschärferelation
Wir beginnen mit einer Erörterung der Heisenbergschen Unschärferelation. Heisenberg zeigte, daß wir selbst unter der Annahme, die physikalisch bedeutsamen Variablen existierten tatsächlich mit scharf definierten Werten (wie es von der klassischen Mechanik gefordert wird), niemals alle gleichzeitig messen könnten, denn die Wechselwirkungen zwischen dem Beobachtungsgerät und dem, was beobachtet wird, ist stets mit einem Austausch von einem oder mehreren unteilbaren und unkontrollierbar schwankenden Quanten verbunden. Wenn man zum Beispiel die Koordinate x und den zugehörigen Impuls p eines Teilchens zu messen versucht, so wird das Teilchen derart gestört, daß die maximale Genauigkeit für die gleichzeitige Bestimmung beider durch die bekannte Relation $\Delta p \Delta x \geq h$ gegeben ist. Folglich wären wir, selbst wenn es tiefer liegende Subquantengesetze gäbe, die das genaue Verhalten eines einzelnen Elektrons festlegten, gänzlich außerstande, durch irgendeine erdenkliche Messung zu beweisen, daß diese Gesetze tatsächlich wirksam wären. Man zieht daher den Schluß, daß der Begriff einer Subquantenebene „metaphysich" oder im experimentellen Sinne inhaltsleer sei. Heisenberg erklärte, daß es wünschenswert wäre, physikalische Gesetze mit der kleinstmöglichen Anzahl solcher Begriffe aufzustellen, da diese für die physikalischen

Vorhersagen der Theorie nichts erbrächten, dafür aber die Darstellung auf irrelevante Weise komplizierten.

4.2. *Von Neumanns Argumente gegen verborgene Variablen*

Wir werden jetzt das nächste der Hauptargumente gegen verborgene Variablen, nämlich das von Neumanns, in vereinfachter Form darstellen.

Aus den Bedingungen 4, 5 und 6 von Abschnitt 1 dieses Kapitels folgt, daß keine Wellenfunktion einen Zustand beschreiben kann, in dem *sämtliche* physikalisch bedeutsamen Größen „streuungslos" sind (das heißt scharf definiert und frei von statistischen Schwankungen). Wenn dennoch eine gegebene Variable (sagen wir p) einigermaßen wohldefiniert ist, so muß die konjugierte Variable (x) über einen breiten Bereich schwanken. Nehmen wir an, es gäbe bei einem solchen Zustand des Systems auf einer tieferen Ebene verborgene Variablen, die genau festlegten, wie x in jedem einzelnen Fall schwanken wird. Natürlich bräuchten wir die Werte dieser verborgenen Variablen nicht zu bestimmen und erhielten in einer statistischen Gesamtheit von Messungen von x immer noch dieselben Schwankungen, wie sie die Quantentheorie vorhersagt. Dennoch würde jeder Fall, der einen gewissen Wert für x ergibt, zu einer bestimmten Konstellation von Werten der verborgenen Variablen gehören, und man könnte daher sagen, daß die Gesamtheit der Werte aus einer entsprechenden Menge distinkter und scharf definierter Untergesamtheiten besteht.

Aber von Neumann wandte ein, daß eine solche Menge distinkter und scharf definierter Untergesamtheiten nicht mit gewissen anderen Wesensmerkmalen der Quantentheorie vereinbar sei, nämlich mit denen, die mit der *Interferenz* zwischen Teilen der Wellenfunktion, die den verschiedenen Werten von x entsprechen, verbunden sind. Um diese Interferenz aufzuzeigen, könnten wir es unterlassen, x zu messen, aber stattdessen eine dritte Art von Messung zur Bestimmung einer Observablen vornehmen, die auf die Form der Wellenfunktion über einen weiten Raumabschnitt reagiert. Beispielsweise könnten wir die Teilchen durch ein Gitter schicken und das Beugungsmuster messen. (Von Neumann (4) bespricht tatsächlich den Fall einer Observablen, die einer Summe von zwei oder mehr nicht vertauschbaren Operatoren entspricht; es ist aber offensichtlich, daß wir in einem Interferenzversuch ein Beispiel für genau solch eine Observable physikalisch erkennen, da das Endergebnis einige komplexe Verbindungen von Orts- und Impulsoperatoren für das beobachtete System festlegt).

Es ist bekannt, daß wir bei einem solchen Versuch auch dann noch ein statistisches Interferenzmuster erhalten, wenn wir die Teilchen in derart langen Intervallen durch das Gerät schicken, daß jedes Teilchen im Grunde für sich und unabhängig von allen anderen eintritt. Wenn aber die Gesamtheit solcher Teilchen in Untergesamtheiten zerfiele, von denen jede dem Elektron entspricht, das das Gitter bei einem bestimmten Wert von x anstößt, dann wäre das statistische Verhalten jeder Untergesamtheit durch einen Zustand gekennzeichnet, der einer Delta-Funktion des betreffenden Punktes entspricht. Demzufolge könnte eine einzelne Untergesamtheit keine Interferenz aufweisen, die die Beiträge von verschiedenen Teilen des Gitters darstellen würde. Da die Elektronen für sich und unabhängig eintreten, ist auch keine Interferenz zwischen Untergesamtheiten möglich, die verschiedenen Orten entsprechen. Auf diese Weise zeigen wir, daß der Begriff der verborgenen Variablen nicht vereinbar mit den Interferenzeigenschaften der Materie ist, die sowohl experimentell beobachtet werden, wie sie auch notwendige Konsequenzen der Quantentheorie darstellen.

Von Neumann verallgemeinerte die obige Beweisführung und faßte sie genauer, kam aber im wesentlichen zum selben Ergebnis. Mit anderen Worten, er folgerte, es könne nichts widerspruchsfrei angenommen werden (nicht einmal hypothetische verborgene Variablen), das die Ergebnisse einer einzelnen Mesung näher bestimmen könnte, als es der Quantentheorie zufolge möglich ist.

4.3. Das Paradoxon von Einstein, Rosen und Podolsky
Das dritte wichtige Argument gegen verborgene Variablen steht in engem Zusammenhang mit der Analyse des Paradoxons von Einstein et al. (5). Dieses Paradoxon ergab sich aus dem zunächst recht weitverbreiteten Standpunkt, nach dem man die Unschärferelation *ausschließlich* als einen Ausdruck der Tatsache ansah, daß in jedem Meßverfahren eine minimale unvorhersagbare und unkontrollierbare Störung auftritt. Einstein, Rosen und Podolsky schlugen daraufhin ein hypothetisches Experiment vor, durch das man die Unhaltbarkeit der obigen Deutung der Heisenbergschen Unschärferelation sehen konnte.

Wir werden hier eine vereinfachte Form dieses Experiments geben (6). Man denke sich ein Molekül mit einem Gesamtspin

Null, das aus zwei Atomen mit einem Spin $\hbar/2$ besteht. Dieses Molekül soll durch ein Verfahren zerlegt werden, das den Spin keines der beiden Atome beeinflußt. Der Gesamtspin bleibt dann Null, selbst während die Atome getrennt fliegen und nicht mehr wahrnehmbar interagieren.

Wenn nun eine Komponente des Spins eines der Atome (nennen wir es A) gemessen wird, so können wir, da der Gesamtspin Null ist, sofort schließen, daß diese Komponente des Spins des anderen Atoms (B) genau entgegengesetzt ist. Durch das Messen einer Komponente des Spins des Atoms A können wir demnach diese Komponente des Spins des Atoms B erhalten, *ohne irgendwie mit Atom B in Wechselwirkung zu treten.*

Wäre dies ein klassisches System, so würden keine Deutungsschwierigkeiten auftreten, da jede Komponente des Spins eines jeden Atoms immer wohldefiniert ist und in ihrem Wert der gleichen Komponente des Spins des anderen Atoms immer entgegengesetzt bleibt. Die beiden Spins sind also korrelativ, und dies verschafft uns die Kenntnis des Spins von Atom B, wenn wir den von A messen.

Aber in der Quantentheorie kommt die Tatsache hinzu, daß sich jeweils nur eine Komponente des Spins scharf definieren läßt, während die anderen zwei unterdessen Zufallsschwankungen unterliegen. Wenn wir die Schwankungen lediglich als das Ergebnis von Störungen deuten, die auf das Meßgerät zurückgehen, so können wir dies für das Atom A tun, das wir ja direkt beobachten, aber woher „weiß" das Atom B, das weder mit dem Atom A noch mit dem Beobachtungsgerät irgendwie interagiert, in welcher Richtung es seinem Spin gestatten soll, zufällig zu schwanken? Das Problem wird sogar noch verwickelter, wenn wir bedenken, daß es uns dann, wenn sich die Atome noch im Flug befinden, freisteht, das Beobachtungsgerät nach Belieben anders auszurichten und dadurch den Spin des Atoms A in einer anderen Richtung zu messen. Diese Veränderung wird irgendwie *sofort* auf das Atom B übertragen, das entsprechend reagiert. Wir geraten also in einen Widerspruch zu einem der Grundprinzipien der Relativitätstheorie, das besagt, daß sich keine physikalischen Einflüsse schneller als Licht fortpflanzen können.

Das oben beschriebene Verhalten zeigt nicht nur die Unhaltbarkeit der Vorstellung, daß die Unschärferelation im wesentlichen nur die Auswirkungen einer vom Meßgerät herrührenden Störung angibt, sondern es stellt uns auch vor gewisse reale

Schwierigkeiten bei dem Bestreben, das quantenmechanische Verhalten der Materie im Sinne der Vorstellung von einer tiefer liegenden Ebene zu verstehen, auf der sich Einzelgesetze im Kontext verborgener Variablen auswirken.

Freilich, wenn es solche verborgenen Variablen gibt, so könnten sie unter Umständen für eine „verborgene" Wechselwirkung zwischen Atom B und Atom A oder zwischen Atom B und dem Gerät, das den Spin des Atoms mißt, verantwortlich sein. Eine solche Wechselwirkung, die über die in der Quantentheorie ausdrücklich in Betracht gezogenen hinausginge, könnte dann im Prinzip erklären, woher das Atom B „weiß", welche Eigenschaft des Atoms A gemessen wird, aber die Schwierigkeit bleibt bestehen, daß wir für diese Wechselwirkung durch den Raum eine Geschwindigkeit veranschlagen müssen, die größer wäre als die des Lichts, wenn wir die Korrelation für den Fall erklären wollten, daß das Gerät neu ausgerichtet wird, während sich die Atome noch im Flug befinden. Dieser Aspekt des Problems gehört offenbar zu denen, die jede annehmbare Theorie verborgener Variablen irgendwie auf eine zufriedenstellende Weise bewältigen muß.

5. Bohrs Lösung für das Paradoxon von Einstein, Rosen und Podolsky: die Unteilbarkeit aller materiellen Prozesse

Das Paradoxon von Einstein, Rosen und Podolsky wurde von Niels Bohr auf eine Weise gelöst, die den Begriff des Indeterminismus in der Quantentheorie als eine Art irreduzible Regellosigkeit in der Natur beibehielt. (7) Er nahm hierfür die *Unteilbarkeit* eines Quants als Grundlage und erklärte, daß das Verfahren, mit dem wir klassische Systeme analytisch in miteinander wechselwirkende Teile zerlegen, im Quantenbereich versagt, denn der Prozeß, durch den zwei Gebilde sich zu einem einzigen System verbinden (wenn auch nur für eine begrenzte Zeitspanne), ist niemals teilbar. Wir sehen uns demnach einem Versagen unserer gewohnten Ideen von der unbegrenzten Analysierbarkeit jedes Prozesses in verschiedene Teile gegenüber, die in genau bestimmten Raum- und Zeitabschnitten lokalisiert sind. Nur innerhalb der klassischen Grenzen, wo wir es mit vielen Quanten zu tun haben, können die Auswirkungen dieser Unteilbarkeit vernachlässigt werden, und nur dort können wir die gewohnten Vorstellungen von der *detaillierten* Analysierbarkeit eines physikalischen Prozesses zutreffend anwenden.

Um diese neue Eigenschaft der Materie im Quantenbereich in den Griff zu bekommen, schlug Bohr vor, von der klassischen Ebene auszugehen, die der Beobachtung unmittelbar offensteht. Die verschiedenen Ereignisse, die auf dieser Ebene stattfinden, lassen sich mit Hilfe unserer allgemeinen Begriffe, die unbegrenzte Analysierbarkeit verlangen, angemessen beschreiben. Man findet dann, daß diese Ergebnisse mit einem gewissen Näherungsgrad durch eine genau bestimmte Gruppe von Gesetzen verknüpft sind, nämlich durch die Newtonschen Bewegungsgesetze, die im Prinzip den künftigen Verlauf dieser Ereignisse in Form ihrer Merkmale zu einem gegebenen Zeitpunkt festlegen.

Jetzt kommt der wesentliche Punkt. Um den klassischen Gesetzen einen echten experimentellen Inhalt zu geben, müssen wir imstande sein, die Impulse und Orte aller relevanten Teile des betreffenden Systems festzulegen. Solch eine Festlegung verlangt, daß das betreffende System mit einem Gerät verbunden ist, das ein beobachtbares makroskopisches Ergebnis erbringt, welches dem Zustand des betreffenden Systems eindeutig korrelativ ist. Um aber die Bedingung zu erfüllen, daß wir imstande sein müssen, den Zustand des beobachteten Systems durch Beobachtung des makroskopischen Geräts zu erkennen, muß es uns zumindest im Prinzip möglich sein, mittels einer geeigneten begrifflichen Analyse zwischen den beiden Systemen zu unterscheiden, obwohl sie miteinander verbunden sind und in einer Art Wechselwirkung stehen. Jedoch läßt sich im Quantenbereich eine solche Analyse nicht mehr einwandfrei durchführen. Demzufolge muß man das, was zuvor das „zusammengesetzte System" genannt worden war, als eine einzige, unteilbare, umfassende *Versuchssituation* betrachten. Das Ergebnis des Wirkens des gesamten Versuchsaufbaus verrät uns nichts über das System, das wir beobachten wollen, sondern nur etwas über den Aufbau als Ganzes.

Die obige Erörterung der Bedeutung einer Messung führt uns dann direkt zu einer Deutung der Heisenbergschen Unschärferelation. Wie eine einfache Analyse zeigt, findet die Unmöglichkeit, zwei nicht vertauschbare Observablen durch eine einzige Wellenfunktion theoretisch zu definieren, in jeder Einzelheit ihr genaues Gegenstück in der Unmöglichkeit des Zusammenwirkens zweier Gesamtaufbauten, die die gleichzeitige experimentelle Bestimmung dieser beiden Variablen gestatten würden. Dies legt den Gedanken nahe, daß die Nichtvertauschbarkeit zweier Operatoren als eine mathematische Darstellung dafür zu deuten ist, daß die Anordnung der zur experimentellen Festlegung der entsprechenden Größen erforderlichen Geräte einander widersprechen.

Im klassischen Bereich ist es selbstverständlich wesentlich, daß ein Paar kanonisch konjungierter Variablen der oben beschriebenen Art zusammen definiert werden. Jedes Glied eines solchen Paares beschreibt einen notwendigen Aspekt des ganzen Systems, der mit dem anderen Aspekt verbunden werden muß, wenn der physikalische Zustand des Systems eindeutig definiert werden soll. Dagegen läßt sich im Quantenbereich, wie wir gesehen haben, jedes Glied eines solchen Paares nur in einer Versuchssituation genauer definieren, in der das andere entsprechend weniger genau definiert wird. In gewissem Sinne widerspricht eine Variablen der anderen. Dennoch bleiben sie „komplementär", da jede einen wesentlichen Aspekt des Systems beschreibt, der der anderen entgeht. Beide Variablen müssen daher noch zusammen gebraucht werden, können jetzt aber nur in den vom Heisenbergschen Prinzip gesteckten Grenzen definiert werden. Daraus folgt, daß uns solche Variablen keinen genau bestimmten und eindeutigen Begriff der Materie im Quantenbereich mehr geben können. Nur im klassischen Bereich ist ein solcher Begriff eine brauchbare Annäherung.

Wenn es keinen genau bestimmten Begriff der Materie im Quantenbereich gibt, worin besteht dann die Bedeutung der Quantentheorie? Nach Bohrs Auffassung ist sie bloß eine „Verallgemeinerung" der klassischen Mechanik. Anstatt uns auf beobachtbare klassische Phänomene durch Newtonsche Gleichungen zu beziehen, die eine vollkommen deterministische und unendlich analysierbare Gruppe von Gesetzen bilden, verknüpfen wir diese selben Phänomene durch die Quantentheorie, die uns eine Gruppe von Wahrscheinlichkeitsgesetzen an die Hand gibt, welche eine unendlich detaillierte Analyse der Phänomene nicht gestattet. Dieselben Begriffe (z.B. Ort und Impuls) tauchen sowohl in der klassischen als auch in der Quantentheorie auf. In beiden Theorien gewinnen alle Begriffe ihren experimentellen Inhalt auf die im wesentlichen gleiche Weise, nämlich indem sie auf einen bestimmten Versuchsaufbau bezogen werden, der beobachtbare makroskopische Phänomene zum Gegenstand hat. Der einzige Unterschied zwischen der klassischen und der Quantentheorie besteht darin, daß sie die Anwendung verschiedenartiger Gesetze erfordern, um die Begriffe zu verknüpfen.

Es ist offenkundig, daß nach Bohrs Deutung im Quantenbereich nichts gemessen wird. Seiner Auffassung nach kann es dort in der Tat nichts zu messen geben, da alle „unzweideutigen" Begriffe, die dazu verwandt werden könnten, die Bedeutung der Ergebnisse einer solchen Messung zu beschreiben, zu definieren und zu bedenken, ausschließlich dem klassischen Bereich angehören. Von daher kann nicht von einer „Störung" infolge einer Messung die Rede sein, da die Annahme, es hätte dabei überhaupt etwas zu stören gegeben, keinen Sinn hat.

Es ist nun klar, daß das Paradoxon von Einstein, Rosen und Podolsky gar nicht auftritt, da die Vorstellung von einem tatsächlich vorhandenen Molekül, das sich zunächst zusammensetzte und später „zerfiel" und das von der Vorrichtung zur „Spinmessung" „gestört" wurde, ebenfalls keinen Sinn hat. Solche Ideen sollten lediglich als bildhafte Begriffe betrachtet werden, deren man sich zur Beschreibung des ganzen Versuchsaufbaus, womit wir etwa ein gewisses Paar korrelativer klassischer Ereignisse beobachten, bequem bedienen kann (z.B. werden zwei parallele Vorrichtungen zur „Spinmessung", die sich auf entgegengesetzten Seiten des „Moleküls" befinden, stets entgegengesetzte Ergebnisse registrieren).

Solange wir uns darauf beschränken, die Wahrscheinlichkeiten für Ereignispaare auf diese Weise zu berechnen, werden wir keinerlei Paradoxe wie das oben beschriebene erhalten. Bei einer solchen Berechnung sollte die Wellenfunktion nur als ein mathematisches Symbol angesehen werden, das uns dabei hilft, die richtigen Beziehungen zwischen klassischen Ereignissen zu errechnen (vorausgesetzt es wird gemäß einem bestimmten Verfahren gehandhabt), aber dem ansonsten keinerlei andere Bedeutung zukommt.

Es ist jetzt klar, daß uns Bohrs Auffassung mit Notwendigkeit dazu führt, die indeterministischen Züge der Quantentheorie als Ausdruck irreduzibler Regellosigkeit zu deuten, denn aufgrund der Unteilbarkeit der Versuchsanordnung im ganzen läßt das Begriffsschema keinen Raum für eine Zurückführung auf kausale Faktoren, die genauer und detaillierter wäre als die von den Heisenbergschen Relationen zugelassene. Dieses Merkmal erweist sich dann als eine irreduzible Zufallsschwankung in den genauen Eigenschaften der einzelnen makroskopischen Phänomene, eine Schwankung jedoch, die den statistischen Gesetzen der Quantentheorie noch genügt. Bohrs Ablehnung verborgener Variablen beruht daher auf einer äußerst radikalen Revision der Vorstellung davon, was eine physikalische Theorie für einen Sinn haben sollte, eine Revision, die sich ihrerseits aus der grundlegenden Rolle ergibt, die er der Unteilbarkeit des Quants zuschreibt.

6. Eine vorläufige Deutung der Quantentheorie durch verborgene Variablen

In diesem Abschnitt werden wir die allgemeinen Umrisse gewisser Vorschläge für eine besondere Neudeutung der Quantentheorie skizzieren, die sich verborgener Variablen bedient. Es muß eingangs betont werden, daß diese Vorschläge ihrer Form nach nur vorläufig sind. Ihr Hauptzweck ist ein doppelter: erstens relativ konkret den Sinn einiger unserer Erwiderungen auf die Argumente gegen verborgene Variablen darzulegen, die in den vorigen Abschnitten zusammenfassend dargestellt wurden, und zweitens als ein genau bestimmter Ausgangspunkt für die weitere und detailliertere Ausarbeitung der Theorie zu dienen, die in späteren Abschnitten dieses Kapitels erörtert werden wird.

Die ersten systematischen Anregungen zu einer Deutung der Quantentheorie durch verborgene Variablen gehen auf den Autor zurück (8). Diese Neudeutung, die zunächst auf einer Ausweitung und Vervollständigung gewisser ursprünglich von de Broglie (9) vorgebrachter Ideen beruhte, wurde dann in einer späteren Arbeit von dem Autor und Vigier gemeinsam fortgeführt (10). Nach zusätzlicher Ausarbeitung nahm sie schließlich eine Form an, deren Hauptpunkte folgendermaßen zusammengefaßt werden sollen (11):

1. Die Wellenfunktion ψ wird als Ausdruck eines objektiv reellen Feldes angenommen und nicht bloß als ein mathematisches Symbol.

2. Wir gehen davon aus, daß es neben dem Feld ein Teilchen gibt, das mathematisch von einem System von Koordinaten dargestellt wird, die immer wohldefiniert sind und sich auf eine bestimmte Weise verändern.

3. Wir nehmen an, daß die Geschwindigkeit eines Teilchens durch

$$\vec{v} = \frac{\nabla S}{m} \tag{1}$$

gegeben ist, wobei *m* die Masse des Teilchens ist und *S* eine Phasenfunktion, die wir erhalten, indem wir die Wellenfunktion $\psi = Re^{iS/\hbar}$ schreiben; *R* und *S* sind dabei reelle Zahlen.

4. Wir gehen davon aus, daß das Teilchen nicht nur der Einwirkung durch das klassische Potential *V* (x) unterliegt, sondern auch noch der durch ein zusätzliches „Quantenpotential"

$$U = - \frac{\hbar^2}{2m} \frac{\nabla^2 R}{R}. \tag{2}$$

5. Schließlich nehmen wir an, daß sich das Feld ψ tatsächlich in einem Zustand sehr rascher zufälliger und chaotischer Schwankung befindet, dergestalt daß die in der Quantentheorie benutzten Werte von ψ eine Art Mittelwert über ein charakteristisches Zeitintervall τ sind. (Dieses Zeitintervall muß verglichen mit der mittleren Dauer der oben beschriebenen Schwankungsperioden lang sein, aber kurz verglichen mit der von quantenmechanischen Prozessen.) Man kann es so sehen, daß die Schwankungen des ψ-Feldes von einer tiefer liegenden, subquantenmechanischen Ebene herrühren, und zwar weitgehend auf die gleiche Weise, wie die Schwankungen in der Brownschen Bewegung eines mikroskopischen Flüssigkeitströpfchens von einer tiefer liegenden atomaren Ebene herrühren. Wie nun die Newtonschen Gesetze das Durchschnittsverhalten eines solchen Tröpfchens festlegen, so wird die Schrödingersche Gleichung das Durchschnittsverhaltens des ψ-Feldes festlegen.

Auf der Grundlage der obigen Postulate ist es jetzt möglich, einen wichtigen Satz zu beweisen, denn wenn das ψ-Feld schwankt, so besagt die Gleichung (1), daß entsprechende Schwankungen durch das schwankende Quantenpotential (2) auf die Teilchenbewegung übertragen werden. Somit wird das Teilchen keine völlig gleichmäßige Bahnlinie verfolgen, sondern eine Spur aufweisen, die der eines Teilchens in der gewöhnlichen Brownschen Bewegung ähnelt. Auf dieser Spur wird es eine gewisse *mittlere* Geschwindigkeit geben, die durch einen Mittelwert von Gleichung (1) für die Feldschwankungen, die während des charakteristischen Intervalls τ auftreten, gegeben ist. Darauf kann man auf der Grundlage gewisser sehr allgemeiner und einsichtiger Annahmen bezüglich der Schwankungen, die an anderer Stelle im einzelnen beschrieben sind (12), zeigen, daß das Teilchen in seinen willkürlichen Bewegungen den durchschnittlichen Teil seiner Zeit in dem Volumenelement *dV* von

$$P = |\psi|^2 \, dV \qquad (3)$$

zubringen wird. Das Feld ψ wird demnach hauptsächlich so gedeutet, daß es durch (1) die Bewegung und durch (2) das „Quantenpotential" festlegt. Die Tatsache, daß es auch die übliche Darstellung der Wahrscheinlichkeitsdichte festlegt, ergibt sich dann als eine Folge aus gewissen stochastischen Annahmen über die Schwankungen von ψ.

Es wurde gezeigt (13), daß die obige Theorie physikalische Ergebnisse vorhersagt, die mit den von der üblichen Deutung der Quantentheorie vorhergesagten übereinstimmen, dies aber mit Hilfe sehr andersartiger Annahmen über die Existenz einer tiefer liegenden Ebene von Einzelgesetzen tut.

Um die wesentlichen Unterschiede zwischen den beiden Standpunkten zu veranschaulichen, betrachte man einen Interferenzversuch, bei dem Elektronen mit bestimmtem Impuls auf ein Gitter treffen. Die zugeordnete Wellenfunktion ψ wird dann von dem Gitter in relativ bestimmte Richtungen gebeugt, und man erhält ein entsprechendes „Interferenzmuster" von einer statistischen Gesamtheit von Elektronen, die das System durchquert haben.

Wir wir im vorigen Abschnitt gesehen haben, gestattet es uns der übliche Standpunkt nicht, diesen Vorgang im einzelnen zu analysieren, nicht einmal begrifflich, und ebensowenig gestattet er uns, die Stellen, an denen einzelne Elektronen auftreten, als im voraus durch die verborgenen Variablen festgelegt anzusehen. Wir sind jedoch der Meinung, daß sich dieser Vorgang mit Hilfe eines neuen Vorstellungsmodells analysieren läßt. Wie wir gesehen haben, beruht dieses Modell auf der Voraussetzung, daß es ein Teilchen gibt, das einer bestimmten, aber zufällig schwankenden Spur folgt, deren Verhalten nachhaltig von einem objektiv wirklichen und zufällig schwankenden ψ-Feld abhängt, das die Schrödingersche Gleichung im Durchschnitt erfüllt. Wenn das ψ-Feld das Gitter durchquert, so wird es weitgehend auf die gleiche Weise gebeugt, wie dies auch anderen Feldern widerfahren würde (z.B. dem elektromagnetischen). Demzufolge wird in der anschließenden Stärke des ψ-Feldes ein Interferenzmuster auftreten, das die Struktur des Gitters widerspiegelt. Aber das Verhalten des ψ-Feldes spiegelt auch die verborgenen Variablen auf der Subquantenebene wider, die seine Schwankungen um den Mittelwert, den man durch die Lösung der Schrödingerschen Gleichung erhält, im einzelnen festlegen. Somit ist die Stelle, an der jedes Teilchen auftritt, letztlich im Prinzip durch eine Kombination von Faktoren bestimmt, zu denen die Ausgangslage des Teilchens, die Ausgangsform seines ψ-Feldes, die systematischen Veränderungen des ψ-Feldes durch das Gitter und die zufälligen Veränderungen dieses Feldes, die von der Subquantenebene ausgehen, gehören. In einer statistischen Gesamtheit von Fällen, die dieselbe mittlere Ausgangswellenfunktion besitzen, werden die Schwankungen des ψ-Feldes, wie gezeigt worden ist (14), genau dasselbe Interferenzmuster erzeugen, das in der üblichen Deutung der Quantentheorie vorhergesagt wird.

An dieser Stelle müssen wir fragen, wie wir es fertiggebracht haben, zu einem Ergebnis zu kommen, das dem von von Neumann hergeleiteten (Abschnitt 4.2) entgegengesetzt ist. Die Antwort liegt in einer gewissen unnötig einschränkenden Voraussetzung in von Neumanns Argumenten. Diese Voraussetzung besteht darin, daß die Teilchen, die an einem (im voraus von der verborgenen Variable bestimmten) gegebenen Ort x am Gitter auftreffen, zu einer Untergesamtheit gehören müssen, die dieselben statistischen Eigenschaften besitzt wie eine Gesamtheit von Teilchen, deren Ort x tatsächlich gemessen wurde (und deren Funktionen daher alle entsprechende Delta-Funktionen des Ortes sind). Wenn man nun den Ort jedes Elektrons bei seinem Durchgang durch das Gitter messen wollte, so erhielte man bekanntlich keine Interferenz (aufgrund der Störung durch die Messung, die das System veranlaßt, sich in nichtinterferierende, von Delta-Funktionen dargestellte Gesamtheiten aufzuspalten, wie es im Abschnitt 4.2 erörtert wurde). Daher kommt von Neumanns Vorgehensweise einer stillschweigenden Unterstellung gleich, wonach *sämtliche* Faktoren (wie etwa verborgene Variablen), die x im voraus bestimmen, die Interferenz ebenso zunichte machen müssen, wie dies in einer Messung der Koordinate x der Fall ist.

In unserem Modell gehen wir über die obige stillschweigende Unterstellung hinaus, indem wir zu Beginn zulassen, daß das Elektron mehr Eigenschaften besitzt, als sich durch die sogenannten „Observablen" der Quantentheorie beschreiben lassen. Wie wir gesehen haben, besitzt es einen Ort, einen Impuls, ein Wellenfeld ψ und Subquantenschwankungen, die alle zusammengenommen das Verhalten jedes einzelnen Systems im zeitlichen Ablauf im einzelnen festlegen. Daraus folgt, daß die

Theorie genug Raum bietet, um innerhalb ihrer eigenen Grenzen den Unterschied zu beschreiben zwischen einem Experiment, bei dem die Elektronen gänzlich ungestört das Gitter durchqueren, und einem solchen, bei dem sie von einem Gerät zur Ortsmessung gestört werden. Diese zweierlei Versuchsbedingungen würden zu sehr verschiedenen ψ-Feldern führen, selbst wenn die Teilchen in beiden Fällen das Gitter am selben Ort treffen sollten. Die Unterschiede im anschließenden Verhalten des Elektrons (nämlich Interferenz im einen Fall und im anderen nicht) werden sich daher aus den unterschiedlichen ψ-Feldern ergeben, die in den beiden Fällen vorhanden sind.

Zusammenfassend sei gesagt, daß wir uns nicht von von Neumanns Voraussetzungen einengen lassen müssen, wonach Untergesamtheiten nur durch Werte quantenmechanischer „Observablen" klassifiziert werden dürfen. Vielmehr muß eine solche Klassifizierung zusätzliche innere, gegenwärtig „verborgene" Eigenschaften einschließen, die später das direkt zu beobachtende Verhalten des Systems beeinflussen können (wie in dem von uns besprochenen Beispiel).

Schließlich ist es möglich, auf eine ähnliche Weise zu erforschen, wie andere charakteristische Probleme im Sinne unserer Neudeutung der Quantentheorie behandelt werden (etwa die Heisenbergsche Unschärferelation und das Paradoxon von Einstein, Rosen und Podolsky). Dies ist in der Tat bereits ausführlich geschehen (15). Wir werden jedoch eine Erörterung dieser Fragen zurückstellen, bis wir einige zusätzliche Ideen entwickelt haben, da uns dies in die Lage versetzen wird, diese Probleme auf eine einfachere und klarere Art und Weise zu behandeln, als es bisher möglich war.

7. Kritische Einwände gegen unsere vorläufige Deutung der Quantentheorie durch verborgene Variablen

Die im vorigen Abschnitt gegebene Deutung der Quantentheorie ist Gegenstand einer Reihe von schwerwiegenden kritischen Einwänden.

Zunächst einmal muß zugestanden werden, daß der Begriff des „Quantenpotentials" nicht gänzlich zu befriedigen vermag, denn nicht nur ist die vorgeschlagene Form $U = -(\hbar^2/2m)(\nabla^2 R/R)$ ziemlich eigenartig und willkürlich, sondern es ist auch ihre Quelle (im Unterschied zu anderen Feldern wie etwa dem elektromagnetischen) nicht ersichtlich. Diese Kritik stößt die Theorie als ein in sich logisch konsistentes Gefüge keineswegs um, sondern greift nur ihre mangelnde Plausibilität an. Dennoch können wir uns offensichtlich nicht damit zufrieden geben, ein solches Potential in einer definitiven Theorie zu akzeptieren. Vielmehr sollten wir es bestenfalls als eine schematische Darstellung einer einleuchtenderen physikalischen Idee betrachten, zu der wir später im Zuge der weiteren Ausarbeitung der Theorie vorzudringen hoffen.

Zweitens veranlaßt uns das Mehrkörperproblem dazu, ein mehrdimensionales ψ-Feld [$\psi(x_1, x_2, \ldots, x_n, \ldots, xN)$] einzuführen sowie ein entsprechendes mehrdimensionales Quantenpotential

$$U = -\frac{\hbar^2}{2m} \sum_{i=1}^{N} \frac{\nabla_i^2 R}{R}$$

mit $\psi = Re^{iS/\hbar}$ wie im Einkörperfall. Der Impuls jedes Teilchens ist dann gegeben durch

$$P_i = \frac{\partial S(x_1 \ldots x_n \ldots x_N)}{\partial x_i}. \tag{4}$$

Alle diese Gedankengänge sind logisch durchaus konsistent. Doch es muß zugegeben werden, daß sie von einem physikalischen Standpunkt aus schwer zu verstehen sind. Man sollte sie wie auch das Quantenpotential selbst bestenfalls als schematische oder vorläufige Darstellungen gewisser Züge einleuchtenderer physikalischer Ideen betrachten, die später gewonnen werden sollen.

Drittens ist gegen diese Deutung die Kritik vorgebracht worden, die genauen Werte des schwankenden ψ-Feldes und der Teilchenkoordinaten besäßen keinen wirklichen physikalischen Inhalt. Die Theorie sei derart konstruiert, daß die zu beobachtenden makroskopischen Ergebnisse einer jeden möglichen Messung mit denen übereinstimmten, die von der heutigen Quantentheorie vorhergesagt werden. Mit anderen Worten, weder ließe sich den Versuchsergebnissen ein Nachweis für das Vorhandensein der verborgenen Variablen entnehmen, noch erlaube es die Theorie, daß ihre Definition jemals hinreichend sein könne, um irgendein Ergebnis genauer vorherzusagen, als es die heutige Quantentheorie tut.

Die Antwort auf diese Kritik muß in zweierlei Zusammenhang gesehen werden. Zuerst einmal sollte man nicht vergessen, daß, bevor dieser Vorschlag gemacht wurde, der Eindruck weit verbreitet war, keinerlei Vorstellungen von verborgenen Variablen, selbst wenn sie abstrakt und hypothetisch wären, könnten irgendwie mit der Quantentheorie übereinstimmen. In der Tat war es das Hauptziel von von Neumanns Theorem, die Unmöglichkeit einer solchen Vorstellung zu beweisen. Somit war die Frage bereits auf abstrakte Weise in bestimmten Aspekten der üblichen Deutung der Quantentheorie aufgeworfen worden. Um zu zeigen, daß es falsch war, verborgene Variablen deshalb zu verwerfen, weil man sie sich nicht vorstellen konnte, war es demnach ausreichend, irgendeine logisch konsistente Theorie vorzubringen, die die Quantenmechanik durch verborgene Variablen erklärte, ganz gleich wie abstrakt und hypothetisch sie auch sein mochte. Folglich zeigte das Vorhandensein auch nur einer einzigen konsistenten Theorie dieser Art, daß man unbeschadet der Einwände, die man weiterhin gegen verborgene Variablen vorbringen mochte, nicht mehr das Argument gebrauchen konnte, sie seien undenkbar. Allerdings war die besondere Theorie, die vorgeschlagen wurde, aus allgemeinen physikalischen Gründen nicht zufriedenstellend, doch wenn *eine* solche Theorie möglich ist, dann können auch andere und bessere Theorien möglich sein, und die natürliche Folgerung aus dieser Behauptung lautet: „Warum versuchen wir sie nicht zu finden?"

Um zum zweiten die Kritik, diese Ideen seien rein hypothetich, voll zu beantworten, wollen wir anmerken, daß die logische Struktur der Theorie ihr die Möglichkeit einräumt, derart umgestaltet zu werden, daß sie ihrem experimentellen Inhalt nach nicht mehr völlig mit der heutigen Quantenmechanik übereinstimmt. Daraus folgt, daß die einzelnen Züge der verborgenen Variablen (z.B. die Schwankungen des ψ-Feldes und der Teilchenorte) in neuen Versuchsergebnissen zutage treten können, die von der Quantentheorie, wie sie heute formuliert wird, nicht vorhergesagt werden.

An dieser Stelle könnte man vielleicht die Frage stellen, ob solche neuen Ergebnisse überhaupt möglich sind. Verträgt sich schließlich das allgemeine Gerüst der Quantentheorie nicht bereits mit sämtlichen bekannten Versuchsergebnissen, und wenn dem so ist, wie könnte es dann irgendwelche anderen geben?

Um diese Frage zu beantworten, weisen wir zunächst darauf hin, daß selbst dann, wenn es keine bekannten Versuche gäbe, die im heutigen quantentheoretischen Rahmen nicht zufriedenstellend behandelt würden, die Möglichkeit neuer Versuchsergebnisse, die nicht in diesen Rahmen passen, doch immer bestünde. Alle Versuche werden notwendigerweise nur in einem begrenzten Bereich vorgenommen und sogar in diesem Bereich nur bis zu einem begrenzten Näherungsgrad. Im logischen Sinne ist also immer Raum für die Möglichkeit, daß bei Versuchen, die in neuen Bereichen und zu neuen Näherungsgraden durchgeführt werden, Ergebnisse erzielt werden, die nicht völlig in den Rahmen bestehender Theorien passen.

Die Physik hat sich häufig auf die oben beschriebene Weise entwickelt. So entdeckte man schließlich, daß die Newtonsche Mechanik, die man ursprünglich für vollkommen allgemeingültig hielt, nur in einem begrenzten Bereich gültig ist(in dem die Geschwindigkeit verglichen mit der des Lichts klein ist) und nur bis zu einem begrenzten Näherungsgrad. Die Newtonsche Mechanik mußte der Relativitätstheorie weichen, die mit Grundbegriffen von Raum und Zeit umging, die in vieler Hinsicht nicht mit denen der Newtonschen Mechanik übereinstimmten. Die neue Theorie unterschied sich daher in gewissen Wesenszügen qualitativ und grundsätzlich von der alten. Dennoch griff die neue Theorie im Bereich niedrigerer Geschwindigkeiten auf die alte als Grenzfall zurück. Auf ähnliche Weise wich die klassische Mechanik schließlich der Quantentheorie, die in ihrem Grundaufbau von jener höchst verschieden ist, aber die klassische Theorie noch immer als einen Grenzfall enthält, der im Bereich großer Quantenzahlen annähernd gilt. Übereinstimmung mit Experimenten in einem begrenzten Bereich und bis zu einem begrenzten Näherungsgrad ist demnach offensichtlich kein Beweis dafür, daß die Grundbegriffe einer bestimmten Theorie vollkommen allgemeingültig sind.

Wir ersehen aus der obigen Erörterung, daß die experimentellen Ergebnisse für sich genommen immer die Möglichkeit einer Theorie verborgener Variablen offen lassen, die in neuen Bereichen von der Quantentheorie abweichende Resultate erbringt (und sogar in den alten Bereichen, wenn sie bis zu einem hinreichend hohen Näherungsgrad gebracht werden). Jetzt aber müssen wir etwas deutlichere Vorstellungen davon besitzen, welches die Bereiche sind, in denen wir neue Ergebnisse erwarten, und worin genau diese eigentlich neu sein sollten.

Hierbei können wir hoffen, einige Hinweise durch das Nachdenken über Probleme in einem Bereich zu erhalten, in dem heutige Theorien nicht allgemein zufriedenstellende Ergebnisse zeitigen, nämlich in einem mit sehr hohen Energien und sehr kurzen Entfernungen verbundenen Bereich. Im Hinblick auf solche Probleme stellen wir zunächst fest, daß die gegenwärtige relativistische Quantenfeldtheorie auf ernste Schwierigkeiten stößt, die nachhaltige Zweifel an ihrer inneren Konsistenz aufkommen lassen. Da haben wir die Schwierigkeiten, die in Verbindung mit den Divergenzen auftauchen (unendliche Lösungen), die man bei Berechnungen der Folgen der Wechselwirkungen verschiedenartiger Teilchen und Felder erhält. Es stimmt, daß man im Sonderfall elektromagnetischer Wechselwirkungen solche Divergenzen zu einem gewissen Grad durch die sogenannten „Renormalisierungstechniken" vermeiden kann. Es ist aber keineswegs klar, ob diese Techniken auf eine gesicherte logisch-mathematische Grundlage gestellt werden können. (16) Außerdem leitet die Renormalisierungsmethode angesichts der Probleme der Mesonen- und anderer Wechselwirkungen wenig, selbst wenn man sie als eine rein technische Umstellung mathematischer Symbole betrachtet — von der Frage ihrer logischen Berechtigung einmal ganz abgesehen. Wenn auch bislang nicht endgültig bewiesen wurde, daß die oben beschriebenen Unendlichkeiten Wesensmerkmale der Theorie sind, so gibt es doch bereits gewichtige Hinweise, die einen solchen Schluß nahelegen. (17)

Es herrscht allgemeine Übereinstimmung darüber, daß für den recht wahrscheinlich anmutenden Fall, daß die Theorie nicht konvergiert, eine grundlegende Änderung in ihrer Behandlung von Wechselwirkungen auf sehr kurze Entfernung vorgenommen werden muß, da von diesem Bereich alle Schwierigkeiten ausgehen (wie man bei einer eingehenden mathematischen Analyse sieht).

Die meisten Befürworter der üblichen Deutung der Quantentheorie würden nicht leugnen, daß eine solche grundlegende Änderung in der gegenwärtigen Theorie nötig scheint. In der Tat sind manche von ihnen, Heisenberg eingeschlossen, sogar bereit, so weit zu gehen, unsere Vorstellungen einer Definierbarkeit von Raum und Zeit in Verbindung mit solchen sehr kurzen Entfernungen völlig aufzugeben, während vergleichbar grundlegende Änderungen anderer Prinzipien wie etwa die der Relativität von einer Reihe von Physikern in Erwägung gezogen wurden (in Verbindung mit der Theorie nichtlokaler Felder). Aber es scheint ein weitverbreiteter Eindruck zu bestehen, daß die Prinzipien der Quantenmechanik nahezu mit Sicherheit im Kern nicht geändert werden müßten. Mit anderen Worten, man hat das Gefühl, daß Veränderungen der physikalischen Theorien, wie radikal sie auch sein mögen, nur auf der Grundlage der Prinzipien der gegenwärtigen Quantentheorie aufbauen und diese vielleicht dadurch bereichern und verallgemeinern werden, daß ihnen ein neuerer und breiterer Anwendungsbereich eröffnet wird.

Es ist mir nie gelungen, irgendwelche wohlfundierten Gründe dafür zu entdecken, warum ein so hohes Maß an Zutrauen in die allgemeinen Prinzipien der Quantentheorie in ihrer heutigen Form besteht. Mehrere Physiker (18) haben darauf hingewiesen, daß der Trend des Jahrhunderts vom Determinismus weggeführt und daß ein Schritt zurück kaum zu erwarten ist. Doch dies ist eine Art von Spekulation, wie sie ohne weiteres zu jeder Zeit über bis dahin erfolgreiche Theorien hätte angestellt werden können. (Zum Beispiel hätten klassische Physiker des 19. Jahrhunderts mit gleichem Recht behaupten können, der Trend der Zeit laufe auf *mehr* Determinismus hinaus, wohingegen spätere Ereignisse diese Spekulation als falsch erwiesen hätten. Wieder andere haben eine psychologische Vorliebe für indeterministische Theorien ins Feld geführt, aber dies mag gut und gern einfach daher kommen, daß sie sich an solche Theorien gewöhnt haben. Klassische Physiker des 19. Jahrhunderts hätten sicherlich einen gleich starken psychologischen Hang zum Determinismus zum Ausdruck gebracht.)

Schließlich ist da noch der weitverbreitete Glaube, daß es nicht wirklich möglich sein wird, unser vorgebrachtes Programm der Entwicklung einer Theorie verborgener Variablen durchzuführen, die sich in ihrem experimentellem Inhalt von der Quantentheorie echt unterscheidet und die dennoch mit dieser Theorie in dem Bereich übereinstimmt, wo diese bereits als wesentlich richtig erkannt ist. Dieser Ansicht ist vor allem Niels Bohr, der besonders starke Zweifel daran äußerte (19), daß solch eine Theorie alle bedeutsamen Aspekte des Problems der *Unteilbarkeit* des Wirkungsquantums behandeln könnte – aber dieses Argument steht und fällt mit der Frage, ob eine andere Theorie der oben beschriebenen Art wirklich geschaffen werden kann, und wir werden in den nächsten Abschnitten sehen, daß eine solche Position keineswegs eine sichere ist.

8. Schritte zu einer detaillierten Theorie verborgener Variablen

Aus der im vorigen Abschnitt vorgenommenen Erörterung geht klar hervor, daß unsere Hauptaufgabe darin besteht, eine neue Theorie verborgener Variablen auszuarbeiten. Diese Theorie sollte sich von der heutigen Quantentheorie sowohl in ihren Grundbegriffen als auch in ihrem allgemeinen experimentellen Inhalt deutlich unterscheiden und doch dazu in der Lage sein, in dem Bereich, in dem die heutige Theorie bis jetzt verifiziert wurde, und zu dem Näherungsgrad an Meßgenauigkeit, der tatsächlich erreicht wurde, im wesentlichen die gleichen Ergebnisse zu erzielen wie diese Theorie. Die Möglichkeit, die beiden Theorien im Experiment auseinanderzuhalten, wird sich dann entweder in neuen Bereichen einstellen (z.B. in dem sehr kurzer Entfernungen) oder bei genaueren Messungen, die in den älteren Bereichen vorgenommen werden.

Unser grundlegender Ausgangspunkt wird der Versuch sein, eine konkretere physikalische Theorie aufzustellen, die zu Ideen führt ähnlich denen, die im Zusammenhang mit unserer vorläufigen Deutung (im Abschnitt 6) besprochen wurden. Dabei müssen wir uns zunächst entsinnen, daß wir den Indeterminismus als eine reale und objektive Eigenschaft der Materie angesehen haben, aber eine, die mit einem bestimmten begrenzen Kontext verbunden ist (in diesem Fall dem der Variablen der quantenmechanischen Ebene). Wir behaupten, daß es auf einer tiefer liegenden Subquantenebene weitere Variablen gibt, die die Schwankungen in den Ergebnissen der einzelnen quantenmechanischen Messungen näher festlegen.

Gibt uns die vorhandene physikalische Theorie irgendwelche Hinweise auf die Natur dieser tiefer liegenden subquantenmechanischen Variablen? Wir lassen uns zu Beginn in unserer Suche davon leiten, daß wir uns die heutige Quantentheorie in ihrer am höchsten entwickelten Form anschauen, nämlich in der der relativistischen Feldtheorie. Den Prinzipien der heutigen Theorie zufolge ist es wesentlich, daß jeder Feldoperator ϕ_μ eine Funktion eines scharf definierten Punktes x sei und daß alle Wechselwirkungen solche zwischen Feldern am selben Punkt sein sollen. Dies führt uns dazu, unsere Theorie im Sinne einer überabzählbaren unendlichen Menge von Feldvariablen zu formulieren.

Eine solche Formulierung muß freilich getroffen werden, sogar vom klassischen Standpunkt aus, aber in der klassischen

Physik kann man annehmen, daß sich die Felder *kontinuierlich* verändern. Dies hat zur Folge, daß man die Anzahl der Variablen wirklich auf eine abzählbare Menge reduzieren kann (z.B. die Mittelwerte der Felder in sehr kleinen Abschnitten), und zwar im wesentlichen deshalb, weil die Feldveränderungen über sehr kurze Entfernungen so klein sind, daß man sie vernachlässigen kann. Wie aber eine einfache Rechnung zeigt, ist dies in der Quantentheorie nicht möglich, denn je kürzer die betrachteten Entfernungen sind, desto heftiger sind die mit der „Nullpunktsenergie" des Vakuums verbundenen Quantenschwankungen. Diese Schwankungen sind in der Tat so groß, daß die Annahme, die Feldoperatoren seien kontinuierliche Funktionen der Orte (und der Zeit) im strengen Sinne nicht zutrifft.

Selbst in der üblichen Quantentheorie stellt uns das Problem einer überabzählbaren unendlichen Menge von Feldvariablen vor etliche, bis jetzt ungelöste grundsätzliche mathematische Schwierigkeiten. So ist es etwa gebräuchlich, mit feldtheoretischen Berechnungen so zu verfahren, daß man von bestimmten Voraussetzungen über den „Vakuumzustand" ausgeht und danach die Störungstheorie anwendet. Im Prinzip aber ist es möglich, mit einer unendlichen Vielfalt sehr unterschiedlicher Voraussetzungen für den Vakuumzustand zu beginnen, wobei einer Menge völlig diskontinuierlicher Funktionen der Feldvariablen genau bestimmte Werte zugeschrieben werden, Funktionen, die den Raum dicht „ausfüllen" und doch eine dichte Menge von „Löchern" lassen. *Diese neuen Zustände können ausgehend vom „Vakuumzustand" durch keine kanonische Transformation erreicht werden.* (20) Sie führen daher zu Theorien, die ihrem physikalischen Inhalt nach in der Regel von denen abweichen, die man mit dem ursprünglichen Ausgangspunkt erhält. Es ist durchaus möglich, daß aufgrund der Divergenzen in den feldtheoretischen Lösungen sogar die gängigen Renormalisierungstechniken einen solchen „unendlich verschiedenen" Vakuumzustand implizieren; aber noch wichtiger ist die Notwendigkeit, hervorzuheben, daß eine Umordnung einer überabzählbaren unendlichen Variablenmenge für gewöhnlich zu einer anderen Theorie führt und daß die Prinzipien einer solchen Umordnung dann mit den Grundannahmen über die entsprechenden neuen Naturgesetze gleichbedeutend sein werden.

Bislang haben wir die obige Erörterung auf die Auswirkungen der Umordnung einer überabzählbaren unendlichen Variablenmenge im Rahmen der gegenwärtigen Quantentheorie beschränkt, aber ähnliche Schlußfolgerungen gelten sogar für eine klassische Theorie, die eine überabzählbare unendliche Variablenmenge beinhaltet. Wenn wir erst einmal die Annahme der *Kontinuität* des klassischen Feldes aufgeben, so sehen wir, daß es bei einer solchen Umordnung im gleichen Umfang möglich ist, eine andere klassische Theorie zu erhalten, wie in der Quantentheorie.

An dieser Stelle fragen wir uns, ob es jemals möglich wäre, eine klassische Feldtheorie derart umzuordnen, daß sie der modernen Quantenfeldtheorie gleichkommt (wenigstens mit einer gewissen Näherung und innerhalb eines gewissen Bereiches). Um diese Frage zu beantworten, müssen wir offenbar aus dem „deterministischen" Grundgesetz unserer vorausgesetzten überabzählbaren unendlichen Menge „klassischer" Feldvariablen die Schwankungen des Quantenprozesses, die Unteilbarkeit des Quants und andere wesentliche quantenmechanische Eigenschaften herleiten wie etwa die Interferenz und die mit dem Paradoxon von Einstein, Rosen und Podolsky verknüpften Korrelationen. Mit diesen Problemen werden wir uns nunmehr in den folgenden Abschnitten befassen.

9. Die Behandlung der Quantenschwankungen

Wir beginnen mit der Annahme einer „deterministischen" Feldtheorie, deren genaue Kennzeichen für unsere Zwecke hier unwichtig sind. Wichtig ist allein, die folgenden Eigenschaften anzunehmen:

1. Es gibt eine Gruppe von Feldgleichungen, die die zeitlichen Veränderungen des Feldes vollkommen festlegt.

2. Diese Gleichungen sind hinreichend nichtlinear, um eine deutliche Kopplung zwischen allen Wellenkomponenten zu gewährleisten, sodaß Lösungen (außer vielleicht mit einer gewissen Näherung) nicht linear superponiert werden können.

3. Selbst im „Vakuum" ist das Feld so stark angeregt, daß die Mittelwerte des Feldes in jedem, wenn auch noch so kleinen Abschnitt deutlich schwanken, und zwar mit einer Art turbulenten Bewegung, die zu einem hohen Maß an Zufälligkeit in den Schwankungen führt. *Diese Anregung gewährleistet die Diskontinuität der Felder in den kleinsten Abschnitten.*

4. Was wir gemeinhin „Teilchen" nennen, sind relativ stabile Anregungen, die dieses Vakuum überlagern. Solche Teilchen

werden auf der makroskopischen Ebene registriert, wo alle Geräte nur für die Merkmale des Feldes empfindlich sind, die sich lange halten, aber nicht für diejenigen, die rasch schwanken. Somit wird das „Vakuum" keine sichtbaren Auswirkungen auf der makroskopischen Ebene zeitigen, da sich seine Felder im Durchschnitt selbst aufheben werden, und der Raum wird für jeden makroskopischen Vorgang effektiv „leer" sein (wie z.B. ein vollkommenes Kristallgitter für ein Elektron im tiefsten Band effektiv „leer" ist, obgleich der Raum voller Atome ist).

Es liegt auf der Hand, daß eine solche Gruppe von Feldgleichungen auf keine Weise direkt zu lösen wäre. Es gäbe nur die Möglichkeit zu versuchen, sich etwa *mittlerer* Feldgrößen zu bedienen (für kleinere Raum- und Zeitabschnitte genommen). Im großen und ganzen könnten wir hoffen, daß eine Gruppe solcher mittlerer Größen wenigstens innerhalb einer gewissen Näherung unabhängig von den unendlich komplexen Schwankungen innerhalb der zugeordneten Raumabschnitte *sich selbst bestimmte*. (21) In dem Maße, in dem dies geschähe, könnten wir annähernde Feldgesetze erhalten, die mit einer bestimmten Größenordnung verknüpft wären, aber diese Gesetze können nicht genau sein, da die Nichtlinearität der Gleichungen bedeutet, daß die Felder notwendigerweise irgendwie mit den inneren Schwankungen verkoppelt sein wird, die vernachlässigt wurden. Dies hat zur Folge, daß die mittleren Felder gleichfalls zufällig um ihre durchschnittlichen Verhaltenswerte schwanken werden. Es wird einen typischen Schwankungsbereich für die Mittelwerte der Felder geben, der durch die Art der tieferen Feldbewegungen die außer acht gelassen wurden, bestimmt wird. Wie im Falle der Brownschen Bewegung eines Teilchens wird diese Schwankung eine Wahrscheinlichkeitsverteilung

$$dP = P(\phi_1, \phi_2, \ldots, \phi_k \ldots) \, d\phi_1 \, d\phi_2 \ldots d\phi_k \ldots \qquad (5)$$

festlegen, die den mittleren Bruchteil der Zeit angibt, in dem die Variablen $\phi_1, \phi_2 \ldots \phi_k \ldots$, die die Mittel der Felder in den jeweiligen Abschnitten 1, 2 ..., k ... darstellen, sich in den Grenzen von $d\phi_1 \, d\phi_2 \ldots d\phi_k$ befinden werden. (Man beachte, daß P in der Regel eine mehrdimensionale Funktion ist, die statistische *Korrelationen* in den Feldverteilungen beschreiben kann.)

Fassen wir zusammen. Wir ordnen die überabzählbare unendliche Menge der Feldvariablen um und behandeln nur einige abzählbare Mengen dieser umgeordneten Koordinaten ausdrücklich. Wir tun dies, indem wir eine Reihe von Ebenen durch durchschnittliche Felder definieren, von denen jedes einer bestimmten Dimension zugeordnet ist, von der die Durchschnittswerte ermittelt sind. Eine solche Behandlung kann nur in den Fällen gerechtfertigt sein, in denen die abzählbaren Variablenmengen eine Totalität bilden, die innerhalb gewisser Grenzen ihre eigenen Bewegungen unabhängig von den genauen Einzelheiten der überabzählbaren unendlichen Koordinatenmenge bestimmt, die notwendigerweise unberücksichtigt geblieben ist. Eine solche Selbstbestimmung ist allerdings niemals vollkommen, und ihre grundsätzlichen Grenzen werden von einem gewissen minimalen Grad der Schwankung über einen Bereich gesetzt, der von der Kopplung der betreffenden Feldkoordinaten mit denen, die vernachlässigt wurden, abhängt. Damit erhalten wir eine wirkliche und objektive Begrenzung des Grades der *Selbstbestimmung* auf einer gewissen Ebene wie auch eine Wahrscheinlichkeitsfunktion, die die Art der statistischen Schwankungen angibt, die für die oben beschriebenen Begrenzungen der Selbstbestimmung verantwortlich sind.

10. Die Heisenbergsche Unschärferelation

Wir sind jetzt soweit, zeigen zu können, wie sich die Heisenbergsche Unschärferelation in unser allgemeines Schema einfügt. Dazu werden wir den Grad des Determinismus erörtern, der mit dem räumlichen Mittelwert einer Feldkoordinate ϕ_k und dem entsprechenden Mittelwert des kanonisch konjungierten Feldimpulses π_k verbunden ist.

Um die Erörterung zu vereinfachen, wollen wir annehmen, daß der kanonische Impuls proportional der Zeitableitung der Feldkoordinate $\partial \phi_k / \partial t$ sei (wie es für viele Felder wie etwa das elektromagnetische, das Mesonenfeld u.a. der Fall ist). Jede solche Feldkoordinate schwankt zufällig. Dies bedeutet, daß ihre momentane Zeitableitung unendlich ist (wie auch im Fall der Brownschen Bewegung eines Teilchens). Das hat zur Folge, daß es kein exaktes Verfahren gibt, um solch eine momentane Zeitableitung zu definieren. Wir müssen vielmehr die Durchschnittsveränderung des Feldes $\Delta \phi_k$ über einen kleinen Zeitabschnitt Δt erörtern (wie wir auch den Durchschnittswert für einen Raumabschnitt ermitteln mußten). Der Durchschnittswert des Feldimpulses über dieses Zeitintervall ist dann

$$\overline{\pi_k} = a\left(\frac{\Delta\phi_k}{\Delta t}\right) \tag{6}$$

wobei *a* die Proportionalitätskonstante ist.

Falls das Feld zufällig schwankt, so ist der Abschnitt, über den es während der Zeit Δt schwankt, wie aus der Definition der Zufälligkeit selbst erfolgt, gegeben durch

$$\overline{(\delta\phi_k)^2} = b\Delta t \quad \text{oder} \quad |\delta\phi_k| = b^{1/2}(\Delta t)^{1/2} \tag{7}$$

wobei *b* eine andere Proportionalitätskonstante ist, die der mittleren Größe der Zufallsschwankungen des Feldes zugeordnet ist.

Natürlich wird das genaue Schwankungsverhalten des Feldes von der unendlichen Menge tiefer liegender Feldvariablen festgelegt, die unberücksichtigt geblieben sind, aber auf der fraglichen Ebene wird dieses genaue Verhalten durch nichts festgelegt. Mit anderen Worten, $|\delta\phi_k|$ bezeichnet den größtmöglichen Bestimmungsgrad von ϕ_k auf der Ebene der Feldgrößen, deren Mittelwerte über gleiche Zeitintervalle gebildet wurden.

Aus der Definition (6) ersehen wir, daß π_k auch über den Bereich

$$\delta\pi_k = \frac{a|\delta\phi_k|}{\Delta t} = \frac{ab^{1/2}}{(\Delta t)^{1/2}} \tag{8}$$

zufällig schwankt.

Multiplizieren wir (8) und (7) miteinander, so erhalten wir

$$\delta\pi_k\,\delta\phi_k = ab. \tag{9}$$

Somit ist das Produkt aus dem maximalen Bestimmungsgrad von π_k *und dem von* ϕ_k eine Konstante *ab*, die vom Zeitintervall Δt abhängig ist.

Es ist unmittelbar einsichtig, daß das obige Ergebnis eine starke Analogie zum Heisenbergschen Prinzip $\delta p \delta q \lesssim h$ aufweist (22). Die in Gleichung (9) erscheinende Konstante *ab* spielt hier die Rolle, die die Plancksche Konstante *h* im Heisenbergschen Prinzip spielt. Aus der Allgemeingültigkeit von *h* folgt die Allgemeingültigkeit von *ab*.

Nun ist *a* lediglich eine Konstante, die den Feldimpuls mit seiner Zeitableitung verknüpft, und wird offenbar eine universelle Konstante sein. Die Konstante *b* steht für die Grundstärke der Zufallsschwankung. Nimmt man an, daß *b* eine universelle Konstante ist, so heißt das zugleich, daß die Zufallsschwankungen des Feldes an jedem Ort, zu jeder Zeit und in jeder Größenordnung ihrer Art nach im wesentlichen die gleichen sind.

Im Hinblick auf unterschiedliche Orte und Zeiten ist die Annahme der Allgemeingültigkeit der Konstante *b* einigermaßen einleuchtend. Die Zufallsschwankungen des Feldes (die hier eine ähnliche Rolle spielen wie die „Nullpunktsschwankungen" des Vakuums in der üblichen Quantentheorie) sind unendlich groß, sodaß alle Störungen, die von zusätzlichen lokalen Erregungen oder Energiekonzentrationen verursacht würden, ob diese nun natürlich auftreten oder in einem Laborversuch erzeugt werden, einen zu vernachlässigenden Einfluß auf die allgemeinen Größenverhältnisse der grundlegenden Zufallsschwankungen hätten. (So würde die Gegenwart von Materie, wie wir sie auf einer makroskopischen Ebene kennen, die Konzentration eines nicht schwankenden Teils der Energie bedeuten, der mit ein paar Gramm mehr pro Kubikzentimeter über den unendlichen Nullpunktsschwankungen des „Vakuumfeldes" in Verbindung stünde.)

Im Hinblick auf das Problem verschiedener Ebenen von Raum- und Zeitintervallen ist jedoch die Annahme der Allgemeingültigkeit von *b* gar nicht so einleuchtend. So ist es durchaus möglich, daß die Größe *b* für Felder, deren Mittelwerte über immer kürzere Zeitintervalle gebildet wurden, nur bis zur unteren Grenze eines charakteristischen Zeitintervalls Δt_0 konstant bleiben wird, unterhalb dessen sich die Größe *b* ändern kann. Dies kommt der Möglichkeit gleich, daß der Selbstbestimmungsgrad nicht von der Planckschen Konstante *h* für sehr kurze Zeiten (und für entsprechend kurze Abstände) begrenzt wäre.

Es ist leicht, eine Theorie vorzubringen, die die oben beschriebenen Kennzeichen besitzt. Nehmen wir einmal an, die „Nullpunktschwankungen" des Feldes befänden sich in einer Art statistischem Gleichgewicht, das einer außerordentlich hohen Temperatur *T* entspräche. Die mittlere Energieschwankung pro Freiheitsgrad würde gemäß dem Gleichverteilungssatz *kT* betragen, aber diese mittlere Energie ist auch proportional dem Mittel von $(\partial \phi / \partial t)^2$ (wie es z.B. bei einer Häufung harmonischer Oszillatoren der Fall ist). Folglich schreiben wir

$$\alpha \overline{\left(\frac{\partial \phi}{\partial t}\right)^2} = \kappa T = \frac{\alpha}{b^2} \overline{(\pi)^2} \qquad (10)$$

wobei κ die Boltzmannsche Konstante und α eine passende Proportionalitätskonstante ist.

Wenn nun also das in Gleichung (8) erscheinende Zeitintervall Δt zusehends verkürzt wird, so kann $\overline{(\pi)^2}$ unmöglich unbegrenzt zunehmen, wie es die Gleichungen (8) und (9) verlangen. Vielmehr wird $\overline{(\pi)^2}$ bei einem kritischen Zeitintervall, das durch

$$\kappa T = \frac{\alpha}{b^2} \frac{a^2 b}{(\Delta t_0)^2} ; \text{ oder } (\Delta t_0)^2 = \frac{\alpha a^2}{b \kappa T}. \qquad (11)$$

definiert ist, aufhören zuzunehmen.

Für kürzere Zeitintervalle (und entsprechend kurze Abstände) würde dann der Selbstbestimmungsgrad der durchschnittlichen Felder nicht genau durch die Heisenbergschen Relationen begrenzt, sondern stattdessen durch eine schwächere Relationenmenge.

Wir haben somit eine Theorie aufgestellt, die die Heisenbergschen Relationen als einen Grenzfall enthält, der annähernd für die auf einer bestimmten Ebene von Raum- und Zeitintervallen ermittelten Durchschnittswerte von Feldern gültig ist. Feldern hingegen, deren Durchschnittswerte über kleinere Intervalle ermittelt wurden, ist ein größerer Selbstbestimmungsgrad eigen, als mit diesem Prinzip vereinbar ist. Daraus folgt, daß unsere neue Theorie in der Lage ist, einen der Hauptzüge der Quantentheorie, nämlich das Heisenbergsche Prinzip, zumindest im wesentlichen zu reproduzieren und dabei doch auf neuen Ebenen einen abweichenden Inhalt zu besitzen.

Die Frage, wie dieser neue Inhalt unserer Theorie in Experimenten zutage gebracht werden könnte, wird in späteren Abschnitten erörtert werden. Im Augenblick beschränken wir uns auf den Hinweis, daß die Divergenzen der heutigen Feldtheorien unmittelbar ein Ausfluß von Beiträgen zur Energie, Ladung usw. sind, die von Quantenschwankungen im Bereich unendlich kurzer Abstände und Zeiten kommen. Unser Standpunkt erlaubt uns anzunehmen, daß, während die Gesamtschwankung noch unendlich ist, die Schwankung pro Freiheitsgrad aufhört, unbegrenzt zuzunehmen, wenn immer kürzere Zeiten betrachtet werden. Dadurch könnten feldtheoretische Berechnungen angestellt werden, die endliche Lösungen erbrächten. Somit ist bereits klar, daß Divergenzen der heutigen Quantenfeldtheorie von der Ausdehnung der Grundprinzipien dieser Theorie auf extrem kurze Zeit- und Raumintervalle kommen können.

11. Die Unteilbarkeit des Quantenprozesses

Im nächsten Schritt wollen wir zeigen, wie sich die Quantelung, das heißt die Unteilbarkeit des Wirkungsquantums, in unsere Vorstellungen von einer subquantenmechanischen Ebene einfügt. Dazu schauen wir uns zu Beginn eingehender das Problem an, wie eigentlich die Durchschnittswerte der Felder, die zur Behandlung einer überabzählbaren unendlichen Variablenmenge benötigt werden, zu definieren sind. Hierbei lassen wir uns von gewissen Ergebnissen leiten, zu denen man bei dem sehr analogen Mehrkörperproblem kommt (z.B. bei der Analyse von Festkörpern, Flüssigkeiten, Plasmen usw. in die sie bildenden Atomteilchen). Bei diesem Problem stehen wir gleichermaßen vor der Notwendigkeit, gewisse Durchschnittswerte tiefer liegender (atomarer) Variablen zu behandeln. Eine Gesamtmenge solcher Durchschnittswerte bestimmt sich dann selbst mit einer gewissen Näherung, während ihre einzelnen Züge charakteristischen Zufallsschwankungen, die von den (atomaren) Bewegungen auf einer tieferen Ebene herrühren, auf etwa die gleiche Weise unterworfen sind, wie dies für die Durchschnittswerte der überabzählbaren unendlichen Menge von Feldvariablen, von der in den vorigen Abschnitten die Rede war, behauptet wurde.

Beim Mehrkörperproblem arbeitet man nun bei der Behandlung makroskopischen Verhaltens mit *kollektiven Koordinaten* (23), die eine annähernd selbstbestimmte Menge symmetrischer Funktionen der Teilchenvariablen sind und für gewisse Gesamterscheinungen der Bewegungen stehen (z.B. Schwingungen). Die kollektiven Bewegungen werden (innerhalb der für sie charakteristischen Bereiche von Zufallsschwankungen) von annähernden *Konstanten der Bewegung* festgelegt. Für den immerhin sehr weitverbreiteten Sonderfall, daß die kollektiven Koordinaten nahezu harmonische Schwingungen beschreiben, sind die Konstanten der Bewegung die Amplituden der Schwingungen und ihrer Anfangsphase. Allgemeiner jedoch können sie die Form komplexer Funktionen der kollektiven Koordinaten annehmen.

Es ist oft sehr lehrreich, die kollektiven Koordinaten mittels einer kanonischen Transformation aufzulösen. In der klassischen Mechanik (24) nimmt dies die Form an

$$P_k = \frac{\partial S}{\partial q_k} (q_1 \ldots q_k \ldots ; J_1 \ldots J_n)$$

$$Q_n = \frac{\partial S}{\partial J_n} (q_1 \ldots q_k \ldots ; J_1 \ldots J_n \ldots) \tag{12}$$

wobei S die Transformationsfunktion, p_k und q_k die Impulse und eindimensionalen Lagekoordinaten der Teilchen und J_n und Q_n die Impulse der kollektiven Freiheitsgrade darstellen. Hierbei sehen wir die J_n als Konstanten der Bewegung an, mit anderen Worten, die Transformation soll derart sein, daß die Hamiltonsche Funktion wenigstens in dem Bereich, in dem die Näherung kollektiver Koordinaten hinreichend ist, nur eine Funktion der J_n und nicht der Q_n sei. Daraus folgt dann, daß die Q_n zeitlich linear zunehmen, so daß sie die Eigenschaften der sogenannten „Winkelvariablen" haben. (25)

Es ist klar, daß das Problem einer überabzählbaren und unendlichen Menge von Feldvariablen, die nicht linear miteinander gepaart werden, ähnlich angegriffen werden kann. Dazu lassen wir jetzt q_k, p_k die ursprüngliche kanonisch konjungierte Feldvariablenmenge darstellen und nehmen an, es werde eine Menge makroskopischer Gesamtbewegungen geben, die wir durch die Konstanten der Bewegung J_n und die kanonisch konjungierten Winkelvariablen Q_n darstellen. Falls es solche Gesamtbewegungen gibt, so ist klar, daß sie sich relativ direkt in Wechselwirkungen auf hoher Ebene bemerkbar machen werden, denn der Hypothese zufolge handelt es sich bei ihnen um die Bewegungen, die ihre charakteristischen Züge lange Zeit behalten, ohne sich in den unendlich schnellen Zufallsschwankungen zu verlieren, die sich auf einer höheren Ebene auf Null ausmitteln.

Unsere nächste Aufgabe ist es zu zeigen, daß die Konstanten der Bewegung (die für harmonische Oszillatoren proportional der Energie eines makroskopischen, kollektiven Freiheitsgrades sind) nach dem Satz *J=nh* gequantelt werden, wobei *n* eine ganze Zahl ist und *h* die Plancksche Konstante. Solch ein Beweis wird eine Erklärung des Dualismus' Welle-Teilchen abgeben, da die kollektiven Freiheitsgrade Wellenbewegungen mit harmonisch schwingenden Amplituden sind, wie man bereits weiß. Im allgemeinen werden diese Wellen die Form einigermaßen lokalisierter Pakete annehmen, und falls diese Pakete diskrete und wohldefinierte Größen der Energie, des Impulses und anderer Eigenschaften besitzen, so werden sie auf der höheren Ebene alle Wesensmerkmale der Teilchen wieder hervorbringen. Sie werden allerdings innere Wellenbewegungen haben, die nur unter Bedingungen zutage treten, wo es Systeme gibt, die merklich auf diese feineren Details ansprechen können.

Um die Quantelung der Konstanten der Bewegung wie oben beschrieben zu zeigen, kehren wir zunächst zu der in den Abschnitten 6 und 7 gegebenen vorläufigen Deutung der Quantentheorie zurück. Wir begegneten dort einer Relation sehr ähnlich der Gleichung (12).

$$P_k = \frac{\partial S}{\partial q_k} (q_1 \ldots q_k \ldots). \tag{13}$$

Der hauptsächliche Unterschied zwischen (4) und (12) besteht darin, daß jene keine Konstanten der Bewegung enthält, aber diese doch. Sind aber die Konstanten der Bewegung erst einmal festgesetzt, so sind sie bloße Zahlzeichen, für die bestimmte Werte eingesetzt werden müssen, die sie darauf behalten. Ist dies geschehen, so wird das S von Gleichung (12) nicht länger die J_n als explizit dargestellte Variablen enthalten. Wir können daher das S unserer vorläufigen Deutung in Gleichung (4) als die wirkliche S-Funktion betrachten, in der die Konstanten der Bewegung bereits festgesetzt wurden. S wird dann von der Wellenfunktion $\psi = Re^{iS/\hbar}$ bestimmt. Wenn wir also die Wellenfunktion geben, so definieren wir eine Transformationsfunktion $S = \hbar I_m (I_n, \psi)$, die nun ihrerseits bestimmte Konstanten der Bewegung implizit bestimmt.

Um klarer zu ersehen, wie die Konstanten der Bewegung vom S der Gleichung (4) bestimmt werden, wollen wir das *Phasenintegral*

$$I_C = \sum_k \oint C p_k \delta q_k \tag{14}$$

bilden. Das Integral wird über einen ganzen Kreislauf C gebildet, der eine Reihe von (virtuellen oder reellen) Verrückungen δq_k im Konfigurationsraum des Systems darstellt. Trifft Gleichung (13) zu, so erhalten wir

$$I_C = \oint \sum_k \frac{\partial S}{\partial q_k} \delta q_k = \delta S_c \qquad (15)$$

wobei δS_c die Veränderung von S über den ganzen Kreislauf C ist.

Es ist bekannt, daß die I_C, die sogenannten „Wirkungsvariablen" der klassischen Mechanik, in der Regel die Konstanten der Bewegung darstellen. (Beispielsweise kann man im Falle einer Menge gepaarter Oszillatoren, seien sie harmonisch oder nicht, die grundlegenden Konstanten der Bewegung erhalten, wenn man die Werte der I_C mit passend definierten Kreisläufen bestimmt.) (26) Die Wellenfunktion ψ, die eine bestimmte Funktion S definiert, verlangt daher eine entsprechende Menge von Konstanten der Bewegung.

Nun ist nach der heutigen Quantentheorie die Wellenfunktion $\psi = Re^{iS/\hbar}$ eine eindeutige Funktion aller ihrer dynamischen Koordinaten q_k. Es muß also

$$\delta S_c = 2\eta\pi\hbar = nh \qquad (16)$$

sein, wobei n eine ganze Zahl ist.

Die wirklichen Funktionen S, die wir aus der Wellenfunktion ψ erhielten, verlangen daher, daß die grundlegenden Konstanten der Bewegung für das System diskret und gequantelt sind.

Falls die ganze Zahl n nicht Null ist, dann muß es, wie eine einfache Rechnung zeigt, irgendwo innerhalb des Kreislaufs eine Diskontinuität geben. Aber da $S = \hbar I_m(l_n \psi)$ und da ψ eine kontinuierliche Funktion ist, wird in der Regel dort eine Diskontinuität von S auftreten, wo ψ (und folglich R^2) den Wert Null hat. Wie wir sogleich sehen werden, gibt R^2 die Wahrscheinlichkeitsdichte dafür an, daß sich das System an einem bestimmten Punkt im Konfigurationsraum befindet. Dem System wird deshalb keine Wahrscheinlichkeit eigen sein, sich bei einem Nullwert von ψ zu befinden, was zur Folge hat, daß die Singularitäten von S keine Widersprüche in der Theorie nach sich ziehen.

In vieler Hinsicht erinnert die oben beschriebene Quantelung an den alten Bohr-Sommerfeldschen Satz, ist aber in ihrer Bedeutung von Grund auf anders. Wir erhalten hier die gequantelte Wirkungsvariable I_c nicht, indem wir uns der einfachen Ausdrucksweise der klassischen Mechanik für die Pk in Gleichung (14) bedienen, sondern indem wir die Formel (12) verwenden, die die Transformation S einschließt, eine Funktion, die von der überabzählbaren unendlichen Variablenmenge q_k abhängt. In gewissem Sinne können wir sagen, daß der alten Bohr-Sommerfeldsche Satz exakt richtig wäre, wenn er sich auf die überabzählbare unendliche Menge von Feldvariablen beziehen ließe, anstatt nur auf die Variablenwerte, die man erhält, wenn man die einfachen klassischen Bewegungsgleichungen für eine kleine Anzahl abstrahierter Koordinaten Q_n löst.

Bevor wir damit fortfahren, eine Erklärung dafür vorzuschlagen, daß δS_c auf die von der Gleichung (16) bezeichneten diskreten Werte beschränkt werden sollte, werden wir die physikalischen Hauptideen, zu denen wir bis jetzt geführt wurden, zusammenfassen und systematisch entwickeln.

1. Wir abstrahieren von der überabzählbaren unendlichen Variablenmenge eine Menge „kollektiver" Konstanten der Bewegung J_n und ihrer kanonisch konjungierten Größen Q_n.

2. Die J_n lassen sich widerspruchsfrei auf diskrete ganze Vielfache von h beschränken. Dadurch läßt sich die Wirkung quanteln.

3. Wenn sich diese Koordinatenmenge selbst vollkommen bestimmte, so würden die Q_n zeitlich linear zunehmen (Wie es in typischen klassischen Theorien geschieht). Aber aufgrund von Schwankungen, die von den von der Theorie ausgelassenen Variablen herrühren, werden die Q_n über den ihnen zugänglichen Bereich zufällig schwanken.

4. Dieses Schwanken wird eine gewisse Wahrscheinlichkeitsverteilung dafür verlangen, daß die Q_n eine Dimensionalität von 1 pro Freiheitsgrad besitzen (und nicht 2, wie es für typische *klassische* statistische Verteilungen im Phasenraum der Fall ist). Wird diese Verteilung in den Konfigurationsraum der q_k transformiert, so wird es eine entsprechende Wahrscheinlichkeitsfunktion $p(q_1 \ldots q_k \ldots)$ geben, die ebenfalls eine Dimensionalität von 1 pro Freiheitsgrad besitzt (da die Impulse p_k stets durch die q_k von Gleichung (12) bestimmt werden).

5. Wir deuten dann die Wellenfunktion $\psi = Re^{iS/\hbar}$, indem wir $p(q_1 \ldots q_k \ldots) = R^2(q_1 \ldots q_k \ldots)$ setzen und S zu der Transformationsfunktion erklären, die die Konstanten der Bewegung

des Systems definiert. Es ist klar, daß wir auf diese Weise der Wellenfunktion eine Bedeutung gegeben haben, die sich gänzlich von der unterscheidet, die in der vorläufigen Deutung von Abschnitt 6 vorgeschlagen wurde, obwohl die beiden Deutungen in einer ziemlich genau bestimmten Beziehung zueinander stehen.

6. Aufgrund der Auswirkungen der vernachlässigten Feldvariablen der tieferen Ebene werden die Größen J_n im allgemeinen nur für eine begrenzte Zeitperiode konstant bleiben. In der Tat wird sich mit der Veränderung der Wellenfunktion das Integral für einen gegebenen Kreislauf $\Sigma_k \oint_c p_k \delta q_k = \delta S_c$ immer dann schlagartig verändern, wenn es eine Singularität von S (und daher ein Wert Null von ψ) den Kreislauf C kreuzt. Daher werden diskrete Veränderungen um ein Vielfaches von h in den Wirkungsvariablen für nichtstationäre Zustände auftreten.

12. Erklärung der Wirkungsquantelung

Im vorigen Abschnitt haben wir unter Einbeziehung einer überabzählbaren unendlichen Menge von Feldvariablen eine Theorie entwickelt, in der für die Wirkungsquantelung nach den üblichen Regeln der Quantentheorie *Raum ist*. Wir werden nun eine genauer bestimmte Theorie vorschlagen, die mögliche physikalische Gründe zur Erklärung dafür angibt, daß die Wirkung nach den oben beschriebenen Regeln gequantet wird, und die mögliche Grenzen des Gültigkeitsbereichs dieser Regeln aufzeigt.

Unser Grundproblem besteht augenscheinlich darin, eine direkte physikalische Deutung der Funktion S vorzulegen, die in der Phase der Wellenfunktion (als $\psi = Re^{iS/h}$) erscheint und die nach unserer Theorie auch die Transformationsfunktion ist, die die grundlegenden Konstanten der Bewegung definiert (siehe Gleichung (15)). Denn wenn wir erklären sollen, warum die Veränderung von S über einen ganzen Kreislauf auf diskrete Vielfache von h beschränkt ist, so müssen wir offenbar davon ausgehen, daß S irgendwie dergestalt mit einem physikalischen System verknüpft ist, daß $e^{iS/h}$ gar nicht anders als eindeutig sein kann.

Um S eine physikalische Bedeutung zu geben, die zu der oben beschriebenen Eigenschaft führt, beginnen wir mit gewissen Abwandlungen eines Gedankens, der ursprünglich von de

Broglie vorgebracht wurde (27). Nehmen wir an die unendliche Menge der nichtlinear gepaarten Feldvariablen sei in Wirklichkeit so geordnet, daß in jedem Raum- und Zeitabschnitt, der mit einer jeden gegebenen Größenordnung verknüpft ist, ein periodischer innerer Prozeß stattfindet. Die genaue Art dieses Prozesses ist für unsere Erörterung hier nicht wichtig, solange er periodisch ist (er könnte z.B. eine Schwingung oder eine Rotation sein). Dieser periodische Prozeß würde für jeden Raumabschnitt eine Art innerer Zeit festsetzen und daher tatsächlich eine Art lokaler „Uhr" darstellen.

Nun ist jeder örtlich periodische Prozeß so definiert, daß er ein Lorentzsches Bezugssystem besitzt, worin er wenigstens eine Zeitlang ruht (das heißt während dieser Zeit verändert er seine mittlere Lage kaum). Wir nehmen weiter an, daß benachbarte Uhren derselben Größenordnung in diesem Bezugssystem dazu neigen, sich nahezu in Ruhe zu befinden. Eine solche Annahme kommt der Bedingung gleich, daß die Unterteilung eines gegebenen Abschnitts in kleine Abschnitte, von denen jeder seine eigene Uhr enthält, in jeder Größenordnung wenigstens eine Zeitlang eine gewisse Gleichmäßigkeit und Dauer besitzt. Werden diese Uhren in einem anderen Bezugssystem betrachtet (etwa dem des Labors), so wird jede Eigenuhr eine bestimmte Geschwindigkeit haben, die durch eine kontinuierliche Funktion $v(x, t)$ dargestellt werden kann.

Es ist nun ganz natürlich, davon auszugehen, daß 1. jede Uhr in ihrem *eigenen Ruhsystem* mit einer gleichförmigen Kreisfrequenz schwingt, die für alle Uhren gleich ist, und daß 2. alle Uhren in derselben Nachbarschaft im Durchschnitt phasengleich sind. Im homogenen Raum kann es keinen Grund dafür geben, eine Uhr einer anderen vorzuziehen, ebensowenig wie es eine bevorzugte Raumrichtung geben kann (wie es ein Durchschnittswert ungleich Null für $\nabla\phi$ im Ruhsystem mit sich brächte). Wir können daher schreiben

$$\delta\phi = \omega_0 \delta\tau \qquad (17)$$

wobei $\delta\tau$ die Veränderung der Eigenzeit der Uhr angibt und $\delta\phi$ von δx in diesem Bezugssystem unabhängig ist.

Der Grund für die Gleichheit der Uhrenphasen im Ruhsystem für eine Nachbarschaft läßt sich besser als eine natürliche Konsequenz daraus verstehen, daß die benachbarten Uhren nichtlinear gepaart sind (wie es die allgemeine Nichtlinearität der Feldgleichungen verlangt). Es ist bekannt, daß zwei Oszillatoren der gleichen natürlichen Frequenz dazu neigen, miteinander phasengleich zu werden, wenn eine solche Paarung erfolgt. (28) Natürlich wird die relative Phase etwas schwingen, aber auf lange Sicht und im Durchschnitt werden diese Schwingungen sich gegenseitig aufheben.

Betrachten wir nun das Problem in einem festen Lorentzschen Bezugssystem, etwa dem des Labors. Wir errechnen dann die Veränderung von $\delta\phi$ (x, t), die sich aus einer virtuellen Verrückung (δx, δt) ergäbe. Dies hängt lediglich von $\delta\tau$ ab. Durch eine Lorentz-Transformation erhalten wir

$$\delta\phi = \omega_0 \delta\tau = \frac{\omega_0 [\delta t - (\mathbf{v} \cdot \delta \mathbf{x})/c^2]}{\sqrt{1 - \frac{v^2}{c^2}}} \tag{18}$$

Wenn wir $\delta\phi$ für einen geschlossenen Kreislauf integrieren, so sollte die Phasenveränderung $\delta\phi_c$ dann $2n\pi$ betragen, wobei n eine ganze Zahl ist. Andernfalls wären die Uhrenphasen keine eindeutigen Funktionen von x und t. Somit erhalten wir

$$\oint \delta\phi = \omega_0 \oint \frac{(\delta t - \mathbf{v} \cdot \delta \mathbf{x}/c^2)}{\sqrt{1 - \frac{v^2}{c^2}}} = 2n\pi. \tag{19}$$

Wenn wir nun voraussetzen, daß jede Eigenuhr eine Ruhmasse m_0 besitzt und wenn wir für die gesamte Translationsenergie der Uhr $E = m_0 c^2/\sqrt{1 - (v^2/c^2)}$ und für den entsprechenden Impuls $\mathbf{p} = m_0 \mathbf{v}/\sqrt{1 - (v^2/c^2)}$ schreiben, so bekommen wir

$$\oint (E\delta t - \mathbf{p}\delta \mathbf{x}) = 2n\pi \frac{m_0}{\omega_0} c^2 \tag{20}$$

Wenn wir annehmen, daß $m_0 c^2/\omega_0 = \hbar$ (eine universelle Konstante für sämtliche Uhren), so erhalten wir genau die Art von Quantelung, die wir für Kreislaufintegrale mit dem Translationsimpuls p und den Uhrenkoordinaten x brauchen (z.B. können wir $\delta t = 0$ setzen, und damit wird Gleichung (20) zu einem Sonderfall von Gleichung (16)).

Wir sehen also, daß sich die Wirkungsquantelung, wenigstens in diesem Sonderfall, aus gewissen topologischen Bedingungen ergeben kann, die die erforderliche Eindeutigkeit der Uhrenphasen mit sich bringt.

Der obige Gedanke bietet sich als Ausgangspunkt für ein tieferes Verständnis der Bedeutung der Quantenbedingungen an, aber er muß in zweierlei Hinsicht ergänzt werden. Erstens müssen wir die weiteren Feldschwankungen, die mit der überabzählbaren unendlichen Menge von Freiheitsgraden verknüpft sind, in Erwägung ziehen. Zweitens müssen wir die Annahme rechtfertigen, daß das Verhältnis m_0c^2/ω_0 in Gleichung (20) für sämtliche lokalen Uhren allgemeingültig und zudem gleich $\hbar$ ist.

Wir erinnern uns eingangs daran, daß sich jede lokale Uhr einer gegebenen Ebene in einem bestimmten Raum- und Zeitabschnitt befindet, der sich wiederum aus kleineren Abschnitten zusammensetzt, und so unendlich weiter. Wir werden sehen, daß wir die Universalisierbarkeit des Wirkungsquantums h auf allen Ebenen erhalten können, wenn wir annehmen, daß jeder der obigen *Unterabschnitte* eine Eigenuhr ähnlicher Art enthält, die auf ähnliche Weise mit den anderen Eigenuhren ihrer Ebene verbunden ist, und daß sich dieses Gefüge von Eigenuhren mit der Zergliederung von Raum und Zeit in Unterabschnitte unendlich fortsetzt. Wir betonen, daß dies nur eine vorläufige Annahme ist und, wie wir später zeigen werden, daß die Vorstellung von der unendlichen Fortsetzung des obigen Uhrengefüges aufgegeben werden kann.

Um dieses Problem anzugehen, führen wir eine geordnete unendliche Menge dynamischer Koordinaten x_i^l und konjugierter Impulse p_i^l ein. Die mittlere Lage der i-ten Uhr der l-ten Größenordnung wird durch x_i^l dargestellt, während p_i^l für den entsprechenden Impuls steht. Für eine erste Näherung können die Größen jeder Ebene als kollektive Koordinaten der Bariablenmenge der nächsttieferen Ebene behandelt werden; aber diese Behandlung kann im großen und ganzen nicht völlig genau sein, *da jede Ebene zu einem gewissen Grade unmittelbar von allen anderen Ebenen auf eine Weise beeinflußt wird, die sich allein durch ihre Auswirkungen auf die Größen der nächsttieferen Ebene nicht gänzlich ausdrücken läßt*. Während also jede Ebene dem mittleren Verhalten der nächsttieferen Ebene stark korrelativ ist, so besitzt sie doch einen gewissen Grad an Unabhängigkeit.

Die obige Erörterung führt uns dazu, die unendliche Menge

der Feldvariablen auf eine Weise zu ordnen, die von der Natur des Problems selbst nahegelegt wird. Bei diesem Ordnen achten wir auf die Reihen der Größen x_i^l und p_i^l, die oben sämtlich als im Prinzip unabhängige Koordinaten und Impulse definiert worden waren, die aber gewöhnlich durch entsprechende Wechselwirkungen miteinander verbunden und korrelativ sind.

Wir können jetzt dieses Problem mittels einer kanonischen Transformation behandeln. Wir führen eine Wirkungsfunktion S ein, die von allen Variablen x_i^l der unendlichen Menge von Uhren innerhalb von Uhren abhängt. Wir schreiben dann wie zuvor

$$P_k^l = \frac{\partial S}{\partial x_k^l}(x_i^l \ldots x_k^l \ldots) \tag{21}$$

wobei l' für alle möglichen Ebenen steht.

Für die Konstanten der Bewegung schreiben wir

$$I_c = \sum_{k,l} \oint p_k^l \delta x_k^l = \delta S_c \tag{22}$$

wobei die Integrale für passende geschlossene Kurven gebildet werden.

Jede dieser Konstanten der Bewegung baut sich nun aus Kreislaufintegralen auf, die $p_i \delta x_i$ enthalten, aber wie wir gesehen haben, muß jede dieser Uhren die Phasenbedingung $\oint p_\mu \delta x^\mu = 2n\pi\hbar$ für jeden ganzen Kreislauf erfüllen. Daher erfüllt die Summe solch eine Bedingung, die ihrerseits nicht nur in reellen, tatsächlich von den Uhren durchlaufenen Kreisen erfüllt sein muß, sondern auch in jedem virtuellen Kreislauf, der mit einer gegebenen Wertemenge für die Konstanten der Bewegung konsistent ist. Aufgrund von Schwankungen, die von tieferen Ebenen ausgehen, besteht immer die Möglichkeit, daß sich jede Uhr auf jedem der in Frage kommenden Kreisläufe bewegen kann, und solange die Konstanten der Bewegung nicht derart festgelegt sind, daß $\delta S_c = 2n\pi\hbar$, werden Uhren, die nach der Verfolgung verschiedener zufällig schwankender Bahnen denselben Ort erreichen, im allgemeinen in ihren Phasen übereinstimmen. Somit ist die Phasenübereinstimmung aller Uhren, die denselben Punkt in Raum und Zeit erreichen, gleichbedeutend mit der Quantenbedingung.

Die innere Folgerichtigkeit der obigen Behandlung läßt sich jetzt in einer weiteren Analyse beweisen, die auch die Notwendigkeit beseitigt, die besondere Voraussetzung zu machen, daß m_0c^2/ω_0 universell konstant und für alle Uhren gleich h sei. Jede Uhr wird nun als ein zusammengesetztes System aus kleineren Uhren angesehen. In der Tat kann jede Uhrenphase zu einem hinreichenden Näherungsgrad als eine kollektive Variable behandelt werden, die den *Raumkoordinaten* der kleineren Uhren zugeordnet ist (wobei diese dann das innere Gefüge der betreffenden Uhr darstellen). Nun ist die Wirkungsvariable

$$I_c = \oint_c \sum_{k,l} p_k^l \delta q_k^l$$

in dem Sinne kanonisch invariant, daß sie für jede Menge kanonischer Variablen die gleiche Form annimmt und ihr Wert durch eine kanonische Transformation nicht verändert wird. Wenn wir daher auf die kollektiven Koordinaten jeder gegebenen Ebene transformierten, so erhielten wir noch immer dieselbe Beschränkung I_c für ganze Vielfache von h, selbst wenn I_k durch die kollektiven Variablen ausgedrückt würde. Folglich werden die kollektiven Variablen einer gegebenen Ebene im allgemeinen derselben Quantenbeschränkung unterliegen wie jene, die von den ursprünglichen Variablen jener Ebene erfüllt werden. Damit sich kein Widerspruch daraus ergibt, daß Variablen einer gegebenen Ebene den kollektiven Variablen der nächsttieferen Ebene im wesentlichen gleich sind, reicht es aus, daß die Variablen aller Ebenen mit derselben Wirkungseinheit h gequantelt werden. Auf diese Weise wird das Aufstellen einer widerspruchsfreien Gesamtordnung der überabzählbaren unendlichen Variablenmenge möglich.

Jede Uhr wird dann einen gequantelten Wert für die Wirkungsvariable I_C besitzen, der mit ihrer *inneren Bewegung* (das heißt der ihrer Phasenveränderung) verknüpft ist. Von dieser inneren Bewegung wurde jedoch angenommen, daß sie tatsächlich die eines harmonischen Oszillators sei. Daher ist nach einem bekannten klassischen Ergebnis die innere Energie $E = J\omega_0/2\pi$, und da $J = Sh$, wobei S jede ganze Zahl sein kann, erhalten wir $E_O = S\omega_0\hbar$.

Nun ist E_O auch die Ruhenergie der Uhr, so daß $E_O = m_0c^2$. Wir erhalten also

$$\frac{m_0c^2}{\omega_0} = Sh \qquad (23)$$

Dies ergibt in Gleichung (20) eingesetzt

$$\oint (E\delta t - \mathbf{p}\delta\mathbf{x}) = 2\pi \frac{m_0 c^2}{\omega_0} n = nSh = nh \qquad (24)$$

und da S im allgemeinen beliebige ganzzahlige Werte annimmt, ist es ebenfalls eine beliebige ganze Zahl. Auf diese Weise beseitigen wir die Notwendigkeit, noch eigens anzunehmen, daß $m_0 c^2 /\omega_0$ eine universelle Konstante und gleich $\hbar$ sei.

Um die Entwicklung der Theorie auf dieser Stufe abzuschließen, müssen wir zeigen, daß das oben erörterte Modell zu einer Schwankung im Phasenraum der Variablen einer gegebenen Ebene führt, die der vom Heisenbergschen Prinzip verlangten gemäß ist. Man muß mit anderen Worten zeigen, daß das Wirkungsquantum h auch eine korrekte Schätzung der Begrenzung ergibt, der der Selbstbestimmungsgrad der Größen auf jeder Ebene unterliegt.

Um die obige Vermutung zu beweisen, müssen wir anmerken, daß jede Variable deshalb schwankt, weil sie von den Größen der tieferen Ebene abhängt (von denen sie eine kollektive Koordinate ist). Die Größen der tieferen Ebene können ihre Wirkungsvariablen nur um diskrete Vielfache von h verändern. Es ist daher nicht unwahrscheinlich, daß der Schwankungsbereich einer gegebenen Variablen eng mit der Größenordnung der möglichen diskreten Veränderungen in den sie bildenden Variablen der tieferen Ebene zusammenhängt.

Wir werden das oben aufgestellte Theorem für den Sonderfall beweisen, daß alle Freiheitsgrade als gepaarte harmonische Oszillatoren dargestellt werden können. Dies ist eine Vereinfachung des wirklichen Problems (das nichtlinear ist). Die wirklichen Bewegungen werden aus kleinen systematischen Störungen über einem unendlich turbulenten Untergrund bestehen. Diese systematischen Störungen können als kollektive Koordinaten behandelt werden, die das Gesamtverhalten der eine bestimmte Ebene bildenden lokalen Uhren darstellen. In der Regel wird eine solche kollektive Bewegung die Form einer wellenartigen Schwingung annehmen, die zu einem gewissen Näherungsgrad eine einfache harmonische Bewegung vollzieht. Stellen wir die Wirkungsvariablen und die Winkelvariablen des n-ten harmonischen Oszillators jeweils durch J_n und ϕ_n dar. In dem Maße, wie die lineare Näherung stimmt, wird J_n eine Konstante der Bewegung sein und ϕ_n wird zeitlich linear zunehmen gemäß der Gleichung $\phi_n = \omega_n t + \phi_{0n}$, wobei ω_n die Kreisfrequenz des *n*-ten Oszillators ist. J_n und ϕ_n werden durch eine kanonische Transformation wie etwa (12) auf die Uhrenvariablen bezogen. Da die verallgemeinerte Bohr-Sommerfeldsche Korrelation (16) für eine kanonische Transformation invariant ist, so folgt $J_n = Sh$, wobei S eine ganze Zahl ist. Außerdem können die Koordinaten und Impulse dieser Oszillatoren als

$$p_n = 2\sqrt{J_n}\cos\phi_n, \quad q_n = 2\sqrt{J_n}\sin\phi_n$$

geschrieben werden. (29)

Wir betrachten jetzt eine kanonische Variablenmenge einer höheren Ebene und bezeichnen eines ihrer besonderen Paare mit Q_i^l und π_i^l. Diese wären im Prinzip durch die Totalität aller anderen Ebenen festgelegt. Selbstverständlich wird die nächsttiefere Ebene die *entscheidende* sein, die in diese Festlegung eingeht, aber die anderen werden dennoch eine *gewisse* Wirkung haben. Daher müssen wir gemäß unserer früheren Erörterungen π_i^l und Q_i^l als im Prinzip unabhängig von jeder *gegebenen* Variablenmenge einer tieferen Ebene ansehen, einschließlich natürlich derjenigen der nächsttieferen Ebene.

Soweit die lineare Näherung gilt, können wir schreiben (30)

$$Q_i^l = \sum_n \alpha_{in} p_n = 2\sum_n \alpha_{in}\sqrt{J_n}\cos\phi_n$$

$$\pi_i^l = \sum_n \beta_{in} q_n = 2\sum_n \beta_{in}\sqrt{J_n}\sin\phi_n \qquad (25)$$

wobei α_{in} und β_{in} konstante Koeffizienten sind und *n*, wie wir uns erinnern, so angesetzt wird, daß es allen Ebenen außer *l* genügt.

Damit die Annahme, Q'_i und π'_i seien kanonisch konjungiert, konsistent ist, ist es notwendig, daß ihre Poissonklammer gleich Eins sei bzw.

$$\sum_n \left(\frac{\partial \pi'_i}{\partial J_n} \frac{\partial Q'_i}{\partial \phi_n} - \frac{\partial \pi'_i}{\partial \phi_n} \frac{\partial Q'_i}{\partial J_n} \right) = 1.$$

Mit Hilfe der Gleichung (25) wird daraus

$$\sum \alpha_n \beta_n = 1. \tag{26}$$

Gleichung (25) verlangt eine sehr komplexe Bewegung für Q'_i und π'_i, denn in einem typischen System gepaarter Oszillatoren sind die ω_n in der Regel alle verschieden und keine ganzen Vielfachen voneinander (außer für mögliche Nullmengen). Die Bewegung wird also eine „raumerfüllende" (quasiergodische) Kurve im Phasenraum sein, das heißt eine Verallgemeinerung der zweidimensionalen Lissajous-Figuren für zueinander senkrechte harmonische Oszillatoren mit Perioden, die keine rationalen Vielfachen voneinander sind.

Während eines Zeitintervalls τ, das im Vergleich zu den Perioden $2\pi/\omega_n$ der Oszillatoren der tieferen Ebenen recht lang ist, wird die Bahnlinie von Q'_i und π'_i im Phasenraum im wesentlichen einen gewissen Abschnitt erfüllen, obgleich die Bahn jederzeit bestimmt ist. Wir werden nun die mittlere Schwankung von Q'_i und π'_i in diesem Abschnitt errechnen, indem wir die Durchschnittswerte für die Zeit τ ermitteln. Wir merken an, daß für solche Durchschnittswerte $Q'_i = \pi'_i = 0$, und erhalten dann für diese Schwankungen

$$(\Delta Q'_i)^2 = 4 \sum_{mn} \alpha_m \alpha_n \sqrt{J_m J_n} \cos\phi_m \cos\phi_n = 2 \sum_m (\alpha_m)^2 J_m \tag{27}$$

$$(\Delta \pi'_i)^2 = 4 \sum_{mn} \beta_m \beta_n \sqrt{J_m J_n} \sin\phi_m \sin\phi_n = 2 \sum_n (\beta_n)^2 J_n \tag{28}$$

wobei wir uns das Ergebnis zunutze gemacht haben, daß $\cos\delta_m \cos\delta_n = \sin\delta_m \sin\delta_n = 0$ für $m \neq n$ (außer für die oben erwähnte Nullmenge, in der ω_m und ω_n rationale Vielfache voneinander sind).

Wir nehmen nun an, daß sich alle Oszillatoren auf ihrem tiefsten Stand befinden (mit $J = h$, außer für eine Nullmenge). Diese Menge stellt eine abzählbare Anzahl von Anregungen des „Vakuumzustands" dar. Aufgrund ihrer kleinen Zahl ist der Beitrag, den sie zu $(\Delta Q_i^l)^2$ und $(\Delta \pi_i^l)^2$ leisten, zu vernachlässigen.

Wir setzen daher $J_n = h$ in Gleichung (28) ein und erhalten

$$(\Delta Q_i^l)^2 = 2 \sum_m (\alpha_m)^2 h; \quad (\Delta \pi_i^l)^2 = 2 \sum_n (\beta_n)^2 h.$$

Wir benutzen dann die Schwarzsche Ungleichung

$$\sum_{mn} (\alpha_m)^2 (\beta_n)^2 \geq | \sum_m \alpha_m \beta_m |^2. \tag{29}$$

Verbinden wir diese mit den Gleichungen (26), (27) und (28), so erhalten wir

$$(\Delta \pi_i^l)^2 (\Delta Q_i^l)^2 \geq 4h^2. \tag{30}$$

Die obigen Relationen sind im wesentlichen die Heisenbergschen. $\Delta \pi_i^l$ und ΔQ_i^l werden tatsächlich Begrenzungen des Selbstbestimmungsgrades der l-ten Ebene darstellen, da von allen Größen dieser Ebene über lange Zeitperioden verglichen mit $2\pi/\omega_n$ der Durchschnitt gebildet werden muß. Somit haben wir das Heisenbergsche Prinzip aus der Annahme des Wirkungsquantums abgeleitet.

Wir stellen fest, daß wir in Abschnitt 10 bereits auf ganz andere Weise zur Gleichung (30) gelangt sind — nämlich durch die Annahme einfacher Zufallsschwankungen, die an die von Teilchen in der Brownschen Bewegung erinnerten. Daher wird eine unendliche Variablenmenge auf einer tieferen Ebene, die die Bedingungen erfüllt, daß J_n diskret und gleich derselben Konstante h sei, ein dauerhaftes Bewegungsmuster zeitigen, das gewisse Wesenszüge einer Zufallsschwankung der Brownschen Art wiedergibt.

Wir haben damit unsere Aufgabe abgeschlossen, ein allgemeines physikalisches Modell vorzulegen, das die Quantelungsregeln zusammen mit der Heisenbergschen Unschärferelation erklärt. Aber jetzt läßt sich leicht ersehen, daß unser physikalisches Grundmodell einer unendlichen Menge von Uhren innerhalb von Uhren Raum läßt für grundlegende Veränderungen, die über den Gesichtskreis der heutigen Quantentheorie hinausgingen. Um sich diese Möglichkeit zu veranschaulichen, gehe man einmal davon aus, daß ein solches Gefüge nur für eine charakteristische Zeit τ_0 bestehen bliebe, wonach sie zu existieren aufhörte und von einem andersartigen Gefüge ersetzt würde. Dann werden die Uhren im Laufe von Prozessen, die viel größere Zeitspannen als τ_0 in Anspruch nehmen, noch immer auf wesentlich gleiche Weise wie zuvor beschränkt sein, da ihre Bewegungen von dem tiefer liegenden Untergefüge nicht merklich verändert würden. Dennoch gäbe es bei Prozessen, die kürzere Zeitspannen als τ_0 erforderten, keinerlei Gründe dafür, daß solche Beschränkungen gelten könnten, da das Gefüge nicht mehr dasselbe wäre. Auf diese Weise sehen wir, wie die J_n auf diskrete Weise für bestimmte Ebenen beschränkt werden, während sie auf anderen Ebenen nicht unbedingt derart beschränkt sind.

Auf Ebenen, wo die J_n nicht darauf beschränkt sind, Vielfache von h zu sein, braucht die Gleichung (30) für die Schwankung von π_i^l und Q_i^l nicht länger zu gelten. Anstelle von h wird eine Größe J_m erscheinen, die *mittlere* Wirkung, die den betreffenden Ebenen zugeordnet ist. Überdies wird man Durchschnittswerte von $(\cos \phi_m \cos \phi_n)$ nicht mehr vernachlässigen dürfen, da die Zeiten zu kurz sind. Somit ist Raum für jede erdenkliche Veränderung in den Regeln zur Bestimmung von J_n und in denen zur Bestimmung der Größenordnungen der Schwankungen, die jeweils einer gegebenen Ebene zugeordnet sind. Dennoch werden die üblichen Regeln auf den Quantenebenen zu einem sehr hohen Näherungsgrad gültig sein.

13. Erörterung von Versuchen zur Ergründung einer Subquantenebene

Wir sind jetzt soweit, wenigstens in allgemeiner Form die Bedingungen zu erörtern, unter denen es möglich sein könnte, die Annahme einer Subquantenebene experimentell zu testen und damit unsere Erwiderung auf die kritischen Einwände gegen den

Vorschlag verborgener Variablen von seiten Heisenbergs und Bohrs zu vervollständigen.

Entsinnen wir uns zunächst, daß sich der Beweis der Heisenbergschen Relationen, was die größtmögliche Meßgenauigkeit bei kanonisch konjugierten Variablen betrifft, der stillschweigenden Annahme bediente, Messungen dürften sich nur auf Vorgänge beziehen, die den allgemeinen Gesetzen der heutigen Quantentheorie genügten. So ging Heisenberg in dem bekannten Beispiel des Gammastrahlenmikroskops davon aus, daß die Lage eines Elektrons durch die Streuung eines Gammastrahls an dem fraglichen Teilchen in eine Linse und auf eine Fotoplatte zu messen wäre. Diese Streuung ist im wesentlichen ein Beispiel für den Compton-Effekt, und der Beweis des Heisenbergschen Prinzips hing im Grunde von der Annahme ab, daß der Compton-Effekt den Gesetzen der Quantentheorie genüge (das heißt der Erhaltung von Energie und Impuls in einem „unteilbaren" Streuungsprozeß, dem Wellencharakter des gestreuten Quants bei seinem Durchgang durch die Linse und der unvollkommenen Bestimmtheit des teilchenartigen Punktes auf der Fotoplatte). Allgemeiner muß jeder derartige Beweis auf der Annahme beruhen, daß der Meßvorgang auf jeder Stufe den Gesetzen der Quantentheorie genügen werde. Dem Heisenbergschen Prinzip eine universelle Gültigkeit zuzusprechen läuft also in letzter Analyse darauf hinaus, die allgemeinen Gesetze der Quantentheorie als universell gültig anzusetzen. Aber die Voraussetzung wird nun durch die *äußeren Beziehungen* des Teilchens zu einem Meßgerät ausgedrückt und nicht durch die inneren Merkmale des Teilchens selbst.

Nach unserer Ansicht sollte das Heisenbergsche Prinzip nicht *in erster Linie* als eine äußere Beziehung betrachtet werden, die die Unmöglichkeit von Messungen mit unbegrenzter Genauigkeit im Quantenbereich zum Ausdruck bringt. Sie sollte vielmehr im Grunde als eine Ausdrucksweise für den unvollkommenen Grad der *Selbstbestimmung* angesehen werden, der für alle Gebilde charakteristisch ist, die sich auf der quantenmechanischen Ebene definieren lassen. Wenn wir solche Gebilde messen, so werden wir folglich auch auf Prozesse zurückgreifen, die auf der quantenmechanischen Ebene stattfinden, sodaß für den Meßvorgang dieselben Grenzen seines Selbstbestimmungsgrades bestehen wie für jeden anderen Vorgang auf dieser Ebene. Es ist etwa so, als wollten wir die Brownsche Bewegung mit Mikroskopen messen, die Zufallsschwankungen desselben Grades unterworfen wären wie die Systeme, die wir zu beobachten versuchten.

Wie wir jedoch in den Abschnitten 10 und 12 sahen, ist es möglich und sogar recht naheliegend anzunehmen, daß subquantenmechanische Prozesse über sehr kleine Zeit- und Raumintervalle nicht denselben Begrenzungen ihres Selbstbestimmungsgrades unterworfen sein werden wie quantenmechanische Prozesse. Natürlich werden diese Subquantenprozesse höchstwahrscheinlich grundsätzlich neuartige Gebilde beinhalten, die von Elektronen, Protonen usw. so verschieden sind wie diese von makroskopischen Systemen. Es müßten demnach völlig neue Methoden zu ihrer Beobachtung entwickelt werden (wie auch neue Methoden zur Beobachtung von Atomen, Elektronen, Neutronen usw. entwickelt werden mußten). Diese Methoden werden von der Einbeziehung von Wechselwirkungen abhängen, die Subquantengesetze erforderlich machen. Mit anderen Worten, genau wie das „Gammastrahlenmikroskop" auf der Existenz des Compton-Effekts beruhte, so würde ein „Subquantenmikroskop" auf neuen Effekten beruhen, deren Selbstbestimmungsgrad nicht durch die Gesetze der Quantentheorie begrenzt wäre. Diese Effekte würden dann eine Korrelation zwischen einem beobachtbaren makroskopischen Ereignis und dem Zustand einer Subquantenvariable möglich machen, die genauer wäre, als es in den Heisenbergschen Relationen gestattet ist.

Freilich darf man nicht erwarten, auf die oben beschriebene Weise tatsächlich sämtliche Subquantenvariablen bestimmen und damit das Künftige in allen Einzelheiten vorhersagen zu können. Vielmehr zielt man nur darauf ab, durch ein paar entscheidende Experimente zu zeigen, daß es die Subquantenebene gibt, ihre Gesetze zu erforschen sowie diese Gesetze zu benutzen, um die Eigenschaften von Systemen auf höherer Ebene ausführlicher und mit größerer Genauigkeit zu erklären und vorherzusagen, als die heutige Quantentheorie dies tut.

Um diese Frage eingehender zu behandeln, entsinnen wir uns einer Schlußfolgerung des vorigen Abschnitts, daß nämlich, falls die Wirkungsvariable auf tieferen Ebenen in Einheiten kleiner als h teilbar sein sollte, die Grenzen des Selbstbestimmungsgrades auf diesen tieferen Ebenen weniger streng sein können als die durch die Heisenbergschen Relationen gesetzten. Es können also durchaus relativ teilbare und selbstbestimmte Prozesse auf tieferen Ebenen ablaufen. Wie aber können wir sie auf unserer Ebene beobachten?

Um diese Frage zu beantworten, verweisen wir auf Gleichung (25), die in einem typischen Fall zeigt, wie die Variablen einer gegebenen Ebene in gewissem Maße von *sämtlichen* Variablen der tieferen Ebene abhängen. Wenn also π_i^l und Q_i^l für die klassische Ebene stehen, so würden sie im großen und ganzen *hauptsächlich* durch die p_i^l und q_i^l der Quantenebene bestimmt, wobei aber *einige* Auswirkungen auf Subquantenebenen zurückgingen. Diese wären für gewöhnlich ziemlich geringfügig. In Sonderfällen jedoch (etwa bei besonderen Anordnungen der Geräte) können die π_i^l und Q_i^l merklich von den p_i^l und q_i^l einer Subquantenebene abhängen. Freilich würde dies die Kopplung eines Subquantenprozesses neuer Art (wie er bislang unbekannt ist, aber vielleicht einmal später entdeckt wird) an die zu beobachtenden makroskopischen klassischen Phänomene bedeuten. Ein solcher Prozeß würde vermutlich mit hohen Frequenzen und von daher mit hohen Energien vor sich gehen, aber auf eine neue Art und Weise.

Selbst wenn die Auswirkungen der Subquantenebene auf π_i^l und Q_i^l geringfügig sind, so sind sie doch nicht gleich Null. Somit wird für die Erprobung solcher Auswirkungen Raum geschaffen, indem man Versuche aller Art mit äußerst hoher Genauigkeit durchführt. So erhielt man beispielsweise die Relation $J_n = nh$ in Gleichung (24) nur, wenn man das Wirkungsquantum universell gleich h annahm (auf allen Ebenen). Subquantenabweichungen von dieser Regel würden sich deshalb auf der klassischen Ebene als ein winziger Irrtum in der Relation $E = nh\nu$ für einen harmonischen Oszillator niederschlagen. Man bedenke in diesem Zusammenhang, daß es in der klassischen Theorie überhaupt keine besondere Relation zwischen Energie und Frequenz gibt. Diese Situation läßt sich in gewissem Maße im Subquantenbereich wiederherstellen. Das Ergebnis wäre, daß man eine geringfügige Schwankung in der Relation zwischen E_n und $nh\nu$ entdeckte. Man bekäme zum Beispiel

$$E_n = nh\nu + \epsilon$$

wobei ϵ eine sehr kleine, zufällig schwankende Größe ist (die in dem Maße größer wird, wie wir zu immer höheren Frequenzen übergehen). Um auf eine solche Schwankung die Probe zu machen, könnte man einen Versuch durchführen, bei dem die Frequenz eines Lichtstrahls mit einer Genauigkeit $\nabla \nu$ beobachtet würde. Falls die beobachtete Energie um mehr als $\hbar \nabla \nu$ schwankte und falls auf der Quantenebene keine Quelle für die Schwankung gefunden werden könnte, so könnte man den Versuch als ein Anzeichen von Subquantenschwankungen nehmen.

Mit dieser Erörterung vervollständigen wir unsere Erwiderung auf die kritischen Einwände von Bohr und Heisenberg, die behaupten, daß eine tiefer liegende Ebene verborgener Variablen, in die sich das Wirkungsquantum unterteilen ließe, niemals anhand irgendwelcher experimentellen Phänomene zum Vorschein gebracht werden könnte. Dies bedeutet auch, daß es keine stichhaltigen Argumente zur Rechtfertigung von Bohrs Folgerung gibt, wonach der Begriff des detaillierten Verhaltens der Materie als ein einmaliger und selbstbestimmter Prozeß ausschließlich auf die klassische Ebene beschränkt werden müßte (wo sich das Verhalten der makroskopischen Erscheinungen recht unmittelbar beobachten läßt). In der Tat sind wir auch in der Lage, solche Vorstellungen auf einer Subquantenebene anzuwenden, deren Beziehungen zur klassischen Ebene relativ indirekt sind und doch prinzipiell dazu taugen, die Existenz und die Eigenschaften der tieferen Ebene durch ihre Auswirkungen auf die klassische Ebene zu offenbaren.

Schließlich schauen wir uns das Paradoxon von Einstein, Rosen und Podolsky an. Wie wir im Abschnitt 4 gesehen haben, können wir die eigentümlichen quantenmechanischen Korrelationen voneinander entfernter Systeme ohne weiteres durch die Annahme verborgener, auf der Subquantenebene erfolgender Wechselwirkungen zwischen solchen Systemen erklären. Bei einer unendlichen Menge schwankender Feldvariablen auf dieser tieferen Ebene finden weiträumige Bewegungen statt, die eine solche Korrelation erklären könnten. Die einzige reale Schwierigkeit besteht darin zu erklären, wie solche Korrelationen aufrechterhalten werden, wenn wir die zu messende Variable durch ein Verstellen des Meßgeräts für eines der Systeme plötzlich verändern, während die beiden Systeme noch getrennt fliegen. Wie empfängt dann das entfernte System augenblicklich ein „Signal" dafür, daß eine neue Variable gemessen wird, sodaß es entsprechend reagieren wird?

Um diese Frage zu beantworten, merken wir zunächst an, daß die charakteristischen quantenmechanischen Korrelationen nur dann bei voneinander entfernten Systemen experimentell beobachtet wurden, wenn die verschiedenen Stücke des Beobachtungsgeräts solange dastanden, daß sie reichlich Gelegenheit hatten, mit dem ursprünglichen System durch subquantenmechanische Wechselwirkungen in ein Gleichgewicht zu kommen. (31) Zum Beispiel wäre im Falle des im Abschnitt 4 beschriebenen Moleküls genug Zeit dafür, daß viele Impulse zwischen dem Molekül und den Vorrichtungen zur Spinmessung hin- und herwandern könnten, bevor noch das Molekül zerfiele. Das Verhalten des Moleküls könnte also durch Signale von dem Gerät „ausgelöst" werden, sodaß es Atome aussenden würde, deren Spinstellung bereits dem Gerät angepaßt wäre, das die Spins messen wollte.

Um den wesentlichen Punkt hier zu testen, müßte man Meßsysteme verwenden, die im Vergleich zu der Zeit, die ein Signal braucht, um von dem Gerät zu dem beobachteten System und wieder zurück zu eilen, rasch verändert würden. Was dabei wirklich geschähe, ist bis jetzt nicht bekannt. Es ist möglich, daß die Versuche ein Versagen der typischen quantenmechanischen Korrelationen aufdecken würden. Wenn es dazu kommen sollte, so würde das beweisen, daß die Grundprinzipien des Quants hier zusammenbrechen, denn die Quantentheorie könnte ein solches Verhalten nicht erklären, während eine Subquantentheorie es ganz ohne weiteres als eine Folge des Versagens der Subquantenverbindungen erklären könnte, die Systeme schnell genug in Beziehung zu bringen, um Korrelationen zu gewährleisten, wenn das Gerät sehr plötzlich verstellt wurde.

Wenn andererseits die vorhergesagten quantenmechanischen Korrelationen bei einer solchen Messung noch vorgefunden werden, so ist das kein Beweis dafür, daß eine Subquantenebene nicht existiert, denn auch die mechanische Vorrichtung, die das Beobachtungsgerät plötzlich verstellt, muß Subquantenverbindungen mit allen Teilen des Systems besitzen, und über diese könnte immer noch dem Molekül ein „Signal" übermittelt werden, daß eine bestimmte Observable nun gemessen werden soll. Natürlich würden wir erwarten, daß die Subquantenverbindungen bei einer bestimmten Kompliziertheit des Geräts dazu nicht mehr imstande wären. Solange es jedoch an einer eingehenderen Subquantentheorie fehlt, können wir nicht a priori wissen, wann und wo dies eintritt. Jedenfalls wären die Ergebnisse eines solchen Experiments gewiß sehr interessant.

14. Schlußfolgerung

Abschließend können wir sagen, daß wir die Theorie weit genug fortgeführt haben, um zu zeigen, daß wir die Grundzüge der Quantenmechanik durch eine subquantenmechanische Ebene mit verborgenen Variablen erklären können. Eine solche Theorie vermag einen neuen experimentellen Inhalt zu haben, vor allem in Verbindung mit dem Bereich sehr kurzer Abstände und sehr hoher Energien, wo neue Phänomene auftreten, die in den Begriffen der gegenwärtigen Theorien nicht recht aufgehen (und auch in Verbindung mit dem experimentellen Nachweis gewisser Merkmale der Korrelationen voneinander entfernter Systeme). Außerdem haben wir gesehen, daß eine Theorie dieses Typs neue Möglichkeiten zur Beseitigung von Divergenz in den gegenwärtigen Theorien eröffnet, die ebenfalls mit dem Bereich kurzer Abstände und hoher Energien zusammenhängt. (Zum Beispiel könnte, wie im Abschnitt 10 gezeigt, das Versagen des Heisenbergschen Prinzips für kurze Zeitspannen die unendlichen Auswirkungen der Quantenschwankungen beseitigen.)

Natürlich ist die Theorie, wie sie hier entwickelt wurde, weit davon entfernt, vollständig zu sein. Es ist zum mindesten nötig zu zeigen, wie man die Diracsche Mehrkörpergleichung für Fermionen und die üblichen Wellengleichungen für Bosonen erhält. In bezug auf diese Probleme sind große Fortschritte gemacht worden, aber hier ist kein Raum dafür, sie näher zu erörtern. Weitere Fortschritte sind außerdem in der systematischen Behandlung neuartiger Teilchen (Mesonen, Hyperonen usw.) im Sinne unseres Schemas gemacht worden. Dies alles wird später und an anderer Stelle veröffentlicht werden.

Dennoch stellt die Theorie, selbst in ihrer gegenwärtigen, unvollständigen Form, eine echte Antwort auf die grundsätzlichen Kritikpunkte derjenigen dar, die eine solche Theorie als unmöglich betrachteten oder die meinten, diese könne sich niemals mit realen experimentellen Problemen befassen. Allermindestens scheint sie doch zu versprechen, etwas Licht auf eine Reihe derartiger experimenteller Probleme werfen zu können wie auch auf solche, die sich in Verbindung mit dem Mangel an innerer Konsistenz der heutigen Theorie ergeben.

Aus den oben beschriebenen Gründen hat es den Anschein, daß zur Zeit ein Nachdenken über Theorien mit verborgenen Variablen als Hilfe dazu vonnöten ist, dogmatische vorgefaßte Meinungen zu vermeiden. Solche vorgefaßten Meinungen engen nicht nur unser Denken auf eine unverantwortliche Art und Weise ein, sondern beschränken auch auf ähnliche Weise die Formen der Experimente, deren Durchführung für uns in Frage kommt (da ein beträchtlicher Teil aller Experimente immerhin darauf abgestellt ist, Fragen zu beantworten, die in einer Theorie aufgeworfen wurden). Natürlich wäre es gleichermaßen dogmatisch, darauf zu bestehen, daß die mögliche Brauchbarkeit der üblichen Deutung für diese Probleme bereits völlig erschöpft ist. Was zum gegenwärtigen Zeitpunkt not tut, ist das Verfolgen vieler Forschungswege, da es nicht möglich ist, im voraus zu wissen, welcher der richtige ist. Außerdem mag das Aufzeigen der Möglichkeiten von Theorien verborgener Variablen in einem allgemeineren philosophischen Sinne dazu dienen, uns an die Unzuverlässigkeit von Schlußfolgerungen zu erinnern, die auf der Annahme der völligen Allgemeingültigkeit gewisser Züge einer bestimmten Theorie beruhen, wie breit ihr Gültigkeitsbereich auch scheinen mag.

V

Die Quantentheorie als ein Hinweis auf eine neue Ordnung in der Physik

Teil A: Die Entwicklung neuer Ordnungen
in der Geschichte der Physik

1. Einleitung

Revolutionäre Veränderungen in der Physik sind immer mit der Wahrnehmung einer neuen Ordnung und der Ausbildung eines neuen Sprachgebrauchs verbunden gewesen, der für die Übermittlung einer solchen Ordnung geeignet ist.

Wir beginnen dieses Kapitel mit einer Erörterung bestimmter Eigenheiten der geschichtlichen Entwicklung der Physik, die uns ein wenig Einblick in das verschaffen kann, was mit Wahrnehmung und Übermittlung einer neuen Ordnung gemeint ist. Wir werden dann im nächsten Kapitel damit fortfahren, unsere Vorschläge für die neue Ordnung darzulegen, die sich der Betrachtung der Quantentheorie entnehmen läßt.

In alten Zeiten war nur ein vager qualitativer Begriff von einer Ordnung in der Natur vorhanden. Mit der Entwicklung der Mathematik, vor allem der Arithmetik und der Geometrie, ergab sich die Möglichkeit, Formen und Verhältnisse schärfer zu definieren, sodaß man zum Beispiel die genauen Bahnen der Planeten usw. beschreiben konnte. Solche genauen mathematischen Beschreibungen der Bewegungen der Planeten und anderer Himmelskörper erforderten gewisse Ordnungsvorstellungen. So dachten die alten Griechen, die Erde befände sich im Zentrum des Universums und sei von Sphären umgeben, die der idealen Vollkommenheit der Himmelsmaterie in dem Maße näherkamen, wie man sich immer weiter von der Erde entfernte. Man nahm an, daß sich die Vollkommenheit der Himmelsmaterie in Kreisbahnen offenbarte, da der Kreis als die vollkommenste aller geometrischen Figuren angesehen wurde, während sich die Unvollkommenheit der irdischen Materie nach dieser Auffassung in ihren äußerst komplizierten und anscheinend willkürlichen Bewegungen zeigte. Die Wahrnehmung des Universums und die Beschäftigung damit erfolgte also vom Standpunkt einer gewissen Gesamtordnung aus, nämlich der Ordnung der Vollkommenheitsgrade, die der Ordnung der Abstände vom Mittelpunkt der Erde entsprach.

Die Physik als ganze ging in den Begriffen einer Ordnung auf, die eng mit den oben genannten zusammenhing. So verglich Aristoteles das Universum mit einem lebendigen Organismus, worin jeder Teil einen Ort und eine Aufgabe besaß, die ihm eigen waren, und alle Teile derart zusammenwirkten, daß sie ein einziges Ganzes bildeten. Innerhalb dieses Ganzen konnte sich ein Gegenstand nur dann bewegen, wenn eine Kraft auf ihn einwirkte. Die Kraft wurde folglich als eine *Ursache* der Bewegung aufgefaßt, und die Ordnung der Bewegung war bestimmt durch die Ordnung der Ursachen, die wiederum von Ort und Aufgabe eines jeden Teils im Ganzen abhingen.

Die allgemeine Form der Wahrnehmung und Übermittlung von Ordnung in der Physik stand natürlich in keinerlei Widerspruch zur Alltagserfahrung (für die beispielsweise Bewegung in der Regel nur dann möglich ist, wenn eine Kraft den Reibungswiderstand überwindet). Als dann die Planeten genaueren Beobachtungen unterzogen wurden, entdeckte man freilich, daß ihre Umlaufbahnen keine wirklich vollkommenen Kreise darstellen, aber dieses Faktum wurde in die herrschenden Ordnungsvorstellungen eingefügt (akkommodiert), indem man die Planetenbahnen als eine Überlagerung von *Epizykeln* betrachtete, das heißt als Kreise um eine Kreisbahn. Man sieht hierin ein Beispiel für die bemerkenswerte Fähigkeit, innerhalb einer gegebenen Ordnungsvorstellung *Anpassungen* vorzunehmen, mit deren Hilfe man weiterhin gemäß den alten, festgelegten Vorstellungen wahrnehmen und reden kann, auch wenn die Fakten auf den ersten Blick dafür zu sprechen scheinen, daß eine gründliche Veränderung dieser Vorstellung vonnöten ist. Mittels solcher Anpassungen konnten die Menschen über Jahrtausende zum Nachthimmel aufschauen und dort nahezu unabhängig vom genauen Inhalt ihrer Beobachtungen Epizykeln erblicken.

Somit scheint klar, daß einer grundlegenden Ordnungsvorstellung, wie sie in den Epizykeln ihren Ausdruck fand, niemals auf entscheidende Weise widersprochen werden konnte, denn sie ließ sich immer derart zurechtlegen, daß sie zu den beobachteten Fakten paßte. Zuletzt aber erhob sich in der wissenschaftlichen Forschung ein neuer Geist, der dazu führte, daß die *Relevanz* der alten Ordnung in Zweifel gezogen wurde, vor allem von Kopernikus, Kepler und Galilei. Aus diesem Zweifeln erwuchs im wesentlichen die Auffassung, daß der Unterschied zwischen irdischer und himmlischer Materie in Wirklichkeit nicht sehr bedeutend sei. Man vertrat vielmehr die Ansicht, ein entscheidender Unterschied bestünde zwischen der Bewegung der Materie im leeren Raum und ihrer Bewegung in einem viskosen Medium. Die Grundgesetze der Physik sollten sich demnach auf die Bewegung der Materie im leeren Raum anstatt auf ihre Bewegung in einem viskosen Medium beziehen. Aristoteles hatte also recht mit seiner Behauptung, daß sich Materie für die alltägliche Erfahrung nur unter Einwirkung einer Kraft bewegt, aber er irrte sich mit der Annahme, diese Alltagserfahrung sei für die Grundgesetze der Physik relevant. Daraus folgte, daß der entscheidende Unterschied zwischen himmlischer und irdischer Materie nicht in ihrem jeweiligen Vollkommenheitsgrad bestand, sondern darin, daß sich die Himmelsmaterie im allgemeinen ohne Reibung in einem Vakuum bewegt, während sich die Erdmaterie mit Reibung in einem viskosen Medium bewegt.

Offensichtlich waren solche Vorstellungen im großen und ganzen nicht mit der Idee zu vereinbaren, daß das Universum als ein einziger lebendiger Organismus anzusehen sei. Stattdessen hatte das Universum nun in einer grundsätzlichen Beschreibung als analytisch in getrennt existierende Teile oder Objekte (z.B. Planeten, Atome usw.) zerlegbar zu gelten, von denen sich jedes in einem leeren Raum oder Vakuum bewegte. Diese Teile konnten, mehr oder weniger nach Art von Maschinenteilen, wechselwirkend zusammenarbeiten, aber sie konnten nicht als Antwort auf die Zwecksetzungen eines „Organismus im ganzen" wachsen, sich entwickeln und wirken. Als Grundordnung zur Beschreibung dessen, wie sich die Teile dieser „Maschine" bewegen, sah man eine Folge von Orten an, die jedes Objekt in einer Folge von Zeitpunkten einnahm. Damit wurde eine neue Ordnung relevant, und ein neuer Sprachgebrauch mußte zur Beschreibung dieser neuen Ordnung entwickelt werden.

In der Entwicklung neuer Formen des Sprachgebrauchs spielten die kartesischen Koordinaten eine Schlüsselrolle. Tatsächlich deutet schon das Wort „Koordinate" auf die Funktion des *Ord-*

nens hin. Dieses Ordnen geschieht mit Hilfe eines Netzes, das von drei zueinander senkrechten Mengen von Geraden mit gleichen Abständen gebildet wird. Jede Geradenmenge stellt offensichtlich eine Ordnung dar (ähnlich der Ordnung der ganzen Zahlen). Eine gegebene Kurve wird dann durch eine *Koordination* der Ordnungen X, Y und Z festgelegt.

Koordinaten dürfen augenscheinlich nicht als natürliche Objekte betrachtet werden. Sie sind vielmehr nur von uns aufgestellte praktische Beschreibungsformen und beruhen als solche in hohem Maße auf freier Übereinkunft (was etwa die Richtung, Unterteilung, Rechtwinkligkeit usw. der Koordinatenachsen anbelangt). Trotz dieser Beliebigkeit ist es jedoch bekanntermaßen möglich, ein nicht beliebiges allgemeines Gesetz mittels Koordinaten auszudrücken. Dies ist möglich, wenn das Gesetz die Form einer Beziehung annimmt, die bei Veränderungen der beliebigen Züge der Beschreibungsordnung *invariant* bleibt.

Beim Gebrauch von Koordinaten ordnen wir letztlich unsere Achtsamkeit auf eine Weise, die der mechanischen Sicht des Universums gemäß ist, und ähnlich ordnen wir auch unsere Wahrnehmung und unser Denken. Wenn zum Beispiel Aristoteles auch höchstwahrscheinlich den Sinn von Koordinaten verstanden hätte, so hätten sie für sein Vorhaben, das Universum als einen Organismus zu begreifen, zweifellos wenig oder gar keinen Wert besessen. Als aber die Menschen einmal soweit waren, sich das Universum als eine Maschine vorzustellen, verfielen sie ganz von selbst darauf, die Koordinatenordnung für universell relevant und für alle grundlegenden Beschreibungen in der Physik gültig zu halten.

Innerhalb dieser neuen kartesischen Ordnung des Wahrnehmens und Denkens, die nach der Renaissance aufgekommen war, konnte Newton nun ein höchst allgemeines Gesetz entdecken. Es läßt sich so fassen: „Was für die Bewegungsordnung beim Fall eines Apfels gilt, das gilt für die des Mondes und für *alles*." Dies war eine neue Art, Gesetzmäßigkeit wahrzunehmen, nämlich als universelle Harmonie in der natürlichen Ordnung, wie sie im einzelnen durch den Gebrauch von Koordinaten beschrieben wurde. Eine solche Wahrnehmung ist eine blitzartige Einsicht, die im Grunde *poetisch* ist. In der Tat geht das Wort „Poesie" auf das griechische Verb „poiein" zurück, das „machen, erschaffen" bedeutet. Die Wissenschaft nimmt also in ihrer allerursprünglichsten Form den Charakter einer poetischen Übermittlung der schöpferischen Wahrnehmung einer neuen Ordnung an.

Wenn wir Newtons Einsicht etwas „prosaischer" fassen wollen, so können wir dafür schreiben $A:B::C:D$. Dies heißt: „Wie die aufeinanderfolgenden Orte A, B des Apfels sich zueinander verhalten, so auch die aufeinanderfolgenden Orte C, D des Mondes." Dies stellt einen verallgemeinerten Begriff eines Verhältnisses dar, einer *ratio* im ursprünglichen lateinischen Sinne, die ja auch die Bedeutung *Vernunft* hat. Die Wissenschaft zielt also darauf ab, ein universelles rationales bzw. vernünftig begründetes Verhältnis zu entdecken, das nicht nur ein Zahlenverhältnis oder eine Porportion beinhaltet ($A/B = C/D$), sondern auch eine allgemeine qualitative Ähnlichkeit.

Ein rationales Gesetz ist nicht auf den Ausdruck einer *Kausalität* beschränkt. Offensichtlich bedeutet „rational" in dem hier gemeinten Sinne weitaus mehr als „kausal", denn dieses Wort benennt nur einen Sonderfall von jenem. Die Grundform der Kausalität sieht in der Tat so aus: „Ich vollziehe eine Handlung X und verursache damit etwas." Ein kausales Gesetz nimmt demnach die Form an: „Was für solche kausalen Handlungen von mir gilt, das gilt auch für gewisse in der Natur zu beobachtende Vorgänge." Ein kausales Gesetz ist also eine gewisse *begrenzte Form* des Rationalen. Aber allgemeiner nimmt eine rationale Erklärung die Form an: „Wie sich Dinge im Rahmen einer bestimmten Idee oder Vorstellung zueinander verhalten, so verhalten sie sich tatsächlich zueinander."

„Kausalität"

Aus der vorhergehenden Erörterung ist klar ersichtlich, daß es für das Auffinden einer neuen Begründungs- oder Rationalitätsstruktur ausschlaggebend ist, *als erstes* relevante Unterschiede auszumachen. Versucht man, eine rationale Verbindung zwischen irrelevanten Unterschieden zu finden, so führt dies zu Willkür, Verwirrung und allgemeiner Sterilität (wie z.B. im Fall der Epizykeln). Wir müssen also bereit sein, unsere Annahmen darüber, welche die relevanten Unterschiede sind, fallenzulassen, obwohl sich dies oft sehr schwierig ausgenommen hat, da wir dazu neigen, vertrauten Ideen einen solch hohen psychologischen Wert beizumessen.

2. Was ist Ordnung?

Bisher wurde der Begriff Ordnung in einer Anzahl von Zusammenhängen gebraucht, die jedem mehr oder weniger bekannt sind, sodaß seine Bedeutung einigermaßen klar aus seinem Gebrauch ersehen werden kann. Der Gedanke der Ordnung ist aber offenbar in viel weiteren Zusammenhängen relevant. So beschränken wir Ordnung nicht auf irgendeine regelmäßige Gruppierung von Objekten oder Formen in Linien oder Reihen (wie z.B. im Fall der Koordinatennetze). Vielmehr können wir sehr viel allgemeinere Ordnungen betrachten wie etwa die Wachstumsordnung eines Lebewesens, die Evolutionsordnung lebender Arten, die Gesellschaftsordnung, die Ordnung einer musikalischen Komposition, die Ordnung des Malens, die Ordnung, die den Sinn der Mitteilung bildet, usw. Wenn wir solche weiteren Zusammenhänge untersuchen wollen, so werden die zuvor in diesem Kapitel aufgeführten Ordnungsvorstellungen offenbar nicht mehr zureichend sein. Wir gelangen somit zu der allgemeinen Frage: „Was ist Ordnung?"

Der Begriff der Ordnung ist jedoch in seinen Implikationen derart weitreichend und unermeßlich, daß er sich nicht in Worte fassen läßt. Es ist am besten, wenn wir so vorgehen, daß wir in einem möglichst breiten Spektrum von Zusammenhängen, in denen dieser Begriff relevant ist, die Ordnung im stillen und implizit „anzudeuten" versuchen. Implizit ist Ordnung uns allen bekannt, und ein solches Andeuten kann vielleicht einen allgemeinen und umfassenden Sinn von Ordnung übermitteln, ohne daß eine genaue Definition des Wortes erforderlich wäre.

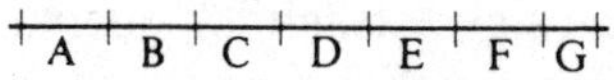

$$\vdash_A \vdash_B \vdash_C \vdash_D \vdash_E \vdash_F \vdash_G \vdash$$

Abbildung 5.1

Um mit dem Verständnis von Ordnung in solch einem allgemeinen Sinn den Anfang zu machen, können wir uns zunächst daran erinnern, daß in der Entwicklung der klassischen Physik zur Wahrnehmung einer neuen Ordnung neue relevante Unterschiede festgestellt werden mußten (Positionen von Objekten zu aufeinanderfolgenden Zeitpunkten), worauf neue Ähnlichkeiten auftauchten, die sich in den Unterschieden finden ließen (die Ähnlichkeit der Verhältnisse dieser Unterschiede zueinander). Hier wird nun der Gedanke vorgebracht, daß der Keim oder Kern einer sehr allgemeinen Wahrnehmungsweise von Ordnung darin besteht, *auf ähnliche Unterschiede und unterschiedliche Ähnlichkeiten zu achten*. (1)

Wir wollen diese Begriffe anhand einer geometrischen Kurve veranschaulichen. Um das Beispiel zu vereinfachen, werden wir eine Näherung der Kurve über eine Reihe von Geradenabschnitten von gleicher Länge vornehmen. Wie in Abbildung 5.1 gezeigt, haben die Abschnitte einer Geraden alle dieselbe Richtung, so daß ihr einziger Unterschied in der Position besteht. Der Unterschied zwischen Abschnitt A und Abschnitt B liegt demnach in einer räumlichen Verschiebung, die dem Unterschied zwischen B und C ähnlich ist, und so weiter. Wir können daher schreiben

$$A:B::B:C::C:D::D:E.$$

Man kann sagen, daß dieser Ausdruck für ein Verhältnis oder eine „ratio" eine Kurve *erster Klasse* definiert, also eine Kurve, die nur einen einzigen unabhängigen Unterschied aufweist.

Als nächstes betrachten wir einen Kreis, wie in Abbildung 5.2 angedeutet. Hier besteht der Unterschied zwischen A und B sowohl in der Richtung als auch in der Position. Wir bekommen daher eine Kurve mit zwei unabhängigen Unterschieden — eine Kurve *zweiter Klasse* also. Dennoch haben wir es in den Unterschieden noch immer mit einer einzigen „ratio" zu tun: $A:B::B:C$.

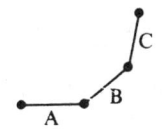

Abbildung 5.2

Nun kommen wir zu einer Raumspirale. Hierbei kann sich der Winkel zwischen den Strecken in eine dritte Dimension erheben. Somit bekommen wir eine Kurve *dritter Klasse*. Auch sie wird von einem einzigen Verhältnis festgelegt: $A:B::B:C$.

Bis jetzt haben wir verschiedene *Arten* von Ähnlichkeiten in den Unterschieden betrachtet, um Kurven erster, zweiter und dritter Klasse zu erhalten. Die Ähnlichkeit (oder das Verhältnis) zwischen aufeinanderfolgenden Schritten bleibt jedoch bei jeder Kurve invariant. Wir können nun auf Kurven aufmerksam machen, *bei denen diese Ähnlichkeit unterschiedlich ist*, wenn wir die Kurve nachfahren. Auf diese Weise gelangen wir dazu, nicht nur *ähnliche Unterschiede*, sondern auch *unterschiedliche Ähnlichkeiten der Unterschiede* zu betrachten.

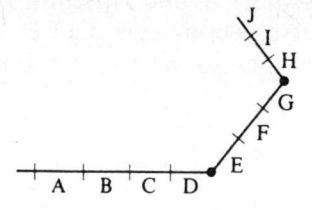

Abbildung 5.3

Wir können diesen Gedanken anhand einer Kurve veranschaulichen, die eine Kette von Strecken mit unterschiedlichen Richtungen ist (siehe Abbildung 5.3). Für die erste Strecke (*ABCD*) können wir schreiben

$$A:B^{S_1}::B:C.$$

Das Symbol S_1 steht für „erste Art von Ähnlichkeit", also in Bezug auf die Richtung der Strecke *ABCD*. Daraufhin schreiben wir für die Strecken *EFG* und *HIJ*

$$E:F^{S_2}::F:G \quad \text{and} \quad H:I^{S_3}::I:J$$

wobei S_2 für „Ähnlichkeit der zweiten Art" und S_3 für „Ähnlichkeit der dritten Art" steht.

Wir können nun den Unterschied der aufeinanderfolgenden Ähnlichkeiten S_1, S_2, S_3 ... als einen *zweiten Unterschiedlichkeitsgrad* betrachten. Daraus können wir einen *zweiten Grad der Ähnlichkeit in diesen Unterschieden* ableiten:

$$S_1:S_2::S_2:S_3$$

Was wir auf diese Weise einführen, ist letztlich der Beginn einer Hierarchie von Ähnlichkeiten und Unterschieden, und von da aus können wir zu Kurven beliebig hoher Ordnungsgrade fortschreiten. In dem Maße, wie die Grade unendlich hoch werden, können wir die „Zufallskurven", wie sie gewöhnlich genannt wurden, beschreiben — wir begegneten ihnen etwa bei der Brownschen Bewegung. Diese Art Kurve ist nicht durch eine endliche Zahl von Schritten bestimmt. Dennoch wäre es nicht richtig, sie „ungeordnet" zu nennen, das heißt *ohne jegliche Ordnung*. Sie besitzt vielmehr eine bestimmte Art Ordnung von unendlich hohem Grad.

Auf diese Weise gelangen wir dazu, eine wichtige Veränderung in der allgemeinen Sprache der Beschreibung vorzunehmen. Wir verwenden den Begriff „Unordnung" nicht mehr, sondern unterscheiden stattdessen zwischen verschiedenen Ordnungsgraden (so daß es beispielsweise eine bruchlose Abstufung von Kurven gibt, die mit denen ersten Grades anfängt und Schritt für Schritt zu denen fortschreitet, die allgemein „zufällig" genannt wurden).

Es ist hier wichtig hinzuzufügen, daß Ordnung nicht mit *Vorhersagbarkeit* gleichgesetzt werden darf. Vorhersagbarkeit ist eine Eigenschaft einer besonderen Art von Ordnung, derart daß einige wenige Schritte die ganze Ordnung festlegen (etwa bei Kurven niedrigen Grades) — aber es kann komplexe und subtile Ordnungen geben, die in keinem wesentlichen Bezug zur Vorhersagbarkeit stehen (z.B. ist ein gutes Gemälde hochgradig geordnet, und doch gestattet es diese Ordnung nicht, daß ein Teil aufgrund eines anderen vorhergesagt wird).

3. Maß

Bei der Entwicklung des Begriffs einer hochgradigen Ordnung haben wir stillschweigend den Gedanken eingebracht, daß jede Unterordnung eine *Grenze* hat. So erreicht in Abbildung 5.3 die Ordnung der Strecke *ABCD* am Ende des Abschnitts *D* ihre Grenze. Hinter dieser Grenze beginnt eine andere Ordnung, die der Strecke *EFG*, und so weiter. Die Beschreibung einer hochgradigen hierarchischen Ordnung macht also im allgemeinen den Begriff der Grenze nötig.

Es ist hier von Bedeutung anzumerken, daß die letztliche Grundbedeutung des Wortes „Maß" im Altertum „Absteckung" oder „Grenze" war. In diesem Sinne ließe sich von jedem Ding behaupten, es habe sein ihm eigenes Maß. Beispielsweise ging man davon aus, daß es zur Tragödie kommen müsse, wenn das Handeln des Menschen die ihm gesteckte Grenze (oder sein Maß) überschritte (wie es die griechischen Dramen sehr zwingend zu zum Ausdruck brachten). Das Maß wurde tatsächlich als wesentlich für das Verständnis des Guten angesehen. So liegt der Ursprung des Wortes „Medizin" im lateinischen „mederi", was „heilen" bedeutet und sich von einer Wurzel mit der Bedeutung „messen" herleitet. Damit gab man zu verstehen, daß der gesund ist, bei dem sich alles körperlich und geistig im rechten Maß befindet. Auf ähnliche Weise wurde Weisheit mit Mäßigkeit und Bescheidenheit gleichgesetzt (lateinisch „moderatio" und „modestia", was beides auf dieselbe Wurzel „messen" zurückgeht), womit man darauf hinwies, daß derjenige ein Weiser ist, bei dem alles im rechten Maß bleibt.

Um diese Bedeutung des Wortes „Maß" physikalisch zu veranschaulichen, könnte man sagen, daß „das Maß des Wassers" zwischen 0° und 100° liegt. Mit anderen Worten, das Maß steckt in erster Linie die Grenzen der Qualitäten bzw. der Bewegungs- und Verhaltensordnungen ab.

Natürlich muß das Maß durch eine Proportion oder ein Verhältnis *spezifiziert* werden, aber im antiken Sinne kommt dieser Spezifizierung gegenüber der Begrenzung, die dadurch spezifiziert wird, eine untergeordnete Bedeutung zu, und man kann hier hinzusetzen, daß diese Spezifizierung im großen und ganzen nicht einmal in Form einer quantitativen Proportion vorgenommen werden muß, sondern durchaus in Form eines qualitativen Grundes erfolgen kann (so wird etwa in einem Drama das rechte Maß menschlichen Verhaltens qualitativ spezifiziert anstatt mittels Zahlenverhältnissen).

Im modernen Gebrauch des Wortes „Maß" besteht die Neigung, den Aspekt der quantitativen Proportion oder des Zahlenverhältnisses ungleich viel stärker zu betonen, als dies im Altertum geschah. Aber selbst hier ist die Vorstellung einer Grenze oder Absteckung noch vorhanden, wenn sie auch im Hintergrund steht. Denn um etwa einen *Maßstab* (etwa der Länge) festzusetzen, muß man Unterteilungen vornehmen, die letztlich *Begrenzungen* geordneter Abschnitte sind.

Wenn man dergestalt neben den heute gebräuchlichen auf ältere Wortbedeutungen achtgibt, kann man sich einen gewissen Einblick in den vollen Sinn eines allgemeinen Begriffes wie etwa „Maß" verschaffen, wie man ihn nicht erhält, wenn man nur die modernen Spezialbedeutungen berücksichtigt, die in den verschiedenen Formen der wissenschaftlichen, mathematischen und philosophischen Analyse entwickelt wurden.

4. Struktur als eine Weiterentwicklung von Ordnung und Maß

Wenn wir das Maß in dem umfassenden Sinne betrachten, wie er oben dargelegt wurde, so können wir sehen, wie dieser Begriff mit dem der Ordnung zusammengeht. So wird, wie in Abbildung 5.4 gezeigt, jede lineare Ordnung innerhalb eines Dreiecks (wie etwa die Strecke *FG*) von den Strecken *AB*, *BC* und *CA* begrenzt (das heißt bemessen). Jede dieser Strecken ist selbst eine Ordnung von Abschnitten, die von den anderen Strecken begrenzt (das heißt bemessen) wird. Die Form des Dreiecks wird dann durch bestimmte Proportionen zwischen den Seiten (deren relative Längen) beschrieben.

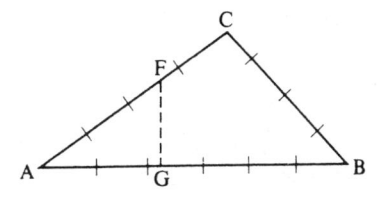

Abbildung 5.4

Über die Betrachtung des Zusammenwirkens von Ordnung und Maß in immer weiteren und komplexeren Zusammenhängen gelangt man zum Begriff der *Struktur*. Wie das zugrunde liegende lateinische Verb „struere" andeutet, bezeichnet der Begriff Struktur im wesentlichen, daß etwas gebaut wird, aufgeschichtet wird, entsteht. Aus diesem Verb wird dann ein Substantiv „structura", aber das lateinische Suffix „-ura" bezeichnete ursprünglich ein Handeln. Um zu betonen, daß wir weniger ein „Fertigprodukt" oder ein Endergebnis im Sinn haben, können wir ein neues Verb „struktieren" einführen mit der Bedeutung „sogenannte Strukturen bilden und auflösen".

„Struktation" ist offensichtlich durch Maß und Ordnung zu zu beschreiben und zu verstehen. Man betrachte zum Beispiel die Struktation (Konstruktion) eines Hauses. Die Bausteine werden in einer solchen Ordnung und nach einem solchen Maß aufgeschichtet (das heißt innerhalb bestimmter Grenzen), daß Wände entstehen. Ähnlich geordnet und bemessen werden aus

Wänden Räume, aus Räumen ein Haus, aus Häusern Straßen, aus Straßen Städte usw.

Struktation impliziert somit eine *harmonisch organisierte* Totalität von Ordnung und Maßen, die sowohl *hierarchisch* (das heißt vielstufig) ist als auch *extensiv* (das heißt sich auf jeder Stufe „ausbreitet"). Das Wort „organisieren" geht auf den Stamm von griechisch „ergon" zurück, das „Arbeit" bedeutet und mit deutsch „Werk" verwandt ist. Man kann sich von daher vorstellen, wie alle Seiten einer Struktur einheitlich „zusammenarbeiten".

Dieses Prinzip der Struktur ist offensichtlich universell. Beispielsweise befinden sich Lebenwesen in einer andauernden Wachstums- und Evolutionsbewegung ihrer Strukturen, die hochgradig organisiert ist (so arbeiten Moleküle zur Zellbildung zusammen, Zellen zur Organbildung, Organe zur Bildung des einzelnen Lebewesens, einzelne Lebewesen zur Gesellschaftsbildung usw.). In ähnlicher Weise beschreiben wir in der Physik die Materie als aus bewegten Teilchen (z.B. Atomen) zusammengesetzt, die zur Bildung fester, flüssiger und gasförmiger Strukturen zusammenarbeiten, worauf diese auf ähnliche Weise größere Strukturen bilden bis hinauf zu Planeten, Sternen, Milchstraßen, Milchstraßen von Milchstraßen usw. Hierbei ist es wichtig, die *wesentlich dynamische* Natur der Struktation in der unbelebten Natur, bei Lebewesen, in der Gesellschaft, in der menschlichen Kommunikation usw. zu betonen (man betrachte sich z.B. die Struktur einer Sprache, die eine organisierte Totalität der allzeit fließenden Bewegung ist).

Die Strukturformen, die entstehen, wachsen oder gebaut werden können, sind augenscheinlich durch Ordnung und Maß, die ihnen zugrunde liegen, begrenzt. Eine neue Ordnung und ein neues Maß machen den Gedanken an neue Strukturen möglich. Ein einfaches Beispiel dafür kann der Musik entnommen werden. Hier hängen die Strukturen, mit denen sich arbeiten läßt, von der Ordnung der Töne und von gewissen Maßen ab (Tonleiter, Rhythmus, Tempo usw.). Neue Ordnung und Maße ermöglichen offensichtlich die Schöpfung neuer musikalischer Strukturen. In diesem Kapitel gehen wir der Frage nach, wie neue Ordnungen und Maße in der Physik in ähnlicher Weise den Gedanken an neue physikalische Strukturen möglich machen.

5. Ordnung, Maß und Struktur in der klassischen Physik

Wir haben bereits in allgemeiner Form darauf hingewiesen, daß die klassische Physik eine bestimmte grundlegende Ordnung und ein entsprechendes Maß zur Beschreibung verlangt, für welche die Verwendung gewisser kartesischer Koordinaten und die Vorstellung einer universellen und absoluten Zeitordnung unabhängig von der des Raumes charakteristisch ist. Sie setzt weiterhin die Absolutheit eines Ordnungs- und Maßsystems voraus, das man *euklidisch* nennen könnte (also des für die Euklidische Geometrie charakteristischen). Innerhalb dieses Ordnungs- und Maßsystems sind bestimmte Strukturen möglich, die im wesentlichen auf der Annahme eines quasistarren Körpers als einem Grundbauelement beruhen. Das allgemeine Kennzeichen der Struktur im klassischen Sinne ist eben die Analysierbarkeit von allem in getrennte Teile, die entweder als kleine, quasistarre Körper erscheinen oder als ihre schließliche Idealisierung in Form ausdehnungsloser Teilchen. Wie zuvor ausgeführt, glaubt man, daß diese Teile in Wechselwirkung miteinander zusammenarbeiten (wie in einer Maschine).

Das physikalische Gesetz drückt nun den Grund oder das Verhältnis in der Bewegung aller Teile so aus, daß es die Bewegung jedes Teils auf die Anordnung aller anderen Teile bezieht. Dieses Gesetz ist seiner Form nach insofern deterministisch, wie die einzigen Zufallsfaktoren eines Systems die Ausgangspositionen und Geschwindigkeiten aller seiner Teile sind. Es ist außerdem *kausal*, insofern wie jede äußere Störung als eine *Ursache* aufgefaßt werden kann, die eine genau angebbare *Wirkung* hervorruft, welche sich im Prinzip auf jeden Teil des Systems übertragen läßt.

Mit der Entdeckung der Brownschen Bewegung traten Phänomene zutage, die *auf den ersten Blick* das ganze klassische Ordnungs- und Maßschema in Frage zu stellen schienen, denn man entdeckte Bewegungen, die von der Art waren, die wir hier „Ordnung unbegrenzten Grades" genannt haben, also nicht durch ein paar Schritte (z.B. Ausgangspositionen und Geschwindigkeiten) festgelegt. Dies wurde jedoch durch die Annahme erklärt, daß die Brownsche Bewegung stets durch die sehr komplexen Anstöße von seiten kleinerer Teilchen bzw. durch Felder mit zufälligen Schwankungen verursacht wird. Weiter nimmt man an, daß das Gesamtgesetz bei einer Berücksichtigung dieser zusätzlichen Teilchen und Felder deterministisch sein wird. Auf diese Weise können die klassischen Ordnungs- und Maßbegriffe derart *angepaßt* werden, daß sie die Brownsche Bewegung fassen (*akkommodieren*) können, die zumindest dem äußeren Anschein der Dinge nach eine Beschreibung durch ganz andere Ordnungs- und Maßbegriffe erfordern würde.

Die Möglichkeit einer solchen Anpassung beruht jedoch offenbar auf einer Mutmaßung. Denn selbst wenn wir *einige* Formen der Brownschen Bewegung (z.B. von Rauchteilchen) auf Stöße von kleineren Teilchen (Atomen) zurückführen, so beweist dies nicht, daß die Gesetzmäßigkeiten letzten Endes von der klassischen, deteministischen Art sind — denn es ist stets möglich anzunehmen, daß im Grunde alle Bewegungen *von Anfang an* als Brownsche Bewegungen beschrieben werden müßten (so daß die scheinbar kontinuierlichen Umlaufbahnen großer Objekte wie etwa Planeten nur Näherungen an eine tatsächliche Brownsche Bahn wären). Wirklich haben Mathematiker (besonders Wiener) sowohl implizit als auch explizit mit der Brownschen Bewegung als einer Grundbeschreibung gearbeitet (2) (ohne sie als ein Ergebnis von Stößen seitens feinerer Teilchen zu erklären). Ein solcher Gedanke würde in der Tat eine neue Art von Ordnung und Maß aufbringen. Wenn man ihn ernsthaft verfolgen würde, so würde dies einen Wandel möglicher Strukturen mit sich bringen, der vielleicht ebenso groß wäre wie der, den der Übergang von den Ptolemäischen Epizykeln zu den Newtonschen Bewegungsgleichungen mit sich brachte. Tatsächlich ist man dem in der klassischen Physik nicht ernsthaft nachgegangen. Trotzdem kann es, wie wir später sehen werden, von Nutzen sein, etwas Aufmerksamkeit darauf zu verwenden, um sich einen neuen Einblick in die möglichen Grenzen der Relevanz der Relativitätstheorie zu verschaffen wie auch in den Zusammenhang von Relativitäts- und Quantentheorie.

6. Die Relativitätstheorie

Zu einem der ersten wirklichen Brüche in den klassischen Ordnungs- und Maßbegriffen kam es mit der Relativitätstheorie. Es ist von Bedeutung, hier darauf hinzuweisen, daß die Wurzel der Relativitätstheorie wahrscheinlich in einer Frage lag, die Einstein sich stellte, als er fünfzehn war: „Was würde geschehen, wenn man sich mit Lichtgeschwindigkeit vorwärtsbewegte und dabei in einen Spiegel schaute?" Zweifellos würde man nichts sehen, da das vom Gesicht reflektierte Licht nie auf dem Spiegel auftreffen würde. Dadurch gewann Einstein die Ahnung, daß Licht irgendwie von Grund auf von anderen Bewegungsformen verschieden ist.

Aus moderner Sicht können wir diese Verschiedenheit noch stärker betonen, wenn wir uns die Atomstruktur der Materie ansehen, aus der wir bestehen. Wenn wir uns schneller als Licht bewegten, dann würden wir, wie eine einfache Rechnung zeigt, das elektromagnetische Feld, das unsere Atome zusammenhält, hinter uns lassen (wie die von einem Flugzeug verursachten Wellen hinter ihm zurückbleiben, wenn es schneller fliegt als der Schall). Als Folge davon würden sich unsere Atome zerstreuen und wir würden auseinanderfallen. Von daher ist die Annahme sinnlos, wir könnten uns schneller als Licht bewegen.

Nun ist es ein Grundzug des klassischen Ordnungs- und Maßsystems von Galilei und Newton, daß man im Prinzip jede Bewegung gleich welcher Form ein- und überholen kann, solange ihre Geschwindigkeit endlich ist. Wie jedoch hier gezeigt wurde, führt es zu Widersinnigkeiten, wenn wir annehmen, daß wir das Licht ein- und überholen könnten.

Diese Erkenntnis, wonach Licht als von anderen Bewegungsformen verschieden angesehen werden sollte, gleicht der Einsicht Galileis, daß der leere Raum und ein viskoses Medium sich verschieden auf die Aufstellung physikalischer Gesetze auswirken. An Einsteins Fall sieht man, daß die Lichtgeschwindigkeit keine mögliche Geschwindigkeit eines Objekts sein kann, sondern vielmehr einem unerreichbaren Horizont gleicht. Obwohl wir uns auf den Horizont zubewegen, kommen wir ihm doch niemals näher. Bewegen wir uns in Richtung eines Lichtstrahls, so nähern wir uns doch niemals seiner Geschwindigkeit. Seine Geschwindigkeit c bleibt in Bezug auf uns immer gleich.

Die Relativitätstheorie führt neue Begriffe von Zeitordnung und Zeitmaß ein. Diese gelten nicht mehr als *absolut*, wie es in der Newtonschen Theorie der Fall war, sondern nunmehr als *relativ* zur Geschwindigkeit eines Koordinatensystems. Diese Relativität der Zeit ist einer der radikal neuen Züge von Einsteins Theorie.

Mit der Aufstellung der neuen Zeitordnung und des neuen Zeitmaßes, mit denen die relativistische Theorie umgeht, ist ein sehr bedeutsamer Sprachwandel verbunden. Die Lichtgeschwindigkeit wird nicht als die mögliche Geschwindigkeit eines *Ob-*

jekts aufgefaßt, sondern vielmehr als die Höchstgeschwindigkeit, mit der sich ein *Signal* fortpflanzt. Vordem hatte der Begriff des Signals in der zugrunde liegenden allgemeinen Beschreibungsordnung der Physik keine Rolle gespielt, nun aber spielt er in diesem Zusammenhang eine Schlüsselrolle.

Das Wort „Signal" kommt von lateinisch „signalis" — „bestimmt, ein Zeichen zu geben". Ein Signal ist insofern, wie es ein Zeichen gibt, „bezeichnend" und somit in der Tat eine Art *Kommunikation*. So wurden Bezeichnung, Bedeutung und Kommunikation in gewisser Weise für die Formulierung der allgemeinen Beschreibungsordnung in der Physik relevant (ebenso die Information, die aber nur ein *Teil* des Inhalts oder der Bedeutung einer Kommunikation ist). Die vollen Implikationen dessen sind womöglich bis jetzt noch nicht erkannt worden, wie nämlich gewisse sehr subtile Ordnungsbegriffe, die weit über die der klassischen Mechanik hinausgehen, stillschweigend in das allgemeine Beschreibungssystem der Physik hineingetragen wurden.

Das neue Ordnungs- und Maßsystem, das mit der Relativitätstheorie eingeführt wurde, beinhaltet neue Strukturbegriffe, in denen die Vorstellung eines starren Körpers keine Schlüsselrolle mehr spielen kann. In der Tat ist es in der Relativitätstheorie nicht möglich, eine konsistente Definition eines ausgedehnten starren Körpers zu erhalten, da dies Signale voraussetzen würde, die schneller wären als Licht. Der Versuch, diesen neuartigen Zug der Relativitätstheorie in die älteren Strukturbegriffe zu fassen (akkommodieren), trieb die Physiker zu der Vorstellung eines Teilchens, das ein ausdehnungsloser Punkt ist, aber dieses Bestreben führte bekanntermaßen nicht zu allgemein zufriedenstellenden Ergebnissen, da diese Punktteilchen unendliche Felder verlangten. Tatsächlich verlangt die Relativitätstheorie, daß weder die Punktteilchen noch der quasistarre Körper als Grundbegriffe gelten können. Diese müssen vielmehr als *Ereignisse* oder *Prozesse* ausgedrückt werden.

Beispielsweise kann jede lokalisierbare Struktur als eine *Weltenröhre* beschrieben werden (siehe Abbildung 5.5). Innerhalb dieser Röhre *ABCD* läuft ein komplexer Prozeß ab, wie es die vielen Striche in der Weltenröhre andeuten. Es ist nicht konsistent möglich, Bewegung innerhalb dieser Röhre mithilfe „feinerer Teilchen" zu analysieren, da diese ebenfalls als Röhren beschrieben werden müßten und so weiter *ad infinitum*. Außerdem entsteht jede Röhre aus einem breiteren Untergrund

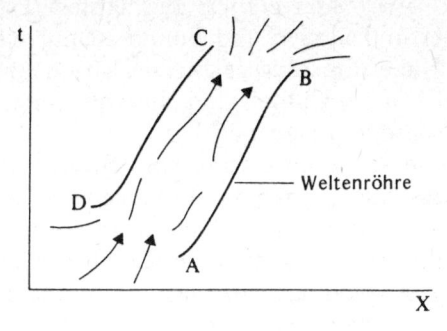

Abbildung 5.5

oder Zusammenhang, wie es die Striche vor *AD* andeuten, und löst sich schließlich wieder in diesen Untergrund auf, wie es die Striche nach *BC* zeigen. Demnach ist das „Objekt" eine Abstraktion von relativ invarianter Form, das heißt, es gleicht eher einem Bewegungsmuster als einem festen, abgetrennten Ding, das autonom und dauerhaft existierte. (3)

Aber bis jetzt ist das Problem, eine *konsistente* Beschreibung einer solchen Weltenröhre zu erhalten, nicht gelöst worden. Einstein bemühte sich sehr ernsthaft darum, eine solche Beschreibung in Form einer einheitlichen Feldtheorie zu erbringen. Er nahm das Gesamtfeld des ganzen Universums als eine Grundbeschreibung an. Dieses Feld ist kontinuierlich und unteilbar. Teilchen müssen dann als bestimmte Abstraktionsformen von dem Gesamtfeld angesehen werden, die Bereichen von sehr hoher Feldstärke entsprechen (Singularitäten genannt). Mit zunehmendem Abstand von der Singularität (siehe Abbildung 5.6) wird das Feld schwächer, bis es ununterscheidbar mit den Fel-

Abbildung 5.6

dern anderer Singularitäten verschmilzt. Aber nirgendwo tritt ein Bruch oder eine Teilung auf. Damit ist die klassische Vorstellung von der Zertrennbarkeit der Welt in klar unterschiedene, aber miteinander wechselwirkende Teile nicht mehr gültig oder relevant. Stattdessen müssen wir das Universum als *ein ungeteiltes und bruchloses Ganzes* betrachten. Eine Zerlegung in Teilchen oder in Teilchen und Felder ist nur eine grobe Abstraktion und Näherung. Wir gelangen also zu einer Ordnung, die sich radikal von der Galileis und Newtons unterscheidet: zur Ordnung der *ungeteilten Ganzheit*.

Als Einstein seine Beschreibung vom Standpunkt eines einheitlichen Feldes aus vornahm, entwickelte er die *allgemeine Relativitätstheorie*. Sie brachte eine Anzahl weiterer neuer Ordnungsbegriffe mit sich. Einstein behandelte beliebige Mengen *kontinuierlicher Kurven* als zulässige Koordinaten, so daß er mit einem *krummlinigen Ordnungs- und Maßsystem* arbeitete anstatt mit einem *geradlinigen Ordnungs- und Maßsystem* (obgleich natürlich solche Kurven über hinreichend kurze Entfernungen noch immer annähernd geradlinig sind). Durch das Prinzip der Äquivalenz von Gravitationswirkung und Beschleunigung und durch die Verwendung des Christoffel-Symbols $\Gamma^a{}_{bc}$ das den lokalen Grad der „Verbiegung" der krummlinigen Koordinaten mathematisch beschreibt, war Einstein in der Lage, dieses krummlinige Ordnungs- und Maßsystem auf das *Gravitationsfeld* zu beziehen. Diese Beziehung erforderte *nichtlineare Gleichungen*, das heißt Gleichungen, deren Lösungen nicht einfach zusammengezählt werden können, um neue Lösungen zu ergeben. Diese Nichtlinearität der Gleichungen war nicht nur dafür von entscheidender Bedeutung, daß sie im Prinzip die Möglichkeit von Lösungen mit stabilen, teilchenartigen Singularitäten des oben beschriebenen Typs eröffnete (die bei linearen Gleichungen unmöglich sind), sondern auch dafür, daß sie sehr wichtige Implikationen für die Frage der *Analyse* der Welt in wohlunterschiedene, aber miteinander wechselwirkende Bestandteile besaß.

Bei der Erörterung dieser Frage ist es zunächst nützlich anzumerken, daß das Wort „Analyse" auf griechisch „analyein" — „auflösen, trennen" zurückgeht, dessen Stammwort „lyein" verwandt ist mit deutsch „lösen". So kann ein Chemiker eine Verbindung in ihre elementaren Bestandteile auflösen, und darauf kann er diese Bestandteile wieder zusammenfügen und damit die Verbindung *synthetisieren*. Die Worte „Analyse" und „Synthese" blieben aber nicht nur auf tatsächliche physikalische oder chemische Verfahren mit *Dingen* beschränkt, sondern sie bezogen sich schließlich auch auf ähnliche Verfahren im Bereich des *Denkens*. So kann man sagen, daß sich die klassische Physik der Ausdrucksweise einer *begrifflichen Analyse* der Welt in ihre Bestandteile (wie etwa Atome oder Elementarteilchen) bedient, die dann wieder begrifflich zur „Synthese" eines Gesamtsystems zusammengefügt werden, indem man die Wechselwirkung dieser Teile ins Auge faßt.

Solche Teile mögen wohl im Raum getrennt sein (wie die Atome), es kann sich dabei aber auch um abstraktere Vorstellungen handeln, die keine Getrenntheit im Raum implizieren. Zum Beispiel ist es in einem Wellenfeld, das eine lineare Gleichung erfüllt, möglich, eine Menge „Normalfälle" von Bewegungen des gesamten Feldes zu wählen, von denen man jeden als in seiner Bewegung unabhängig von den anderen betrachten kann. Man kann sich das Feld analytisch so *denken*, als ob jede mögliche Form der Wellenbewegung aus einer Summe solcher unabhängiger „Normalfälle" bestünde. Selbst wenn das Wellenfeld eine nichtlineare Gleichung erfüllt, kann man es mit einer gewissen Näherung immer noch als eine Menge solcher „Normalfälle" analysieren, aber diese müssen nun aufgrund einer bestimmten Art von Wechselwirkung als voneinander abhängig angesehen werden. Diese Art von „Analyse und Synthese" besitzt nur begrenzte Gültigkeit, weil die Lösungen für nichtlineare Gleichungen in der Regel Eigenschaften besitzen, die sich nicht im Sinne einer solchen Analyse ausdrücken lassen. (Mathematisch gesprochen kann man zum Beispiel sagen, daß die Analyse mit Serien verbunden ist, die nicht immer konvergieren.) In der Tat sind die nichtlinearen Gleichungen der einheitlichen Feldtheorie im allgemeinen von dieser Art. Damit ist klar, daß nicht nur der Begriff der Analyse im Sinne räumlich getrennter Objekte im Rahmen solcher Theorien im großen und ganzen irrelevant ist, sondern auch der Begriff der Analyse in abstraktere Bestandteile, die als nicht getrennt im Raum vorkommend angesehen werden.

Es ist hierbei wichtig, auf den Unterschied zwischen Analyse und *Beschreibung* aufmerksam zu machen. Wenn wir etwas be-schreiben, also seine Eigenschaften schriftlich festhalten, so bedeutet das im allgemeinen nicht, daß die in einer solchen Beschreibung auftauchenden Termini tatsächlich in sich autonom verhaltende Bestandteile „losgelöst" oder „abgetrennt" und dann wieder in einer Synthese zusammengefügt werden können. Diese Begriffe sind vielmehr für gewöhnlich Abstraktionen, die wenig oder gar keinen Sinn ergeben, wenn man sie als autonom und voneinander getrennt auffaßt. Tatsächlich ist bei einer Beschreibung primär relevant, wie die Begriffe durch ein Verhältnis oder eine Begründung *verknüpft* werden. Dieses Verhältnis (oder diese Begründung) ist es, das auf das Ganze aufmerksam macht, das mit einer Beschreibung *gemeint ist*.

Somit bedeutet eine Beschreibung im allgemeinen nicht einmal im Begrifflichen eine Analyse. Vielmehr stellt eine begriffliche Analyse einen *Sonderfall* einer Beschreibung dar, bei der wir uns etwas so denken können, als ob es in sich autonom verhaltende Teile zerbrochen wäre, die man sich dann als in einer Wechselwirkung wieder zusammengefügt denkt. Derartige analytische Beschreibungsformen waren im großen und ganzen für die Physik Galileis und Newtons angebracht, sind es aber, wie hier gezeigt wurde, in der Physik Einsteins nicht mehr.

Obwohl Einstein einen sehr vielversprechenden Aufbruch in diese neue Richtung physikalischen Denkens unternahm, gelang es ihm nie, ausgehend vom Begriff eines einheitlichen Feldes zu einer allgemein kohärenten und zufriedenstellenden Theorie zu kommen. Wie zuvor ausgeführt, blieb für die Physiker das Problem bestehen, wie die alte Vorstellung von der Analyse der Welt in ausdehnungslose Teilchen dem Rahmen der Relativitätstheorie anzupassen sei, in dem eine solche Analyse der Welt weder wirklich relevant noch konsistent ist.

Es wird hier hilfreich sein, sich bestimmte etwaige Unzulänglichkeiten in Einsteins Herangehen an diese Fragen anzusehen, wenn auch natürlich nur auf eine sehr vorläufige Art und Weise. Es ist in diesem Zusammenhang von Nutzen, sich daran zu erinnern, daß Einstein im Jahre 1905 drei äußerst grundsätzliche Arbeiten schrieb, eine über die spezielle Relativitätstheorie, eine über das Lichtquant (den lichtelektrischen Effekt) und eine über die Brownsche Bewegung. Ein detailliertes Studium dieser Arbeiten zeigt, daß sie in mancher Hinsicht eng zusammenhängen, und dies weist darauf hin, daß Einstein diese drei Themen in seinen frühen Überlegungen wenigstens im stillen als Aspekte einer größeren Einheit betrachtete. Die Ausarbeitung der allgemeinen Relativitätstheorie jedoch brachte eine starke Betonung der *Feldkontinuität* mit sich. Die beiden anderen Themen (die Brownsche Bewegung und die Quanteneigenschaften des Lichts), die eine Art Diskontinuität beinhalteten, die mit dem Begriff eines kontinuierlichen Feldes nicht in Einklang stand, traten eher in den Hintergrund und blieben schließlich mehr oder weniger von der Betrachtung ausgeschlossen, wenigstens im Rahmen der allgemeinen Relativitätstheorie.

Bei der Behandlung dieser Frage wird es hilfreich sein, wenn wir uns zunächst der Brownschen Bewegung zuwenden, die in der Tat auf eine relativistisch invariante Art und Weise sehr schwer zu beschreiben ist. Da die Brownsche Bewegung unendliche „Momentangeschwindigkeiten" verlangt, kann sie nicht auf die Lichtgeschwindigkeit beschränkt werden. Dafür kann jedoch die Brownsche Bewegung in der Regel kein Signalträger sein, denn ein Signal ist die *geordnete* Modulation eines „Trägers". Diese Ordnung läßt sich nicht von der *Bedeutung* des Signals trennen (die Ordnung ändern heißt also, die Bedeutung ändern). Somit kann von der Fortpflanzung eines Signals eigentlich nur in einem Rahmen die Rede sein, in dem die Bewegung des „Trägers" so gleichmäßig und kontinuierlich ist, daß die Ordnung nicht durcheinander gebracht wird. Bei der Brownschen Bewegung ist jedoch die Ordnung derart hochgradig (das heißt „zufällig" im üblichen Sinn des Wortes), daß die Bedeutung eines Signals in seiner Fortpflanzung nicht erhalten bliebe. Es gibt daher keinen Grund, warum eine Brownsche Kurve mit unendlicher Ordnung nicht als Teil einer Grundbeschreibung der Bewegung genommen werden könnte, solange deren *durchschnittliche* Geschwindigkeit nicht größer ist als die des Lichts. Auf diese Weise ist es möglich, daß sich die Relativitätstheorie als relevant für die *Durchschnittsgeschwindigkeit* einer Brownschen Bewegung herausstellt (die auch für die Erörterung der Fortpflanzung eines Signals angebracht wäre), während sie in einem größeren Zusammenhang, in dem sich das Gesetz primär auf Brownsche Kurven unendlich hohen Grades und nicht auf eine kontinuierliche Kurve niedrigen Grades bezöge, keine Relevanz hätte. Die Ausarbeitung einer solchen Theorie würde offensichtlich ein neues Ordnungs- und Maßsystem in der Physik erfordern (das sowohl über die Newtonschen als auch über die Einsteinschen Ideen hinausginge), und es würde zu entsprechend neuen Strukturen führen.

Das Erwägen solcher Gedanken kann unter Umständen auf etwas Neues und Relevantes hindeuten. Bevor jedoch die diesbezügliche Untersuchung weiterverfolgt wird, ist es besser, auf die Quantentheorie einzugehen, die in diesem Zusammenhang in vieler Hinsicht noch bedeutsamer ist als die Brownsche Bewegung.

7. Die Quantentheorie

Die Quantentheorie verlangt einen sehr viel radikaleren Wandel der Ordnungs- und Maßbegriffe, als ihn selbst die Relativitätstheorie brachte. Um diesen Wandel zu verstehen, muß man sein Augenmerk auf vier neue Züge von vorrangiger Bedeutung richten, die durch diese Theorie eingeführt wurden.

7.1. Die Unteilbarkeit des Wirkungsquantums

Diese Unteilbarkeit verlangt, daß Übergänge zwischen stationären Zuständen in gewissem Sinne diskret erfolgen. Es hat somit keinen Sinn zu sagen, daß ein System eine kontinuierliche Serie von Zwischenzuständen durchläuft, die den Anfangs- und Endzuständen gleichen. Dies ist freilich von der klassischen Physik sehr verschieden, die bei jedem Übergang eine solche kontinuierliche Serie von Zwischenzuständen fordert.

7.2. Der Dualismus Welle-Teilchen in den Eigenschaften der Materie

Je nach den verschiedenen experimentellen Bedingungen verhält sich die Materie eher wie eine Welle oder eher wie ein Teilchen, aber in gewisser Hinsicht stets wie beide zugleich.

7.3. Die Eigenschaften der Materie als statistisch erschlossene Möglichkeiten

Jede physikalische Situation wird jetzt durch eine Wellenfunktion charakterisiert (oder abstrakter durch einen Vektor im Hilbert-Raum). Diese Wellenfunktion bezieht sich nicht direkt auf die *wirklichen* Eigenschaften eines einzelnen Objekts, Ereignisses oder Prozesses. Man muß sie sich vielmehr als eine Beschreibung der Möglichkeiten innerhalb der physikalischen Situation denken. (4) Unterschiedliche und miteinander im allgemeinen unvereinbare Möglichkeiten (z.B. für ein Verhalten als Welle oder als Teilchen) werden in verschiedenen Versuchsanordnungen verwirklicht (sodaß der Dualismus Welle-Teilchen als eine der Hauptausdrucksformen solcher unvereinbarer Möglichkeiten begriffen werden kann). Im allgemeinen gibt die Wellenfunktion nur ein *Wahrscheinlichkeitsmaß* für die Verwirklichung verschiedener Möglichkeiten in einer statistischen Gesamtheit ähnlicher Beobachtungen an, die unter genau festgesetzten Bedingungen vorgenommen wurden, und kann nicht vorhersagen, was bei jeder einzelnen Beobachtung genau geschehen wird.

Dieser Gedanke einer statistischen Ermittlung miteinander unvereinbarer Möglichkeiten unterscheidet sich offenbar sehr von der Verfahrensweise der klassischen Physik, in der sich kein Platz dafür findet, dem Begriff der Möglichkeit eine derart grundlegende Rolle beizumessen. In der klassischen Physik meint man, daß nur der *wirkliche Zustand* eines Systems in einer gegebenen physikalischen Situation relevant sein kann und daß eine Wahrscheinlichkeit entweder deshalb ins Spiel kommt, weil wir den wirklichen Zustand nicht kennen oder weil wir für eine Gesamtheit von wirklichen Zuständen, die über einen Bereich von Bedingungen verteilt sind, den Durchschnitt ermitteln. Es hat in der Quantentheorie keinen Sinn, den wirklichen Zustand eines Systems losgelöst von der Gesamtlage der Versuchsbedingungen zu erörtern, die wesentlich sind, um diesen Zustand zu *verwirklichen*.

7.4. Nichtkausale Korrelationen (das Paradoxon von Einstein, Podolsky und Rosen)

Es ist eine Folgerung aus der Quantentheorie, daß Ereignisse, die räumlich getrennt eintreten und unmöglich über eine Wechselwirkung in Verbindung stehen können, durch die Fortpflanzung von Wirkungen, deren Geschwindigkeiten nicht größer sind als die des Lichts, auf eine Weise korrelativ sind, von der man zeigen kann, daß sie sich keinesfalls im einzelnen kausal erklären läßt. (5) Somit ist die Quantentheorie mit Einsteins relativistischer Grundeinstellung unvereinbar, für die es wesentlich ist, daß sich solche Korrelationen durch Signale erklären lassen, die sich mit niedrigeren Geschwindigkeiten als der des Lichts fortpflanzen.

All dies bedeutet offensichtlich einen Zusammenbruch der allgemeinen Beschreibungsordnung, die vor dem Aufkommen der Quantentheorie vorherrschend gewesen war. Die Grenzen dieser „Vorquantenordnung" treten sehr klar in den Unschärferelationen zutage, die üblicherweise an Heisenbergs berühmten Mikroskopversuch veranschaulicht werden.

Wir wollen nun diesen Versuch in einer Form besprechen, die etwas von der Heisenbergs abweicht, um gewisse neue Punkte herauszuarbeiten. In unserem ersten Schritt gehen wir darauf ein, was es heißt, eine *klassische* Messung von Ort und Impuls vorzunehmen. Dabei stellen wir uns die Verwendung eines *Elektronenmikroskops* anstelle eines *Lichtmikroskops* vor.

Wie in Abbildung 5.7 gezeigt, befindet sich im Auffänger („Target") am Punkt O ein „beobachtetes Teilchen", von dem man annimmt, daß es zu Anfang einen bekannten Impuls besitzt (z.B. den Impuls Null, wenn es sich in Ruhe befindet). Elektronen, deren Energie bekannt ist, treffen auf dem Auffänger auf, und eines davon wird von dem Teilchen bei O abgelenkt. Es geht durch die Elektronenlinse und verfolgt eine Bahn, die es zum Bildpunkt bei P führt. Von hier aus hinterläßt das Elektron eine Spur S in einer bestimmten Richtung, während es die fotografische Emulsion durchquert.

Die *unmittelbar beobachtbaren Ergebnisse* dieses Versuchs bestehen nun in dem Ort P und der Richtung der Spur S, aber für sich genommen sind diese natürlich nicht von Interesse. Nur

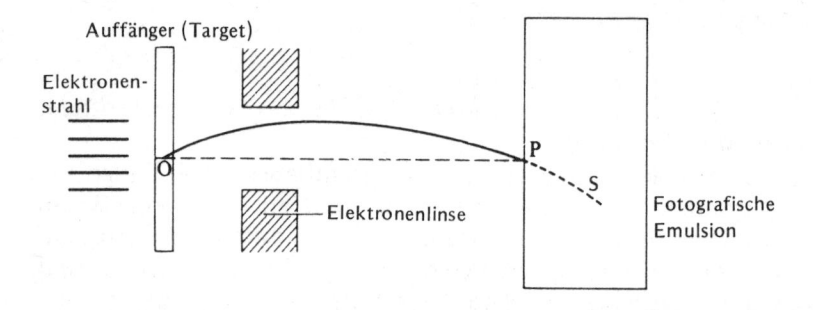

Abbildung 5.7

die Kenntnis der gesamten Versuchsbedingungen (das heißt des Baus des Mikroskops, des Auffängers, der Energie des auftreffenden Elektronenstrahls usw.) verleiht den Versuchsergebnissen im Rahmen einer physikalischen Untersuchung Bedeutung. Mit Hilfe einer angemessenen Beschreibung dieser Bedingungen kann man die Versuchsergebnisse dazu heranziehen, Schlußfolgerungen auf den Ort des „beobachteten Teilchens" bei O und auf den bei der Ablenkung des auftreffenden Elektrons darauf übertragenen Impuls anzustellen. Obwohl also das Arbeiten des Instruments das beobachtete Teilchen beeinflußt, kann dieser Einfluß in Rechung gestellt werden, so daß wir sowohl auf Lage als auch auf Impuls dieses Teilchens zum Zeitpunkt der Ablenkung des auftreffenden Elektrons schließen und beide „kennen" können.

Dies alles liegt im Rahmen der klassischen Physik einigermaßen auf der Hand. Heisenbergs neuer Schritt bestand darin, die Folgen des „Quantencharakters" des Elektrons zu betrachten, das das „Bindeglied" zwischen den *Versuchsergebnissen* und *dem, was sich aus diesen Ergebnissen schließen läßt*, bildet. Dieses Elektron kann nicht länger als ein klassisches Teilchen beschrieben werden. Es muß vielmehr auch als eine „Welle" beschrieben werden, wie in Abbildung 5.8 gezeigt. Sie zeigt, wie Elektronenwellen auf dem Auffänger auftreffen und von dem Atom bei O gebeugt werden. Darauf passieren sie die Linse, wo

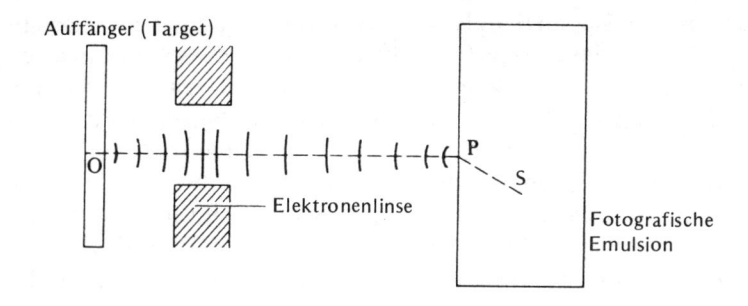

Abbildung 5.8

sie zusätzlich gebeugt und in der Emulsion am Punkt P gesammelt werden, von dem eine Spur S ausgeht (geradeso wie auch in der klassischen Beschreibung).

Offensichtlich hat Heisenberg die vier primär bedeutsamen Züge der Quantentheorie, auf die wir am Anfang dieses Abschnitts hinwiesen, einbezogen. So beschreibt er (wie dies auch beim Interferenzversuch geschieht) das Bindeelektron *sowohl* als eine Welle (während es vom Objekt O durch die Linse zum Bild bei P hin läuft) *als auch* als ein Teilchen (wenn es am Punkt P ankommt und dann eine Spur S hinterläßt). Die Impulsübertragung auf das „beobachtete Atom" bei O muß als diskret und unteilbar aufgefaßt werden. Die genauest mögliche Beschreibung des Bindeelektrons erfolgt zwischen O und P in Form einer Wellenfunktion, die nur eine statistische Verteilung von Möglichkeiten bestimmt, deren Verwirklichung von den Versuchsergebnissen abhängt (z.B. dem Vorhandensein von entsprechend empfindlichen Atomen in der Emulsion, die das Elektron anzeigen können). Schließlich sind die tatsächlichen Ergebnisse (der Punkt P, die Spur S und die Eigenschaften des Atoms O) in der nichtkausalen Weise korrelativ, die zuvor in diesem Kapitel erwähnt wurde.

Indem Heisenberg bei seiner Behandlung des „verbindenden" Elektrons auf alle diese Grundzüge der Quantentheorie zurückgriff, konnte er zeigen, daß es für die Genauigkeit von Schlüssen, die über das beobachtete Objekt gezogen werden können, eine Grenze gibt, die durch die Unschärferelation gegeben ist ($\Delta x \times \Delta p \geq h$). Zunächst erklärte Heisenberg die Unschärfe als Ergebnis des „unscharfen" Charakters, den die genaue Bahn des „Bindeelektrons" zwischen O und P besitzt, was gleichfalls eine unscharfe „Störung" des Atoms O implizierte, wenn dieses Elektron gestreut wurde. Bohr (6) jedoch behandelte die ganze Situation auf eine relativ gründliche und konsistente Weise, aus der klar hervorging, daß die vier Grundaspekte der Quantentheorie, wie sie oben beschrieben wurden, mit keiner Beschreibung im Sinne genau definierter, für uns „ungewisser" Bahnen vereinbar sind. Wir haben es hier also mit einer in der Physik gänzlich neuen Situation zu tun, in der der Begriff einer genauen Bahn keinen Sinn mehr hat. Stattdessen kann man unter Umständen sagen, daß die Beziehung zwischen O und P durch das „verbindende" Elektron eher einem unteilbaren und nicht analysierbaren „Quantensprung" zwischen stationären Zuständen gleicht als der kontinuierlichen, wenn auch nicht genau bekannten Bewegung eines Teilchens durch den Raum zwischen O und P.

Worin kann dann die Bedeutung der Beschreibung bestehen, die vom Heisenbergschen Versuch gegeben wurde? Offensichtlich kann dieser Versuch nur in einem Rahmen, in dem die klassische Physik anwendbar ist, kohärent auf diese Weise behandelt werden. Eine solche Behandlung kann daher bestenfalls dazu dienen, die *Grenzen der Relevanz* klassischer Beschreibungsweisen aufzuzeigen, und kann nicht wirklich eine Beschreibung liefern, die in einem „Quantenzusammenhang" stimmt.

Aber selbst so gesehen übergeht die übliche Behandlung des Versuchs bestimmte wesentliche Punkte, die von tiefer und weitreichender Bedeutung sind. Um diese festzustellen, merken wir an, daß man unter den Bedingungen eines bestimmten Versuchsaufbaus, wie sie durch den Bau des Mikroskops usw. festgelegt sind, ganz grob sagen könnte, daß die Anwendbarkeitsgrenzen der klassischen Beschreibung von einer bestimmten Zelle im Phasenraum dieses Objekts angegeben werden, die wir in Abbildung 5.9 mit A bezeichnen. Wenn jedoch eine andere Anlage der Versuchsbedingungen bestanden hätte (etwa ein Mikroskop mit einer anderen Blende, Elektronen von anderer Energie usw.), so hätten diese Grenzen durch eine andere Phasenraumzelle angegeben werden müssen, die hier mit *B* bezeichnet ist. Heisenberg betonte, daß beide Zellen den gleichen Wirkungsbereich besitzen müssen, ließ dabei aber die Bedeutung des Umstands außer acht, daß ihre „Gestalten" verschieden sind.

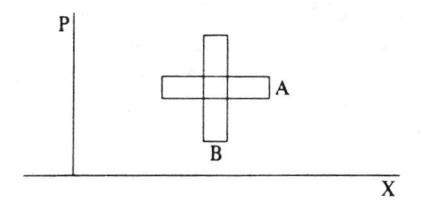

Abbildung 5.9

Natürlich können im Rahmen der klassischen Physik (worin Größen von der Ordnung der Planckschen Konstante *h* vernachlässigt werden können) alle Zellen durch dimensionslose Punkte ersetzt werden, sodaß ihre „Gestalten" keinerlei Bedeutung haben. Daher kann man sagen, daß die Versuchsergebnisse nicht mehr zulassen, als daß man über ein beobachtetes Objekt Schlüsse ziehen kann, bei denen die „Gestalten" der Zellen und daher die Einzelheiten der Versuchsbedingungen nur die Rolle von Zwischengliedern in der Beweisführung spielen, die aus dem gefolgerten Endergebnis ausscheiden. Demnach läßt sich konsistent behaupten, daß das beobachtete Objekt in dem Sinne getrennt und unabhängig vom Beobachtungsinstrument existiert, daß man ihm den „Besitz" bestimmter Eigenschaften zuschreiben kann, ob nun eine Wechselwirkung mit etwas anderem (wie etwa einem Beobachtungsinstrument) stattfindet oder nicht.

Im „Quantenzusammenhang" sieht die Situation jedoch ganz anders aus. Hier bleiben die „Gestalten" der Zellen als wesentliche Bestandteile der Beschreibung des beobachteten Teilchens relevant. Dieses läßt sich daher nicht anders als in Verbindung mit einer Darstellung der Versuchsbedingungen richtig beschreiben, und wenn man eine eingehendere mathematische Behandlung nach den Gesetzen der Quantentheorie vornimmt, so kann die „Wellenfunktion" des „beobachteten Objekts" nicht unabhängig von einer Bestimmung der Wellenfunktion des „Bindeelektrons" angegeben werden, welches seinerseits eine Beschreibung der gesamten Versuchsbedingungen verlangt (sodaß der Zusammenhang zwischen dem Objekt und dem beobachteten Ergebnis in Wirklichkeit ein Beispiel für die Korrelationen von der von Einstein, Podolsky und Rosen aufgezeigten Art ist, die sich nicht durch die Fortpflanzung von Signalen als kausale Einflußketten erklären lassen). Dies heißt, daß die Beschreibung der Versuchsbedingungen nicht etwa als ein bloßes Zwischenglied der Folgerung herausfällt, sondern von der Beschreibung des sogenannten „beobachteten Objekts" nicht zu trennen ist. Der „Quantenzusammenhang" erfordert also eine neue Beschreibungsform, die nicht von der Trennbarkeit in „beobachtetes Objekt" und „Beobachtungsinstrument" ausgeht. Stattdessen müssen die Form der Versuchsbedingungen und die Bedeutung der Versuchsergebnisse jetzt ein Ganzes bilden, bei dem eine Analyse in autonom existierende Elemente nicht relevant ist.

Was hier mit Ganzheit gemeint ist, ließe sich bildlich mit dem Hinweis auf ein Muster (z.B. in einem Teppich) darstellen. Insofern wie das, was relevant ist, das Muster *ist*, hat es keinen Sinn zu sagen, verschiedene Teile eines solchen Musters (z.B. mancherlei Blumen und Bäume, die auf dem Teppich zu sehen sind) seien getrennte Objekte in Wechselwirkung. Auf ähnliche Weise kann man im Quantenzusammenhang Begriffe wie „beobachtetes Objekt", „Beobachtungsinstrument", „verbindendes Elektron", „Versuchsergebnisse" usw. als Aspekte eines einzigen umfassenden „Musters" ansehen, die letztlich durch unsere Beschreibungsweise abstrahiert oder „herausgehoben" werden. Somit ist es sinnlos, von der Wechselwirkung zwischen „Beobachtungsinstrument" und „beobachtetem Objekt" zu sprechen.

Ein zentral relevanter Wandel in der Beschreibungsordnung, der in der Quantentheorie gefordert ist, besteht also darin, die Vorstellung der Analyse der Welt in relativ autonome Teile, die getrennt existieren, aber miteinander interagieren, fallenzulassen. Das Schwergewicht liegt jetzt vielmehr auf der *ungeteilten Ganzheit*, worin das Beobachtungsinstrument von dem, was beobachtet wird, nicht zu trennen ist.

Obwohl sich die Quantentheorie sehr von der Relativitätstheorie unterscheidet, so haben sie doch in einem tiefen Sinne diese Voraussetzung der ungeteilten Ganzheit gemeinsam. So müßte in der Relativitätstheorie eine widerspruchsfreie Beschreibung der Instrumente im Sinne einer Anordnung von Singularitäten im Feld erfolgen (die dem entsprächen, was man jetzt im allgemeinen die „Atombausteine" des Instruments nennt). Diese würden mit den Feldern derjenigen Singularitäten verschmelzen, die das „beobachtete Teilchen" bilden (und schließlich mit denen, die „die Atome, aus denen der menschliche Beobachter besteht", darstellen). Dies ist eine andere Art Ganzheit als die von der Quantentheorie verlangte, aber sie ähnelt ihr darin, daß zwischen dem Beobachtungsinstrument und dem beobachteten Objekt keine endgültige Trennung vorgenommen werden kann.

Trotz dieser tiefen Ähnlichkeit hat es sich nicht als möglich erwiesen, die Relativitätstheorie und die Quantentheorie auf kohärente Weise zusammenzufassen. Einer der Hauptgründe dafür besteht darin, daß es keinen folgerichtigen Weg gibt, auf dem eine ausgedehnte Struktur in die Relativitätstheorie eingeführt werden könnte, so daß Teilchen als ausdehnungslose Punkte behandelt werden müssen. Dies hat bei quantenfeldtheoretischen Berechnungen zu unendlichen Ergebnissen geführt. Mit Hilfe verschiedener formaler Rechenverfahren (z.B. Renormalisierung, S-Matrizen usw.) wurden gewisse endliche und im wesentlichen richtige Ergebnisse von der Theorie abstrahiert. Im Grunde aber bleibt die Theorie allgemein unbefriedigend, nicht nur weil sie, wenigstens allem Anschein nach, etliche schwerwiegende Widersprüche enthält, sondern auch weil sie sicherlich eine Reihe von willkürlichen Zügen aufweist, die eine schier unbegrenzte Anpassungsfähigkeit an die Fakten besitzen und damit etwas an die Art und Weise erinnern, wie die Ptolemäischen Epizyklen mit nahezu sämtlichen Beobachtungswerten in Übereinstimmung gebracht werden konnten, die bei der Anwendung eines solchen Beschreibungssystems auftreten mochten (z.B. besitzt die Wellenfunktion des Vakuumzustands bei der Renormalisierung eine unendliche Zahl willkürlicher Züge).

Es würde hier jedoch nicht viel helfen, eine detaillierte Analyse dieser Probleme vorzunehmen. Es wird vielmehr sinnvoller sein, auf ein paar allgemeine Schwierigkeiten aufmerksam zu machen, deren Betrachtung vielleicht zeigt, daß diese Details im Rahmen der gegenwärtigen Erörterung nicht sehr relevant sind.

Zunächst einmal beginnt die Quantenfeldtheorie mit der Definition eines Feldes $\Psi(x, t)$. Dieses Feld ist ein Quantenoperator, aber x und t beschreiben eine kontinuierliche Ordnung in Raum und Zeit. Um das Wesentliche genauer hervorzuheben, können wir für ein Matrixelement $\Psi_{ij}(x, t)$ schreiben. Sobald wir jedoch relativistische Invarianz zur Bedingung machen, folgern wir „unendliche Schwankungen", das heißt $\Psi_{ij}(x, t)$ ist im allgemeinen wegen der „Nullpunkts"-Quantenschwankungen unendlich und diskontinuierlich. Dies widerspricht der ursprünglichen Annahme der Kontinuität aller Funktionen, die jede relativistische Theorie verlangt.

Diese Betonung kontinuierlicher Ordnungen ist (wie im vorigen Abschnitt ausgeführt) eine ernste Schwäche der Relativitätstheorie. Wenn wir es aber mit einer diskontinuierlichen Ordnung zu tun haben (wie etwa in der Brownschen Bewegung), so hört der Signalbegriff auf, relevant zu sein (und mit ihm der Gedanke einer Beschränkung auf die Lichtgeschwindigkeit; und wenn der Signalbegriff keine grundlegende Rolle mehr spielt, steht es uns wieder frei, ausgedehnten Strukturen in unseren Beschreibungen die erste Stelle einzuräumen.

Natürlich wird sich die Beschränkung auf die Lichtgeschwindigkeit im Durchschnitt und auf lange Sicht behaupten können, und somit werden die relativistischen Begriffe in passenden Grenzfällen relevant sein. Aber man braucht die Relativitätstheorie der Quantentheorie nicht einfach aufzuzwingen. Gerade daß man die zugrunde liegende *Beschreibungsordnung* einer Theorie einer anderen aufgezwungen hat, hat zu willkürlichen Zügen und möglichen Widersprüchen geführt.

Wir wollen sehen, wie es dazu kommt. Wenn nämlich die relativistische Auffassung überhaupt sinnvoll sein soll, derzufolge der Möglichkeit, *Signale* von einem *Punkt* eines Bereichs zu einem anderen *auszusenden*, eine grundlegende Bedeutung zukommt, so muß die *Quelle* eines Signals deutlich von dem Bereich getrennt werden, in dem sie *empfangen* wird, und zwar nicht nur räumlich, sondern auch in dem Sinne, daß die beiden in ihrem Verhalten wesentlich autonom sein müssen.

Wenn also, wie in Abbildung 5.10 gezeigt, ein Signal von der Weltenröhre einer Quelle A gesendet wird, so muß es sich kontinuierlich ohne Veränderung seiner Ordnung zu B, der Weltenröhre des Empfängers, fortpflanzen. Aber bei einer Beschreibung auf Quantenebene kann es sein, daß sich die Zeitordnung der Ereignisse in den Weltenröhren A und B nach der Unschärferelation nicht mehr auf die übliche Weise definieren läßt. Dies allein würde den Begriff eines Signals sinnlos machen. Hinzu kommt, daß die Vorstellungen von einer klaren und scharfen räumlichen Trennung von A und B sowie von einer möglichen Verhaltensautonomie der beiden ihre Relevanz verlieren werden, weil der „Kontakt" zwischen A und B nunmehr ähnlich wie ein unteilbarer Quantensprung eines Atoms zwischen stationären Zuständen angesehen werden muß. Außerdem führt die weitere Entwicklung dieser Vorstellung auf den Bahnen des Versuchs von Einstein, Podolsky und Rosen zu dem Schluß, daß sich die Verbindung zwischen *A* und *B* im allgemeinen nicht als die Fortpflanzung kausaler Einflüsse beschreiben läßt (wobei eine derartige Fortpflanzung offensichtlich notwendig ist, damit von einem zugrundeliegenden „Träger" des Signals die Rede sein kann).

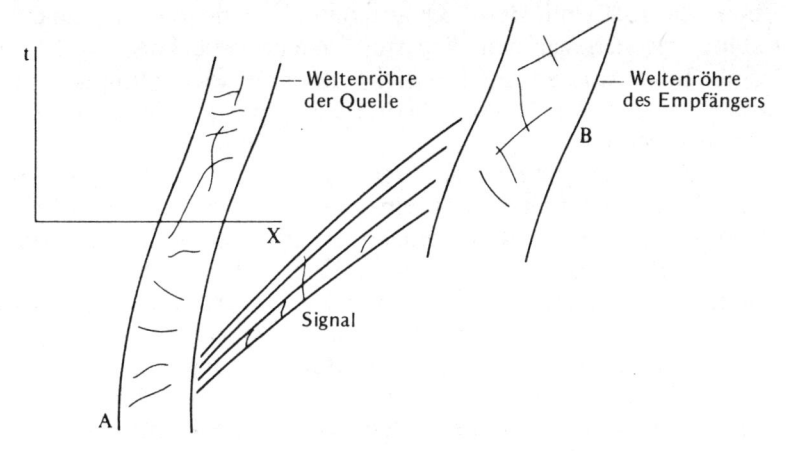

Abbildung 5.10

Es scheint demnach klar zu sein, daß der relativistische Begriff eines Signals sich ganz einfach nicht kohärent in den „Quantenzusammenhang" einfügt. Dies kommt im Grunde daher, daß solch ein Signal die Möglichkeit einer *gewissen Art von Analyse* voraussetzt, die nicht mit derjenigen ungeteilten Ganzheit vereinbar ist, die die Quantentheorie verlangt. Obwohl Einsteins einheitliche Feldtheorie die Möglichkeit einer letzten Analyse der Welt in autonome Teilelemente bestreitet, so kann man in diesem Zusammenhang doch davon sprechen, daß der Gedanke, die Möglichkeit eines Signals spiele eine derart tragende Rolle, eine andere und abstraktere Art von Analyse auf der Grundlage eines unabhängigen und autonomen „Informationsgehalts" einschließt, der je nach Bereich verschieden ist. Diese abstrakte Art von Analyse mag nicht nur mit der Quantentheorie unvereinbar sein, sondern höchstwahrscheinlich auch mit der ungeteilten Ganzheit, die die anderen Aspekte der Relativitätstheorie verlangen.

Es liegt also nahe, daß wir die Möglichkeit, den Gedanken der tragenden Rolle des Signalbegriffs fallenzulassen, ernsthaft erwägen, aber uns weiterhin an die anderen Aspekte der Relativitätstheorie halten (vor allem an das Prinzip, daß Gesetze invariante Beziehungen sind und daß eine Analyse in autonome Komponenten durch die Nichtlinearität der Gleichungen oder sonst einen Umstand aufhört, relevant zu sein). Indem wir also ein solches Festhalten an einer gewissen Art von Analyse aufgeben, die nicht mit dem „Quantenzusammenhang" im Einklang steht, machen wir den Weg frei für eine neue Theorie, die das einbezieht, was an der Relativitätstheorie noch gültig ist, ohne aber die von der Quantentheorie verlangte unteilbare Ganzheit zu verwerfen.

Andererseits beinhaltet auch die Quantentheorie ein stillschweigendes Festhalten an einer gewissen, sehr abstrakten Art von Analyse, die mit derjenigen unteilbaren Ganzheit, die die Relativitätstheorie verlangt, nicht im Einklang steht. Um zu sehen, was es damit auf sich hat, merken wir an, daß Auseinandersetzungen wie die um den Heisenbergschen Mikroskopversuch die unteilbare Ganzheit von Beobachtungsinstrument und beobachtetem Objekt nur im Rahmen der *tatsächlichen* Ergebnisse eines Experiments betonen. In der mathematischen Theorie hingegen hält man die Wellenfunktion in der Regel immer noch für eine Beschreibung der gesamten *statistischen Möglichkeiten*, die man als getrennt und autonom existierend ansieht. Mit anderen Worten, das *wirkliche und einzelne Objekt* der klassischen Physik wird durch ein abstrakteres *potentielles und statistisches Objekt* ersetzt. Von diesem sagt man, daß es „dem Quantenzustand des Systems" entspricht, welcher wiederum „der Wellenfunktion des Systems" entspricht (oder allgemeiner einem Vektor im Hilbert-Raum). Durch einen solchen Sprachgebrauch (wenn etwa Worte wie „Zustand eines Systems" ins Spiel gebracht werden) wird unterstellt, wir hätten etwas im Sinn, das ein abgetrenntes und autonomes Dasein führte.

Die Konsistenz eines derartigen Sprachgebrauchs hängt in hohem Maße von der mathematischen Voraussetzung ab, daß die Wellengleichung (das heißt das Gesetz, das die zeitlichen Veränderungen der Wellenfunktion regelt bzw. der Vektor im Hilbert-Raum) linear sei. (Es sind nichtlineare Gleichungen für Feldoperationen vorgeschlagen worden, aber selbst hier liegt nur eine begrenzte Art von Nichtlinearität vor, insofern wie die Grundgleichung für „den Zustandsvektor im Hilbert-Raum" immer linear angenommen wird.) Diese Linearität der Gleichungen gestattet es uns dann, „Zustandsvektoren" eine Art autonome Existenz zuzusprechen (die in mancher Hinsicht derjenigen gleicht, die in klassischen Feldtheorien den Normalfällen beigelegt wird, sich aber darin unterscheidet, daß die Vektoren abstrakter sind).

Diese völlige Autonomie des „Quantenzustands" eines Systems gilt, wie man meint, nur dann, wenn es nicht beobachtet wird. Bei einer Beobachtung geht man davon aus, daß wir es mit zwei anfänglich autonomen Systemen zu tun haben, die in eine Wechselwirkung miteinander getreten sind. (7) Eines davon wird durch den „Zustandsvektor des beobachteten Objekts" beschrieben und das andere durch den „Zustandsvektor des Beobachtungsgeräts".

Bei der Betrachtung dieser Wechselwirkung werden gewisse neue Faktoren eingeführt, denen entsprechend unter Umständen Möglichkeiten des beobachteten Systems auf Kosten anderer verwirklicht werden, die nicht zur gleichen Zeit verwirklicht werden können. (Mathematisch kann man sagen, „das Wellenpaket ist reduziert" bzw. „es findet eine Projektion statt".)

Es gibt viel Meinungsstreit und Diskussion darum, wie mit dieser Stufe genau zu verfahren sei, da die damit verbundenen Grundbegriffe nicht sehr klar zu sein scheinen. Wir haben jedoch hier nicht vor, diese Bestrebungen im einzelnen zu kritisieren. Wir möchten vielmehr lediglich darauf hinweisen, daß diese ganze Herangehensweise die gleiche Art von Analyse in getrennte und autonome Komponenten in Wechselwirkung auf der abstrakten Ebene statistischer Möglichkeiten wieder einsetzt, die auf der konkreteren Ebene einzelner Objekte verworfen wird. Es ist eben diese Art von abstrakter Analyse, die nicht mit der grundlegenden Beschreibungsordnung der Relativitätstheorie zusammenpaßt, denn die Relativitätstheorie ist, wie wir gesehen haben, mit einer solchen Analyse der Welt in getrennte Komponenten nicht zu vereinbaren. Vielmehr verlangt sie letzten Endes, daß solche „Objekte" als ineinander übergehend verstanden werden müssen (wie es Feldsingularitäten tun), sodaß sie ein unteilbares Ganzes bilden. Auf ähnliche Weise kann man den Gedanken erwägen, der Quantentheorie könnte durch eine konsequente Nichtlinearität oder auf irgendeinem anderen Wege eine Veränderung gestattet werden, so daß die sich daraus ergebende neue Theorie ebenfalls ungeteilte Ganzheit verlangte und zwar nicht bloß auf der Ebene wirklicher Einzelphänomene, sondern auch auf der Ebene von Möglichkeiten, die als statistische Massen behandelt werden. Auf diese Weise können die noch immer gültigen Aspekte der Quantentheorie mit den noch immer gültigen Aspekten der Relativitätstheorie in Einklang gebracht werden.

Allerdings ist es nichts Geringes, sowohl die tragende Rolle des Signals als auch die des Quantenzustandes aufzugeben. Um eine neue Theorie zu finden, die ohne diese Annahmen auskommt, sind offenbar radikal neue Ordnungs-, Maß- und Strukturbegriffe nötig.

Man könnte hier die Ansicht äußern, daß wir uns in einer Lage befinden, die derjenigen Galileis in mancher Hinsicht ähnlich ist, als er seine Forschungen aufnahm. Eine Menge Arbeit ist geleistet worden, um die Unzulänglichkeiten der alten Ideen aufzuzeigen, die es lediglich gestatten, eine Reihe neuer Fakten *mathematisch passend* zu machen (vergleichbar dem, was Kopernikus, Kepler und andere getan haben), aber wir haben uns nicht durch und durch von der alten Ordnung des Denkens, Sprechens und Beobachtens freigemacht. Eine neue *Ordnung* wahrzunehmen, steht uns noch bevor. Dies muß wie im Falle Galileis das Erblicken neuer Unterschiede einschließen, so daß vieles von dem, was man in den alten Ideen für grundlegend hielt, als mehr oder weniger richtig, aber nicht von primärer Relevanz erkannt wird (wie es beispielsweise mit einigen der Hauptgedanken von Aristoteles geschah). Wenn wir diese neuen grundsätzlichen Unterschiede zu sehen bekommen, dann werden wir (ähnlich wie Newton) in der Lage sein, eine neue universelle „ratio" zu erkennen, die alle Unterschiede ins rechte Verhältnis setzt und zusammenfaßt. Dies mag uns letzten Endes so weit über die Quanten- und die Relativitätstheorie hinausführen, wie Newtons Ideen über die von Kopernikus hinausgingen.

Dies kann freilich nicht über Nacht geschehen. Wir müssen geduldig, langsam und sorgfältig zu Werk gehen, um die gegenwärtige allgemeine Situation in der Physik auf eine neue Weise zu verstehen. Einige vorläufige Schritte in dieser Richtung sollen im Kapitel 6 behandelt werden.

VI

Die Quantentheorie als ein Hinweis auf eine neue Ordnung in der Physik

Teil B: Implizite und explizite Ordnung
im physikalischen Gesetz

1. Einleitung

Im Kapitel 5 wurde auf das Auftauchen neuer Ordnungen in der Geschichte der Physik aufmerksam gemacht. Ein allgemeiner Zug der diesbezüglichen Entwicklung bestand in der Neigung, gewisse grundlegende Ordnungsbegriffe als dauerhaft und unveränderlich zu betrachten. Die Aufgabe der Physik wurde demnach darin gesehen, neue Beobachtungen einzuordnen (zu *akkommodieren*), indem man im Rahmen dieser grundlegenden Ordnungsbegriffe *Anpassungen* vornahm, damit sie den neuen Fakten gerecht wurden. Diese Art Anpassung fing mit den Ptolemäischen Epizyklen an, die von der Antike bis zum Erscheinen der Arbeiten von Kopernikus, Kepler, Galilei und Newton beibehalten wurden. Sobald die grundlegenden Ordnungsbegriffe in der klassischen Physik einigermaßen deutlich zum Ausdruck gebracht worden waren, ging man davon aus, daß die Weiterarbeit in der Physik in einer Anpassung innerhalb dieser Ordnung bestünde, um neue Fakten zu akkommodieren. Dies dauerte bis zum Aufkommen der Relativitäts- und der Quantentheorie an. Es läßt sich mit Recht sagen, daß sich seitdem die Arbeit in der Physik hauptsächlich auf dem Gleis der Anpassung innerhalb der diesen Theorien zugrunde liegenden allgemeinen Ordnungen bewegte, um die Fakten zu akkommodieren, zu denen jene ihrerseits führten.

Daraus läßt sich schließen, daß Akkommodation in bereits bestehende Ordnungssysteme im allgemeinen als die Hauptbeschäftigung angesehen wurde, auf die man in der Physik Wert legte, während man sich die Wahrnehmung neuer Ordnungen als etwas dachte, das sich nur gelegentlich, vielleicht in Zeiten des Umbruchs ereignet, in denen der als normal angesehene Akkommodationsprozeß zusammengebrochen ist. (1)

Es ist für dieses Thema förderlich, Piagets (2) Beschreibung aller intelligenten Wahrnehmung zu überdenken, die ihm zufolge in zwei komplementären Bewegungen, *Akkommodation* und *Assimilation*, vor sich geht. Aus der Stammform „mod" — „Maß" und dem Präfix „com-" — „zusammen" ersieht man, daß akkommodieren heißt, „ein gemeinsames Maß festsetzen" (siehe Kapitel 5 für eine Erörterung der Maßbegriffe im weiteren Sinne, die in diesem Zusammenhang relevant sind). Beispiele für Akkommodation sind Einfügen, Zuschneiden, Anpassen, Nachahmen, Befolgen von Regeln usw. „Assimilieren" andererseits heißt „etwas in sich aufnehmen" oder in ein umfassendes und unzertrennliches Ganzes einarbeiten (das einen selbst einschließt). Assimilieren bedeutet also „verstehen".

Es ist klar, daß in der intelligenten Wahrnehmung das Hauptschwergewicht in der Regel auf die Assimilation gelegt werden muß, während die Akkommodation eher eine relativ untergeordnete Rolle spielt, insofern wie ihre Hauptbedeutung darin besteht, die Assimilation zu fördern.

Natürlich gelingt es uns in gewissen Zusammenhängen, etwas, das wir beobachten, genau innerhalb bekannter Denkordnungen zu akkommodieren und es eben dadurch angemessen zu assimilieren. In allgemeineren Zusammenhängen ist es allerdings nötig, ernsthaft auf die Möglichkeit zu achten, daß die alten Denkordnungen nicht mehr relevant sein könnten, so daß sie dem neuen Faktum nicht mehr angepaßt werden können. Wie im Kapitel 5 in einiger Ausführlichkeit dargestellt wurde, muß man dann unter Umständen die Irrelevanz alter Unterscheidungen und die Relevanz neuer Unterscheidungen einsehen und kann so den Weg zur Wahrnehmung neuer Ordnungen, neuer Maße und neuer Strukturen freimachen.

Zweifellos kann eine solche Wahrnehmung nahezu jederzeit auf angebrachte Weise erfolgen und braucht nicht auf außergewöhnliche Zeiten des Umbruchs beschränkt werden, in denen man entdeckt, daß sich die älteren Ordnungen nicht mehr mühelos den Fakten anpassen lassen. Man kann stattdessen ständig bereit sein, alte Ordnungsbegriffe in verschiedenen Zusammenhängen, die weit oder eng sein mögen, aufzugeben und neue Ordnungen wahrzunehmen, die in solchen Zusammenhängen relevant sein können. Folglich kann das Verstehen des Faktums durch seine Assimilation in neue Ordnungen zu einem Weg wissenschaftlichen Forschens werden, den man vielleicht sogar als den normalen bezeichnen könnte.

Ein derartiges Vorgehen bedeutet offenbar, daß man das Hauptschwergewicht auf etwas legt, das der *künstlerischen Wahrnehmung* gleicht. Eine solche Wahrnehmung beginnt damit, daß man das ganze Faktum in seiner vollen Einzigartigkeit beobachtet und dann nach und nach die Ordnung ausgestaltet, die der Assimilation dieses Faktums gemäß ist. Sie beginnt nicht damit, daß man abstrakte vorgefaßte Meinungen darüber hat, wie die Ordnung auszusehen hätte, und diese dann der Ordnung anpaßt, die man beobachtet.

Welche ist nun die eigentliche Rolle der Akkommodation von Fakten innerhalb bekannter theoretischer Ordnungen, Maße und Strukturen? Es ist hierbei wichtig anzumerken, daß Fakten nicht so aufgefaßt werden dürfen, als wären sie unabhängig existierende Objekte, die wir im Labor vorfinden oder auflesen könnten. Das Faktum ist vielmehr, wie die Herkunft des Wortes von lateinisch „facere" bezeugt, „was gemacht wurde" (siehe z.B. „Manufaktur"). In gewissem Sinne „machen" wir also das Faktum. Das heißt, wir entwickeln das Faktum ausgehend von der unmittelbaren Wahrnehmung einer tatsächlichen Situation, indem wir ihm mit Hilfe unserer theoretischen Begriffe weitere Ordnung, Form und Struktur verleihen. Beispielsweise wurden die Menschen durch den Gebrauch von Ordnungsbegriffen, die im Altertum vorherrschend waren, dazu bewegt, das Faktum der Planetenbewegungen zu „machen", indem sie ihre Beschreibungen und Messungen vom Standpunkt der Epizykeln aus vornahmen. In der klassischen Physik wurde das Faktum vom Standpunkt der Ordnung der Planetenbahnen aus „gemacht", die durch Orts- und Zeitmessungen bestimmt wurden. In der allgemeinen Relativitätstheorie wurde das Faktum vom Standpunkt der Ordnung der Riemannschen Geometrie sowie jenes Maßbegriffs aus „gemacht", den solche Vorstellungen wie „Krümmung des Raums" verlangen. In der Quantentheorie wurde das Faktum vom Standpunkt der Ordnung der Energieniveaus, Quantenzahlen, Symmetriegruppen usw. aus „gemacht" und von geeigneten Messungen begleitet (z.B. der Streuquerschnitte, Ladungen und Teilchenmassen usw.).

Somit ist klar, daß Veränderungen der Ordnung und der Maße in der Theorie schließlich zu neuen Versuchsverfahren und zu neuartigen Instrumenten führen, die ihrerseits dazu führen, entsprechend geordnete und gemessene neuartige Fakten zu „machen". In dieser Entwicklung dient das experimentelle Faktum in erster Linie als eine Probe auf die theoretischen Vorstellungen. Wie im Kapitel 5 ausgeführt wurde, ist also die allgemeine Form der theoretischen Erklärung eine verallgemeinerte Form von Verhältnis oder Begründung. „Wie A sich in unserer Denkstruktur zu B verhält, so auch faktisch." Dieses Verhältnis (bzw. diese Begründung) stellt eine Art „gemeinsames Maß" oder „Akkommodation" zwischen Theorie und Faktum dar.

Solange ein solches gemeinsames Maß vorherrscht, braucht natürlich die benutzte Theorie nicht verändert werden. Wenn man entdeckt, daß sich das gemeinsame Maß nicht einstellt, so besteht der erste Schritt darin zu prüfen, ob es sich mittels Berichtigungen innerhalb der Theorie ohne Veränderung der ihr zugrunde liegenden Ordnung wiederherstellen läßt. Wenn nach vertretbaren Bemühungen eine rechte Akkommodation dieser Art nicht gelingen will, so ist eine neue ursprüngliche Wahrnehmung *des ganzen Faktums* vonnöten. Diese schließt nun nicht nur die Ergebnisse der Experimente ein, sondern auch *das Unvermögen gewisser Theorieansätze, die Versuchsergebnisse in ein „gemeinsames Maß" zu fügen*. Wie schon gesagt, muß man dann eine höchst feinfühlige Wachheit gegenüber allen relevanten Unterscheidungen an den Tag legen, die den hauptsächlichen Ordnungen in der alten Theorie zugrunde liegen, um so zu sehen, ob für eine Veränderung der Gesamtordnung Raum vorhanden ist. Es soll hier betont werden, daß diese Form von Wahrnehmung eigentlich ständig mit Bestrebungen zur Akkommodation verwoben sein und nicht solange hinausgeschoben werden sollte, daß die ganze Situation verworren und chaotisch wird und dann anscheinend die revolutionäre Zerstörung der alten Ordnung verlangt, um Klarheit zu schaffen.

So wie die Relativitäts- und die Quantentheorie gezeigt haben, daß es keinen Sinn hat, das Beobachtungsgerät vom Beobachteten zu trennen, so weisen die hier angestellten Überlegungen darauf hin, daß es keinen Sinn hat, das beobachtete Faktum (zusammen mit den zur Beobachtung benutzten Instrumenten) von den theoretischen Ordnungsbegriffen zu trennen, die dazu beitragen, diesem Faktum „Kontur" zu verleihen. Wenn wir damit fortfahren, neue Ordnungsbegriffe zu entwickeln, die über diejenigen der Relativitäts- und der Quantentheorie hinausgehen, so wird es demnach nicht angebracht sein zu versuchen, diese Begriffe sofort auf heutige Probleme anzuwenden, die aus dem Nachdenken über die gegenwärtige Menge experimenteller Fakten erwachsen sind. In diesem Zusammenhang ist es vielmehr erforderlich, das Ganze des physikalischen Faktums in aller Breite in die neuen theoretischen Ordnungsvorstellungen zu assimilieren. Nachdem wir dieses Faktum im großen und ganzen „verdaut" haben, können wir damit anfangen, nach neuen Wegen Ausschau zu halten, auf denen solche Ordnungsvorstellungen überprüft und vielleicht in verschiedene Richtungen ausgeweitet werden können. Wie zum Schluß von Kapitel 5 dargelegt wurde, müssen wir hier langsam und geduldig vorgehen, denn ansonsten können wir von „unverdauten" Fakten verwirrt werden.

Faktum und Theorie erscheinen folglich als verschiedene Aspekte eines einzigen Ganzen, bei dem eine Analyse in getrennte, aber miteinander wechselwirkende Teile nicht relevant ist. Das soll heißen, daß nicht nur der *Inhalt* der Physik ungeteilte Ganzheit verlangt (vor allem die Relativitäts- und die Quantentheorie), sondern auch die physikalische *Arbeitsweise*. Dies bedeutet, daß wir nicht *immer* versuchen, die Theorie zur Deckung mit denjenigen Fakten zu zwingen, die in heute geltenden allgemeinen Beschreibungsordnungen angebracht sein mögen, sondern daß wir wenn nötig auch bereit sind, Veränderungen darin, was überhaupt zum Faktum erhoben wird, ins Auge zu fassen, da solche Veränderungen für die Assimilation eines derartigen Faktums in neue theoretische Ordnungsvorstellungen notwendig sein können.

2. Ungeteilte Ganzheit: die Linse und das Hologramm

Die oben angeführte Ganzheit von Beobachtung, Instrumentarium und theoretischem Verständnis macht es nötig, *ein Faktum neuer Ordnung* in Betracht zu ziehen, nämlich das Faktum, auf welche Weise die Formen des theoretischen Verständnisses und die der Beobachtung und instrumentellen Ausstattung zusammenhängen. Bis jetzt haben wir einen solchen Zusammenhang einfach mehr oder weniger als gegeben angenommen, ohne der Art seiner Entstehung ernsthafte Beachtung zu schenken, höchstwahrscheinlich aufgrund der Meinung, daß die Untersuchung dieses Themas eher zur „Wissenschaftsgeschichte" als zur

„eigentlichen Wissenschaft" gehört. Jetzt wird aber der Gedanke angeregt, daß das Bedenken dieses Zusammenhangs für ein angemessenes Verständnis der Wissenschaft selbst wesentlich ist, da der Inhalt des beobachteten Faktums kohärenterweise nicht so aufgefaßt werden kann, als wäre er von den Formen der Beobachtung und des Instrumentariums sowie von den Formen des theoretischen Verständnisses getrennt.

Ein Beispiel für den sehr engen Zusammenhang zwischen Instrumentarium und Theorie kann man in der *Linse* erblicken, die in der Tat einer der wesentlichen Faktoren hinter der Entwicklung des modernen wissenschaftlichen Denkens war. Wie in Abbildung 6.1 gezeigt, besteht das wesentliche Merkmal einer Linse darin, daß sie ein *Bild* liefert, in dem ein bestimmter Punkt P des Objekts (zu einem hohen Näherungsgrad) einem Punkt Q des Bildes entspricht. Indem die Linse so die Entsprechung zwischen besonderen Zügen von Objekt und Bild derart

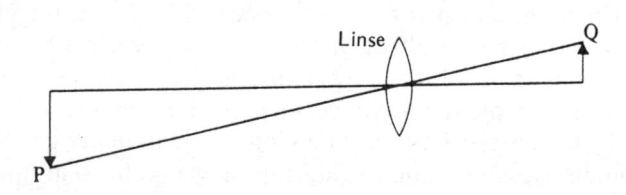

Abbildung 6.1

scharf hervortreten ließ, lenkte sie das Bewußtsein besonders auf die verschiedenen Teile des Objekts und auf den Zusammenhang zwischen diesen Teilen. Auf diese Weise förderte sie die Neigung, in Begriffen von Analyse und Synthese zu denken. Außerdem machte sie eine ungeheure Ausdehnung der klassischen Ordnung von Analyse und Synthese auf Objekte möglich, die zu weit entfernt, zu groß, zu klein oder zu schnell waren, um ohne optische Hilfsmittel von dieser Ordnung erfaßt zu werden. Die Folge davon war, daß Wissenschaftler dazu ermutigt wurden, ihre Ideen auf alles mögliche zu übertragen und zu meinen, ein solches Vorgehen sei unter allen Umständen in allen Zusammenhängen und zu allen Näherungsgraden relevant und gültig, ganz gleich wie weit sie damit gingen.

Wie wir jedoch im Kapitel 5 gesehen haben, verlangen die Relativitäts- und die Quantentheorie ungeteilte Ganzheit, bei der die Analyse in klar unterschiedene und wohldefinierte Teile nicht mehr relevant ist. Gibt es ein Instrument, das dazu beitragen kann, unserer unmittelbaren Wahrnehmung eine Einsicht in das zu verschaffen, was ungeteilte Ganzheit heißen kann, wie dies die Linse in Bezug darauf tat, was Analyse eines Systems in seine Teile heißen kann? Es wird hier behauptet, daß man eine solche Einsicht erlangen kann, wenn man das *Hologramm* ins Auge faßt. (Der Name ist gebildet aus den griechischen Worten „holos" — „ganz" und „gramma" — „Schrift". Das Hologramm ist also ein Instrument, das sozusagen „das Ganze schreibt".)

Wie in Abbildung 6.2 gezeigt, wird kohärentes Licht von einem Laser durch einen halbdurchlässig versilberten Spiegel geleitet. Ein Teil des Strahls fällt direkt auf eine Fotoplatte, während ein anderer Teil gespiegelt wird, so daß er eine bestimmte ganze Struktur beleuchtet. Das von dieser ganzen Struktur reflektierte Licht erreicht ebenfalls die Platte, wo es sich mit dem auf direktem Wege eintreffenden Licht überlagert. Das daraus entstehende Interferenzbild, das auf der Platte festgehalten wird, ist nicht nur sehr komplex, sondern üblicherweise auch derart fein, daß es mit bloßem Auge gar nicht sichtbar ist. Dennoch ist es für die ganze beleuchtete Struktur irgendwie relevant, wenn auch nur auf eine höchst implizite Art und Weise.

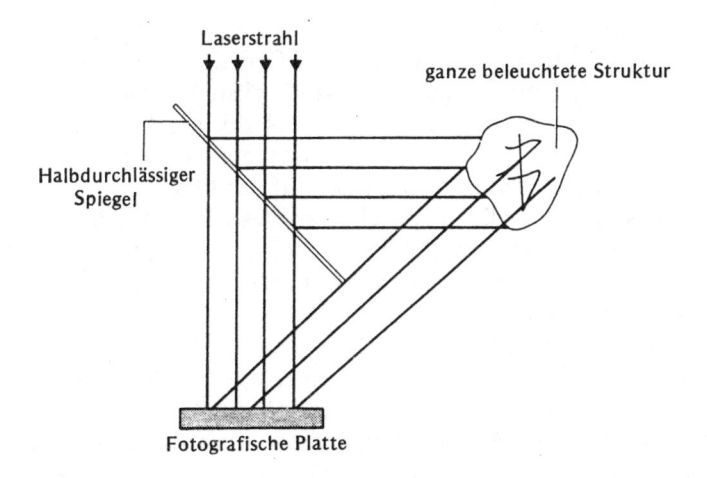

Abbildung 6.2

Diese Relevanz des Interferenzmusters für die ganze beleuchtete Struktur tritt zutage, wenn die Fotoplatte mit Laserlicht bestrahlt wird. Es wird dann, wie in Abbildung 6.3 gezeigt, eine

Wellenfront erzeugt, deren Form derjenigen, die von der ursprünglichen beleuchteten Struktur ausgeht, sehr ähnlich ist. Von dort aus sieht man tatsächlich das Ganze der ursprünglichen Struktur in drei Dimensionen und von einer Bandbreite möglicher Gesichtspunkte aus (als ob man durch ein Fenster schaut). Bestrahlen wir dann nur einen kleinen Abschnitt A der Platte, so sehen wir immer noch die ganze Struktur, aber in etwas weniger scharf ausgeprägten Einzelheiten und von einer schmaleren Bandbreite möglicher Gesichtspunkte aus (als ob wir durch ein kleineres Fenster schauten).

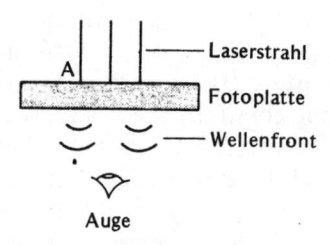

Abbildung 6.3

Es ist demnach klar, daß es keine eineindeutige Zuordnung zwischen Teilen eines „beleuchteten Objekts" und Teilen eines „Bildes dieses Objekts auf der Platte" gibt. Vielmehr ist das Interferenzmuster in jedem Abschnitt A der Platte für die ganze Struktur relevant, und jeder Abschnitt der Struktur ist relevant für das Ganze des Interferenzbildes auf der Platte.

Aufgrund der Welleneigenschaften des Lichts kann sogar eine Linse keine genaue eineindeutige Abbildung zustande bringen. Eine Linse kann daher als ein Grenzfall eines Hologramms betrachtet werden.

Wir können jedoch weitergehen und sagen, daß typische Versuche, wie sie zur Zeit in der Physik vorgenommen werden (vor allen Dingen im „Quantenzusammenhang"), ihrer ganzen Art nach, die Bedeutung von Beobachtungen anzuzeigen, eher dem Allgemeinfall eines Hologramms gleichen als dem Sonderfall einer Linse. Man sehe sich zum Beispiel einen Streuversuch an. Was sich im Detektor beobachten läßt, ist im großen und ganzen, wie in Abbildung 6.4 gezeigt, für den ganzen Auffänger („Target") relevant oder wenigstens für einen Abschnitt, der groß genug ist, um sehr viele Atome zu enthalten.

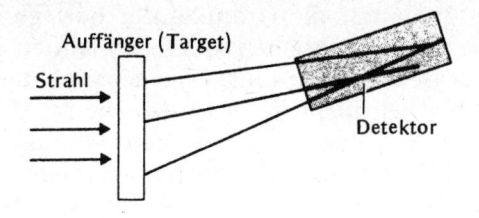

Abbildung 6.4

Außerdem geht die Quantentheorie davon aus, daß es wenig oder gar keinen Sinn hätte, ein Bild von einem besonderen einzelnen Atom zu machen, obgleich man dies im Prinzip versuchen könnte. Wie die Erörterung des Heisenbergschen Mikroskopversuchs im Kapitel 5 zeigt, ist die Erzeugung eines Bildes genau das, was in einem „Quantenzusammenhang" *nicht* relevant ist. Eine Untersuchung der Bilderzeugung dient bestenfalls dazu, die Grenzen der Anwendbarkeit klassischer Beschreibungsweisen zu zeigen.

Wir können also sagen, daß in der heutigen physikalischen Forschung ein Instrument für eine ganze Struktur ungefähr auf eine Art relevant ist, die den Vorgängen in einem Hologramm ähnlich ist. Selbstverständlich gibt es gewisse Unterschiede. Beispielsweise sind in heutigen Versuchen mit Elektronenstrahlen oder Röntgenstrahlen diese selten über nennenswerte Entfernungen kohärent. Falls es sich aber jemals als möglich erweisen sollte, etwas wie einen Elektronenlaser oder einen Röntgenlaser zu entwickeln, so werden Versuche unmittelbar „atomare" und „nukleare" Strukturen offenbaren, ohne daß es komplizierter Folgerungsketten von der jetzt allgemein erforderlichen Art bedürfte, wie es denn das Hologramm für gewöhnliche makroskopische Strukturen leistet.

3. Implizite und explizite Ordnung

Es soll hier zum Ausdruck gebracht werden, daß die Erwägung des Unterschieds zwischen Linse und Hologramm eine entscheidende Rolle in der Wahrnehmung einer neuen Ordnung spielen kann, die für physikalische Gesetze relevant ist. Wie Galilei den Unterschied zwischen einem viskosen Medium und einem Vakuum feststellte und erkannte, daß sich ein physikalisches Gesetz in erster Linie auf die Ordnung der Bewegung eines Objekts in einem Vakuum beziehen sollte, so könnten wir jetzt den Unterschied zwischen einer Linse und einem Hologramm feststellen und die Möglichkeit ins Auge fassen, daß sich das physikalische Gesetz in erster Linie auf eine Ordnung ungeteilter Ganzheit des Inhalts einer Beschreibung beziehen sollte, ähnlich jener, die das Hologramm aufzeigt, und weniger einer Ordnung der Analyse eines solchen Inhalts in getrennte Teile, wie eine Linse sie zeigt.

Als jedoch die Aristotelischen Gedanken über Bewegung fallengelassen wurden, mußten sich Galilei und die ihm Folgenden die Frage stellen, wie die neue Bewegungsordnung mit hinreichender Genauigkeit beschrieben werden könnte. Die Antwort kam in Form der zur Sprache der Analysis erweiterten kartesischen Koordinaten (Differentialgleichungen usw.). Aber diese Beschreibungsart ist natürlich nur in einem Rahmen angebracht, in dem eine Analyse in klar geschiedene und autonome Teile relevant ist, und muß daher wieder fallengelassen werden. Welche wird nun die neue Beschreibungsart sein, die dem gegenwärtigen Rahmen angemessen ist?

Wie im Fall der kartesischen Koordinaten und der Analysis kann eine solche Frage nicht unmittelbar in Form eindeutiger Vorschriften darüber, was zu tun sei, beantwortet werden. Man muß vielmehr die neue Situation sehr umfassend und behutsam beobachten und „erspüren", welche die relevanten neuen Züge sein könnten. Daraus wird sich eine Schau der neuen Ordnung herausschälen, die sich auf natürliche Weise äußern und entfalten wird (und nicht als ein Ergebnis von Bestrebungen, sie an wohldefinierte und vorgefaßte Vorstellungen davon anzupassen, was diese Ordnung zu leisten fähig sein sollte).

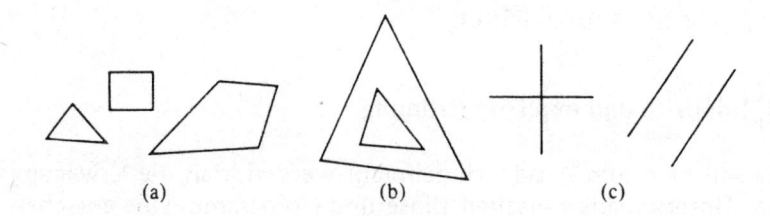

(a)   (b)   (c)

Abbildung 6.5

Wir können eine solche Untersuchung mit der Feststellung beginnen, daß in einem gewissen Sinne, der zu subtil ist, als daß er sich dem gewöhnlichen Blick offenbarte, das Interferenzmuster auf der ganzen Platte verschiedene Ordnungen und Maße in der ganzen beleuchteten Struktur gegeneinander hervorheben kann. Beispielsweise kann die beleuchtete Struktur alle möglichen Umrisse und Größen geometrischer Formen enthalten (Abbildung 6.5a) und topologische Beziehungen wie innen und außen (Abbildung 6.5b) sowie Überschneidung und Trennung (Abbildung 6.5c). All diese führen zu verschiedenen Inteferenzmustern, und es ist diese Verschiedenheit, die es irgendwie im einzelnen zu beschreiben gilt.

Die oben aufgezeigten Verschiedenheiten sind aber nicht nur auf der Platte vorhanden. In der Tat ist diese insofern von untergeordneter Bedeutung, wie ihre Hauptfunktion darin besteht, von dem Interferenzmuster des Lichts, das in jedem Raumabschnitt vorhanden ist, ein relativ dauerhaftes „Protokoll" festzuhalten. Allgemeiner jedoch enthält die Bewegung des Lichts in jedem derartigen Abschnitt implizit ein breites Spektrum von Ordnungs- und Maßunterscheidungen, wie sie einer ganzen beleuchteten Struktur zukommen. In der Tat erstreckt sich diese Struktur im Prinzip über das ganze Universum und die gesamte Vergangenheit und hat Folgen für die gesamte Zukunft. Man überlege zum Beispiel einmal, wie wir bei der Betrachtung des Nachthimmels in der Lage sind, Strukturen auszumachen, die ungeheure Spannen von Raum und Zeit umfassen und doch in gewissem Sinne in den Bewegungen des Lichts durch den winzigen Raum enthalten sind, der vom Auge eingenommen wird (und auch wie Instrumente, etwa Spiegel- und Radioteleskope, mehr und mehr von dieser Totalität erfassen können, die jeder Raumabschnitt in sich birgt).

Hier haben wir die Keimform eines neuen Ordnungsbegriffs. Diese Ordnung darf nicht ausschließlich als eine gleichmäßige Anordnung von *Objekten* verstanden werden (etwa in Reihen) oder als eine gleichmäßige Anordnung von *Ereignissen* (etwa in einer Serie). Vielmehr ist in einem *impliziten* Sinne in jedem Raum- und Zeitabschnitt eine *Gesamtordnung* enthalten.

Nun stammt das Wort „implizit" von dem lateinischen Verb „implicare", das letztlich „einfalten" bedeutet (entsprechend heißt etwa Multiplikation „Vervielfältigung"). Wir können uns also dazu bewegen lassen, die Vorstellung zu untersuchen, daß in gewissem Sinne jeder Abschnitt eine in ihm „eingefaltete" Grundstruktur enthält.

Es wird in einer solchen Untersuchung nützlich sein, sich einmal ein paar weitere Beispiele für eine eingefaltete bzw. *implizite* Ordnung anzuschauen. Bei einer Fernsehübertragung etwa wird das Bild in eine zeitliche Ordnung übersetzt, die von einer Radiowelle „getragen" wird. Punkte, die auf dem Bild einander nahe liegen, müssen sich in der Ordnung des Radiosignals nicht unbedingt „nahe" sein. Somit trägt die Radiowelle das Bild in impliziter Ordnung. Die Aufgabe des Empfängers ist es dann, diese Ordnung zu *explizieren*, das heißt sie in Form eines neuen Bildes zu „entfalten".

Ein eindrucksvolleres Beispiel für die implizite Ordnung läßt sich im Labor mit einem durchsichtigen Behälter demonstrieren, der mit einer sehr zähen Flüssigkeit wie etwa Sirup angefüllt und mit einer mechanischen Drehvorrichtung ausgestattet ist, wodurch die Flüssigkeit sehr langsam, aber sehr gründlich „gerührt" werden kann. Wird ein nichtlöslicher Tintentropfen in die Flüssigkeit gegeben und die Rührvorrichtung in Gang gesetzt, so wird der Tintentropfen allmählich in einen Faden umgewandelt, der sich über die ganze Flüssigkeit hinzieht. Dieser wird nun scheinbar mehr oder weniger „zufällig" verteilt, so daß er als ein Grauton erscheint. Wird aber nun die mechanische Rührvorrichtung in der entgegengesetzten Richtung bewegt, so wird der Umwandlungsvorgang umgekehrt und der Farbtropfen erscheint plötzlich wieder neu zusammengesetzt. (Dieses Anschauungsbeispiel für die implizite Ordnung wird im Kapitel 7 weiter besprochen.)

Als die Farbe auf eine scheinbar zufällige Weise verteilt wurde, besaß sie dennoch eine *gewisse* Ordnung, die sich beispielsweise von der unterscheidet, die aus einem anderen Tropfen hervorgeht, der anfangs an einer anderen Stelle hineingegeben wird. Doch diese Ordnung ist in der „grauen Masse", die in der Flüssigkeit sichtbar ist, *eingefaltet* bzw. *impliziert*. In der Tat könnte man so ein ganzes Bild „einfalten". Verschiedene Bilder wären ihrem Aussehen nach nicht zu unterscheiden und hätten dabei doch verschiedene implizite Ordnungen, deren Unterschiede aufgedeckt würden, wenn man sie explizierte, wie es die gegenläufig betriebene Rührvorrichtung tat.

Was hier geschieht, ähnelt offenbar in gewissen entscheidenden Aspekten dem, was mit dem Hologramm geschieht. Selbstverständlich gibt es Unterschiede. So könnte man in einer hinreichend feinen Analyse sehen, daß die *Teile* des Tintentropfens in einer eindeutigen Zuordnung verbleiben, während sie aufgerührt werden und sich die Flüssigkeit ununterbrochen bewegt. In der Verfahrensweise des Hologramms andererseits gibt es keine derartige eineindeutige Zuordnung. Demnach ist es beim Hologramm (wie auch bei Versuchen in einem „Quantenzusammenhang") letztlich ausgeschlossen, die implizite Ordnung auf einen feineren und komplexeren Typ der expliziten Ordnung zurückzuführen.

Dies alles lenkt die Aufmerksamkeit auf die Relevanz einer neuen Unterscheidung zwischen impliziter und expliziter Ordnung. Allgemein gesprochen haben sich die Gesetze der Physik bislang hauptsächlich auf die explizite Ordnung bezogen. Man kann in der Tat sagen, daß die prinzipielle Funktion der kartesischen Koordinaten eben darin besteht, eine klare und genaue Beschreibung der expliziten Ordnung zu liefern. Wir schlagen nun vor, daß in der Aufstellung von physikalischen Gesetzen der impliziten Ordnung primäre Relevanz zuerkannt wird, während die explizite Ordnung eine Art sekundäre Bedeutung haben soll (wie es z.B. mit dem Aristotelischen Bewegungsbegriff nach der Ausbildung der klassischen Physik geschah). Man kann daher erwarten, daß der Beschreibung durch kartesische Koordinaten keine Priorität mehr eingeräumt werden kann und daß in der Tat eine neuartige Beschreibung zur Feststellung der physikalischen Gesetze entwickelt werden muß.

4. Das „Holomovement" und seine Erscheinungsformen

Um auf eine neue Beschreibungsweise hinzudeuten, die geeignet ist, der impliziten Ordnung primäre Relevanz zu verleihen, wollen wir uns noch einmal anschauen, was die Verfahrensweise des Hologramms entscheidend kennzeichnet, daß nämlich in jedem Raumabschnitt die Ordnung einer ganzen beleuchteten Struktur in die Lichtbewegung „eingefaltet" und darin „getragen" wird. Etwas Ähnliches geschieht mit einem Signal, das ei-

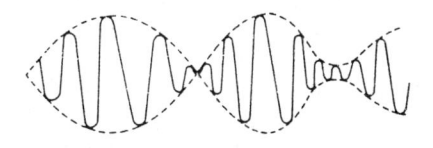

Abbildung 6.6

ne Radiowelle moduliert (siehe Abbildung 6.6). In allen Fällen ist der Inhalt oder die Bedeutung, die „eingefaltet" und „getragen" wird, in erster Linie eine Ordnung und ein Maß, die die Entwicklung einer Struktur zulassen. Bei der Radiowelle kann diese Struktur eine mündliche Äußerung, ein Bild usw. sein, aber mit dem Hologramm lassen sich sehr viel subtilere Strukturen auf diese Weise erfassen (besonders dreidimensionale Strukturen, die von vielen Standpunkten aus sichtbar sind)

Allgemeiner gesagt, kann ein solches Ordnungs- und Maßsystem nicht nur in elektromagnetischen Wellen, sondern auch auf andere Weise „eingefaltet" und „getragen" werden (durch Elektronenstrahlen, Schall und zahllose andere Bewegungsformen). Um eine Verallgemeinerung vorzunehmen, die die ungeteilte Ganzheit betont, werden wir sagen, daß eine implizite Ordnung „getragen" wird vom *Holomovement* (ganzheitliche Bewegung), das eine bruchlose und ungeteilte Totalität ist. In gewissen Fällen können wir besondere Erscheinungsformen des Holomovement abstrahieren, aber im allgemeinen verschmelzen alle Formen des Holomovement miteinander und sind unteilbar. Somit ist das Holomovement in seiner Totalität auf keine spezifizierbare Weise begrenzt. Es braucht sich an keine besondere Ordnung zu halten oder sich durch irgendein besonderes Maß einengen zu lassen. *Das Holomovement ist undefinierbar und unermeßlich.*

Will man dem undefinierbaren und unermeßlichen Holomovement den Vorrang geben, so bedeutet dies, daß es keinen Sinn hat, von einer *Fundamentaltheorie* zu sprechen, auf der die *gesamte* Physik eine *dauerhafte* Grundlage finden könnte oder auf die *alle* Phänomene der Physik letztlich zurückgeführt werden könnten. Vielmehr wird jede Theorie eine bestimmte Erscheinungsform abstrahieren, die nur in einem begrenzten Rahmen *relevant* ist, der durch ein passendes Maß bezeichnet ist.

Wenn wir davon sprechen, wie die Aufmerksamkeit auf solche Erscheinungsformen zu lenken ist, ist es von Nutzen, sich zu entsinnen, daß sich das Wort „relevant" von dem lateinischen Verb „relevare" herleitet, das „(wieder) aufheben" bedeutet. Wir können also in einem bestimmten Zusammenhang, den wir ins Auge fassen, sagen, daß die allgemeinen Beschreibungsweisen, die zu einer gegebenen Theorie gehören, dazu dienen, einen gewissen Inhalt zu „relevieren", das heißt ihn hervorzuheben, so daß er dann „im Relief" hervortritt. Ist dieser Inhalt in dem zur Rede stehenden Zusammenhang sachlich angebracht, so heißt er *relevant* bzw. im anderen Falle *irrelevant*.

Um zu veranschaulichen, was es bedeutet, bestimmte Erscheinungsformen der impliziten Ordnung im Holomovement zu relevieren, ist es von Nutzen, abermals das Beispiel der mechanischen Vorrichtung zum Rühren einer zähen Flüssigkeit zu betrachten, wie es im vorigen Abschnitt beschrieben wurde. Angenommen wir geben zuerst einen Farbtropfen hinein und drehen den Rührmechanismus n-mal. Wir könnten dann einen weiteren Farbtropfen daneben fallen lassen und nochmals n Umdrehungen rühren. Wir könnten diesen Vorgang mit einer langen Serie von Tropfen, die mehr oder weniger auf einer Geraden liegen würden, unendlich wiederholen, wie in Abbildung 6.7 dargestellt.

● ● ● ● ● ● ● ● ● ● ● ● ● ● ● ●

Abbildung 6.7

Nehmen wir dann an, daß wir, nachdem wir so eine große Anzahl von Tropfen „eingefaltet" haben, die Rührvorrichtung in die umgekehrte Richtung drehen, aber so schnell, daß sich die einzelnen Tropfen für das Auge nicht auflösen. Wir werden dann ein scheinbar „festes" Objekt erblicken (etwa ein Teilchen), das sich kontinuierlich durch den Raum bewegt. Diese Form einer Bewegung erscheint in erster Linie deshalb in der unmittelbaren Wahrnehmung, weil das Auge auf Farbkonzentrationen, die ein gewisses Minimum unterschreiten, nicht anspricht, so daß man nicht direkt die „ganze Bewegung" der Farbe sieht. Stattdessen wird eine solche Wahrnehmung *eine bestimmte Erscheinungsform relevieren*, das heißt, sie wird diese Erscheinungsform „im Relief" hervortreten lassen, während der Rest der Flüssigkeit nur als ein „grauer Untergrund" gesehen wird, auf dem sich das diesbezügliche Objekt zu bewegen scheint.

Freilich ist eine solche Erscheinungsform *an sich*, das heißt losgelöst von ihrer *umfassenderen Bedeutung*, nur von geringem Interesse. In dem vorliegenden Beispiel besteht etwa eine mögliche Bedeutung darin, daß es *tatsächlich* ein autonomes Objekt gibt, das sich durch die Flüssigkeit bewegt. Dies hieße natürlich, daß die ganze Ordnung der Bewegung als ähnlich jener angesehen werden muß, die der unmittelbar wahrgenommenen Erscheinungsform eigen ist. In manchen Zusammenhängen ist eine solche Bedeutung sachlich richtig und angebracht (wenn wir es etwa auf der Ebene der Alltagserfahrung mit einem durch die Luft fliegenden Stein zu tun haben), aber im vorliegenden Zusammenhang ist eine ganz andere Bedeutung gemeint, und diese läßt sich nur durch eine ganz andere Beschreibungsweise mitteilen.

Eine solche Beschreibung muß damit anfangen, gewisse umfassendere Bewegungsordnungen *begrifflich* zu relevieren, solche nämlich, die über all jene hinausgehen, bei denen eine Ähnlichkeit mit den in der unmittelbaren Wahrnehmung relevierten besteht. Dabei geht man zunächst immer vom Holomovement aus und abstrahiert dann besondere Erscheinungsformen, welche in eine Totalität eingebettet sind, die für eine angemessene Beschreibung in dem betreffenden Zusammenhang hinreichend weit ist. Im vorliegenden Beispiel sollte diese Totalität die ganze Bewegung der Flüssigkeit und der Farbe einschließen, wie sie durch die mechanische Rührvorrichtung bestimmt wird, sowie die Bewegung des Lichts, wodurch wir das Geschehen mit dem Auge wahrnehmen können, und auch die Bewegung des Auges und des Nervensystems, die die Unterscheidungen trifft, die sich in der Bewegung des Lichts erkennen lassen.

Man kann dann sagen, daß der in der unmittelbaren Wahrnehmung relevierte Inhalt (das heißt das „bewegte Objekt") eine Art *Überschneidung* zweier Ordnungen ist. Eine davon ist die Ordnung der Bewegung, die die Möglichkeit zu einem direkten Wahrnehmungskontakt schafft (in diesem Fall der des Lichts und der Reaktion des Nervensystems auf dieses Licht), und die andere ist eine Ordnung der Bewegung, die den genauen Inhalt, der wahrgenommen wird, bestimmt (in diesem Fall die Bewegungsordnung der Farbe in der Flüssigkeit). Solch eine Beschreibung im Sinne einer Überschneidung von Ordnungen ist offenbar sehr allgemein anwendbar. (3)

Wir haben bereits gesehen, daß die Bewegung des *Lichts* im allgemeinen mit den Begriffen „Einfalten und Tragen" impliziter Ordnungen beschrieben werden muß, die für eine ganze Struktur relevant sind, bei der eine Analyse in getrennte und autonome Teile nicht vorgenommen werden kann (obgleich natürlich eine Beschreibung in den Begriffen expliziter Ordnungen in bestimmten begrenzten Zusammenhängen zutreffen wird). Im vorliegenden Beispiel jedoch läßt sich auch die Bewegung der *Farbe* in ähnlichen Begriffen angemessen beschreiben. Dies besagt, daß in der Bewegung gewisse implizite Ordnungen (in der

Farbverteilung) explizit werden, während explizite Ordnungen implizit werden.

Um diese Bewegung eingehender zu bestimmen, ist es hier nützlich, eine neue *Meßgröße* einzuführen, nämlich einen „Implikationsparameter", den wir mit T bezeichnen. In der Flüssigkeit wäre dieser gleich der Anzahl von Drehungen, die erforderlich sind, um einen gegebenen Farbtropfen in die explizite Form zu bringen. Die in jedem Augenblick vorhandene Gesamtstruktur der Farbe kann dann als eine geordnete Serie von Unterstrukturen aufgefaßt werden, deren jede einem einzelnen Tropfen N mit seinem Implikationsparameter T_N entspricht.

Offensichtlich haben wir es hier mit einem neuen Strukturbegriff zu tun, denn wir errichten Strukturen nicht mehr bloß als geordnete und gemessene Gefüge, mit denen wir getrennte Dinge zusammenfügen, die allesamt explizit sind, sondern wir ziehen nun Strukturen in Betracht, in denen Erscheinungsformen verschiedener Implikationsgrade (wie sie durch T gemessen werden) in eine bestimmte Ordnung gebracht werden können.

Solche Erscheinungsformen können recht komplex sein. Beispielsweise könnten wir ein „ganzes Bild" implizieren, indem wir die Rührvorrichtung n-mal drehen. Wir könnten daraufhin ein etwas anderes Bild implizieren und so unbegrenzt fort. Würde die Rührvorrichtung schnell in der entgegengesetzten Richtung gedreht, so könnten wir eine „dreidimensionale Szene" erblicken, die scheinbar aus einem „ganzen System" von Objekten in kontinuierlicher Bewegung und Wechselwirkung bestünde.

In dieser Bewegung bestünde das in jedem Augenblick vorhandene „Bild" nur aus Erscheinungsformen, die gemeinsam expliziert werden können (also aus Erscheinungsformen, die jeweils einem bestimmten Wert des Implikationsparameters T entsprechen). Wie man von Ereignissen, die sich gleichzeitig zutragen, sagt, sie seien *synchron*, so kann man Erscheinungsformen, die gemeinsam expliziert werden können, *synordinat* nennen, während man solche, die nicht gemeinsam expliziert werden können, *asynordinat* nennen kann. Offensichtlich beinhalten die neuen, hier besprochenen Strukturbegriffe *asynordinate* Erscheinungsformen, während frühere Begriffe nur *synordinate* Erscheinungsformen beinhalten.

Es muß hier betont werden, daß die vom Parameter T gemessene Ordnung der Implikation in keiner notwendigen Beziehung zur Ordnung der Zeit steht (die von einem anderen Parameter

t gemessen wird). Diese beiden Parameter sind nur *bedingt* miteinander verknüpft (in diesem Falle durch die Drehzahl der Rührvorrichtung). Direkt relevant für die Beschreibung der impliziten Struktur ist der *T*-Parameter und nicht der *t*-Parameter.

Ist eine Struktur *asynordinat* (also aus Erscheinungsformen mit unterschiedlichen Implikationsgraden zusammengesetzt), so gibt offensichtlich die Zeitordnung für die Aufstellung eines Gesetzes im allgemeinen nicht den Ausschlag. Wie man aus den vorigen Beispielen ersehen kann, ist vielmehr die *ganze implizite Ordnung* in jedem Augenblick dergestalt vorhanden, daß die aus dieser impliziten Ordnung erwachsende Gesamtstruktur beschrieben werden kann, ohne daß der Zeit eine Hauptrolle zugesprochen werden müßte. Das Gesetz der Struktur wird dann einfach ein Gesetz sein, das Erscheinungsformen mit verschiedenen Implikationsgraden miteinander verknüpft. Ein solches Gesetz wird natürlich *zeitlich* nicht deterministisch sein. Aber ein zeitlicher Determinismus ist, wie im Kapitel 5 gezeigt wurde, nicht die einzige Form eines Verhältnisses oder einer Begründung, und solange wir in den primär relevanten Ordnungen ein Verhältnis oder eine Begründung finden können, haben wir damit alles, was wir für ein Gesetz brauchen.

Man kann im „Quantenzusammenhang" eine bemerkenswerte Ähnlichkeit mit den Bewegungsordnungen erblicken, die im Sinne der oben besprochenen einfachen Beispiele beschrieben wurden. Wie in Abbildung 6.8 gezeigt, werden also „Elementarteilchen" in der Regel anhand von Spuren beobachtet, die sie in Nachweisgeräten (fotografischen Emulsionen, Blasenkammern usw.) hinterlassen sollen. Eine solche Spur darf offensichtlich bloß als eine *Erscheinungsform* betrachtet werden, die sich der unmittelbaren Wahrnehmung darbietet (wie dies mit der in Abbildung 6.7 dargestellten bewegten Serie von Farbtropfen geschah). Will man sie als die Spur eines „Teilchens"

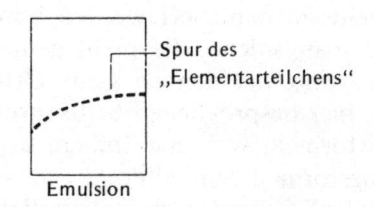

Abbildung 6.8

beschreiben, so muß man darüber hinaus annehmen, daß die primär relevante Bewegungsordnung derjenigen in der unmittelbar wahrgenommenen Erscheinungsform ähnlich ist.

Hingegen zeigt die ganze Erörterung der in der Quantentheorie angelegten neuen Ordnung, daß eine solche Beschreibung nicht kohärent beibehalten werden kann. Zum Beispiel ist in der Forderung, eine Bewegung diskontinuierlich als Folge von „Quantensprüngen" zu beschreiben, impliziert, daß der Begriff einer wohldefinierten Teilchenbahn, die die sichtbaren, die Spur bildenden Punkte untereinander verbindet, keinerlei Sinn haben kann. Jedenfalls zeigt die Eigenschaft der Materie, gleichermaßen als Welle wie als Teilchen aufzutreten, daß die Gesamtbewegung auf eine Weise von der ganzen Versuchsanordnung abhängt, die nicht mit dem Gedanken einer autonomen Bewegung örtlicher Teilchen vereinbar ist. Und natürlich zeigt die Erörterung des Heisenbergschen Mikroskopversuchs die Relevanz einer neuen Ordnung ungeteilter Ganzheit, in der es keinen Sinn hat, über ein beobachtetes Objekt so zu sprechen, als wäre es von der gesamten Versuchssituation, in der die Beobachtung stattfindet, getrennt. Daher ist der Gebrauch des Begriffs „Teilchen" zur Beschreibung in diesem „Quantenzusammenhang" höchst irreführend.

Offenbar haben wir es hier mit einem Phänomen zu tun, das in manch wichtiger Hinsicht dem Beispiel von der Farbe ähnelt, die in eine zähe Flüssigkeit eingerührt wird. In beiden Fällen erscheint in der unmittelbaren Wahrnehmung eine explizite Ordnung, die nicht konsistent als autonom angesehen werden kann. Im Beispiel von der Farbe wird die explizite Ordnung bestimmt als eine Überschneidung der impliziten Ordnung der „ganzen Bewegung" der Flüssigkeit mit einer impliziten Ordnung der Unterschiede in der Farbdichte, die in der Sinneswahrnehmung relevlert werden. Im „Quantenzusammenhang" wird es auf ähnliche Weise zu einer Überschneidung einer impliziten Ordnung einer „ganzen Bewegung", die dem entspricht, was wir beispielsweise „das Elektron" nannten, mit einer anderen impliziten Ordnung von Unterscheidungen kommen, die von unseren Instrumenten relevlert (und aufgezeichnet) werden. Das Wort „Elektron" sollte daher lediglich als ein Name aufgefaßt werden, mit dem wir auf eine bestimmte Erscheinungsform des Holomovement aufmerksam machen, eine Erscheinungsform, die nur erörtert werden kann, wenn man die gesamte Versuchssituation berücksichtigt, und die sich nicht im Sinne von örtlichen

Objekten, die sich autonom durch den Raum bewegen, festlegen läßt. Und selbstverständlich muß jedes „Teilchen", das in der heutigen Physik als ein Grundbaustein der Materie gilt, in gleichartigen Begriffen behandelt werden (so daß solche „Teilchen" nicht mehr als autonom und getrennt existierend angesehen werden). Dadurch gelangen wir zu einer neuen allgemeinen physikalischen Beschreibung einer Ordnung ungeteilter Ganzheit, in der der Satz gilt: „Alles impliziert alles."

Eine mathematische Erörterung dessen, wie der „Quantenzusammenhang" in den Begriffen jener oben besprochenen impliziten Ordnung assimiliert werden kann, erfolgt im Anhang zu diesem Kapitel.

5. Gesetzmäßigkeit im Holomovement

Wir haben gesehen, daß im „Quantenzusammenhang" die Ordnung in jeder unmittelbar wahrnehmbaren Erscheinungsform der Welt als aus einer umfassenderen impliziten Ordnung hervorgehend betrachtet werden muß, worin alle Erscheinungsformen letztlich in dem undefinierbaren und unermeßlichen Holomovement aufgehen. Wie sollen wir dann den Umstand verstehen, daß Beschreibungen, die die Analyse der Welt in autonome Bestandteile beinhalten, zumindest in gewissen Zusammenhängen tatsächlich stimmen (etwa solchen, in denen die klassische Physik gilt)?

Um die Frage zu beantworten, stellen wir zunächst fest, daß das Wort „Autonomie" auf zwei griechische Worte zurückgeht, nämlich „autos" — „selbst" und „nomos" — „Verwaltung, Gesetz". Autonomie heißt also *Selbst-verwaltung*.

Offensichtlich gibt es kein „Gesetz für sich". Am ehesten mag sich etwas unter gewissen Bedingungen und zu gewissen Näherungsgraden mit einem *relativen und begrenzten Grad* an Autonomie verhalten. In der Tat ist jedes relativ autonome Ding (z.B. ein Teilchen) allermindestens doch von anderen solchen relativ autonomen Dingen eingeschränkt. Eine solche Einschränkung wird üblicherweise als *Wechselwirkung* beschrieben. Wir werden jedoch hier das Wort „Heteronomie" einführen, um damit auf eine Gesetzmäßigkeit aufmerksam zu machen, wonach viele relativ autonome Dinge auf diese Weise zusammenhängen, das heißt äußerlich und mehr oder weniger mechanisch.

Was für die Heteronomie kennzeichnend ist, ist die Anwendbarkeit *analytischer Beschreibungen*. Wie wir aber gesehen haben, taugen solche analytischen Beschreibungen in hinreichend breiten Zusammenhängen nicht mehr. Dann bedarf es der *Holonomie,* was „Gesetz des Ganzen" heißt. Durch die Holonomie wird die Relevanz der Analyse nicht völlig in Abrede gestellt. In der Tat wird das „Gesetz des Ganzen" im allgemeinen die Möglichkeit einschließen, das „Lösen" (griechisch „lysis") der Erscheinungsformen voneinander zu beschreiben, sodaß sie in begrenzten Zusammenhängen relativ autonom sein werden (wie auch die Möglichkeit, die Wechselwirkungen dieser Erscheinungsformen untereinander in einem System der Heteronomie zu beschreiben). Aber jegliche Form relativer Autonomie (und Heteronomie) wird letztlich durch die Holonomie eingeschränkt, so daß in einem hinreichend breiten Zusammenhang solche Formen lediglich als im Holomovement relevierte Erscheinungsweisen gesehen werden anstatt als unverbundene und getrennt existierende Dinge in Wechselwirkung.

Wissenschaftliche Untersuchungen haben meist damit begonnen, scheinbar autonome Erscheinungsformen der Totalität zu relevieren. Im allgemeinen wurde zunächst die Erforschung der Gesetzmäßigkeiten dieser Erscheinungsformen betont, aber in der Regel hat diese Art von Forschung nach und nach zu einem Bewußtsein davon geführt, daß solche Erscheinungsformen mit anderen verknüpft sind, von denen man ursprünglich meinte, sie stünden mit dem hauptsächlichen Gegenstand des Interesses in keinem nennenswerten Zusammenhang.

Von Zeit zu Zeit wurde immer wieder ein breites Spektrum von Erscheinungsformen zu einem „neuen Ganzen" zusammengefaßt. Aber natürlich bestand bis jetzt die allgemeine Neigung, dieses „neue Ganze" als eine endgültige allgemeine Ordnung festzusetzen, die man von da an (auf die in Abschnitt 1 besprochene Art und Weise) so anzupassen hatte, daß sie sich mit allen weiteren Fakten vertrug, die beobachtet oder entdeckt werden mochten.

Hier jedoch wird davon ausgegangen, daß sich sogar solch ein „neues Ganzes" als eine Erscheinungsform in wieder einem anderen neuen Ganzen enthüllen wird. Daher ist die Holonomie nicht als ein festes und letztes Ziel wissenschaftlichen Forschens zu betrachten, sondern vielmehr als eine Bewegung, in der laufend „neue Ganze" auftauchen. Und weiterhin heißt das natürlich, daß das Gesamtgesetz des undefinierbaren und unermeßlichen Holomovement niemals erkannt oder bestimmt oder in

Worte gefaßt werden könnte. Eine solche Gesetzmäßigkeit muß vielmehr notwendigerweise als *implizit* angesehen werden.

Die allgemeine Frage der Assimilation des gesamten Faktischen in der Physik in einen solchen Gesetzesbegriff soll nun erörtert werden.

Anhang: Implizite und explizite Ordnung im physikalischen Gesetz

A. 1 Einleitung
In diesem Anhang werden die Begriffe der impliziten und der expliziten Ordnung, die zuvor eingeführt wurden, in eine mehr mathematische Form gebracht.

Es ist allerdings wichtig zu betonen, daß Mathematik und Physik hierbei nicht als voneinander getrennte Strukturen betrachtet werden, die miteinander in Beziehung stehen (so daß man beispielsweise sagen könnte, daß man die Mathematik auf die Physik anwendet, wie man Farbe auf Holz aufträgt). Vielmehr wird der Gedanke angeregt, daß Mathematik und Physik als zwei Aspekte eines einzigen ungeteilten Ganzen anzusehen sind.

Für die Erörterung dieses Ganzen gehen wir von der allgemeinen Sprache aus, die in der Physik zur Beschreibung in Gebrauch ist. Wir *mathematisieren* dann sozusagen diese Sprache, das heißt, wir fassen bzw. definieren sie mehr im einzelnen, so daß sie Aussagen von größerer Genauigkeit gestattet, aus denen sich auf klare und kohärente Weise ein breites Spektrum von bedeutsamen Folgerungen ziehen läßt.

Damit die allgemeine Sprache und ihre Mathematisierung dazu taugen, kohärent und harmonisch zusammenzuwirken, müssen diese beiden Erscheinungsformen einander in mancher entscheidenden Hinsicht ähnlich sein, wenn sie auch natürlich in anderer Hinsicht voneinander verschieden sein werden (vor allem darin, daß die mathematische Erscheinungsform über größere Möglichkeiten zu genauen Folgerungen verfügt). Durch ein Bedenken dieser Ähnlichkeiten und Unterschiede kann sich, wie man sagen könnte, eine Art „Dialog" entspinnen, in dessen Verlauf neue, beiden Erscheinungsformen gemeinsame Bedeutungen hervorgebracht werden. In eben diesem „Dialog" ist die Ganzheit der allgemeinen Sprache und ihrer Mathematik zu sehen.

Wir werden nun, wenn auch nur auf eine sehr vorläufige und behelfsmäßige Weise, in diesem Anhang zeigen, wie wir die allgemeine Sprache kohärent und harmonisch mathematisieren können, um implizite und explizite Ordnungen zu entwickeln.

A. 2 Euklidische Ordnungs- und Maßsysteme

Wir beginnen mit der mathematischen Beschreibung der expliziten Ordnung.

Die explizite Ordnung entsteht in erster Linie als eine bestimmte Erscheinungsform der Sinneswahrnehmung und der Erfahrung, die solche Sinneswahrnehmung zum Inhalt hat. Man kann hinzufügen, daß sich die explizite Ordnung in der Physik in der Regel in den sinnlich beobachtbaren Ergebnissen des Wirkens eines Instruments zeigt.

Es ist in der physikalischen Forschung im allgemeinen verwandten Instrumenten gemeinsam, daß der sinnlich wahrnehmbare Inhalt ihres Wirkens sich letztlich in den Begriffen eines euklidischen Ordnungs- und Maßsystems beschreiben läßt, das heißt eines Systems, das in den Begriffen der gewöhnlichen Euklidischen Geometrie angemessen verstanden werden kann. Wir beginnen daher mit einer Erörterung euklidischer Ordnungs- und Maßsysteme.

In dieser Erörterung werden wir uns die bekannte Auffassung des Mathematikers Klein zu eigen machen, für den die allgemeinen Transformationen die wesentlichen Bestimmungsfaktoren einer Geometrie sind. Demnach gibt es in einem euklidischen Raum mit drei Dimensionen drei Verschiebungsoperatoren D_j. Jeder dieser Operatoren definiert eine Gruppe von Parallelen, die sich bei der betreffenden Operation in sich transformieren. Dann gibt es drei Rotationsoperatoren R_j, von denen jeder eine Gruppe konzentrischer Zylinder um den Ursprung definiert, die sich bei der betreffenden Operation in sich transformieren. Zusammen definieren sie konzentrische Kugeln, die sich bei Anwendung der Gesamtgruppe der R_j in sich transformieren. Schließlich gibt es den Dehnungsoperator R_O, der einen Kreis mit gegebenem Radius in einen mit anderem Radius transformiert. Bei dieser Operation transformieren sich die Radien in sich.

Von jeder Gruppe der Operatoren R_j, R_O erhalten wir durch eine Verschiebung

$$(R'_i, R'_0) = D_j(R_i, R_0) D_j^{-1}$$

eine andere Gruppe R'_j, R'_o mit einem entsprechend anderen Mittelpunkt. Von den D_i erhalten wir durch die Rotation

$$D'_i = R_j D_i R_j^{-1}$$

eine Gruppe von Verschiebungen D'_i in neue Richtungen. Wenn nun D_i eine bestimmte Verschiebung ist, so wird $(D_i)^n$ eine Verschiebung um n ähnliche Schritte sein. Das heißt, die Verschiebungen lassen sich auf natürliche Weise in eine Ordnung bringen, die der der ganzen Zahlen gleicht. Wir können also Verschiebungen anhand einer *Zahlenskala* beschreiben. Dies ergibt nicht nur eine *Ordnung*, sondern auch ein *Maß* (soweit wir aufeinanderfolgende Verschiebungen gleich groß vornehmen).

Auf ähnliche Weise bestimmt jede Rotation R_j eine geordnete und bemessene Serie $(R_j)^n$ von Rotationen, während eine Dehnung R_o eine geordnete und bemessene Serie $(R_o)^n$ von Dehnungen bestimmt.

Es ist klar, daß Operationen dieser Art das bestimmen, was man unter Parallelität und Rechtwinkligkeit wie auch unter Kongruenz und Ähnlichkeit geometrischer Figuren versteht. Sie bestimmen demnach die Wesenszüge einer Euklidischen Geometrie mit ihrem ganzen Ordnungs- und Maßsystem. Man darf jedoch nicht vergessen, daß es die Gesamtgruppe der Operationen ist, die als primär relevant aufgefaßt wird, während statische Elemente (z.B. Geraden, Kreise, Dreiecke usw.) nun als „invariante Unterräume" der Operationen und als aus diesen Unterräumen gebildete Figuren angesehen werden.

A. 3 Transformation und Metamorphose

Wir gehen jetzt zur mathematischen Beschreibung der impliziten Ordnung über. Die implizite Ordnung ist in der Regel nicht durch einfache geometrische Transformationen wie etwa Parallelverschiebungen, Rotationen und Dehnungen zu beschreiben, sondern vielmehr durch eine andere Art von Operationen. Um der Klarheit willen wollen wir uns daher das Wort *Transformation* zur Beschreibung einer einfachen geometrischen Umwandlung *innerhalb* einer gegebenen expliziten Ordnung vorbehalten. Was sich im breiteren Rahmen der impliziten Ordnung abspielt, werden wir dann eine *Metamorphose* nennen. Dieses Wort besagt, daß die Umwandlung sehr viel radikaler ist als die Lage- oder Richtungsänderung eines starren Körpers und daß sie in mancher Hinsicht eher der Verwandlung einer Raupe in einen

Schmetterling gleicht (bei der sich alles von Grund auf wandelt, während einige subtile und höchst implizite Eigenschaften unverändert bleiben). Offenbar muß die Umwandlung eines beleuchteten Objekts in sein Hologramm (oder eines Tintentropfens in die durch Drehen erzeugte „graue Masse") als eine Metamorphose anstatt als eine Transformation beschrieben werden.

Wir werden das Symbol M für eine Metamorphose und T für eine Transformation verwenden, während E eine Gesamtgruppe von Transformationen bezeichnet, die in einer gegebenen expliziten Ordnung relevant sind (D_j, R_j, R_o). Bei einer Metamorphose wird sich die Gruppe E in eine andere Gruppe E' verwandeln, die durch

$$E' = MEM^{-1}$$

gegeben ist. Dies wurde bislang im allgemeinen eine Ähnlichkeitstransformation genannt, aber von nun an wird sie eine Ähnlichkeitsmetamorphose heißen.

Um eine Ähnlichkeitsmetamorphose in ihren Grundzügen darzustellen, wollen wir das Beispiel des Hologramms betrachten. In diesem Fall wird die passende Metamorphose M durch die Greensche Funktion festgelegt, die die Amplituden an der beleuchteten Struktur mit denen an der Fotoplatte verknüpft. Für Wellen der bestimmten Frequenz ω lautet die Greensche Funktion

$$G(\mathbf{x} - \mathbf{y}) \simeq \{\exp[i(\omega/c)|\mathbf{x} - \mathbf{y}|]\}/|\mathbf{x} - \mathbf{y}|$$

wobei x für eine beleuchtete Struktur relevante Koordinate ist und y eine für die Platte relevante. Wenn also A (x) die Amplitude der Welle an der beleuchteten Struktur ist, so ist die Amplitude B (y) an der Platte

$$B(\mathbf{y}) \simeq \int (\{\exp[i(\omega/c)|\mathbf{x} - \mathbf{y}|]\}/|\mathbf{x} - \mathbf{y}|) A(\mathbf{x})\, d\mathbf{x}.$$

Aus der obigen Gleichung ist zu ersehen, daß die gesamte beleuchtete Struktur in jedem Abschnitt der Platte auf eine Weise „getragen" und „eingefaltet" wird, die sich offenbar nicht durch eine eineindeutige Transformation oder Zuordnung zwischen x und y beschreiben läßt. Die Matrix M (x, y), die im wesentlichen G (x − y) ist, kann daher eine Metamorphose der

Amplituden an der beleuchteten Struktur in die Amplituden am Hologramm genannt werden.

Wir wollen nun die Beziehung zwischen Transformationen E in der beleuchteten Struktur und begleitenden Veränderungen im Hologramm betrachten, die auf diese Transformationen folgen. In der beleuchteten Struktur kann E als eine eineindeutige Zuordnung charakterisiert werden, bei der jeder Punkt in einen ähnlichen Punkt transformiert wird. Die entsprechende Umwandlung im Hologramm wird durch $E' = MEM^{-1}$ beschrieben. Dies ist keine gegenseitige Zuordnung von Punkten *im Hologramm*, bei der die Eigenschaft der Lage solcher Punktmengen bewahrt würde. Vielmehr wird jeder Abschnitt des Hologramms auf eine Weise verändert, die von allen anderen derartigen Abschnitten abhängt. Dennoch bestimmt die Umwandlung E' im Hologramm augenscheinlich die Umwandlung E in der Struktur, die man sehen kann, wenn das Hologramm mit Laserlicht bestrahlt wird.

Auf gleiche Weise kann in einem Quantenzusammenhang eine unitäre Transformation (wie z.B. gegeben durch eine Greensche Funktion für einen Zustandsvektor) als eine Metamorphose verstanden werden, bei der eineindeutige Transformationen von Raum und Zeit, die lagegetreu sind, in allgemeinere Operationen „eingefaltet" werden, die im oben definierten Sinne *ähnlich* sind und die dennoch keine lagegetreuen, eineindeutigen Transformationen sind.

A. 4 Mathematisierung der Beschreibung der impliziten Ordnung
Der nächste Schritt besteht darin, die Mathematisierung der Sprache zur Beschreibung der impliziten Ordnung zu erörtern.

Wir betrachten zu Anfang eine Metamorphose M. Wenn wir M wieder und wieder durchführen, erhalten wir $(M)^n$, womit die n-malige Einfaltung einer gegebenen Struktur beschrieben wird. Wenn wir dann schreiben $Q_n = (M)^n$, so bekommen wir

$$Q_n : Q_{n-1} = Q_{n-1} : Q_{n-2} = M.$$

Somit gibt es eine Serie ähnlicher Unterschiede in den Q_n (in der Tat sind die Unterschiede nicht nur ähnlich, sondern sind außerdem alle gleich M). Wie im Kapitel 5 ausgeführt, zeigt eine solche Serie ähnlicher Unterschiede eine *Ordnung* an. Da die Unterschiede solche des Implikationsgrades sind, ist diese

Ordnung eine implizite Ordnung. Insofern wie man aufeinanderfolgende Operationen M als äquivalent ansieht, gibt es außerdem ein *Maß*, bei dem n als ein Implikationsparameter genommen werden kann.

Wenn wir an das Beispiel der nichtlöslichen Farbtropfen denken, die in eine zähe Flüssigkeit eingerührt werden (so daß uns M die Veränderung des Tropfens beschreibt, wenn das System durch eine gewisse Anzahl von Umdrehungen eingefaltet wird), so beschreibt M^n die Veränderungen des Tropfens, wenn n Einfaltungen an ihm vorgenommen werden. Jeder Tropfen wird aber an einer Stelle hineingegeben, die gegenüber der des vorausgegangenen Tropfens um einen gewissen Wert verschoben ist. Bezeichnen wir diese Verschiebung mit D. Der n-te Tropfen erfährt zunächst die Verschiebung D^n, und die Metamorphose ist dann M^n, sodaß das Endergebnis durch $M^n V^n$ gegeben ist. Nehmen wir weiterhin an, daß sich die Dichte der eingeträufelten Farbe mit jedem Tropfen verändern kann, und geben wir die Dichte der im n-ten Tropfen eingeträufelten Farbe mit Hilfe der Operation $Q_n = C_n M^n D^n$ an. Den Operator, der der gesamten Serie der Tropfen entspricht, erhalten wir durch Addieren der Beiträge aller in der Form

$$Q = \sum_n C_n M^n D^n.$$

Außerdem können beliebig viele Strukturen, die Q, Q', Q'' usw. entsprechen, gleichfalls superponiert werden und ergeben dann

$$R = Q + Q' + Q'' + \ldots$$

Eine jede solche Struktur kann zusätzlich selbst eine Verschiebung wie D und eine Metamorphose wie M erfahren und ergibt dann

$$R' = MDR.$$

Wenn die Flüssigkeit bereits ein „einförmig grauer" Untergrund wäre, so könnten wir einem negativen Koeffizienten C_n die Bedeutung geben, das *Wegnehmen* einer gewissen Menge Farbe aus einem Abschnitt, der einem Tropfen entspricht, zu bezeichnen (statt das Hinzugeben solcher Farbe zu diesem Abschnitt).

Bei der obigen Erörterung entspricht jedes mathematische

Symbol einer Operation (Transformation und/oder Metamorphose). Das Addieren von Operationen, das Multiplizieren des Ergebnisses mit einer Zahl C und das Multiplizieren der Operationen miteinander haben eine Bedeutung. Wenn wir weiterhin eine Einsoperation (die in der Multiplikation alle Operationen unverändert läßt) und eine Nulloperation (die beim Addieren alle Operationen unverändert läßt) einführen, so haben wir alle Bedingungen erfüllt, die für eine Algebra erforderlich sind.

Wir sehen also, daß eine Algebra Grundzüge enthält, die den Grundzügen der auf impliziten Ordnungen aufgebauten Strukturen ähnlich sind. Solch eine Algebra macht daher eine *relevante Mathematisierung* möglich, die zur Behandlung impliziter Ordnungen kohärent auf die allgemeine Sprache bezogen werden kann.

Nun spielt in der Quantentheorie eine Algebra ähnlich der oben beschriebenen ebenfalls eine entscheidende Rolle. In der Tat wird die Theorie durch lineare Operatoren ausgedrückt (einschließlich eines Einsoperators und eines Nulloperators), die einander addiert, mit Zahlen multipliziert und miteinander multipliziert werden können. Der gesamte Inhalt der Quantentheorie läßt sich somit in den Termen einer solchen Algebra darstellen.

Freilich werden die algebraischen Terme in der Quantentheorie als Ausdruck „physikalischer Observablen" gedeutet, denen sie entsprechen. In der hier vorgeschlagenen Vorgehensweise jedoch sind solche Terme nicht als Ausdruck für irgendetwas Bestimmtes zu betrachten, sondern vielmehr als Ausweitungen der allgemeinen Sprache anzusehen. Ein einzelnes algebraisches Symbol ist demnach ähnlich wie ein Wort, insofern wie seine implizite Bedeutung nur darin voll zum Tragen kommt, wie die Sprache im ganzen gebraucht wird.

Diese Vorgehensweise findet tatsächlich in weiten Bereichen der modernen Mathematik Anwendung (4), vor allem in der Zahlentheorie. Man kann also mit sogenannten *undefinierbaren Symbolen* beginnen. Die Bedeutung solcher Symbole ist niemals direkt relevant. Relevant sind vielmehr nur Beziehungen und Operationen, an denen diese Symbole teilnehmen.

Wir unterbreiten hier den Gedanken, daß sich in dem Maße, wie wir die Sprache auf die oben angegebene Weise mathematisieren, Ordnungen, Maße und Strukturen innerhalb der Sprache herausbilden werden, die Ähnlichkeit mit (aber auch Verschiedenheit von) Ordnungen, Maßen und Strukturen besitzen, welche sich in der alltäglichen Erfahrung wie auch in der Erfahrung mit der Arbeitsweise von wissenschaftlichen Instrumenten wahrnehmen lassen. Wie oben außerdem gezeigt, kann eine Beziehung zwischen diesen zwei Arten von Ordnungen, Maßen und Strukturen bestehen, so daß das, worüber wir reden und nachdenken, eine gemeinsame „ratio" mit dem besitzt, was wir beobachten und tun können (siehe Kapitel 5 für eine Erörterung der „ratio" in diesem Sinne).

Freilich heißt dies, daß wir Begriffen wie „Teilchen", „Ladung", „Masse", „Ort", „Impuls" usw. in der algebraischen Sprache keine primäre Relevanz beimessen. Sie werden sich bestenfalls als Abstraktion auf hoher Ebene herausstellen können. Die wirkliche Bedeutung der „Quantenalgebra" wird dann, wie in diesem Abschnitt ausgeführt, darin bestehen, daß sie eine Mathematisierung der allgemeinen Sprache ist, wodurch diese bereichert und eine schärfer gefaßte Erörterung der impliziten Ordnung möglich gemacht wird, als diese in den Wendungen der allgemeinen Sprache allein erfolgen könnte.

Natürlich ist die Algebra an sich eine begrenzte Form der Mathematisierung. Es gibt im Prinzip keinen Grund, warum wir nicht schließlich zu anderen Mathematisierungsarten fortschreiten sollten (die zum Beispiel Ringe und Gitter oder noch allgemeinere Strukturen umfaßten, die noch zu schaffen wären). Es wird jedoch in diesem Anhang deutlich werden, daß man selbst innerhalb der Grenzen einer algebraischen Struktur ein breites Spektrum von Aspekten der modernen Physik assimilieren und der Forschung eine Vielzahl interessanter neuer Wege eröffnen kann. Es ist daher von Nutzen, daß wir uns etwas näher mit der allgemeinen Sprache befassen, bevor wir uns allgemeineren Mathematisierungsarten zuwenden.

A. 5 Algebra und Holomovement
Wir beginnen unsere Untersuchung der algebraischen Mathematisierung der allgemeinen Sprache mit dem Hinweis auf die Tatsache, daß die primäre Bedeutung eines algebraischen Symbols darin besteht, daß es eine bestimmte Bewegungsart beschreibt.

Man betrachte etwa die mit A bezeichnete Gruppe undefinierbarer algebraischer Terme. Es ist für eine Algebra kennzeichnend, daß diese Terme in einer Beziehung stehen, die gegeben ist durch

$$A_i A_j = \sum_k \lambda^k{}_{ij} A_K$$

wobei $\lambda^k{}_{ij}$ eine Gruppe von Zahlenkonstanten ist. Nach dieser Beziehung wird, wenn ein gegebener Term A_i einem anderen Term A_j vorausging, das Ergebnis einer „gewichteten Summe" oder einer Superposition von Termen äquivalent sein (sodaß eine Algebra eine Art „Superpositionsprinzip" enthält, das in mancher entscheidenden Hinsicht dem gleicht, das in der Quantentheorie gilt). Obwohl der Term A_i „an sich" undefinierbar ist, kann man dennoch wirklich sagen, daß er eine gewisse Art von „Bewegung" der gesamten Termengruppe bezeichnet, worin jedes Symbol A_j durch eine Superposition von Symbolen $\Sigma \lambda^k{}_{ij} A_k$ ersetzt wird (oder sich in diese verwandelt).

Wie jedoch zuvor dargelegt, wird das undefinierbare und unermeßliche Holomovement in der allgemeinen Sprache zur Beschreibung der impliziten Ordnung als die Totalität angesehen, in der alles, was zu behandeln ist, letztlich reieviert werden muß. Auf ähnliche Weise betrachten wir in der algebraischen Mathematisierung dieser allgemeinen Sprache als Totalität eine undefinierbare Algebra, in der die primäre Bedeutung jedes Terms darin besteht, daß er eine „ganze Bewegung" in sämtlichen Termen der Algebra bezeichnet. Durch diese Ähnlichkeit entsteht die Möglichkeit einer kohärenten Mathematisierung einer derartigen allgemeinen Beschreibung, die das undefinierbare und unermeßliche Holomovement für die Totalität nimmt.

Wir können nun in dieser Richtung fortfahren. Genau wie wir in der allgemeinen Sprache relativ autonome Erscheinungsformen des Holomovements ins Auge fassen können, so können wir in ihrer Mathematisierung relativ autonome Teilalgebren erwägen, die Erscheinungsformen der undefinierbaren „ganzen Algebra" sind. Wie jede Erscheinungsform des Holomovement letztlich durch das Gesetz des Ganzen (die Holonomie) in ihrer Autonomie begrenzt ist, so ist jede Teilalgebra letztlich durch die Tatsache begrenzt, daß das relevante Gesetz Bewegungen einschließt, die über jene hinausgehen, welche in den Termen der betreffenden Teilalgebra beschrieben werden können.

Ein gegebener physikalischer Rahmen wird daher in den Termen einer geeigneten Teilalgebra beschreibbar sein. Nähern wir uns den Grenzen dieses Rahmens, so werden wir entdecken, daß solch eine Beschreibung unangemessen ist, und wir werden umfassendere Algebren heranziehen, bis wir eine Beschreibung finden, die dem neuen Rahmen, zu dem wir so gelangten, angemessen ist.

Im Rahmen der klassischen Physik ist es beispielsweise möglich, eine Teilalgebra zu abstrahieren, die einer Gruppe euklidischer Operationen E entspricht. In einem „Quantenzusammenhang" hingegen erfordert das „Gesetz des Ganzen" Metamorphosen M, die aus dieser Teilalgebra hinaus- und in andere (aber ähnliche) Teilalgebren hineinführen, die durch

$$E' = MEM^{-1}$$

gegeben sind. Wie schon ausgeführt, gibt es Anzeichen dafür, daß sogar die „Quantenalgebra" in noch breiteren Zusammenhängen unzureichend ist. Es ist also natürlich, mit der Betrachtung noch umfassenderer Algebren fortzufahren (und letztlich noch allgemeinerer Mathematisierungsarten, die sich als relevant erweisen können).

A.6 Ausdehnung des Relativitätsprinzips auf implizite Ordnungen

Als einen Schritt in der Untersuchung umfassenderer Mathematisierungsformen wollen wir die Möglichkeit einer gewissen Ausdehnung des Relativitätsprinzips auf implizite Ordnungen darlegen, die sich anbietet, wenn man sich anschaut, wie die Quantenalgebra die Autonomie der klassischen Algebra auf die oben beschriebene Weise begrenzt.

Nun läßt sich in einem klassischen Zusammenhang jede Struktur durch eine Gruppe von Operationen E_1, E_2, E_3 ... festlegen (wodurch Strecken, Winkel, Kongruenz, Ähnlichkeit usw. beschrieben werden). Wenn wir zu einem breiteren „Quantenzusammenhang" übergehen, können wir zu ähnlichen Operationen $E' = MEM^{-1}$ gelangen. Diese Ähnlichkeit besagt: Sollten zwei beliebige Elemente, sagen wir E_1 und E_2, in der Beschreibung einer festgelegten Struktur auf eine bestimmte Weise einander zugeordnet sein, so gibt es eine Gruppe von Elementen E_1' und E_2', die nicht lokale, „eingefaltete" Transformationen beschreiben, welche einander auf ähnliche Weise zugeordnet sind. Oder knapper gefaßt

$$E_1 : E_2 :: E_1' : E_2'.$$

Daraus folgt, daß wir, wenn uns ein euklidisches Ordnungs- und Maßsystem E mit gewissen, darauf aufbauenden Strukturen gegeben ist, stets ein anderes System E' erhalten können, das in Bezug auf E eingefaltet ist und dabei doch ähnliche Strukturen haben kann, die darauf aufbauen.

Bislang hat das Relativitätsprinzip eine Form angenommen, die folgendermaßen ausgedrückt werden kann: „Ist eine Strukturbeziehung gegeben, wie sie in einem Koordinatensystem, das einer bestimmten Geschwindigkeit entspricht, beschrieben wird, so ist es immer möglich, eine ähnliche Strukturbeziehung zu bekommen, wie sie in einem Koordinatensystem beschrieben wird, das irgendeiner anderen Geschwindigkeit entspricht." Aus der obigen Erörterung geht jedoch hervor, daß die Mathematisierung der allgemeinen Sprache durch eine „Quantenalgebra" die Möglichkeit einer Ausdehnung des Relativitätsprinzips eröffnet. Eine solche Ausdehnung ist offenbar dem Komplementaritätsprinzip darin ähnlich, daß, wenn die Bedingungen derart sind, daß eine gegebene, einer Gruppe von Operationen E entsprechende Ordnung explizit ist, eine andere, ähnlichen Operationen $E' = MEM^{-1}$ entsprechende Ordnung implizit ist (so daß beide Ordnungen gewissermaßen nicht zusammen definiert werden können). Sie unterscheidet sich aber von dem Komplementaritätsprinzip darin, daß das Hauptschwergewicht jetzt auf Ordnungen und Maßen liegt, die für die Geometrie relevant sind, anstatt auf miteinander unvereinbaren Versuchsanordnungen.

Aus dieser Ausdehnung des Relativitätsprinzips folgt, daß die Idee des Raumes, der aus einer Menge eindeutiger und wohldefinierter Punkte zusammengesetzt ist, die topologisch durch eine Menge von Umgebungen und metrisch durch eine Abstandsbestimmung verknüpft sind, nicht mehr angemessen ist. In der Tat definiert jede Gruppe euklidischer Operationen E' eine solche Menge von Punkten, Umgebungen, Maßen usw., die in Bezug auf jene implizit ist, die durch eine andere Gruppe E' definiert werden. Der Begriff des Raumes als eine Punktmenge mit einer Topologie und einer Metrik ist demnach bloß ein Aspekt einer breiteren Totalität.

Es wird hier hilfreich sein, einen zusätzlichen neuen Sprachgebrauch einzuführen. In der Topologie kann man einen Raum als von einem *Komplex* eingenommen beschreiben, der aus einfachen Figuren besteht (z.B. aus Dreiecken oder anderen grundlegenden Vieleckszellen), deren jede ein Simplex genannt wird. Die Form „plex" geht auf lateinisch „plicare" zurück, was, wie wir bereits zuvor gesehen haben, „falten" bedeutet. Demnach heißt „Simplex" „Ein-falt" und „Komplex" „Zusammenfalt", allerdings im Sinne vieler getrennter Objekte, die miteinander verbunden werden.

Um die Einfaltung einer unbegrenzten Menge euklidischer Ordnungs- und Maßsysteme ineinander zu beschreiben, können wir dann das Wort *Multiplex* einführen (das in diesem Zusammenhang neu ist). Es bezeichnet „viele zusammengefaltete Komplexe" und entspricht damit genau dem Wort „Mannigfaltigkeit". Dieses Wort hat jedoch durch Gewohnheit die Bedeutung „Kontinuum" bekommen, während wir das Wort Multiplex gebrauchen, um auf die primäre Relevanz der impliziten Ordnung und die Unangemessenheit einer Beschreibung im Sinne eines Kontinuums aufmerksam zu machen.

Bislang wurde der Raum in der Regel als ein Kontinuum betrachtet, das von einem Komplex eingenommen sein kann (der offenbar eine Form, den Raum explizit zu ordnen, ist). Solch ein Komplex läßt sich in Form eines Koordinatensystems behandeln. Somit läßt sich jeder Simplex mit Hilfe eines lokaleuklidischen Bezugssystems beschreiben, und der ganze Raum kann durch die Verwendung einer sehr großen Zahl sich überschneidender Koordinaten„flecken" erfaßt werden. Oder man mag im anderen Falle eine einzige Menge krummliniger Koordinaten finden, die für den ganzen Raum geeignet ist. Das Relativitätsprinzip besagt dann, daß alle derartigen Koordinatensysteme äquivalente Beschreibungsrahmen bieten (das heißt gleichwertig für den Ausdruck eines Verhältnisses, einer Begründung oder einer Gesetzmäßigkeit sind).

Wir können nun damit fortfahren, ähnliche Gruppen von Operationen E und E' zu betrachten, die in Bezug zueinander implizit sind. Wie oben ausgeführt, dehnen wir das Relativitätsprinzip durch die Annahme aus, daß die durch zwei beliebige Operationen E und E' definierten Ordnungen insofern äquivalent sind, wie das „Gesetz des Ganzen" derart ist, daß ähnliche Strukturen aufeinander aufbauen können. Um das hiermit Gemeinte zu verdeutlichen, merken wir an, daß die den Sinnen direkt wahrnehmbaren Bewegungsordnungen im allgemeinen als explizit angesehen werden, während andere Ordnungen (wie zum Beispiel solche, die zur Beschreibung „eines Elektrons" in einem Quantenzusammenhang geeignet sind) als implizit angenommen werden. Man kann jedoch nach dem ausgedehnten Relativitätsprinzip genauso gut die „Elektronenordnung" als explizit und die Sinnesordnung als implizit auffassen. Damit versetzen wir uns (bildlich gesprochen) in die Lage des „Elektrons" und begreifen dieses, indem wir uns ihm assimilieren und es uns.

Dies bedeutet offenbar, daß unser Denken durch und durch ganzheitlich ist. Oder wie wir es zuvor ausdrückten: „Alles impliziert alles", und zwar in einem solchen Maße, daß „wir selbst" zusammen mit „allem, was wir sehen und bedenken", impliziert sind. Somit sind wir überall und jederzeit gegenwärtig, wenn auch nur implizit.

Dasselbe gilt für jedes „Objekt". Nur in gewissen besonderen Beschreibungsordnungen erscheinen solche Objekte als explizit. Das allgemeine Gesetz, das heißt die Holonomie, muß in allen Ordnungen ausgedrückt werden, in denen alle Objekte und alle Zeiten „zusammengefaltet" sind.

A. 7 Einige vorläufige Gedanken zur Gesetzmäßigkeit in einem Multiplex

Wir werden uns nun ein paar vorläufige Gedanken dazu machen, welche Bahnen die Untersuchung des allgemeinen Gesetzes verfolgen sollte, das sich eines Multiplex anstelle eines Kontinuums zum Ausdruck bedient.

Zu Beginn erinnern wir uns, daß klassische Beschreibungen nur in einem Zusammenhang relevant sind, in dem die Aufstellung des Gesetzes auf eine besondere Teilalgebra begrenzt ist, die einem gegebenen euklidischen Ordnungs- und Maßsystem entspricht. Falls dieses System sowohl auf die Zeit als auch auf den Raum ausgedehnt wird, so kann ein solches Gesetz mit der speziellen Relativität vereinbar sein.

Es macht den Grundzug der speziellen Relativitätstheorie aus, daß die Lichtgeschwindigkeit ein invarianter Grenzwert für die Fortpflanzung von Signalen (und kausalen Einflüssen) ist. In diesem Zusammenhang merken wir an, daß ein Signal immer aus einer gewissen expliziten Ordnung von Ereignissen bestehen wird und daß der Signalbegriff in einem Zusammenhang, worin diese explizite Ordnung aufhört, relevant zu sein, gleichfalls nicht mehr relevant ist (wenn z.B. eine Ordnung im gesamten Bereich von Raum und Zeit „eingefaltet" ist, kann man nicht kohärent davon ausgehen, daß sie ein Signal darstellt, das in einer gewissen Zeitspanne Information von einem Ort zum anderen überträgt). Dies heißt, daß die beschreibende Sprache der speziellen Relativitätstheorie dort, wo es um implizite Ordnung geht, in der Regel nicht mehr anwendbar ist.

Die allgemeine Relativitätstheorie gleicht der speziellen darin, daß es in jedem Raum-Zeit-Abschnitt einen Lichtkegel gibt, der eine Grenzgeschwindigkeit des Signals festsetzt. Sie unterscheidet sich aber darin, daß jeder Abschnitt sein eigenes lokales Koordinatensystem (bezeichnet durch m) hat, das mit denen seiner Nachbarn (bezeichnet durch n) durch gewisse allgemeine lineare Transformationen T_{mn} verknüpft ist. Aber ein lokales Koordinatensystem muß von unserem Gesichtspunkt aus als Ausdruck eines entsprechenden euklidischen Ordnungs- und Maßsystems angesehen werden (das beispielsweise die Linien des betreffenden Bezugssystems als invariante Unterräume der Operationen E erzeugen würde). Wir betrachten daher die euklidischen Systeme der Operationen E_m und E_n und die sie verknüpfenden Transformationen:

$$E_n = T_{mn} E_m T_{mn}^{-1}.$$

Wenn wir eine Reihe von Transformationen dieser Systeme um einen geschlossenen Kreislauf von Flecken betrachten, so gelangen wir zu dem, was mathematisch die „Holonomiegruppe" genannt wird. In einem gewissen Sinne paßt dieser Name, denn diese Gruppe bestimmt wirklich den Charakter des „ganzen Raumes". Demnach ist diese Gruppe in der allgemeinen Relativitätstheorie der Lorentz-Gruppe äquivalent, die mit der Forderung eines invarianten „örtlichen Lichtkegels" vereinbar ist. Die Verwendung einer anderen Gruppe würde hier natürlich einen entsprechend anderen Charakter des „ganzen Raumes" ver verlangen.

In anderer Hinsicht wäre es hingegen besser, die betreffende Gruppe als eine „Autonomiegruppe" anstatt als eine „Holonomiegruppe" anzusehen, denn in der allgemeinen Relativitätstheorie (wie auch in einer breiten Klasse moderner Feldtheorien) ist das allgemeine Gesetz in jedem Abschnitt invariant gegenüber willkürlichen „Eichtransformationen" der Bezugssysteme $E_m' = R_m E_m R_m^{-2}$. Den Sinn dieser Transformationen kann man ersehen, wenn man mehrere umgebende Abschnitte ins Auge faßt, deren jeder eine lokalisierte Struktur enthält, also eine, die eine vernachlässigbare Verbindung mit benachbarten Strukturen aufweist (sodaß man den Raum zwischen ihnen mit Recht als leer oder annähernd leer ansehen kann). Die Bedeutung der Eichinvarinaz besteht dann darin, daß die Gesetze derart sind, daß zwei beliebige Strukturen unabhängig voneinander transformiert werden können, wenigstens innerhalb gewisser Grenzen (z.B. solange genug „leerer Raum" zwischen ihnen ist). Es ist ein Beispiel für solche relative Autonomie von Strukturen, daß Objekte, die sich nicht zu nahe sind, in Bezug aufeinander gedreht und verschoben werden können. Offenbar ist es dieser besondere Zug am „Gesetz des Ganzen" (das heißt die Eichinvarianz), der eine relative Autonomie von der oben beschriebenen Art gestattet.

Wenn wir zu einem Quantenzusammenhang übergehen, wird das „Gesetz des Ganzen" (also die Verallgemeinerung dessen, was in der Riemannschen Geometrie unter einer „Holonomiegruppe" verstanden wird) Metamorphosen M wie auch Transformationen T zur Folge haben. Dies wird uns zum Multiplex bringen, in dem neue Ordnungs- und Maßformen relevant werden.

Es ist jedoch wichtig zu betonen, daß das „Gesetz des Ganzen" nicht einfach ein Umschreiben der heutigen Quantentheorie in eine neue Sprache sein wird. Vielmehr muß der gesamte Rahmen der Physik (der klassischen wie der Quantenphysik) in einer anderen Struktur assimiliert werden, in der Raum, Zeit, Materie und Bewegung auf neue Weise beschrieben werden. Solch ein Assimilieren wird dann dazu führen, daß neue Wege erforscht werden, an die vom Standpunkt der heutigen Theorien aus nicht einmal zu denken ist.

Wir wollen hier nur ein paar der vielen diesbezüglichen Möglichkeiten andeuten.

Zunächst einmal entsinnen wir uns, daß wir mit einer undefinierbaren Gesamtalgebra beginnen und Teilalgebren herausgreifen, die zur Beschreibung bestimmter Zusammenhänge der physikalischen Forschung geeignet sind. Nun haben Mathematiker bereits gewisse interessante und potentiell relevante Züge solcher Teilalgebren herausgearbeitet.

Man betrachte etwa eine gegebene Teilalgebra A. Unter ihren Termen A_i mögen einige A_N vorkommen, die nilpotent sind, das heißt, die die Eigenschaft besitzen, daß einige Potenzen von A_N (sagen wir $(A_N)^s$) Null sind. Unter diesen befindet sich eine Teilmenge von Termen A_p, die *eigentlich nilpotent* sind, die also nilpotent bleiben, wenn man sie mit einem beliebigen Term A_i der Algebra multipliziert (so daß $(A_i A_p)^s = 0$).

Als ein Beispiel betrachte man zunächst eine Cliffordsche Algebra, bei der jeder Term eigentlich nilpotent ist. In einer Fermionenalgebra mit Termen C_j und C_j^* jedoch ist jedes C_j und

$C_j{}^*$ nilpotent (das heißt $(C_j)^2 = (C_j{}^*)^2 = 0$), aber nicht eigentlich nilpotent (das heißt $(C_j{}^*C_j)^2 = 0$).

Man kann sagen, daß eigentlich nilpotente Terme Bewegungen beschreiben, die letztlich zu Eigenschaften führen, die verschwinden. Wenn wir also invariante und relativ dauerhafte Eigenschaften der Bewegung zu beschreiben suchen, so sollten wir über eine Algebra verfügen, die keine eigentlich nilpotenten Terme aufweist. Solch eine Algebra läßt sich stets aus jeder Algebra A erhalten, wenn man die eigentlich nilpotenten Terme subtrahiert, um eine sogenannte *Differenzalgebra* zu bekommen.

Wir schauen uns nun das folgende Theorem an. (5) Jede differente Algebra kann durch Produkte einer Matrizenalgebra (das heißt einer Algebra, deren Multiplikationsregeln denen von Matrizen gleichen) und einer Divisionsalgebra (das heißt einer Algebra, in der das Produkt zweier Terme, die ungleich Null sind, niemals Null ist) ausgedrückt werden.

Was die Divisionsalgebra betrifft, so hängen deren mögliche Typen von den Feldern ab, aus denen die Zahlenfaktoren genommen sind. Ist dieses Feld das der reellen Zahlen, so gibt es genau drei Divisionsalgebren: die reellen Zahlen selbst, eine Algebra von der Ordnung Zwei, die äquivalent den komplexen Zahlen ist, und die reellen Quaternionen. Andererseits ist für das Feld der komplexen Zahlen die einzige Divisionsalgebra die der komplexen Zahlen selbst (dies erklärt, warum Quaternionen zu einer zweizeiligen Matrizenalgebra werden, wenn man sie auf komplexe Faktoren ausdehnt).

Es ist bedeutsam, daß wir durch die Mathematisierung der allgemeinen Sprache durch eine anfänglich undefinierte und nicht spezifizierte Algebra auf natürliche Weise zu Algebren der Art gelangen, wie sie in der heutigen Quantentheorie für „Teilchen mit Spin", also Produkte von Matrizen und Quaternionen, verwandt werden. Diese Algebren haben jedoch zusätzlich eine Bedeutung, die über die rein formaler Berechnungen, wie sie in der Quantentheorie vorgenommen werden, hinausgeht. Zum Beispiel erfordern die Quaternionen Invarianz bei einer Gruppe von Transformationen, die Drehungen im dreidimensionalen Raum gleichen (was sich auf einfache Weise auf Gruppen ähnlich der Lorentz-Gruppe ausdehnen läßt). Dies weist darauf hin, daß die entscheidenden Transformationen, die die (3 + 1)-dimensionale Ordnung der „relativistischen Raum-Zeit" bestimmen, auf gewisse Weise bereits im Holomovement enthalten sind, das durch die implizite Ordnung beschrieben und in algebraischen Termen mathematisiert wird.

Will man es genauer sagen, so sind wir ausgehend von einer allgemeinen algebraischen Mathematisierung der Sprache und auf der Suche nach den relativ dauerhaften oder invarianten Zügen (wie sie von Algebren ohne eigentlich nilpotente Terme beschrieben werden) und den nicht auf eine bestimmte Größenordnung beschränkten Zügen (wie sie von Algebren beschrieben werden, deren Terme mit einer beliebigen reellen Zahl multipliziert werden können) bei Transformationen angelangt, die eine Ordnung äquivalent der der relativistischen Raum-Zeit festlegen. Dies heißt jedoch, daß für den Fall, wo wir nicht dauerhafte und nicht invariante Züge in Betracht ziehen würden (was Algebren mit eigentlich nilpotenten Termen verlangte) sowie auf bestimmte Größenordnungen beschränkte Züge (was Algebren für die rationalen Zahlen oder für endliche Zahlenfelder verlangte), völlig neue Ordnungen relevant werden können (die keineswegs auf die $(3 + 1)$-dimensionale Ordnung reduzibel wären). Es wird somit klar, daß hier ein weites Gebiet für mögliche Forschung vorliegt.

Ein weiteres Forschungsgebiet läge in der Entwicklung einer neuen Beschreibung, die klassische und Quantenaspekte in einer einzigen und umfassenderen Sprachstruktur vereinigte. Statt daß man klassische und Quantensprache als getrennt, wenn auch durch eine Art Zuordnung miteinander verknüpft betrachtet (wie dies in heutigen Theorien im allgemeinen geschieht), kann man in der in diesem Anhang bereits aufgezeigten Richtung die Möglichkeit untersuchen, diese beiden als Grenzfälle von Sprachen zu abstrahieren, die durch breitere Algebren mathematisiert werden. Dies könnte offensichtlich zu anderen Theorien führen, die einen neuen Inhalt hätten und sowohl über die klassische Theorie als auch über die Quantentheorie hinausgingen. Im Hinblick darauf wäre es besonders interessant festzustellen, ob algebraische Strukturen entdeckt würden, die gleichfalls zu relativistischen Begriffen als Grenzfällen führten (etwa in Form von Algebren für endliche Zahlenfelder anstatt für die reellen Zahlen). Man dürfte von solchen Theorien erwarten, daß sie von den Unendlichkeiten der heutigen Theorien frei wären und zu einer allgemein kohärenten Behandlung der Probleme führten, die die heutigen Theorien nicht lösen können.

VII

Einfaltung und Entfaltung von Universum und Bewußtsein

1. Einleitung

Das zentrale Thema, das sich durch dieses ganze Buch hinzieht, ist die bruchlose Ganzheit des gesamten Daseins als eine ungeteilte fließende Bewegung ohne Grenzen.

Aus der Erörterung im vorigen Kapitel scheint klar geworden zu sein, daß sich die implizite Ordnung zum Verständnis solcher bruchlosen Ganzheit in fließender Bewegung besonders eignet, da in der impliziten Ordnung die Totalität des Daseins in jeden Abschnitt des Raumes (und der Zeit) eingefaltet ist. Welchen Teil, welches Element oder welchen Aspekt wir also auch immer im Denken abstrahieren mögen, so faltet doch jedes einzelne stets das Ganze ein und ist von daher innig mit der Totalität verbunden, von der es abstrahiert wurde. So durchdringt die Ganzheit von Anfang an alles, was zum Gegenstand der Auseinandersetzung wird.

In diesem Kapitel geben wir eine nicht fachspezifische Darstellung der Hauptzüge der impliziten Ordnung, und zwar zunächst wie sie in der Physik auftritt und dann wie sie auf das Feld des Bewußtseins ausgedehnt werden kann, um gewisse allgemeine Richtungen anzugeben, in denen es möglich ist, sowohl Kosmos als auch Bewußtsein als eine einzige bruchlose Totalität von Bewegung zu begreifen. (1)

2. Zusammenfassung und Gegenüberstellung der mechanistischen Ordnung in der Physik und der impliziten Ordnung

Es wird hilfreich sein, mit einer Zusammenfassung einiger zuvor dargestellter Hauptpunkte zu beginnen, und dabei die allgemein anerkannte mechanistische Ordnung in der Physik der impliziten Ordnung gegenüberzustellen.

Betrachten wir zunächst die mechanistische Ordnung. Wie in den Kapiteln 1 und 5 gezeigt, ist es der wesentliche Zug dieser Ordnung, daß die Welt als zusammengesetzt aus Gebilden angesehen wird, die *außerhalb voneinander* sind, das heißt unabhängig voneinander in verschiedenen Abschnitten des Raums (und der Zeit) existieren und durch Kräfte miteinander interagieren, die keine Veränderungen in ihrer Wesensart herbeiführen. Die Maschine stellt ein typisches Anschauungsbeispiel für ein solches Ordnungssystem dar. Jeder Teil wird unabhängig von den anderen gebildet (z.B. durch Stanzen oder Gießen) und tritt mit den anderen Teilen nur über eine Art äußeren Kontakt in Wechselwirkung. Im Gegensatz dazu wächst zum Beispiel in einem lebendigen Organismus jeder Teil im Zusammenhang des Ganzen, so daß weder von einer unabhängigen Existenz die Rede sein kann noch von einer bloßen „Wechselwirkung" mit den anderen, in welcher Beziehung er selbst wesentlich unbeeinflußt bliebe.

Wie im Kapitel 1 ausgeführt, hat sich die Physik nahezu völlig der Vorstellung verschrieben, daß die Ordnung des Universums von Grund auf mechanisch sei. Diese Vorstellung erscheint in ihrer verbreitetsten Form in der Annahme, die Welt bestünde aus einer Menge getrennt existierender, unteilbarer und unveränderlicher „Elementarteilchen", die die grundlegenden „Bausteine" des gesamten Universums wären. Ursprünglich dachte man sich diese als Atome, aber die Atome wurden schließlich in Elektronen, Protonen und Neutronen aufgespalten. Diese hielt man für die absolut unveränderlichen und unteilbaren Grundbestandteile aller Materie, aber dann fand man, daß sich diese wiederum in hunderterlei verschiedene instabile Teilchen verwandelten, und jetzt sind sogar noch kleinere Teilchen namens „Quarks" oder „Partonen" postuliert worden, um diese Verwandlungen zu erklären. Obwohl diese bislang noch nicht isoliert wurden, so scheint doch ein unerschütterliches Vertrauen unter Physikern zu herrschen, daß entweder solche Teilchen oder andersartige, die noch zu entdecken wären, letztendlich eine vollständige und kohärente Erklärung für alles möglich machen werden.

Die Relativitätstheorie war das erste bedeutende Anzeichen in der Physik für die Notwendigkeit, die mechanistische Ordnung in Frage zu stellen. Wie im Kapitel 5 erläutert, ging sie davon aus, daß es keinen kohärenten Begriff eines unabhängig existierenden Teilchens geben könne, mochte es diesem zufolge nun als ein ausgedehnter Körper oder als ein dimensionsloser Punkt erscheinen. Damit wurde gezeigt, daß eine Grundannahme, auf der die allgemein anerkannte Form des Mechanismus in der Physik beruhte, unhaltbar war.

Um dieses grundsätzliche Problem zu lösen, schlug Einstein vor, den Teilchenbegriff nicht mehr als primär aufzufassen und stattdessen die Realität von Anfang an als aus Feldern bestehend anzusehen, die Gesetzen gehorchten, welche die Forderungen der Relativitätstheorie erfüllten. Eine entscheidende neue Idee dieser Einsteinschen „einheitlichen Feldtheorie" ist die, daß die Feldgleichungen *nichtlinear* sein sollen. Wie im Kapitel 5 erklärt, konnten diese Gleichungen Lösungen in Form örtlicher Impulse besitzen, die aus einem Bereich mit hoher Feldstärke bestanden, der sich stabil als ganzer durch den Raum bewegen und von daher ein Modell des „Teilchens" abgeben konnte. Solche Impulse reißen nicht jäh ab, sondern breiten sich mit abnehmender Stärke über beliebig große Entfernungen aus. Die zwei Impulsen zugeordneten Feldgebilde werden also in einem bruchlosen Ganzen verschmelzen und zusammenströmen. Wenn sich zwei Impulse einander nähern, so werden außerdem die ursprünglichen Teilchengestalten so radikal verändert, daß nicht einmal mehr eine Ähnlichkeit mit einem Gebilde besteht, das aus zwei Teilchen zusammengesetzt ist. Dieser Vorstellung nach erscheint also die Idee eines getrennt und unabhängig existierenden Teilchens bestenfalls als eine Abstraktion, die nur in einem gewissen begrenzten Bereich eine gültige Näherung erbringt. Letztlich muß das gesamte Universum (mit allen seinen „Teilchen", einschließlich jener, aus denen die Menschen, ihre Labors, Beobachtungsinstrumente usw. zusammengesetzt sind) als ein einziges ungeteiltes Ganzes verstanden werden, in dem der Analyse in getrennt und unabhängig existierende Teile kein grundsätzlicher Rang zukommt.

Wie wir jedoch im Kapitel 5 gesehen haben, war Einstein nicht in der Lage, eine allgemein kohärente und zufriedenstellende Formulierung seiner einheitlichen Feldtheorie zustande zu bringen. Überdies haften dem Feldbegriff, der seinen grundsätzlichen Ausgangspunkt bildet, noch immer die wesentlichen Züge einer mechanistischen Ordnung an (dies mag im Rahmen unserer Erörterung der mechanistischen Einstellung zur Physik wichtiger sein), denn man stellt sich die grundlegenden Gebilde, die Felder, als außerhalb voneinander an getrennten Raum- und Zeitpunkten existierend vor und nimmt an, sie seien miteinander nur durch äußere Beziehungen verbunden, die man in der Tat auch für lokale hält, das heißt, daß nur die Feldelemente einander beeinflussen können, die durch „infinitesmale" Entfernungen getrennt sind. (2)

Obwohl die einheitliche Feldtheorie keinen Erfolg hatte in dem Bestreben, der Physik eine letzte, mechanistische Grundlage in Form des Feldbegriffs zu geben, so zeigte sie doch auf konkrete Weise, wie sich eine Übereinstimmung mit der Relativitätstheorie erzielen ließe, wenn man den Teilchenbegriff als eine Abstraktion von einer bruchlosen und ungeteilten Totalität des Daseins ableitete. Sie trug so dazu bei, die Herausforderung der Relativitätstheorie an die herrschende mechanistische Ordnung zu bekräftigen.

Aber die Quantentheorie stellt eine viel ernstere Herausforderung dieser mechanistischen Ordnung dar, denn sie geht bei weitem über die Relativitätstheorie hinaus. Wie wir im Kapitel 5 gesehen haben, sind es folgende Grundzüge der Quantentheorie, die den Mechanismus angreifen:

1. Bewegung ist im allgemeinen *diskontinuierlich*, insofern wie die Wirkung aus *unteilbaren Quanten* besteht (was auch heißt, daß zum Beispiel ein Elektron von einem Zustand in den anderen übergehen kann, ohne irgendwelche Zwischenzustände zu durchlaufen).

2. Gebilde wie etwa Elektronen können je nach den Umständen, unter denen sie existieren und der Beobachtung unterliegen, unterschiedliche Eigenschaften aufweisen (z.B. teilchenartige, wellenartige oder etwas dazwischen).

3. Zwei Gebilde wie etwa Elektronen, die sich zunächst zu einem Molekül verbinden und sich darauf trennen, zeigen eine besondere nichtlokale Beziehung, die sich am besten als eine nichtkausale Verbindung weit entfernter Elemente be-

schreiben läßt (3) (wie im Versuch von Einstein, Podolsky und Rosen demonstriert (4)).

Man muß natürlich hinzufügen, daß die Gesetze der Quantentheorie statistische sind und einzelne zukünftige Ereignisse nicht eindeutig und genau festlegen. Darin unterscheiden sie sich freilich von den klassischen Gesetzen, die im Prinzip diese Ereignisse festlegen. Ein solcher Indeterminismus stellt jedoch keine ernsthafte Herausforderung für eine mechanistische Ordnung dar, das heißt für eine solche, deren Grundelemente unabhängig existieren, einander äußerlich und nur durch äußere Beziehungen verbunden sind. Die Tatsache, daß solche Elemente (wie in einem Flipperautomaten) durch die Zufallsgesetze verknüpft sind (was mathematisch durch die Wahrscheinlichkeitstheorie ausgedrückt wird) ändert nichts an der grundsätzlichen Äußerlichkeit der Elemente (5) und hat demnach keinen wesentlichen Einfluß auf die Frage, ob die Grundordnung mechanistisch ist oder nicht.

Die drei Grundzüge der Quantentheorie zeigen jedoch deutlich die Unzulänglichkeit mechanistischer Begriffe. Wenn also alle Wirkungen in Form diskreter Quanten erfolgen, so ergeben die Wechselwirkungen zwischen verschiedenen Gebilden (z.B. Elektronen) eine einzige Struktur unteilbarer Bindeglieder, so daß man sich das ganze Universum als ein bruchloses Ganzes denken muß. In diesem Ganzen weist jedes Element, daß wir gedanklich abstrahieren können, Grundeigenschaften auf (Welle oder Teilchen usw.), die von seinem Gesamtfeld auf eine Weise abhängen, die viel eher daran erinnert, wie die Organe eines Lebewesens zusammenhängen, als daran, wie Teile einer Maschine miteinander interagieren. Weiterhin verletzt die nichtlokale, nichtkausale Natur der Beziehungen zwischen voneinander entfernt liegenden Elementen offensichtlich die Forderung nach Getrenntheit und Unabhängigkeit der Grundbestandteile, wie sie für jede mechanistische Vorgehensweise unabdingbar ist.

Es ist an dieser Stelle lehrreich, die Grundzüge der relativistischen Theorie und der Quantentheorie zu vergleichen. Wie wir gesehen haben, verlangt die Relativitätstheorie Kontinuität, strikte Kausalität (oder Determinismus) und Lokalität. Die Quantentheorie andererseits verlangt Nichtkontinuität, Nichtkausalität und Nichtlokalität. Also widersprechen die Grundbegriffe der Relativitätstheorie und der Quantentheorie einander direkt. Es kann daher kaum überraschen, daß diese beiden Theorien niemals auf eine konsistente Weise vereinigt wurden. Vielmehr scheint es höchst glaubhaft, daß eine solche Vereinigung nicht wirklich möglich ist. Was stattdessen sehr wahrscheinlich vonnöten ist, ist eine qualitativ neue Theorie, von der sowohl die Relativitätstheorie als auch die Quantentheorie als Abstraktionen, Näherungen und Grenzfälle abzuleiten wären.

Die Grundbegriffe dieser neuen Theorie lassen sich offenbar nicht finden, wenn man von den Zügen ausgeht, worin sich die Relativitätstheorie und die Quantentheorie direkt widersprechen. Am besten setzt man an dem Punkt, der ihnen grundsätzlich gemeinsam ist, an: die ungeteilte Ganzheit. Obgleich beide Theorien auf unterschiedlichen Wegen zu solcher Ganzheit gelangen, so laufen sie doch im Grunde beide eindeutig darauf hinaus.

Von der ungeteilten Ganzheit auszugehen, bedeutet jedoch, daß wir die mechanistische Ordnung fallenlassen müssen. Aber diese Ordnung lag über viele Jahrhunderte allem physikalischen Denken zugrunde. Wie im Kapitel 5 klar gemacht wurde, wird die mechanistische Ordnung auf natürlichste und unmittelbarste Weise durch das kartesische Koordinatennetz ausgedrückt. Obwohl sich die Physik in vieler Hinsicht radikal verändert hat, ist doch das kartesische Koordinatennetz (mit geringfügigen Abwandlungen wie etwa dem Gebrauch krummliniger Koordinaten) der eine Grundzug geblieben, der sich nicht geändert hat. Dies zu ändern ist offenbar nicht leicht, denn unsere Ordnungsbegriffe durchdringen alles; sie besetzen nicht nur unser Denken, sondern auch unsere Sinne, unsere Gefühle, unsere Intuitionen, unsere Körperbewegungen, unsere Beziehungen zu anderen Menschen und zur Gesellschaft im ganzen und in der Tat unser Leben in jeder Phase. Daher ist es schwer, von unseren alten Ordnungsbegriffen so weit „einen Schritt zurückzutreten", daß neue Ordnungsbegriffe ernsthaft erwogen werden können.

Damit die Einsicht leichter fällt, was mit unserer Anregung neuer, der ungeteilten Ganzheit angemessener Ordnungsbegriffe gemeint ist, fangen wir sinnvollerweise mit Beispielen an, die die Sinneswahrnehmung direkt einbeziehen können, wie auch mit Modellen und Analogien, die solche Begriffe auf phantasievolle und intuitive Weise veranschaulichen. Im Kapitel 6 begannen wir mit der Feststellung, daß die fotografische Linse ein Instrument ist, das uns eine sehr direkte Form sinnlicher Wahrnehmung der Bedeutung der mechanistischen Ordnung vermittelt hat. Indem sie eine annähernde Entsprechung zwischen Punkten auf dem Objekt und Punkten auf dem fotografischen Bild herstellt, macht sie nachhaltig auf die getrennten Elemente aufmerksam, in die sich das Objekt analytisch zerlegen läßt. Indem sie es möglich macht, daß Dinge, die zu klein sind, zu groß, zu schnell, zu langsam usw., um mit bloßem Auge gesehen zu werden, Punkt für Punkt abgebildet und aufgenommen werden, versetzt sie uns in den Glauben, daß letztlich alles auf diese Weise *wahrgenommen* werden kann. Daraus erwächst der Gedanke, daß es nichts gibt, was nicht ebenso als aus solchen örtlichen Elementen gebildet *vorgestellt* werden kann. Die mechanistische Einstellung wurde also durch die Entwicklung der fotografischen Linse außerordentlich bestärkt.

Wir fuhren dann damit fort, uns ein neues Instrument namens *Hologramm* anzusehen. Wie im Kapitel 6 erläutert, macht dieses eine fotografische Aufnahme des Interferenzmusters von Lichtwellen, die von einem Gegenstand zurückgeworfen wurden. Der neue Grundzug dieser Aufnahme besteht darin, daß jeder Teil Informationen über das *ganze Objekt* enthält (so daß es keine Punkt-für-Punkt-Zuordnung von Objekt und aufgenommenem Bild gibt). Dies besagt, daß Form und Struktur des gesamten Objekts sozusagen in jedem Abschnitt der fotografischen Aufnahme *eingefaltet* sind. Belichtet man irgendeinen Abschnitt, so werden daraufhin Form und Struktur *entfaltet* und geben wieder ein erkennbares Bild des ganzen Objekts.

Wir äußerten den Gedanken, daß wir es hier mit einem neuen Begriff von Ordnung zu tun haben, die wir die *implizite Ordnung* nannten (von einem lateinischen Verb mit der Bedeutung „einfalten" oder „nach innen falten"). Vom Standpunkt der impliziten Ordnung aus kann man sagen, daß alles in alles eingefaltet ist. Dies widerspricht der zur Zeit in der Physik herrschenden *expliziten Ordnung*, in der die Dinge in dem Sinne *entfaltet* werden, daß jedes Ding nur in seinem besonderen Raum- (und Zeit-)Abschnitt liegt, das heißt außerhalb der Abschnitte, die zu anderen Dingen gehören.

Der Wert des Hologramms in diesem Zusammenhang besteht darin, daß es dazu beitragen kann, uns auf eine sinnlich wahrnehmbare Weise auf diesen neuen Ordnungsbegriff aufmerksam zu machen. Aber freilich ist das Hologramm nur ein Instrument, dessen Aufgabe es ist, eine statische Aufnahme (oder einen „Schnappschuß") von dieser Ordnung zu machen. Die wirkliche Ordnung selbst, die dergestalt aufgenommen wurde, liegt in Form von Lichtwellen in der komplexen Bewegung elektromagnetischer Felder vor. Solche Bewegung von Lichtwellen kommt überall vor und faltet im Prinzip das gesamte räumliche (und zeitliche) Universum in jedem Abschnitt ein (wie sich in jedem derartigen Abschnitt demonstrieren läßt, indem man sein Auge oder ein Teleskop dorthin richtet, wodurch dieser Inhalt „entfaltet" wird).

Wie im Kapitel 6 ausgeführt, findet dieses Einfalten und Entfalten nicht nur in der Bewegung des elektromagnetischen Feldes statt, sondern auch in der anderer Felder wie etwa der der Elektronen, Protonen, Schallwellen usw. Es gibt bereits eine Unmenge solcher Felder, die bekannt sind, und zahllose, bislang unbekannte andere, die vielleicht einmal später entdeckt werden. Außerdem wird die Bewegung durch den klassischen Feldbegriff (der in der Regel herangezogen wird, um zu erklären, wie das Hologramm arbeitet) nur annähernd bestimmt. Genauer betrachtet gehorchen diese Felder quantenmechanischen Gesetzen, die die bereits erwähnten Eigenschaften der Diskontinuität und der Nichtlokalität verlangen (auf die wir später in diesem Kapitel noch einmal zu sprechen kommen werden). Wie wir später sehen werden, mögen sogar die Quantengesetze nur Abstraktionen von noch allgemeineren Gesetzen sein, von denen jetzt nur einige Umrisse vage zu sehen sind. Die gesamte Bewegung des Einfaltens und Entfaltens könnte also ungemein weit über das hinausgehen, was sich bis jetzt unseren Beobachtungen enthüllt hat.

Im Kapitel 6 gaben wir dieser Totalität den Namen *Holomovement*. Grundsätzlich schlugen wir vor, daß das Holomovement das ist *was ist* und daß alles durch Formen zu erklären ist, die von diesem Holomovement abgeleitet sind. Obwohl die volle Menge der Gesetze, die es in ihrer Totalität beherrschen, unbekannt (und in der Tat wahrscheinlich unerkennbar) ist, denkt man sich doch diese Gesetze dergestalt, daß von ihnen relativ autonome oder unabhängige Sub-Totalitäten der Bewegung abstrahiert werden können (z.B. Felder, Teilchen usw.), deren grundlegende Ordnungs- und Maßschemata sich auf gewisse Weise wiederholen und die einigermaßen stabil sind. Solche Sub-Totalitäten können dann jede für sich untersucht werden, ohne daß man zuerst die vollen Gesetzmäßigkeiten des Holomovement kennen müßte. Dies verlangt freilich, daß wir den Ergebnissen solcher Untersuchungen keine absolute Gültigkeit für alle Zeiten zuschreiben, sondern wir müssen vielmehr stets bereit sein, die Grenzen der Unabhängigkeit jeder relativ autonomen Gesetzstruktur aufzudecken und davon ausgehend nach neuen Gesetzen Ausschau zu halten, die sich auf noch größere, relativ autonome Bereiche dieser Art beziehen können.

Wir haben bis jetzt die implizite und die explizite Ordnung einander gegenübergestellt und sie als getrennt und verschieden voneinander behandelt. Wie aber im Kapitel 6 zu verstehen gegeben wurde, kann die explizite Ordnung als ein besonderer oder ausgezeichneter Fall einer allgemeinen Menge vom impliziten Ordnungen angesehen werden, von der sie abgeleitet sein kann. Die explizite Ordnung zeichnet sich dadurch aus, daß sie als derart abgeleitete Form eine Menge sich wiederholender und relativ stabiler Elemente darstellt, die außerhalb voneinander sind. Diese Menge von Elementen (z.B. Felder und Teilchen) liefert dann die Erklärung für jenen Erfahrungsbereich, der von der mechanistischen Ordnung zureichend erfaßt wird. In der vorherrschenden mechanistischen Einstellung hingegen gelten diese Elemente, die man für getrennt und unabhängig existierend hält, als die Grundbausteine der Realität. Die Aufgabe der Wissenschaft ist es demnach, von solchen Teilen auszugehen, alle Ganze durch Abstraktionen abzuleiten und sie als Ergebnisse von Wechselwirkungen der Teile zu erklären. Wenn man im Gegensatz dazu im Sinne der impliziten Ordnung vorgeht, so beginnt man mit der ungeteilten Ganzheit des Universums, und die Aufgabe der Wissenschaft besteht darin, die Teile durch Abstraktion vom Ganzen abzuleiten und sie als annähernd trennbare, stabile und sich wiederholende, aber äußerlich verbundene Elemente zu erklären, die relativ autonome Sub-Totalitäten bilden, welche durch eine explizite Ordnung zu beschreiben sind.

3. Die implizite Ordnung und die Struktur der Materie

Wir fahren nun mit einer eingehenderen Darstellung dessen fort, wie sich die allgemeine Struktur der Materie vom Standpunkt der impliziten Ordnung aus verstehen läßt. Hierzu beginnen wir damit, noch einmal die im Kapitel 6 erörterte Vorrichtung zu betrachten, die uns als eine Analogie diente, um gewisse wesentliche Züge der impliziten Ordnung zu veranschaulichen. (Es muß jedoch betont werden, daß sie *nur* eine Analogie ist und daß ihre Übereinstimmung mit der impliziten Ordnung begrenzt ist, wie später klarer werden wird.)

Diese Vorrichtung bestand aus zwei konzentrischen Glaszylindern mit einer äußerst zähen Flüssigkeit wie etwa Glyzerin dazwischen. Wird nun der äußere Zylinder sehr langsam gedreht, so kommt es zu einer unbedeutenden Diffusion der zähen Flüssigkeit. Ein Tropfen nichtlöslicher Tinte wird in die Flüssigkeit gegeben und der äußere Zylinder gedreht, mit dem Ergebnis, daß der Tropfen in eine feine, fadenartige Form langgezogen wird, die schließlich unsichtbar wird. Wenn der Zylinder in der entgegengesetzten Richtung gedreht wird, so zieht sich die fadenartige Form wieder zusammen und wird plötzlich als der im wesentlichen gleiche Tropfen sichtbar, der ursprünglich da war.

Es lohnt sich, sorgfältig darüber nachzudenken, was in dem oben beschriebenen Vorgang tatsächlich geschieht. Betrachten wir zunächst ein Flüssigkeitselement. Die Teile weiter außen werden sich schneller bewegen als die weiter innen. Ein solches Element wird daher verformt, und dies erklärt, warum es letztendlich in einen langen Faden ausgezogen wird. Der Tintentropfen besteht nun aus einer Ansammlung von Kohlenstoffteilchen, die anfangs in einem solchen Flüssigkeitselement schwimmen. Wird das Element langgezogen, so nimmt es die Tintenteilchen mit. Die Teilchenmenge erstreckt sich bald über ein derart großes Volumen, daß ihre Dichte die minimale Sichtbarkeitsschwelle unterschreitet. Wird die Bewegung umgekehrt, so verfolgt jeder Teil der Flüssigkeit seinen Pfad zurück (wie es aus den physikalischen Gesetzen für viskose Medien bekannt ist), so daß sich das fadenartige Flüssigkeitselement schließlich wieder in seine ursprüngliche Form zieht. Bei diesem Vorgang nimmt es die Tintenteilchen mit, so daß auch sie sich schließlich zusammenziehen, dicht genug werden, um die Schwelle zu zur Wahrnehmbarkeit zu überschreiten, und somit abermals als sichtbare Tropfen erscheinen.

Wenn die Tintenteilchen in einen langen Faden gezogen wurden, so kann man sagen, sie sind in das Glycerin *eingefaltet* worden, wie man sagen könnte, daß ein Ei in einen Kuchen gefaltet werden kann. Freilich besteht der Unterschied darin, daß der Tropfen durch Umkehrung der Flüssigkeitsbewegung entfaltet werden kann, wohingegen das Ei auf keine Weise wieder entfaltet werden kann (weil der Stoff hierbei eine nicht umkehrbare, diffuse Vermischung mitmacht).

Die Analogie solchen Einfaltens und Entfaltens zur impliziten Ordnung, die wir in Verbindung mit dem Hologramm zogen, ist recht gut. Um diese Analogie weiterzuentwickeln, wollen wir zwei nahe beieinander liegende Tintentropfen betrachten, und um es sich leichter bildlich vorstellen zu können, wollen wir annehmen, daß die Tintenteilchen im einen Tropfen rot und die im anderen blau sind. Wird dann der äußere Zylinder gedreht, so wird jedes der beiden getrennten Flüssigkeitselemente, in denen die Tintenteilchen schwimmen, in eine fadenartige Form langgezogen werden, und die zwei fadenartigen Formen werden sich unbeschadet ihrer Getrenntheit und Verschiedenheit miteinander in einem komplizierten Muster verweben, das zu fein ist, um für das Auge kenntlich zu sein (etwa wie das auf dem Hologramm festgehaltene Interferenzmuster, das aber ganz anderen Ursprungs ist). Die Tintenteilchen in jedem Tropfen werden natürlich von den Flüssigkeitsbewegungen mitgetragen, wobei aber jedes Teilchen in seinem eigenen Flüssigkeitsfaden bleibt. Schließlich wird man jedoch an jeder Stelle, die groß genug ist, um für das Auge sichtbar zu sein, rote Teilchen von dem einen Tropfen und blaue Teilchen von dem anderen sehen, die sich scheinbar willkürlich vermischen. Wenn die Flüssigkeitsbewegungen allerdings umgekehrt werden, wird sich jedes fadenartige Flüssigkeitselement in sich selbst zurückziehen, bis sich die zwei schließlich wieder in klar getrennten Abschnitten gesammelt haben. Wenn man in der Lage wäre, das Geschehen genauer zu beobachten (z.B. mit einem Mikroskop), so würde man sehen, wie einander naheliegende rote und blaue Teilchen sich zu trennen beginnen, während Teilchen der gleichen Farbe, die weit voneinander entfernt sind, zusammenzukommen beginnen. Es ist fast, als ob einander ferne Teilchen der gleichen Farbe „gewußt" hätten, daß sie ein gemeinsames Los besaßen, das von dem der andersfarbigen Teilchen, denen sie doch nahe waren, getrennt war.

In Wirklichkeit gibt es natürlich in diesem Fall kein solches „Los". In der Tat haben wir alles, was sich zutrug, mechanisch durch die komplexe Bewegung der Flüssigkeitselemente erklärt, in denen die Tintenteilchen schwimmen. Aber wir müssen uns hier daran erinnern, daß diese Vorrichtung nur eine Analogie ist, die einen neuen Ordnungsbegriff veranschaulichen soll. Um diesen neuen Begriff klar herauszustellen, ist es notwendig, unsere Aufmerksamkeit zu Beginn ausschließlich den Tintenteilchen zu widmen und die Betrachtung der Flüssigkeit, in der sie schwimmen, wenigstens für den Augenblick beiseite zu lassen. Wenn die Mengen von Tintenteilchen jedes Tropfens in einen unsichtbaren Faden langgezogen wurden, so daß sich Teilchen beider Farben vermischen, so kann man trotzdem sagen, daß sich jede Menge *als eine Gesamtheit* auf gewisse Weise von der anderen unterscheidet. Dieser Unterschied ist für die Sinne im allgemeinen nicht offenkundig, aber er steht in einer gewissen Beziehung zur gesamten Situation, aus der die Gesamtheiten hervorgegangen sind. Diese Situation umfaßt die Glaszylinder, die zähe Flüssigkeit und ihre Bewegungen sowie die ursprüngliche Verteilung der Tintenteilchen. Man kann dann sagen, daß jedes Tintenteilchen zu einer bestimmten eigenen Gesamtheit gehört und daß es mit den anderen in dieser Gesamtheit durch den Druck einer umfassenden Notwendigkeit zusammengeschlossen ist, die dieser Gesamtsituation innewohnt und die die ganze Menge einem gemeinsamen Ziel zuführen kann (nämlich die Form eines Tropfens wiederherzustellen).

Im Falle dieser Vorrichtung wirkt sich die umfassende Notwendigkeit gemäß gewisser bekannter Gesetze der Hydrodynamik mechanisch als Flüssigkeitsbewegung aus. Wie jedoch zuvor dargelegt, werden wir diese mechanische Analogie letztlich fallenlassen und dazu übergehen, das Holomovement ins Auge zu fassen. Im Holomovement gibt es noch immer eine umfassende Notwendigkeit (die wir im Kapitel 6 „Holonomie" nannten), aber seine Gesetze sind keine mechanischen mehr. Vielmehr werden seine Gesetze, wie im Abschnitt 2 dieses Kapitels ausgeführt, in einer ersten Näherung die der Quantentheorie sein, während sie genauer gefaßt sogar über diese hinausgehen werden, und zwar auf Wegen, die gegenwärtig nur vage auszumachen sind. Trotzdem werden im Holomovement gewisse ähnliche Unterscheidungsprinzipien vorherrschen wie in der Analogie der Vorrichtung mit den Glaszylindern. Dies bedeutet, daß sich Gesamtheiten von Elementen, die sich im Raum vermischen oder sich gegenseitig durchdringen, dennoch unterscheiden lassen, allerdings nur im Rahmen gewisser Gesamtsituationen, in denen die Glieder jeder Gesamtheit verbunden sind durch den Druck einer diesen Situationen innewohnenden umfassenden Notwendigkeit, die sie auf eine genau benennbare Weise zusammenbringen kann.

Da wir nun eine Art Unterscheidung von Gesamtheiten getroffen haben, die gemeinsam im Raum eingefaltet werden, können wir damit fortfahren, die Unterscheidungen in eine *Ordnung* zu bringen. Der einfachste Ordnungsbegriff ist der einer Reihe oder Folge. Wir werden von solch einer einfachen Idee ausgehen und sie später zu viel komplexeren und subtileren Ordnungsbegriffen ausgestalten.

Wie im Kapitel 5 gezeigt, besteht das Wesen einer einfachen Abfolgeordnung in der Reihe von Beziehungen zwischen verschiedenen Elementen:

$$A : B :: B : C :: C : D \ldots$$

Wenn A zum Beispiel einen Abschnitt einer Geraden darstellt, B den darauf folgenden usw., so ergibt sich die Abfolge der Geradenabschnitte aus der obigen Menge von Beziehungen.

Kehren wir nun zu unserer Analogie von der Tinte in einer Flüssigkeit zurück und nehmen wir an, wir hätten eine große Zahl von Tropfen in die Flüssigkeit gegeben, so daß sie nahe aneinander liegen und eine Gerade bilden (diesmal stellen wir uns keine verschiedenen Farben vor). Diese bezeichnen wir mit A, B, C, D ... Wir drehen dann den äußeren Zylinder oftmals, so daß jeder Tropfen eine Gesamtheit von Tintenteilchen entläßt, die in einem so großen Raumabschnitt eingefaltet werden, daß sich Teilchen von sämtlichen Tropfen vermischen. Wir bezeichnen die Gesamtheiten in ihrer Folge mit A', B', C', D' ...

Es ist klar, daß in gewissem Sinne eine vollständige lineare Ordnung in die Flüssigkeit eingefaltet wurde. Diese Ordnung läßt sich ausdrücken durch die Beziehungen

$$A' : B' :: B' : C' :: C' : D' \ldots$$

Diese Ordnung ist für die Sinne nicht vorhanden. Doch ihre Wirklichkeit läßt sich demonstrieren, indem man die Bewegung der Flüssigkeit umkehrt, so daß sich die Gesamtheiten A', B', C', D' ... entfalten, um die ursprüngliche linear geordnete Serie der Tropfen A, B, C, D, ... hervorzubringen.

Wir haben oben eine zuvor existierende explizite Ordnung genommen, die aus Gesamtheiten von Tintenteilchen auf einer Geraden bestand, und sie in eine Ordnung eingefalteter Gesamtheiten überführt, die jener in entscheidender Hinsicht ähnlich ist. Wir werden uns nun einer subtileren Art von Ordnung zuwenden, die sich nicht aus einer solchen Überführung ableiten läßt.

Nehmen wir an, wir geben einen Tintentropfen A hinein und drehen den äußeren Zylinder n-mal. Wir geben dann einen zweiten Tintentropfen B an gleicher Stelle hinzu und drehen den Zylinder wieder *n*-mal. Wir setzen dieses Verfahren mit weiteren Tropfen C, D, E ... fort. Die sich daraus ergebenden Gesamtheiten von Tintenteilchen a, b, c, d, e ... werden sich nun auf eine neue Weise voneinander unterscheiden, denn wenn die Bewegung der Flüssigkeit umgekehrt wird, werden die Gesamtheiten eine nach der anderen zusammenkommen und in einer Ordnung Tropfen bilden, die der entgegengesetzt ist, in der sie hineingegeben wurden. Beispielsweise werden die Teilchen der Gesamtheit d auf einer bestimmten Stufe zusammenkommen (worauf sie wieder in einen Faden langgezogen werden). So wird es mit denen von c geschehen, mit denen von b usw. Daraus wird deutlich, daß die Gesamtheit d sich zu c verhält wie c zu b und so fort. Diese Gesamtheiten bilden also eine gewisse Abfolgeordnung, wobei dies jedoch keinesfalls eine räumliche Überführung in eine lineare Ordnung darstellt (wie es die der Folge A', B', C', D' ... war, die wir zuvor betrachteten), denn in der Regel wird sich jeweils nur eine dieser Gesamtheiten entfalten. Ist eine entfaltet, so sind die übrigen noch immer eingefaltet. Kurzum, wir haben es mit einer Ordnung zu tun, die nicht auf einmal gänzlich explizit gemacht werden kann und die dennoch real ist, wie es sich zeigt, wenn aufeinanderfolgende Tropfen im Zuge der Zylinderdrehung sichtbar werden.

Wir nennen diese eine *innig implizite Ordnung*, um sie von einer Ordnung zu unterscheiden, die sich wohl entfalten läßt, aber die sich auf einmal gänzlich in eine einzige explizite Ordnung entfalten kann. Wir haben hier also ein Beispiel dafür, daß eine explizite Ordnung, wie im Abschnitt 2 behauptet, ein Sonderfall einer allgemeineren Menge impliziter Ordnungen ist.

Fahren wir nun damit fort, die beiden oben beschriebenen Ordnungstypen zu kombinieren.

Wir geben zunächst einen Tropfen A an einer bestimmten Stelle hinein und drehen den Zylinder *n*-mal. Wir geben dann einen Tropfen B an einer etwas anderen Stelle hinzu und drehen den Zylinder wieder *n*-mal (so daß A mit $2n$ Umdrehungen eingefaltet wurde). Wir geben nun C an nächster Stelle auf der Geraden AB hinzu und drehen wieder *n*-mal, sodaß A mit $3n$ Umdrehungen, B mit $2n$ Umdrehungen und C mit n Umdrehungen eingefaltet wurde. Wir machen so weiter und falten eine große Zahl von Tropfen ein. Dann bewegen wir den Zylinder recht schnell in der umgekehrten Richtung. Wenn die Tropfen in kürzeren Zeitabständen auftauchen, als sie das menschliche Auge zur Bildauflösung mindestens braucht, so werden wir ein scheinbares Teilchen erblicken, das sich kontinuierlich bewegt und den Raum durchquert. Solches Einfalten und Entfalten in der impliziten Ordnung kann augenscheinlich ein neues Modell beispielsweise für ein Elektron liefern, ein Modell, das sich vollständig von dem des heutigen mechanistischen Begriffs eines Teilchens unterscheidet, das in jedem Augenblick nur in einem winzigen Raumabschnitt vorhanden ist und das seinen Ort kontinuierlich im Laufe der Zeit wechselt. Es ist für dieses neue Modell wesentlich, daß das Elektron stattdessen durch eine Gesamtmenge eingefalteter Gesamtheiten zu verstehen ist, deren Lage im Raum in der Regel unbestimmt ist. Jede von ihnen kann in jedem Augenblick entfaltet und von daher örtlich bestimmt werden, aber schon im nächsten Augenblick faltet sie sich ein, um von der nächstfolgenden abgelöst zu werden. Der Begriff der Kontinuität der Existenz findet eine Näherung durch den der äußerst raschen Wiederholung ähnlicher Formen, die sich auf eine einfache und regelmäßige Weise verändern (wie etwa ein schnell umlaufendes Rad eines Fahrrads eher den Eindruck einer geschlossenen Scheibe macht als den einer Folge kreisender Speichen). Grundsätzlich betrachtet ist das Teilchen natürlich nur eine Abstraktion, die sich unseren Sinnen manifestiert. Das *was ist* ist stets eine Totalität von Gesamtheiten, die alle in einer geordneten Stufenfolge von Einfaltung und Entfaltung zusammen vorhanden sind und die sich im Prinzip im ganzen Raum vermischen und sich gegenseitig durchdringen.

Weiterhin ist es klar ersichtlich, daß wir beliebig viele solcher „Elektronen" hätten einfalten können, deren Formen sich in der impliziten Ordnung vermischt und durchdrungen hätten. Trotzdem wären diese Formen, wie sie sich entfalteten und unseren Sinnen manifestierten, als eine Menge deutlich voneinander getrennter „Teilchen" aufgetreten. Die Anordnung der Gesamtheiten hätte derart sein können, daß diese teilchenhaften Manifestationen sich unabhängig auf Geraden „bewegt" hätten oder genauso gut auf gekrümmten Bahnen, die miteinander verbunden und voneinander abhängig wären, als ob es zwischen ihnen eine Wechselwirkungskraft gegeben hätte. Da die klassische Physik traditionellerweise darauf abzielt, alles durch miteinander interagierende Systeme von Teilchen zu erklären, ist es klar, daß man im Prinzip den gesamten Bereich, der von solchen klassischen Begriffen zutreffend erfaßt wird, genauso gut im

Sinne unseres Modells geordneter Folgen sich einfaltender und entfaltender Gesamtheiten behandeln könnte.

Unser Vorschlag besagt, daß dieses Modell im Quantenbereich um vieles besser ist als der klassische Begriff einer Menge miteinander interagierender Teilchen. Obgleich also aufeinanderfolgende, örtliche Manifestationen eines Elektrons beispielsweise sehr nahe beieinander liegen können, so daß sie sich einer kontinuierlichen Spur nähern, muß dies nicht immer so sein. Im Prinzip können Diskontinuitäten in den manifesten Spuren erlaubt sein — und diese können selbstverständlich die Erklärungsgrundlage für die Behauptung im Abschnitt 2 abgeben, daß ein Elektron von einem Zustand in einen anderen übergehen kann, ohne dabei Zwischenzustände zu durchlaufen. Dies ist natürlich deshalb möglich, weil das „Teilchen" bloß eine Abstraktion von einer viel größeren Gesamtstruktur ist. Es ist diese Abstraktion, die sich unseren Sinnen (oder auf unseren Instrumenten) manifestiert, aber es gibt offenbar keinen Grund, wieso sie eine kontinuierliche Bewegung besitzen sollte (oder tatsächlich eine kontinuierliche Existenz).

Wird als nächstes der Gesamtzusammenhang des Vorgangs verändert, so können völlig neue Manifestationsweisen auftreten. Um etwa auf die Analogie von der Tinte in einer Flüssigkeit zurückzukommen, so werden Form und Ordnung der Manifestation verschieden sein, falls die Zylinder ausgetauscht oder falls Hindernisse in die Flüssigkeit getan werden. Solch eine Abhängigkeit — die Abhängigkeit dessen, was sich in der Beobachtung manifestiert, von der Gesamtsituation — besitzt eine recht genaue Parallele zu einem Punkt, den wir auch im Abschnitt 2 erwähnt haben, daß nämlich nach der Quantentheorie Elektronen Eigenschaften zeigen können, die entweder an Teilchen oder an Wellen (oder an etwas dazwischen) denken lassen, je nach der betreffenden Gesamtsituation, in der sie vorkommen und in der sie sich experimentell beobachten lassen.

Das bisher Gesagte weist darauf hin, daß die implizite Ordnung im großen und ganzen eine viel kohärentere Darstellung der Quanteneigenschaften der Materie gibt, als dies die traditionelle mechanistische Ordnung tut. Deshalb schlagen wir hier vor, die implizite Ordnung zur Grundlage zu nehmen. Um diesen Vorschlag allerdings gänzlich zu verstehen, muß man ihn unbedingt sorgfältig damit vergleichen, was eine mechanistische Einstellung, die auf der expliziten Ordnung beruht, verlangt, denn selbst von dieser Einstellung aus kann man natürlich zugeben, daß zumindest in einem gewissen Sinne Einfaltung und Entfaltung in verschiedenen besonderen Situationen stattfinden können (z.B. im Fall des Tintentropfens). Aber man mißt derartigen Situationen keinerlei grundlegende Bedeutung bei. Alles was primär, unabhängig existent und universell ist, meint man in einer expliziten Ordnung durch Elemente ausdrücken zu können, die äußerlich verknüpft sind (und diese denkt man sich für gewöhnlich als Teilchen oder Felder oder als eine Verbindung dieser zwei). Immer wenn man findet, daß sich Einfalten und Entfalten tatsächlich ereignen, nimmt man daher an, daß sich dies letztlich vom Standpunkt einer zugrunde liegenden expliziten Ordnung aus durch eine tiefer gehende mechanische Analyse erklären läßt (wie es in der Tat bei der Vorrichtung mit den Tintentropfen geschieht).

Unser Vorschlag, von der impliziten Ordnung als Grundlage auszugehen, besagt demnach, daß das, was primär, unabhängig existent und universell ist, vom Standpunkt der impliziten Ordnung aus ausgedrückt werden muß. Wir behaupten also, daß es die implizite Ordnung ist, die autonom wirkt, während die explizite Ordnung, wie zuvor dargelegt, aus einer Gesetzmäßigkeit der impliziten Ordnung resultiert, so daß sie sekundär, abgeleitet und nur in gewissen Zusammenhängen angebracht ist. Oder um es anders auszudrücken: Die Beziehungen, die das Grundgesetz bilden, bestehen zwischen eingefalteten Strukturen, die sich im Ganzen des Raums ineinander verweben und sich gegenseitig durchdringen, und nicht zwischen den abstrahierten und abgetrennten Formen, die sich den Sinnen (und auf unseren Instrumenten) manifestieren.

Was ist demnach die Bedeutung des Auftauchens der scheinbar unabhängigen und für sich existierenden „manifesten Welt" in der impliziten Ordnung? Die Antwort auf diese Frage gibt der Ursprung des Wortes „manifest", das von lateinisch „manus" — „Hand" kommt. Manifest ist eigentlich das, was handgreiflich ist — etwas Festes, Faßbares und sichtlich Stabiles. Die implizite Ordnung gründet im Holomovement, das, wie wir gesehen haben, ungeheuer weit und reichhaltig ist, sich in einem Zustand unendlich fließenden Einfaltens und Entfaltens befindet und Gesetzen folgt, von denen die meisten nur vage bekannt sind und die vielleicht sogar in ihrer Totalität letzten Endes unerkennbar sind. Es läßt sich daher nicht als etwas begreifen, das für die Sinne (oder für unsere Instrumente) fest, faßlich und stabil ist. Dennoch kann man, wie zuvor gezeigt wurde, davon ausgehen, daß das Gesamtgesetz (die Holonomie) derart beschaffen ist, daß es innerhalb der ganzen Menge der impliziten Ordnung in einer gewissen Unter-Ordnung eine Totalität von Formen gibt, die annähernd sich wiederholend, stabil und getrennt sind. Augenscheinlich sind diese Formen in der Lage, als die relativ festen, faßbaren und stabilen Elemente zu erscheinen, die unsere „manifeste Welt" ausmachen. Die oben genannte, besonders ausgezeichnete Unter-Ordnung, die die Grundlage für die Möglichkeit dieser manifesten Welt darstellt, ist dann in Wirklichkeit das, was mit expliziter Ordnung gemeint ist.

Wir können uns der Einfachheit halber die explizite Ordnung immer als die für die Sinne vorhandene Ordnung ausmalen, vorstellen oder erklären. Die Tatsache, daß diese Ordnung tatsächlich mehr oder weniger die unseren Sinnen erscheinende *ist*, muß allerdings erklärt werden. Dies kann nur geschehen, wenn wir das Bewußtsein in unser „Universum des Diskurses" einbringen und zeigen, daß die Materie im allgemeinen und das Bewußtsein im besonderen diese explizite (manifeste) Ordnung zumindest in einem gewissen Sinne gemein haben können. Dieser Frage werden wir weiter nachgehen, wenn wir in den Abschnitten 7 und 8 vom Bewußtsein sprechen.

4. Die Quantentheorie als ein Hinweis auf eine multidimensionale implizite Ordnung

Wir haben bis jetzt die implizite Ordnung als einen Prozeß des Einfaltens und Entfaltens dargestellt, der im gewöhnlichen dreidimensionalen Raum stattfindet. Wie wir jedoch im Abschnitt 2 ausgeführt haben, ist der Quantentheorie eine grundsätzlich neuartige, nichtlokale Beziehung eigen, die als eine nichtkausale Verbindung von voneinander entfernten Elementen beschrieben werden kann, die im Versuch von Einstein, Podolsky und Rosen zutage gebracht wird. (6) Für unsere Zwecke ist es nicht notwendig, auf die sachlichen Einzelheiten dieser nichtlokalen Beziehung einzugehen. Allein wichtig ist hier, durch eine Erforschung der Implikationen der Quantentheorie herauszufinden, daß die Analyse eines Gesamtsystems in eine Menge unabhängig existierender, aber miteinander interagierender Teilchen auf eine radikal neue Weise zusammenbricht. Stattdessen entdeckt man sowohl durch ein Erwägen der Bedeutung mathematischer Gleichungen als auch aus den Ergebnissen der Versuche, daß die verschiedenen Teilchen buchstäblich als Projektionen einer höherdimensionalen Realität aufzufassen sind, die sich durch den Begriff irgendeiner Wechselwirkungskraft zwischen ihnen nicht erklären lassen. (7)

Wir können zu einer hilfreichen intuitiven Ahnung dessen gelangen, was hier mit dem Begriff der Projektion gemeint ist, wenn wir uns die folgende Vorrichtung anschauen. Beginnen wir mit einem rechteckigen, vollen Wasserbecken mit durchsichtigen Seitenwänden (siehe Abbildung 7.1). Nehmen wir weiterhin an,

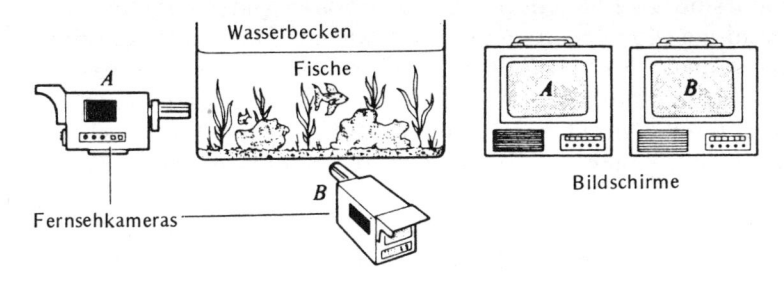

Abbildung 7.1

daß zwei Fernsehkameras A und B im rechten Winkel zueinander auf das durch die zwei Seitenwände zu sehende Geschehen im Wasser (z.B. auf herumschwimmende Fische) gerichtet sind. Wir wollen nun die entsprechenden Fernsehbilder auf Bildschirmen A und B in einem anderen Zimmer sichtbar machen. Was wir dort sehen werden, ist eine bestimmte *Beziehung* zwischen den auf den zwei Bildschirmen erscheinenden Bildern. Wir mögen beispielsweise auf Bildschirm A ein Bild eines Fisches sehen und auf Bildschirm B ein anderes derartiges Bild. Das eine Bild wird in jedem Moment im allgemeinen anders *aussehen* als das andere. Trotzdem werden die Unterschiedlichkeiten zusammenhängen, denn wenn auf einem Bild gewisse Bewegungen zu sehen sind, so werden auf dem anderen entsprechende Bewegungen zu sehen sein. Überdies wird ein Inhalt, der hauptsächlich auf dem einen Bildschirm ist, auf den anderen überwechseln und umgekehrt (etwa wenn sich ein Fisch, der zunächst Kamera A zugewandt war, im rechten Winkel dreht, so wird das Bild, das auf A war, jetzt auf B zu finden sein). So wird der Bildinhalt auf dem einen Bildschirm jederzeit dem auf dem anderen korrelativ sein und diesen widerspiegeln.

Freilich wissen wir, daß sich die zwei Bilder nicht auf unabhängig existierende, wenngleich miteinander interagierende Tatbestände beziehen (bei denen man zum Beispiel sagen könnte, daß ein Bild verwandte Veränderungen im anderen „verursacht"). Sie beziehen sich vielmehr auf einen einzigen Tatbestand, der die gemeinsame Grundlage für beide abgibt (und dies erklärt die Korrelation der Bilder ohne die Annahme, daß sie einander kausal beeinflußten). Dieser Tatbestand gehört einer höheren Dimension an als die getrennten Bilder auf den Bildschirmen, oder um es anders auszudrücken, die Bilder auf den Bildschirmen sind zweidimensionale *Projektionen* (oder Facetten) einer dreidimensionalen Realität. In gewissem Sinne trägt die dreidimensionale Realität diese zweidimensionalen Projektionen in sich. Doch da diese Projektionen nur als Abstraktionen existieren, *ist* die dreidimensionale Realität weder diese noch jene, sondern vielmehr etwas anderes, das seinem Wesen nach beide übersteigt.

Unser Vorschlag hier sieht so aus, daß die Quanteneigenschaft einer nichtlokalen, nichtkausalen Beziehung von einander fernen Elementen durch eine Ausweitung der oben beschriebenen Vorstellung verstanden werden kann. Das heißt, wir können jedes der ein System bildenden „Teilchen" als eine Projektion einer „höherdimensionalen" Realität betrachten anstatt als ein getrenntes Teilchen, das zusammen mit allen anderen in einem gemeinsamen dreidimensionalen Raum existiert. In dem Versuch von Einstein, Podolsky und Rosen beispielsweise, den wir zuvor erwähnt haben, muß jedes der zwei Atome, die sich zunächst zu einem Molekül verbinden, als eine dreidimensionale Projektion einer sechsdimensionalen Realität angesehen werden. Dies läßt sich experimentell so demonstrieren, daß man das Molekül zum Zerfall bringt und danach die beiden Atome beobachtet, nachdem sie sich getrennt haben und recht fern voneinander sind, so daß sie nicht miteinander interagieren und somit keine Kausalverbindungen unterhalten. Tatsächlich findet man, daß das Verhalten der zwei Atome auf eine Weise korrelativ ist, die der der zwei Fernsehbilder des Fisches, wie wir sie zuvor beschrieben haben, ziemlich ähnlich ist. Jedes Elektron benimmt sich also, als wäre es eine Projektion einer höherdimensionalen Realität (was wir im folgenden durch eine sorgfältigere Betrachtung der mathematischen Form der hierbei in Frage kommenden Quantengesetze zeigen werden).

Unter gewissen Bedingungen (8) können die zwei, den beiden Atomen entsprechenden dreidimensionalen Projektionen eine relative Unabhängigkeit des Verhaltens aufweisen. Sind diese Bedingungen erfüllt, so stellt es eine gute Näherung dar, beide Atome als relativ unabhängige, aber miteinander interagierende Teilchen zu behandeln, und zwar beide im selben dreidimensionalen Raum. Allgemeiner jedoch werden die zwei Atome jene typische nichtlokale Verhaltenskorrelation zeigen, die darauf hindeutet, daß sie im tieferen Sinne nur dreidimensionale Projektionen der oben beschriebenen Art sind.

Ein System, das aus N „Teilchen" besteht, ist dann also eine $3N$-dimensionale Realität, von der jedes „Teilchen" eine dreidimensionale Projektion ist. Unter den gewöhnlichen Bedingungen unserer Erfahrung werden diese Projektionen soweit unabhängig sein, daß es eine gute Näherung darstellt, sie auf die übliche Art und Weise als eine Menge getrennt im selben dreidimensionalen Raum existierender Teilchen zu behandeln. Unter anderen Bedingungen wird diese Näherung nicht taugen. Zum Beispiel weist eine Elektronenmenge bei niedrigen Temperaturen eine neue Eigenschaft der Supraleitfähigkeit auf, bei der der elektrische Widerstand verschwindet, so daß der elektrische Strom unbegrenzt fließen kann. Man erklärt dies, indem man zeigt, daß die Elektronen in einen anderen Zustand übergehen, in dem sie nicht mehr relativ unabhängig sind, sondern vielmehr jedes Elektron als eine Projektion einer einzigen höherdimensionalen Realität handelt und alle diese Projektionen sich gemeinsam in einer nichtlokalen, nichtkausalen Korrelation befinden, die so beschaffen ist, daß sie Hindernisse „kooperativ" umgehen, ohne gestreut oder diffus zu werden und daher ohne Widerstand. (Man könnte dieses Verhalten mit einem Ballett vergleichen, wohingegen sich das gewöhnliche Verhalten der Elektronen einer aufgebrachten Menschenmenge vergleichen ließe, die in wilder Hast durcheinander stürzt.)

Aus all dem folgt, daß die implizite Ordnung im Grunde als ein Prozeß des Einfaltens und Entfaltens in einem höherdimensionalen Raum anzusehen ist, der sich nur unter gewissen Bedingungen vereinfacht als ein Prozeß des Einfaltens und Entfaltens in drei Dimensionen darstellen läßt. Wir haben bisher in der Tat von dieser Art von Vereinfachung Gebrauch gemacht, nicht nur bei der Analogie von der Tinte in einer Flüssigkeit, sondern auch beim Hologramm. Aber eine solche Vorgehensweise ist, selbst für das Hologramm, nur eine Näherung. Wie bereits zuvor in diesem Kapitel ausgeführt wurde, gehorcht das elektromagnetische Feld, das die Grundlage des holographischen Bildes ist, den Gesetzen der Quantentheorie, und wenn diese richtig auf das Feld angewandt werden, so findet man, daß auch dieses tatsächlich eine multidimensionale Realität ist, die sich nur unter gewissen Bedingungen vereinfacht als eine dreidimensionale Realität darstellen läßt.

So ist es durchaus die Regel, daß die implizite Ordnung in eine multidimensionale Realität ausgeweitet werden muß. Diese Realität ist im Prinzip ein bruchloses Ganzes, das das gesamte Universum mit allen seinen „Feldern" und „Teilchen" umfaßt. Daher müssen wir sagen, daß sich das Holomovement in einer multidimensionalen Ordnung mit im Grunde unendlich vielen Dimensionen einfaltet und entfaltet. Allerdings können im allgemeinen, wie wir bereits gesehen haben, relativ unabhängige Sub-Totalitäten abstrahiert werden, die man näherungsweise als autonom bezeichnen kann. Wir sehen also, daß sich das Prinzip der relativen Autonomie von Sub-Totalitäten, das wir zuvor als dem Holomovement zugrunde liegend einführten, auch auf die multidimensionale Ordnung der Realität erstreckt.

5. Kosmologie und die implizite Ordnung

Ausgehend von unserer Überlegung, wie die allgemeine Struktur der Materie im Sinne der impliziten Ordnung verstanden werden kann, gelangen wir nun zu gewissen neuen Kosmologievorstellungen, die in unserer Vorgehensweise angelegt sind.

Um diese Vorstellungen deutlich zu machen, stellen wir zunächst eine Entdeckung fest, die man macht, wenn die Quantentheorie (auf die im vorigen Abschnitt beschriebene Weise) auf Felder angewandt wird: daß nämlich die möglichen Energiezustände dieses Feldes diskret (bzw. gequantelt) sind. Ein solcher Feldzustand ist in gewisser Hinsicht eine wellenartige Anregung, die sich über einen weiten Raumbereich ausbreitet. Dennoch besitzt er irgendwie auch ein diskretes Energie- (und Impuls-)Quant proportional zu seiner Frequenz, so daß er in anderer Hinsicht wie ein Teilchen ist (9) (z.B. ein Photon). Wenn man jedoch zum Beispiel das elektromagnetische Feld im leeren Raum betrachtet, so ergibt sich aus der Quantentheorie, daß eine jede solche „wellen-teilchenartige" Anregung des Feldes eine sogenannte „Nullpunktsenergie" besitzt, die sie nicht mehr unterschreiten kann, selbst wenn ihre Energie auf das tiefstmögliche Niveau fällt. Würde man die Energien aller „wellen-teilchenartigen" Anregungen in jedem Raumabschnitt addieren, so wäre das Ergebnis unendlich, da eine unendliche Zahl von Wellenlängen vorhanden ist. Es besteht allerdings Grund zu der Annahme, daß man die Energien, die immer kürzeren Wellenlängen entsprechen, nicht immer weiter addieren muß. Es mag eine bestimmte kürzestmögliche Wellenlänge geben, so daß die Gesamtzahl der Anregungen, und somit die Energie, endlich wäre.

Wenn man die Regeln der Quantentheorie auf die zur Zeit anerkannte allgemeine Relativitätstheorie anwendet, so findet man, daß das Gravitationsfeld ebenfalls aus solchen „Wellen-Teilchen" besteht, von denen jedes eine minimale „Nullpunktsenergie" besitzt. Daraus folgt, daß das Gravitationsfeld und von daher der Begriff der Entfernung nicht mehr vollkommen definiert sind. Wenn wir also damit fortfahren, dem Gravitationsfeld Anregungen hinzuzuaddieren, die immer kürzeren Wellenlängen entsprechen, so kommen wir zu einer bestimmten Länge, bei der die Messung von Raum und Zeit völlig undefinierbar wird. Jenseits dieser würde sich der ganze Begriff von Raum und Zeit, wie wir ihn kennen, in etwas auflösen, das sich gegenwärtig nicht näher bezeichnen läßt. Man könnte demnach, wenigstens vorläufig, mit Recht davon ausgehen, daß dies die kürzeste Wellenlänge ist, die man als zur „Nullpunktsenergie" des Raumes gehörig ansehen sollte.

Wenn man diese Länge schätzt, so ergibt sich ein Wert von etwa 10^{-33}cm. Dies ist viel kürzer als alles, was bisher in physikalischen Experimenten erforscht wurde (die bis zu etwa 10^{-17}cm vorgedrungen sind). Berechnet man den Energiebetrag, der sich bei dieser kürzestmöglichen Wellenlänge in einem Kubikzentimeter des Raumes befindet, so erhält man einen Wert, der weit über die Gesamtenergie aller Materie im uns bekannten Universum hinausgeht. (10)

Diese Überlegung soll ausdrücken, daß das, was wir leeren Raum nennen, einen gewaltigen Energieuntergrund birgt und daß die Materie, wie wir sie kennen, eine geringfügige, „gequantelte", wellenartige Anregung auf diesem Untergrund ist, wie etwa eine winzige Kräuselung auf einem ungeheuer weiten Meer. In heutigen physikalischen Theorien vermeidet man das ausdrückliche Nachdenken über diesen Untergrund, indem man nur den Unterschied zwischen der Energie des leeren Raumes und der des mit Materie angefüllten Raumes errechnet. Dieser Unterschied ist alles, was für die Festlegung der allgemeinen Eigenschaften der Materie zählt, wie sie der Beobachtung zur Zeit zugänglich sind. Weitere Entwicklungen in der Physik können es jedoch möglich machen, den oben beschriebenen Untergrund unmittelbar zu ergründen. Außerdem kann dieses weite Meer der Energie selbst heute schon eine entscheidende Rolle für das Verständnis des Kosmos im ganzen spielen.

In diesem Zusammenhang kann gesagt werden, daß der Raum, der so viel Energie besitzt, *voll* ist und nicht leer. Die zwei entgegengesetzten Auffassungen vom leeren bzw. vom vollen Raum haben einander in der Tat in der Entwicklung philosophischer und physikalischer Ideen laufend abgewechselt. So vertrat im alten Griechenland die Schule von Parmenides und Zenon die Ansicht, der Raum sei erfüllt. Dem widersprach Demokrit, der vielleicht der erste war, der ernstlich eine Weltanschauung unterbreitete, die den Raum als Leere begriff, in der sich Materieteilchen (etwa Atome) frei bewegen können. Die moderne Wissenschaft hat dieser atomistischen Anschauung im großen und ganzen den Vorzug gegeben, und doch wurde im neunzehnten Jahrhundert die erste Auffassung gleichfalls in Form der Hypothese von einem den ganzen Raum erfüllenden *Äther* gehegt. Durch dieses Volle sollte nun die Materie, von der man annahm, sie bestehe aus besonderen sich wiederholenden, stabilen und trennbaren Formen in dem Äther (wie etwa Kräuselungen oder Wirbel), übertragen werden, als ob es leer wäre.

In der modernen Physik bedient man sich einer ähnlichen Vorstellung. Der Quantentheorie zufolge läßt ein Kristall am absoluten Nullpunkt Elektronen durch, ohne sie zu streuen. Sie gehen durch, als ob der Raum leer wäre. Wird die Temperatur erhöht, so treten Inhomogenitäten auf, und dadurch werden die Elektronen gestreut. Wollte man solche Elektronen verwenden, um den Kristall zu beobachten (indem man sie z.B. mit einer Elektronenlinse sammelte, um ein Bild zu erzeugen), so wären nur die Inhomogenitäten sichtbar. Es hätte dann den Anschein, als existierten die Inhomogenitäten unabhängig und als sei der eigentliche Körper des Kristalls das reine Nichts.

Wir schlagen daher hier vor, daß das, was wir durch die Sinne als leeren Raum wahrnehmen, in Wirklichkeit das Volle ist, das der Grund für das Dasein von allem und jedem ist, einschließlich von uns selbst. Die Dinge, die unseren Sinnen erscheinen, sind abgeleitete Formen, und ihre wahre Bedeutung kann nur erkannt werden, wenn wir das Volle ins Auge fassen, worin sie erzeugt und erhalten werden und in das sie sich letztendlich auflösen müssen.

Man darf sich allerdings dieses Volle nicht mehr als ein einfaches materielles Medium wie etwa einen Äther denken, den man so auffaßte, als existierte und bewegte er sich nur in einem dreidimensionalen Raum. Vielmehr muß man vom Holomovement ausgehen, in dem das ungeheure „Meer" der Energie liegt, das zuvor beschrieben wurde. Dieses Meer ist als eine multidimensionale implizite Ordnung zu verstehen, wie sie im Abschnitt 4 umrissen wurde, während das gesamte Universum der Materie, wie wir es im allgemeinen wahrnehmen, als ein vergleichsweise kleines Erregungsmuster zu behandeln ist. Dieses Erregungsmuster ist relativ autonom und bringt annähernd sich wiederholende, stabile und trennbare Projektionen in eine dreidimensionale explizite Manifestationsordnung hervor, die mehr oder weniger gleichbedeutend mit der des Raumes ist, wie wir ihn gemeinhin erfahren.

Betrachten wir uns all dessen eingedenk einmal die zur Zeit allgemein anerkannte Vorstellung, wonach das Universum, wie wir es kennen, an nachgerade einem einzigen Punkt in Raum und Zeit aus einem „Urknall" hervorging, der sich vor etwa zehntausend Millionen Jahren ereignete. Bei unserer Vorgehensweise muß dieser „Urknall" in Wirklichkeit bloß als eine „kleine Kräuselung" angesehen werden. Eine interessante Bildvorstellung verschafft uns der Gedanke, daß inmitten des wirklichen Ozeans (also auf der Erdoberfläche) Myriaden kleiner Wellen gelegentlich zufälligerweise mit einer derartigen Phasenbeziehung zusammentreffen, daß sie in einem bestimmten kleinen Raumabschnitt zu Ende kommen und dort plötzlich eine sehr hohe Welle erzeugen, die wie aus dem Nichts erscheint. Vielleicht könnte etwas derartiges in dem unermeßlichen Ozean kosmischer Energie geschehen sein und einen jähen Wellenimpuls ausgelöst haben, aus dem heraus unser „Universum" geboren worden wäre. Dieser Impuls wäre ins Außen explodiert und in kleinere Kräuselungen zerfallen, die sich immer weiter nach außen ausbreiteten, um unser „expandierendes Universum" zu bilden. Diesem wäre sein „Raum" als eine besonders ausgezeichnete explizite und manifeste Ordnung eingefaltet. (11)

Aus diesem Vorschlag folgt, daß das derzeitige Bestreben, unser „Universum" zu verstehen, als ob es für sich bestünde und vom Meer kosmischer Energie unabhängig wäre, höchstens begrenzt gelingen kann (abhängig davon, wie weit der Begriff einer relativ unabhängigen Sub-Totalität darauf zutrifft). Beispielsweise können uns die „schwarzen Löcher" in ein Gebiet führen, wo der kosmische Energieuntergrund wichtig ist. Auch kann es natürlich viele andere solcher expandierenden Universen geben.

Außerdem darf man nicht vergessen, daß sogar für dieses weite Meer kosmischer Energie nur das ins Gewicht fällt, was sich in einer Größenordnung zuträgt, die die kritische Länge von 10^{-33} cm, auf die wir zuvor hingewiesen haben, überschreitet. Aber diese Länge ist lediglich eine bestimmte Art von Grenze für die Anwendbarkeit gewöhnlicher Raum- und Zeitbegriffe. Es wäre tatsächlich völlig willkürlich anzunehmen, daß es hinter dieser Grenze überhaupt nichts mehr gäbe. Vielmehr ist es sehr wahrscheinlich, daß dahinter ein weiterer Bereich liegt (oder gar eine Anzahl von Bereichen), von dessen Beschaffenheit wir bis jetzt kaum eine oder gar keine Vorstellung besitzen.

Was wir bisher gesehen haben, ist ein Fortschreiten von einer expliziten Ordnung zu einer einfachen dreidimensionalen impliziten Ordnung, daraufhin zu einer multidimensionalen impliziten Ordnung und schließlich zu deren Ausweitung zu jenem ungeheuren „Meer" in dem als leer wahrgenommenen Raum. Die nächste Stufe mag gut und gern zu noch weitergehender Bereicherung und Ausweitung des Begriffs der impliziten Ordnung führen, über die oben erwähnte kritische Grenze von 10^{-33}cm hinaus, oder sie mag zu etlichen grundsätzlich neuen Begriffen führen, die sich nicht einmal innerhalb der möglichen Weiterentwicklungen der impliziten Ordnung erfassen ließen. Doch was auch in dieser Hinsicht möglich sein sollte, so ist es jedenfalls klar, daß wir das Prinzip der relativen Autonomie von Sub-Totalitäten als weiterhin gültig ansehen dürfen. Jede Sub-Totalität einschließlich all derjenigen, die wir bisher betrachtet haben, kann bis zu einem gewissen Punkt für sich untersucht werden. Somit können wir, ohne davon auszugehen, wir wären bereits auch nur in Umrissen zur absoluten und endgültigen Wahrheit gelangt, wenigstens eine Zeitlang die Notwendigkeit außer acht lassen, das möglicherweise über die ungeheuren Energien des leeren Raumes Hinausgehende ins Auge zu fassen, und damit fortfahren, die weiteren Implikationen der Sub-Totalität der Ordnung herauszuarbeiten, die sich uns bislang eröffnet hat.

6. Die implizite Ordnung, das Leben und der Druck der umfassenden Notwendigkeit

In diesem Abschnitt werden wir die Bedeutung der impliziten Ordnung herausarbeiten, indem wir zuerst aufzeigen, wie sie das Begreifen sowohl der unbelebten Materie als auch des Lebens auf einer einzigen, beiden gemeinsamen Grundlage ermöglicht, und dann damit fortfahren, eine gewisse allgemeine Form für die Gesetze der impliziten Ordnung vorzuschlagen.

Beginnen wir mit der Betrachtung des Wachstums einer lebenden Pflanze. Dieses Wachstum geht von einem Samen aus, aber der Samen trägt nur wenig oder gar nichts zur tatsächlichen materiellen Substanz der Pflanze oder zu der Energie bei, die sie zum Wachsen braucht. Diese letztere entstammt fast gänzlich dem Erdboden, dem Wasser, der Luft und dem Sonnenlicht. Modernen Theorien zufolge enthält der Samen *Information* in Form der DNS, und diese Information „lenkt" die Umwelteinflüsse irgendwie, um eine entsprechende Pflanze zu bilden.

Vom Standpunkt der impliziten Ordnung aus können wir sagen, daß sich sogar die unbelebte Materie in einem fortlaufenden Prozeß erhält, der dem Pflanzenwachstum gleicht. Wenn wir uns nun an das Elektronenmodell von der Tinte in einer Flüssigkeit erinnern, so sehen wir, daß solch ein „Teilchen" als eine sich wiederholende, stabile Ordnung der Entfaltung zu verstehen ist, in der eine gewisse, regelmäßigen Veränderungen unterworfene Form immer wieder auftritt, aber in so rascher Folge, daß sie den Anschein kontinuierlichen Daseins erweckt. Wir können dies mit einem Wald vergleichen, dessen Bäume dauernd sterben und durch neue ersetzt werden. Über lange Zeit hin betrachtet, macht dieser Wald gleichermaßen den Eindruck eines kontinuierlich existierenden, aber sich langsam verändernden Gebildes. Somit erscheinen unbelebte Materie und Lebewesen, wenn man sie mittels der impliziten Ordnung begreift, in gewissen grundsätzlichen Aspekten ähnlich.

Wenn man die unbelebte Materie sich selbst überläßt, so bringt der oben beschriebene Prozeß des Einfaltens und Entfaltens nur eine ähnliche Form unbelebter Materie wieder hervor, doch wenn diese durch den Samen zusätzlich „informiert" wird, so beginnt sie stattdessen eine lebendige Pflanze zu erzeugen. Schließlich bildet diese einen neuen Samen aus, der den Prozeß nach dem Tod dieser Pflanze fortdauern läßt.

An welchem Punkt im Zuge der Bildung, Erhaltung und Auflösung der Pflanze durch den Austausch von Materie und Energie mit ihrer Umgebung können wir davon sprechen, daß eine scharfe Trennung eintritt zwischen dem, was lebendig ist und was nicht? Es ist klar, daß ein Kohlendioxydmolekül, das durch eine Zellwand in ein Blatt wandert, nicht plötzlich „lebendig wird", ebenso wenig wie ein Sauerstoffmolekül plötzlich „stirbt", wenn es in die Atmosphäre freigesetzt wird. Vielmehr muß man das Leben selbst gewissermaßen als zu einer Totalität gehörig betrachten, die Pflanze und Umwelt in sich schließt.

Man kann in der Tat sagen, daß das Leben in die Totalität eingefaltet ist und daß es selbst dann, wenn es nicht manifest ist, einem Zustand irgendwie „implizit" ist, von dem wir im allgemeinen sagen, daß er kein Leben birgt. Wir können dies dadurch veranschaulichen, daß wir uns die Gesamtheit aller Atome denken, die sich zur Zeit in der Umwelt befinden, aber schließlich eine Pflanze bilden werden, die einem bestimmten Samen entwachsen wird. Diese Gesamtheit gleicht offenbar in gewissen entscheidenden Beziehungen der von Tintenteilchen, die einen Tropfen bilden, wie wir sie im Abschnitt 3 betrachteten. In beiden Fällen sind die Elemente der Gesamtheit zusammengeschlossen, um einem gemeinsamen Ergebnis zu dienen (im einen Fall ein Tintentropfen und im anderen Fall eine lebendige Pflanze).

Dies bedeutet jedoch nicht, daß sich das Leben völlig auf nichts anderes als das reduzieren läßt, was sich aus dem Wirken eines Grundes ergibt, der allein von den Gesetzmäßigkeiten der unbelebten Materie beherrscht wird (obwohl wir nicht bestreiten, daß *gewisse* Züge des Lebens auf diese Weise verstanden werden können). Wir schlagen vielmehr vor, daß wir so, wie der Begriff des Holomovement dadurch bereichert wurde, daß wir von der dreidimensionalen zur multidimensionalen impliziten Ordnung und darauf zum weiten „Meer" der Energie im „leeren" Raum übergingen, jetzt diesen Begriff weiter bereichern können, indem wir sagen, daß das Holomovement in seiner Totalität auch das Prinzip des Lebens beinhaltet. Die unbelebte Materie ist dann als eine relativ autonome Sub-Totalität aufzufassen, in der sich das Leben nicht nennenswert manifestiert, wenigstens soweit uns bis jetzt bekannt ist. Dies besagt, daß die unbelebte Materie eine sekundäre, abgeleitete und besondere Abstraktion vom Holomovement ist (wie dies auch der Begriff einer vollständig von der Materie unabhängigen „Lebenskraft" wäre). In der Tat ist das Holomovement, das „implizite Leben", sowohl die Grundlage des „expliziten Lebens" als auch der „unbelebten Materie", und diese Grundlage ist es, die primär, für sich existierend und universell ist. Somit trennen wir nicht Leben und unbelebte Materie voneinander, wie wir auch nicht versuchen, das erstere völlig auf eine bloße Folge des letzteren zu reduzieren.

Wir wollen jetzt die obige Vorgehensweise allgemeiner fassen. Was dem Gesetz des Holomovement zugrunde liegt, ist, wie wir gesehen haben, die Möglichkeit der Abstraktion einer Anzahl relativ autonomer Sub-Totalitäten. Wir können nunmehr hinzufügen, daß die Gesetze einer jeden solchen abstrahierten Sub-Totalität im großen und ganzen unter bestimmten Bedingungen und mit Einschränkungen wirksam sind, die nur in einer entsprechenden Gesamtsituation festgesetzt werden (bzw. in einer Menge ähnlicher Situationen). Für die Wirksamkeit sind im allgemeinen diese drei Grundzüge zu nennen:

1. Ein System impliziter Ordnungen.
2. Ein ausgezeichneter Sonderfall des obigen Systems, der eine explizite Manifestationsordnung darstellt.
3. Eine allgemeine Beziehung (oder ein Gesetz), die einen Notwendigkeitsdruck zum Ausdruck bringt und eine gewisse Menge von Elementen der impliziten Ordnung dergestalt zusammenschließt, daß sie einem gemeinsamen expliziten Zweck dienen (der sich von dem unterscheidet, dem eine andere Menge sich gegenseitig durchdringender und sich vermischender Elemente dient).

Der Ursprung dieses Notwendigkeitsdrucks kann nicht allein vom Standpunkt der expliziten und der impliziten Ordnungen aus verstanden werden, die zu der fraglichen Situation gehören. Vielmehr muß man auf dieser Ebene einfach akzeptieren, daß eine solche Notwendigkeit der betreffenden Gesamtsituation innewohnt. Ein Verständnis ihres Ursprungs würde uns zu einer tieferen, umfassenderen und innerlicheren Ebene relativer Autonomie bringen, die allerdings gleichfalls ihre impliziten und expliziten Ordnungen besäße und einen entsprechend tieferen und innerlicheren Notwendigkeitsdruck, der die gegenseitige Transformation der einen in die andere bewirken würde. (12)

Kurzum, wir schlagen vor, daß diese *Form* der Gesetzmäßigkeit einer relativ autonomen Sub-Totalität, die eine konsistente Verallgemeinerung sämtlicher bisher untersuchter Formen darstellt, als universell anzusehen ist, und daß wir in unserer folgenden Arbeit zumindest versuchsweise und vorläufig die Folgerungen aus einer solchen Vorstellung erforschen werden.

7. Bewußtsein und die implizite Ordnung

Es kann an dieser Stelle gesagt werden, daß unsere Vorstellungen von Kosmologie und von der allgemeinen Natur der Realität wenigstens in Umrissen skizziert wurden (obwohl es natürlich einen Gutteil zusätzlicher Arbeit erfordern würde, die auch noch weitgehend ungetan ist, wollte man diese Skizze mit den passenden Details „ausfüllen"). Wir wollen uns jetzt überlegen, wie das Bewußtsein im Hinblick auf diese Vorstellungen verstanden werden kann.

Wir beginnen mit der These, daß das Bewußtsein (dem wir auch Denken, Begehren, Fühlen, Wille usw. zurechnen) zusammen mit der Realität als ganzer im Sinne der impliziten Ordnung aufzufassen ist. Das heißt, wir schlagen vor, daß die implizite Ordnung sowohl für die Materie (lebendige und nicht lebendige) als auch für das Bewußtsein gilt und daß sie von daher ein Verständnis des allgemeinen Zusammenhangs von beiden ermöglicht, von dem aus wir zu einem Begriff einer beiden gemeinsamen Grundlage gelangen können (wie wir ihn etwa im vorigen Abschnitt bei unserer Erörterung des Zusammenhangs von unbelebter Materie und Leben vorgeschlagen haben).

Ein Verständnis des Zusammenhangs von Materie und Bewußtsein zu gewinnen hat sich jedoch bis jetzt als äußerst schwierig erwiesen, und diese Schwierigkeit wurzelt in der überaus großen Unterschiedlichkeit ihrer Grundeigenschaften, wie sie sich unserer Erfahrung darstellen. Diese Unterschiedlichkeit wurde mit besonders großer Klarheit von Descartes zum Ausdruck gebracht, der die Materie als „ausgedehnte Substanz" und das Bewußtsein als „denkende Substanz" beschrieb. Offensichtlich meinte Descartes mit „ausgedehnter Substanz" etwas aus wohlunterschiedenen Formen Gebildetes, die in einer grundsätzlich ähnlichen Ordnung der Ausdehnung und Trennung im Raum existierten wie die von uns explizit genannte. Bei der Verwendung des Begriff „denkende Substanz" im scharfen Gegensatz zur „ausgedehnten Substanz" dachte er zweifellos daran, daß die verschiedenen, im Denken auftretenden einzelnen Formen nicht in einer solchen Ordnung der Ausdehnung und Trennung ihr Dasein haben (das heißt in einer Art Raum), sondern vielmehr in einer anderen Ordnung, worin der Ausdehnung und Trennung keine grundlegende Bedeutung zukommt. Eben dies kennzeichnet die implizite Ordnung, womit Descartes vielleicht in gewissem Sinne vorausahnte, daß das Bewußtsein als eine Ordnung verstanden werden muß, die der impliziten näherkommt als der expliziten.

Wenn wir allerdings wie Descartes im Hinblick auf die Materie primär von räumlicher Ausdehnung und Trennung ausgehen, so können wir in dieser Vorstellung nichts erblicken, das als Grundlage für einen Zusammenhang von Materie und Bewußtsein dienen kann, deren Ordnungen ja so verschieden sind. Descartes hat diese Schwierigkeit klar erkannt und schlug in der Tat vor, sie mit Hilfe der Idee zu lösen, daß ein solcher Zusammenhang durch Gott gegeben sei, der außerhalb und jenseits von Materie und Bewußtsein steht (die Er ja beide erschaffen hat) und somit in der Lage ist, dem Bewußtsein „klare und deutliche Begriffe" einzugeben, die jederzeit auf die Materie anwendbar sind. Seit damals ist der Gedanke, daß Gott sich dieses Verlangens annimmt, im großen und ganzen aufgegeben worden, aber man hat nicht allgemein zur Kenntnis genommen, daß dadurch die Möglichkeit, den Zusammenhang von Materie und Bewußtsein zu begreifen, zunichte wurde.

In diesem Kapitel haben wir jedoch einigermaßen ausführlich gezeigt, daß die Materie im ganzen im Sinne der Vorstellung verstanden werden kann, daß die implizite Ordnung das unmittelbar und primär Wirkliche ist (während die explizite Ordnung als ein unterschiedener Sonderfall der impliziten Ordnung abgeleitet werden kann). Die Frage, die hier auftaucht, lautet demnach, ob sich die wirkliche „Substanz" des Bewußtseins (wie Descartes dies gewissermaßen vorausahnte) im Sinne der Vorstellung verstehen läßt, daß die implizite Ordnung gleichfalls das für es primär und unmittelbar Wirkliche ist. Falls Materie und Bewußtsein dergestalt vom Standpunkt derselben allgemeinen Ordnungsvorstellung aus zusammen verstanden werden könnten, so wäre der Weg offen, um ihren Zusammenhang auf einer gemeinsamen Grundlage zu begreifen. (13) Somit könnten wir zur Keimform eines neuen Begriffs bruchloser Ganzheit gelangen, worin das Bewußtsein nicht mehr grundsätzlich von der Materie geschieden wäre.

Wir wollen uns jetzt überlegen, welche Berechtigung für die Vorstellung besteht, daß Materie und Bewußtsein die implizite

Ordnung gemein haben. Zunächst einmal stellen wir fest, daß die Materie im allgemeinen in erster Linie der Gegenstand unseres Bewußtseins ist. Wie wir jedoch im Laufe dieses Kaptels gesehen haben, falten verschiedenartige Energien wie etwa Licht, Schall usw. unaufhörlich in jedem Abschnitt des Raumes Information ein, die im Prinzip das gesamte materielle Universum betrifft. Durch diesen Vorgang kann solche Information natürlich in unsere Sinnesorgane eingehen, um durch das Nervensystem zum Gehirn vorzudringen. In einer tieferen Hinsicht faltet alle Materie in unseren Körpern von Anfang an das Universum auf irgendeine Weise ein. Ist es diese eingefaltete Struktur sowohl der Information als auch der Materie (z.B. im Gehirn und Nervensystem), die primär in unser Bewußtsein eindringt?

Wir wollen uns zunächst die Frage stellen, ob tatsächlich Information in die Gehirnzellen eingefaltet wird. Etwas Licht auf diese Frage werfen gewisse Arbeiten über die Gehirnstruktur, vor allem die von Pribram.(14) Pribram hat Nachweise erbracht, die seine Behauptung stützen, daß Erinnerungen im allgemeinen im ganzen Gehirn so festgehalten werden, daß Information über einen bestimmten Gegenstand oder Zustand nicht in einer besonderen Zelle oder einem örtlich bestimmten Teil des Gehirns gespeichert wird, sondern vielmehr in dem Ganzen eingefaltet wird. Diese Speicherung ähnelt in ihrer Funktionsweise einem Hologramm, aber ihre wirkliche Struktur ist viel komplizierter. Wir können also sagen, daß die Antwort auf ein entsprechendes Abrufen der „holographischen" Aufzeichnung im Gehirn darin besteht, Nervenenergie nach einem bestimmten Muster hervorzubringen, wodurch eine ähnliche Teilerfahrung entsteht wie diejenige, die das „Hologramm" zunächst erzeugte. Aber sie weicht auch insofern davon ab, daß sie weniger genau ist, daß Erinnerungen an viele verschiedene Begebenheiten miteinander verschmelzen können und daß Erinnerungen durch Assoziation und logisches Denken verknüpft sein können, so daß das ganze Muster eine gewisse zusätzliche Ordnung erhält. Wenn man gleichzeitig noch auf die Sinneseindrücke achtet, so wird sich das Ganze dieser Antwort des Gedächtnisses in der Regel mit den von den Sinnen ausgehenden Nervenreizen verquicken und eine Gesamterfahrung entstehen lassen, in der sich Erinnerung, logisches Denken und Gebrauch der Sinne zu einem einzigen, unzerlegbaren Ganzen verbinden.

Selbstverständlich ist das Bewußtsein mehr als das. Es beinhaltet auch Bewußtheit, Aufmerksamkeit, Wahrnehmung, Erkenntnisakte und vielleicht noch mehr. Wir haben im ersten Kapitel den Gedanken geäußert, daß diese über eine mechanische Reaktion hinausgehen müssen (wie sie das holographische Modell der Gehirnfunktion ganz von selbst unterstellen würde). Indem wir sie also erforschen, können wir dem Wesen der wirklichen bewußten Erfahrung näher kommen, als dies durch eine bloße Erörterung der Reizmuster der Sinnesnerven und der Frage, wie diese im Gedächtnis festgehalten werden können, möglich ist.

Es ist schwer, über derart subtile Fähigkeiten viel zu sagen. Wenn wir jedoch darüber nachdenken und sorgfältig darauf achten, was bei bestimmten Erfahrungen vor sich geht, so können wir wertvolle Hinweise erhalten. Man denke zum Beispiel daran, was beim Musikhören geschieht. Ein bestimmter Ton wird in einem bestimmten Moment gespielt, aber etliche frühere Töne hallen sozusagen noch im Bewußtsein nach. Bei genauer Aufmerksamkeit zeigt sich, daß es die gleichzeitige Gegenwart und Wirkung all dieser Nachhalle ist, die für das direkte und unmittelbar empfundene Gefühl von Bewegung, Fließen und Dauer verantwortlich sind. Hört man eine Folge von Tönen mit so großem zeitlichen Abstand, daß ein solches Nachhallen nicht stattfindet, so wird dadurch das Gefühl einer ganzen, bruchlosen, lebendigen Bewegung völlig zerstört, die dem Gehörten erst Sinn und Kraft verleiht.

Aus dem Obigen wird klar, daß die Wirklichkeit dieser ganzen Bewegung nicht erfahren wird, wenn man mit Hilfe einer Erinnerung an die Abfolge der Töne das Vergangene „festhält" und dies Vergangene mit dem Gegenwärtigen vergleicht. Wie man vielmehr durch weitere Aufmerksamkeit entdecken kann, ist das „Nachschwingen", das eine solche Erfahrung ermöglicht, keine Erinnerung, sondern *aktive Verwandlung* des Vorausgegangenen, bei dem sich nicht nur eine allgemein diffuse Empfindung der ursprünglichen Töne finden läßt, deren Intensität mit der Zeit, die verflossen ist, seit sie vom Ohr aufgefangen wurden, nachläßt, sondern auch verschiedene Gefühlsanklänge, körperliche Empfindungen, leichte Muskelbewegungen und das Wachrufen eines breiten Spektrums noch anderer Bedeutungen, die oft von großer Subtilität sind. Man kann so ein direktes Gespür dafür erlangen, wie sich eine Folge von Tönen in viele Schichten des Bewußtseins einfaltet und wie sich die Verwandlungen, die vielen solcher eingefalteten Töne entspringen, in jedem Moment gegenseitig durchdringen und vermischen und so ein unmittelbares und ursprüngliches Gefühl von Bewegung aufkommen lassen.

Diese Aktivität im Bewußtsein stellt offensichtlich eine schlagende Parallele zu der Aktivität dar, die wir für die implizite Ordnung im allgemeinen behauptet haben. So haben wir im Abschnitt 3 ein Modell eines Elektrons dargelegt, bei dem es in jedem Augenblick eine gleichzeitig vorhandene Menge sich unterschiedlich verwandelnder Gesamtheiten gibt, die sich in ihren verschiedenen Einfaltungsgraden gegenseitig durchdringen und sich vermischen. Bei einem solchen Einfalten tritt in der ganzen Menge der Gesamtheiten eine radikale Veränderung nicht nur der Form, sondern auch der Struktur ein (was wir im Kapitel 6 als eine Metamorphose bezeichneten), und doch bleibt in den Gesamtheiten eine gewisse Totalität der Ordnung insofern invariant, wie in allen diesen Veränderungen eine subtile, aber grundlegende Ähnlichkeit der Ordnung gewahrt bleibt. (15)

In der Musik findet, wie wir gesehen haben, eine im Grunde ähnliche Umwandlung (der Töne) statt, bei der gleichfalls eine bestimmte Ordnung sichtlich gewahrt bleibt. Der wesentliche Unterschied in diesen beiden Fällen besteht darin, daß bei unserem Modell des Elektrons eine eingefaltete Ordnung *gedanklich* als die gemeinsame Gegenwart vieler verschiedener, aber miteinander verbundener Transformationsgrade von Gesamtheiten begriffen wird, während sie in der Musik als die gemeinsame Gegenwart vieler verschiedener, aber miteinander verbundener Transformationsgrade von Tönen und Lauten *unmittelbar empfunden* wird. Es gibt im letzteren Falle ein Gefühl von Spannung und von Harmonie zwischen den verschiedenen, gleichgegenwärtigen Transformationen, und dieses Gefühl gibt in der Tat für das Aufnehmen der Musik in ihrem ungeteilten Zustand fließender Bewegung den Ausschlag.

Wenn man Musik hört, *nimmt man daher direkt eine implizite Ordnung wahr*. Diese Ordnung ist offenbar in dem Sinne *aktiv*, wie sie fortwährend in die emotionalen, körperlichen und sonstigen Reaktionen einfließt, die von den Transformationen, aus denen die Ordnung im wesentlichen besteht, nicht zu trennen sind.

Ein ähnlicher Gedankengang läßt sich auch als für den Gesichtssinn gültig ansehen. Um dies deutlich werden zu lassen, wollen wir an den Eindruck der Bewegung denken, der entsteht, wenn man auf die Filmleinwand schaut. Der tatsächliche Vorgang sieht so aus, daß eine Serie von leicht unterschiedlichen

Bildern auf die Leinwand geworfen wird. Wenn die Bilder durch lange Zeitintervalle voneinander getrennt sind, so erhält man kein Gefühl einer kontinuierlichen Bewegung, sondern man erblickt stattdessen eine Serie unverbundener Bilder, denen vielleicht eine gewisse Ruckartigkeit anhaftet. Wenn jedoch die Bilder dicht genug aufeinanderfolgen (etwa im Abstand einer Hundertstelsekunde), so hat man den direkten und unmittelbaren Eindruck, als handelte es sich um eine sich kontinuierlich bewegende und fließende Realität, ungeteilt und ohne einen Bruch.

Dies läßt sich noch deutlicher machen, wenn man sich eine bekannte Bewegungsillusion anschaut, wie sie mit Hilfe eines stroboskopischen Geräts erzeugt wird (siehe Abbildung 7.2). Zwei in einer Röhre eingeschlossene Scheiben A und B können durch elektrische Erregung dazu gebracht werden, Licht auszusenden. Dabei schaltet sich das Licht derart schnell an und aus,

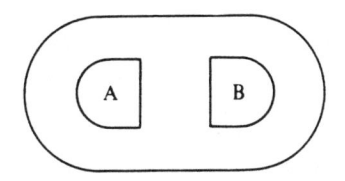

Abbildung 7.2

daß es kontinuierlich erscheint, aber man sorgt dafür, daß B jedesmal ein klein wenig später aufleuchtet als A. Was man dabei tatsächlich empfindet, ist eine Art „fließender Bewegung" zwischen A und B, wobei aber paradoxerweise nichts aus B fließt (im Gegensatz zu dem, was wir erwarten würden, wenn es sich um ein wirkliches Fließen handelte). Dies bedeutet, daß man das Gefühl einer fließenden Bewegung hat, wenn auf der Netzhaut des Auges zwei Bilder dicht nebeneinander erscheinen, von denen eines ein wenig später kommt als das andere. (Damit hängt eng die Tatsache zusammen, daß ein verwischtes Foto von einem fahrenden Auto, das eine Folge einander überlagernder Bilder mit jeweils etwas anderen Positionen enthält, uns ein viel unmittelbareres und lebhafteres Gefühl von Bewegung vermittelt als eine scharfe Aufnahme, die mit einer Hochschwindigkeitskamera gemacht wurde.)

Es scheint deutlich zu sein, daß das oben beschriebene Gefühl einer bruchlosen Bewegung grundsätzlich dem gleicht, das von einer Folge musikalischer Töne hervorgerufen wird. Der Hauptunterschied zwischen Musik und bildlicher Darstellung besteht in diesem Zusammenhang darin, daß bei dieser die Bilder zeitlich so dicht aufeinander folgen können, daß sie nicht im Bewußtsein aufgelöst werden können. Dennoch ist es klar, daß auch die Bilder insofern eine aktive Verwandlung erfahren, wie sie sich in das Gehirn und das Nervensystem „einfalten" (z.B. lösen sie emotionale, körperliche und andere, feinere Reaktionen aus, deren man sich nur dunkel bewußt sein mag, wie auch „Nachbilder", die in mancher Hinsicht dem Nachhallen musikalischer Töne gleichen). Selbst wenn der zeitliche Abstand zwischen zwei derartigen Bildern gering sein mag, so machen es die oben angeführten Beispiele deutlich, daß man aufgrund der Vermischung und gegenseitigen Durchdringung der gleichgegenwärtigen Verwandlungen, die diese Bilder bei ihrem Eindringen in Gehirn und Nervensystem hervorrufen müssen, ein Gefühl der Bewegung erlebt.

Dies alles deutet darauf hin, daß es im allgemeinen (und nicht nur für den besonderen Fall des Musikhörens) eine grundsätzliche Ähnlichkeit gibt zwischen der Ordnung unserer unmittelbaren Erfahrung von Bewegung und der impliziten Ordnung, wie sie durch unser Denken ausgedrückt wird. Auf diese Weise ist uns ein kohärentes Begreifen der unmittelbaren Erfahrung von Bewegung durch unser Denken möglich geworden (wodurch Zenons Paradoxon der Bewegung tatsächlich aufgelöst wird).

Wie dies zustande kommt, sehen wir, wenn wir uns überlegen, daß wir uns Bewegung üblicherweise als eine Reihe von Punkten auf einer Linie vorstellen. Nehmen wir an, daß ein Teilchen sich zu einer bestimmten Zeit t_1 an einem Ort x_1 befindet und zu einer späteren Zeit t_2 an einem anderen Ort x_2. Wir sagen dann, dieses Teilchen bewegt sich und seine Geschwindigkeit beträgt

$$v = \frac{x_2 - x_1}{t_2 - t_1}.$$

Natürlich reflektiert oder vermittelt diese Denkweise keineswegs das unmittelbare Gefühl von Bewegung, das wir in einem bestimmten Moment haben können, wenn zum Beispiel eine Folge musikalischer Töne in unserem Bewußtsein nachhallt (oder wenn wir ein fahrendes Auto anschauen). Sie ist vielmehr nur ein abstrakte Symbolisierung der Bewegung, die sich zur

Wirklichkeit der Bewegung ähnlich verhält wie eine Partitur zum wirklichen Erleben der Musik selbst.

Wenn wir, wie dies ja für gewöhnlich geschieht, die obige abstrakte Symbolisierung als eine getreue Wiedergabe der wirklichen Bewegung auffassen, so verwickeln wir uns damit in eine Reihe verworrener und im Grunde unlösbarer Probleme. Diese hängen alle mit dem Bild zusammen, das wir uns von der Zeit machen, als ob sie eine Reihe von Punkten auf einer Linie wäre, die irgendwie alle gemeinsam gegenwärtig sind, sei es für unseren erkennenden Blick oder vielleicht für den Gottes. Unser tatsächliches Erleben sieht jedoch so aus, daß ein bestimmter Moment wie etwa t_1 der Vergangenheit angehört, wenn ein späterer Moment, sagen wir t_2, gegenwärtig und wirklich ist. Das heißt, er ist *fort*, nichtexistent und kehrt nie zurück. Wenn wir also sagen, die Geschwindigkeit eines bestimmten *Jetzt* (in t_2) beträgt $(x_2 - x_1)/(t_2 - t_1)$, so versuchen wir damit, das *was ist* (nämlich x_2 und t_2) auf das *was nicht ist* (nämlich x_1 und t_1) zu beziehen. Dies können wir selbstverständlich *abstrakt und symbolisch* tun (wie es in der Naturwissenschaft und der Mathematik in der Tat allgemein üblich ist), aber darüber hinaus besteht das Faktum, das nicht in dieser abstrakten Symbolik aufgeht, daß die *Jetzt*-Geschwindigkeit auch *jetzt* wirkt (das heißt, sie bestimmt, wie sich von jetzt an ein Teilchen an sich und in Bezug auf andere Teilchen verhält). Wie sollen wir das *gegenwärtige* Wirken eines Ortes (x_1) verstehen, der jetzt nichtexistent und für immer vergangen ist?

Man ist gewöhnlich der Meinung, daß dieses Problem durch die Diffenrentialrechnung gelöst wird. Hierbei läßt man das Zeitintervall $\Delta t = t_2 - t_1$ gemeinsam mit $\Delta x = x_2 - x_1$ verschwindend klein werden. Die *Jetzt*-Geschwindigkeit wird definiert als der Grenzwert des Verhältnisses $\Delta x / \Delta t$, wenn Δt gegen Null strebt. Man unterstellt dann, daß das oben beschriebene Problem nicht mehr auftritt, da x_2 und x_1 als effektiv gleichzeitig angenommen werden. Sie können daher gemeinsam gegenwärtig sein und in einem Vorgang verknüpft werden, der von beiden abhängt.

Ein wenig Nachdenken zeigt jedoch, daß diese Vorgehensweise noch immer genauso abstrakt und symbolisch ist wie die ursprüngliche, bei der das Zeitintervall als endlich angenommen wurde, denn weder gibt es ein unmittelbares Erleben eines Zeitintervalls, das gleich Null ist, noch ist es dem Nachdenken einsichtig, was dies bedeuten könnte.

Selbst als ein abstrakter Formalismus ist diese Methode im

logischen Sinne nicht völlig konsistent und sie ist außerdem nicht universell anwendbar. In der Tat gilt sie nur im Bereich *kontinuierlicher* Bewegungen, und für diese erscheint sie nur in Form eines speziellen Rechenverfahrens, das sich gerade für diese Art von Bewegung als richtig erweist. Wie wir aber gesehen haben, ist der Quantentheorie zufolge im Grunde *keine* Bewegung kontinuierlich. Somit ist ihr derzeitiger Geltungsbereich selbst als ein Rechenverfahren auf Theorien beschränkt, die in klassischen Begriffen (der expliziten Ordnung) ausgedrückt werden, und für diese stellt sie eine gute Näherung bei der Berechnung der Bewegungen materieller Objekte dar.

Wenn wir uns allerdings Bewegung im Sinne der impliziten Ordnung denken (16), treten diese Probleme nicht auf. In dieser Ordnung wird Bewegung als eine Serie sich gegenseitig durchdringender und sich vermischender Elemente aufgefaßt, die in unterschiedlichen Einfaltungsgraden *alle gemeinsam gegenwärtig* sind. Das Wirken dieser Bewegung bereitet dann keine Schwierigkeit, da es ein Ergebnis dieser ganzen eingefalteten Ordnung ist und von den Beziehungen zwischen gleichgegenwärtigen Elementen bestimmt wird anstatt von den Beziehungen zwischen existierenden und anderen, nicht mehr existierenden Elementen.

Wir sehen also, daß wir durch ein Denken im Sinne der impliziten Ordnung zu einem Bewegungsbegriff gelangen, der logisch kohärent ist und unser unmittelbares Erleben von Bewegung richtig wiedergibt. Daher braucht der scharfe Bruch zwischen abstraktem logischen Denken und konkretem unmittelbaren Erleben nicht länger aufrechterhalten zu werden. Stattdessen wird die Möglichkeit einer bruchlosen fließenden Bewegung vom unmittelbaren Erleben zum logischen Denken und zurück geschaffen und damit auch einer Beendigung dieser Art von Fragmentierung.

Außerdem sind wir jetzt imstande, jene von uns vorgeschlagene Vorstellung von der allgemeinen Natur der Realität auf eine neue und konsistente Weise zu verstehen, die besagt, daß das *was ist* Bewegung ist. Denn was es uns in Wirklichkeit schwer macht, mit dieser Vorstellung umzugehen, ist unsere Angewohnheit, uns Bewegung nach traditioneller Art als eine aktive Beziehung zwischen dem was ist und dem was nicht ist zu denken. Unsere traditionelle Vorstellung von der allgemeinen Natur der Realität würde dann auf die Aussage hinauslaufen, daß das *was ist* eine aktive Beziehung zwischen dem was ist und dem was nicht ist sei. Diese Aussage ist, gelinde gesagt, verworren. Vom Standpunkt der impliziten Ordnung aus ist aber Bewegung eine Beziehung von bestimmten Phasen dessen *was ist* zu anderen Phasen dessen *was ist*, die sich auf unterschiedlichen Einfaltungsstufen befinden. Aus dieser Vorstellung folgt, daß das Wesen der Realität im ganzen in der obigen Beziehung zwischen den verschiedenen Phasen auf unterschiedlichen Einfaltungsstufen besteht (und nicht etwa in einer Beziehung zwischen verschiedenen Teilchen und Feldern, die sämtlich explizit und manifest sind).

Freilich beinhaltet wirkliche Bewegung mehr als bloß das unmittelbare intuitive Gefühl bruchlosen Fließens, in welcher Weise wir die implizite Ordnung direkt erleben. Die Gegenwart eines solchen Gefühls des Fließens impliziert in der Regel auch, daß sich die Sachlage im nächsten Augenblick wirklich wandeln wird — das heißt, sie wird anders sein. Wie sollen wir diese Erfahrungstatsache vom Standpunkt der impliziten Ordnung aus verstehen?

Wir erhalten einen wertvollen Hinweis, wenn wir darüber sorgfältig nachdenken, was vor sich geht, wenn wir in bezug auf unser Denken behaupten, daß ein System von Ideen ein anderes System *impliziert*. Wiederum haben wir es mit etwas Implizitem, also mit einer Einfaltung zu tun. In der Tat meinen wir mit der Behauptung, etwas sei *implizit*, im allgemeinen mehr als nur, daß es sich dabei um eine den Gesetzen der Logik gehorchende Folgerung aus etwas anderem handelt. Vielmehr meinen wir gewöhnlich, daß aus vielen verschiedenen Ideen und Begriffen (von denen uns einige explizit bewußt sind) ein neuer Begriff auftaucht, der diese alle irgendwie in einem konkreten und ungeteilten Ganzen zusammenfaßt.

Wir sehen daher, daß Bewußtheit in jedem Moment einen bestimmten *expliziten* Inhalt, also einen Vordergrund, sowie einen *impliziten* Inhalt besitzt, also einen entsprechenden Hintergrund. Wir behaupten nun, daß sich nicht nur das unmittelbare Erleben am besten vom Standpunkt der impliziten Ordnung aus verstehen läßt, sondern daß auch das Denken im Grunde im Rahmen dieser Ordnung zu begreifen ist. Hiermit meinen wir nicht nur den *Inhalt* des Denkens, für den wir bereits mit dem Gebrauch der impliziten Ordnung begonnen haben, sondern wir meinen auch, daß sich das Denken in *Struktur, Funktion* und *Wirken*, die ihm tatsächlich eigen sind, in der impliziten Ordnung befindet. Die Unterscheidung zwischen implizit und explizit im Denken wird also hier im wesentlichen mit der Unterscheidung zwischen implizit und explizit in Bezug auf die Materie im allgemeinen gleichgesetzt.

Um die Klärung dessen, was dies heißen soll, zu fördern, wollen wir uns kurz an die Grundform des Gesetzes einer Sub-Totalität erinnern (besprochen in den Abschnitten 3 und 6), wonach die eingefalteten Elemente einer charakteristischen Gesamtheit (z.B. von Tintenteilchen oder Atomen), die die nächste Einfaltungsstufe bilden werden, durch den Druck einer umfassenden Notwendigkeit, die sie zusammenführt, dazu gezwungen sind, sich einem gemeinsamen Zweck unterzuordnen, der in der nächsten Phase des betreffenden Prozesses zutage tritt. Gleichermaßen schlagen wir vor, daß die Gesamtheit von im Gehirn und im Nervensystem eingefalteten Elementen, die die nächste Entwicklungsstufe eines Gedankengangs bilden werden, ebenfalls durch den Druck einer umfassenden Notwendigkeit, die sie zusammenführt, dazu gezwungen werden, sich dem gemeinsamen Gedanken unterzuordnen, der im nächsten Moment im Bewußtsein zutage tritt.

Wir haben in dieser Untersuchung auf die Idee zurückgegriffen, daß Bewußtsein als eine Serie von Momenten beschrieben werden kann. Bei aufmerksamer Betrachtung zeigt sich, daß ein bestimmter Moment zeitlich nicht genau festgesetzt werden kann (z.B. durch eine Uhr), sondern daß er vielmehr eine vage bestimmte und in ihrer Länge einigermaßen schwankende Zeitdauer beansprucht. Wie zuvor ausgeführt, wird in der impliziten Ordnung jeder Momemt direkt erlebbar. Weiterhin haben wir gesehen, daß durch den Notwendigkeitsdruck in der Gesamtsituation ein Moment den nächsten hervorbringt, wobei zuvor impliziter Inhalt jetzt explizit ist, während der zuvor explizite Inhalt implizit wurde (wie es etwa bei der Analogie von den Tintentropfen der Fall war).

Die Fortdauer des obigen Vorgangs macht deutlich, wie von einem Moment zum anderen *Veränderung* stattfindet. Im Prinzip kann die Veränderung in jedem Moment eine grundlegende und radikale Verwandlung sein. Jedoch zeigt die Erfahrung, daß es im Denken (wie bei der Materie im allgemeinen) gewöhnlich einen Gutteil von Wiederholung und Stabilität gibt, der die Möglichkeit relativ unabhängiger Sub-Totalitäten einräumt.

In einer jeden solchen Sub-Totalität besteht die Möglichkeit der Fortführung eines gewissen Gedankengangs, der sich auf eine sich einigermaßen gleichmäßig verändernde Weise einfaltet.

Offensichtlich wird die genaue Eigenart einer solchen Gedankenfolge im Zuge ihrer Einfaltung von einem Moment zum nächsten im großen und ganzen vom Inhalt der impliziten Ordnung in früheren Momenten abhängen. Beispielsweise wird auf einen Moment, der eine Bewegung beinhaltet, im allgemeinen im nächsten Moment eine Veränderung folgen, die umso größer ist, je stärker die ursprünglich vorhandene Bewegung war (so daß wir, wie im Falle des zuvor besprochenen stroboskopischen Geräts, das Gefühl von etwas Überraschendem oder Paradoxem haben, wenn diese nicht eintritt).

Wie bei unserer Erörterung der Materie im allgemeinen ist es jetzt notwendig, auf die Frage einzugehen, wie im Bewußtsein die explizite Ordnung das Manifeste ist. Wie aufmerksame Beobachtung zeigt, beruht der manifeste Bewußtseinsinhalt im wesentlichen auf der Erinnerung, die es uns erlaubt, einen solchen Inhalt in einigermaßen konstanter Form zu behalten (wobei wir daran denken, daß das Wort „manifest" etwas bezeichnet, das sich wiederholend, stabil und trennbar ist). Um eine solche Konstanz zu ermöglichen, ist es freilich auch erforderlich, daß dieser Inhalt organisiert wird, und zwar nicht nur durch relativ festgelegte Assoziationen, sondern auch mit Hilfe der Gesetze der Logik und unserer Grundkategorien von Raum, Zeit, Kausalität, Universalität usw. Auf diese Weise läßt sich ein allumfassendes System von Begriffen und Bildvorstellungen entwickeln, das eine mehr oder weniger getreue Wiedergabe der „manifesten Welt" ist.

Allerdings ist der Denkprozeß nicht nur eine *Wiedergabe* der manifesten Welt, er leistet vielmehr einen wichtigen *Beitrag* dazu, wie wir diese Welt erfahren, denn wie wir schon zuvor ausgeführt haben, ist diese Erfahrung eine Verschmelzung von Sinnesinformation mit der „Wiederaufführung" eines Teils des Gedächtnisinhalts (der aus Gedachtem besteht, das in die ihm eigene Form und Ordnung eingebaut wurde). Bei einer solchen Erfahrung wird es einen starken Untergrund sich wiederholender, stabiler und trennbarer Züge geben, gegen den die vergänglichen und sich wandelnden Aspekte des bruchlosen Erfahrungsflusses als flüchtige Eindrücke erscheinen, die hauptsächlich nach Maßgabe der ungeheuren Totalität des relativ statischen und fragmentierten Inhalts früherer Speicherungen gegliedert und eingeordnet werden.

Man kann in der Tat eine beträchtliche Menge wissenschaftlicher Beweise anführen, die zeigen, wie viel von unserer bewußten Erfahrung ein Konstrukt ist, das auf die oben beschriebene allgemeine Weise auf Erinnerung organisiert durch Denken beruht. (17) Es würde uns jedoch auf zu weite Abwege führen, im einzelnen darauf einzugehen. Dennoch mag es von Nutzen sein, hier die klärende Bemerkung von Piaget (18) zu erwähnen, wonach ein Bewußtsein davon, was uns als vertraute Ordnung von Raum, Zeit, Kausalität usw. gilt (die im wesentlichen das ist, was wir als explizite Ordnung bezeichnet haben), in den frühesten Lebensphasen des menschlichen Individuums nur in einem geringen Ausmaß wirksam ist. Wie er anhand sorgfältiger Beobachtungen zeigt, *lernen* Kleinkinder diesen Inhalt größtenteils zuerst durch sensomotorische Erfahrung, und erst später, wenn sie älter werden, verbinden sie eine derartige Erfahrung mit ihrem Ausdruck in Sprache und Logik. Andererseits scheint es von den ersten Anfängen an ein unmittelbares Bewußtsein von Bewegung zu geben. Besinnen wir uns darauf, daß Bewegung in erster Linie in der impliziten Ordnung empfunden wird, so sehen wir, daß Piagets Arbeit die Auffassung stützt, wonach das Erleben der impliziten Ordnung grundsätzlich sehr viel unmittelbarer und direkter ist als das der expliziten Ordnung, die, wie wir oben ausgeführt haben, eine komplizierte Konstruktion verlangt, die man lernen muß.

Ein Grund dafür, warum wir den Vorrang der impliziten Ordnung im allgemeinen nicht bemerken, besteht darin, daß wir uns derart an die explizite Ordnung gewöhnt und sie in unserem Denken und Sprechen betont haben, daß wir stark dazu neigen, die Erfahrung dessen, was explizit und manifest ist, als primär zu empfinden. Ein anderer und vielleicht wichtigerer Grund ist der, daß die Aktivierung der gespeicherten Erinnerungen, die hauptsächlich sich wiederholende, stabile und trennbare Inhalte besitzen, offenbar unsere Aufmerksamkeit sehr stark darauf konzentrieren muß, was statisch und fragmentiert ist.

Dies trägt dann seinen Teil zur Bildung einer Erfahrung bei, in der diese statischen und fragmentierten Züge oftmals so eindringlich sind, daß die flüchtigeren und feineren Züge des bruchlosen Flusses (wie etwa die „Transformationen" musikalischer Töne) in der Regel zu solch scheinbarer Bedeutungslosigkeit verblassen, daß man sich ihrer bestenfalls nur dunkel bewußt ist. Somit kann eine Illusion entstehen, in der der manifeste statische und fragmentierte Bewußtseinsinhalt als die eigentliche Grundlage der Realität erfahren wird, und diesem Trugbild kann man scheinbar einen Nachweis für die Richtigkeit jener Denkweise entnehmen, die diesen Inhalt für grundlegend hält. (19)

8. Materie, Bewußtsein und ihre gemeinsame Grundlage

Zu Beginn des vorigen Abschnitts haben wir die Ansicht geäußert, daß sowohl Materie als auch Bewußtsein vom Standpunkt der impliziten Ordnung aus verstanden werden können. Wir werden nunmehr zeigen, wie die Begriffe von impliziter Ordnung, die wir im Zusammenhang mit dem Bewußtsein entwickelt haben, auf die die Materie betreffenden bezogen werden können, um ein Verständnis zu ermöglichen, wie beide eine gemeinsame Grundlage besitzen können.

Wir beginnen mit der Feststellung, daß heutige relativistische Theorien in der Physik (wie in den Kapiteln 1 und 5 ausgeführt) das Ganze der Realität als einen Prozeß beschreiben, dessen letztes Element ein punktförmiges Ereignis ist, das heißt etwas, das sich in einem relativ kleinen Raum- und Zeitabschnitt zuträgt. Wir schlagen stattdessen als Grundelement einen *Moment* vor, der sich wie etwa der Moment des Bewußtseins nicht genau auf Messungen von Raum und Zeit beziehen läßt, sondern vielmehr einen etwas vage umgrenzten Bereich abdeckt, der Ausdehnung im Raum und Dauer in der Zeit besitzt. Ausdehnung und Dauer eines Moments können von sehr groß bis sehr klein reichen, je nach dem in Frage kommenden Rahmen (sogar ein bestimmtes Jahrhundert kann ein „Moment" in der Menschheitsgeschichte sein). Wie das Bewußtsein, so hat auch jeder Moment eine gewisse explizite Ordnung, und außerdem faltet er alle anderen ein, wenn auch auf seine eigene Weise. So ist die Beziehung eines jeden Moments im Ganzen zu allen anderen durch seinen Gesamtinhalt gegeben: durch die Art und Weise, wie er alle anderen in sich eingefaltet „hält".

In mancher Hinsicht ähnelt diese Vorstellung der Leibnizschen Idee von Monaden, von denen jede das Ganze auf ihre Weise „spiegelt", manche mit großer Deutlichkeit und andere recht verschwommen. Der Unterschied ist der, daß die Leibnizschen Monaden von dauerhafter Existenz waren, während unsere Grundelemente nur Momente und daher nicht dauerhaft sind. Whiteheads Idee „wirklicher Ereignisse" kommt der hier vorgeschlagenen näher, wobei der Hauptunterschied darin besteht, daß wir die implizite Ordnung verwenden, um die Eigenschaften und Beziehungen unserer Momente auszudrücken, während Whitehead hierbei recht anders verfährt.

Wir besinnen uns jetzt darauf, daß es nach den Gesetzmäßigkeiten der impliziten Ordnung eine relativ unabhängige, sich wiederholende, stabile Sub-Totalität gibt, die die explizite Ordnung bildet und die natürlich im Grunde die Ordnung ist, mit der wir gewöhnlich in der Alltagserfahrung in Berührung kommen (die durch unsere wissenschaftlichen Instrumente gewissermaßen ausgedehnt wird). In dieser Ordnung gibt es insofern Raum für so etwas wie Gedächtnis, wie frühere Momente in der Regel eine (üblicherweise eingefaltete) Spur hinterlassen, die sich in späteren Momenten fortsetzt, obwohl sich diese Spur nahezu unbegrenzt wandeln und verändern mag. Aus dieser Spur (z.B. im Gestein) ist es uns im Prinzip möglich, ein Bild vergangener Momente zu entfalten, das in gewisser Hinsicht dem ähnelt, was sich tatsächlich zugetragen hat; und indem wir uns solche Spuren zunutze machen, erfinden wir Instrumente wie etwa Fotokameras, Tonbandgeräte und Computer-Speicher, die wirkliche Momente dergestalt aufzeichnen können, daß uns sehr viel mehr von dem Inhalt dessen, was sich zugetragen hat, direkt und unmittelbar abrufbar gemacht werden kann, als dies im allgemeinen aufgrund natürlicher Spuren allein möglich ist.

Man kann in der Tat sagen, daß unsere Erinnerung ein Sonderfall des oben beschriebenen Vorgangs ist, denn alles, was aufgezeichnet wurde, wird in den Gehirnzellen eingefaltet behalten, und diese sind ein Teil der Materie im allgemeinen. Die Wiederholung und Stabilität unserer Erinnerung als einer relativ unabhängigen Sub-Totalität kommt somit als ein Teil desselben Vorgangs zustande, der die Wiederholung und Stabilität in der manifesten Ordnung der Materie im allgemeinen bewirkt.

Daraus folgt, daß die explizite und manifeste Ordnung des Bewußtseins letztlich nicht von der der Materie im allgemeinen verschieden ist. Grundsätzlich handelt es sich bei diesen um verschiedene Erscheinungsformen der einen allumfassenden Ordnung. Dies erklärt ein zuvor genanntes, grundlegendes Faktum — daß die explizite Ordnung der Materie im allgemeinen auch im wesentlichen die explizite Ordnung der Sinne ist, die dem Bewußtsein in der alltäglichen Erfahrung erscheint.

Nicht nur in dieser Hinsicht, sondern auch in vielen anderen wichtigen Beziehungen gehören Bewußtsein und Materie im allgemeinen, wie wir gesehen haben, grundsätzlich derselben Ordnung an (nämlich der impliziten Ordnung im ganzen). Wie wir zuvor gezeigt haben, ist es diese Ordnung, die eine Beziehung zwischen den beiden ermöglicht. Aber was sollen wir genauer über die Natur dieser Beziehung sagen?

Wir können damit anfangen, daß wir den einzelnen Menschen als eine relativ unabhängige Sub-Totalität ansehen, die durch ausreichende Wiederholung und Stabilität ihres (körperlichen, chemischen, neurologischen, seelischen usw.) Gesamtprozesses dazu befähigt ist, für eine gewisse Zeitdauer zu bestehen. Es ist uns als Faktum bekannt, daß in diesem Prozeß das körperliche Befinden den Bewußtseinsinhalt auf vielerlei Weise beeinflussen kann. (Der einfachste Fall ist der, daß uns Nervenreize als Empfindungen bewußt werden.) Auch wissen wir, daß umgekehrt der Bewußtseinsinhalt das körperliche Befinden beeinflussen kann (z.B. können durch bewußten Willen Nerven gereizt, Muskeln bewegt, der Herzschlag verändert werden, was mit Veränderungen der Drüsentätigkeit, der chemischen Zusammensetzung des Blutes usw. einhergeht).

Diese Verbindung von Bewußtsein und Körper wird allgemein als psychosomatisch bezeichnet (von griechisch „psyche" — „Seele, Bewußtsein" und „soma" — „Körper"). Dieses Wort wird jedoch in der Regel mit der Bedeutung gebraucht, daß Bewußtsein und Körper getrennt existieren, aber durch eine Art Wechselwirkung verbunden sind. Eine solche Bedeutung ist mit der impliziten Ordnung unvereinbar. In der impliziten Ordnung müssen wir sagen, daß das Bewußtsein die Materie im allgemeinen und daher den Körper im besonderen einfaltet. Auf ähnliche Weise faltet der Körper nicht nur das Bewußtsein, sondern gewissermaßen auch das gesamte materielle Universum ein (und zwar, wie zuvor in diesem Abschnitt beschrieben, sowohl über die Sinne als auch in der Form, daß die den Körper bildenden Atome wirklich Strukturen sind, die im Prinzip überall im Raum eingefaltet sind).

Dieser Art von Beziehung sind wir in der Tat bereits im Abschnitt 4 begegnet, wo wir den Begriff einer höherdimensionalen Realität einführten, die in die niedrigerdimensionalen Elemente *hineinprojiziert*, wobei diese nicht nur eine nichtlokale und nichtkausale Beziehung aufweisen, sondern auch genau die Art von gegenseitiger Einfaltung, die wir für Bewußtsein und Körper vorgeschlagen haben. Wir gelangen so auf diesem Wege zu der weiteren These, daß die umfassendere, tiefere und innerlichere Wirklichkeit weder Bewußtsein noch Körper ist, sondern vielmehr eine noch höherdimensionale Wirklichkeit, die deren gemeinsame Grundlage darstellt und ihrer Art nach über beide hinausgeht. Jede dieser beiden ist somit nur eine relativ unabhängige Sub-Totalität, und damit ist auch gesagt, daß diese relative Unabhängigkeit von der höherdimensionalen Grundlage herstammt, auf der Bewußtsein und Körper letzten Endes eins sind (wie wir etwa finden, daß die relative Unabhängigkeit der manifesten Ordnung von der Grundlage der impliziten Ordnung herstammt).

Auf dieser höherdimensionalen Grundlage herrscht die implizite Ordnung vor. Auf dieser Grundlage ist also das *was ist* Bewegung, die im Denken als die gleichzeitige Gegenwart vieler Phasen der impliziten Ordnung erscheint. Wie es mit den zuvor betrachteten einfacheren Formen der impliziten Ordnung der Fall ist, so entfaltet sich die Bewegung in einem Moment aufgrund des diesem Gesamtsachverhalt innewohnenden tieferen Notwendigkeitsdrucks derart, daß im nächsten Moment ein neuer Sachverhalt entsteht. Die Projektionen der höherdimensionalen Grundlage wie Bewußtsein und Körper werden beide im späteren Moment anders sein als im früheren Moment, obwohl diese Unterschiede natürlich zusammenhängen. Wir sagen also nicht, daß Bewußtsein und Körper einander kausal beeinflussen, sondern vielmehr, daß beide Bewegungen das Ergebnis verwandter Projektionen einer gemeinsamen höherdimensionalen Grundlage sind.

Natürlich ist selbst diese Grundlage von Bewußtsein und Körper begrenzt. Offensichtlich müssen wir wenigstens die über den Körper hinausgehende Materie miteinbeziehen, wenn wir eine angemessene Schilderung des tatsächlichen Geschehens geben wollen, und diese muß letztlich andere Menschen einschließen und dabei zur Gesellschaft und zur Menschheit im ganzen fortschreiten. Dabei müssen wir allerdings dafür Sorge tragen, daß wir nicht wieder darauf verfallen, den verschiedenen Elementen einer gegebenen Gesamtsituation mehr als bloß eine relative Unabhängigkeit beizumessen. In einer tieferen und im großen und ganzen angebrachteren Denkweise ist jedes dieser Elemente eine Projektion in einer Sub-Totalität von noch höherer „Dimension". Es wird also letztlich irreführend und in der Tat falsch sein anzunehmen, daß beispielsweise jeder Mensch ein unabhängiges Wirkliches ist, das mit anderen Menschen und mit der Natur in Wechselwirkung steht. Vielmehr sind diese allesamt Projektionen einer einzigen Totalität. Beteiligt sich ein Mensch an dem Prozeß dieser Totalität, so wird er im Zuge derselben Tätigkeit von Grund auf verändert, durch die er danach strebt, jene Realität zu verändern, die der Inhalt seines Bewußtseins ist. Wer das nicht berücksichtigt, gerät unweigerlich bei allem, was er tut, in heillose und andauernde Verwirrung.

Auch von der Seite des Bewußtseins her können wir erkennen, daß es notwendig ist, zu einer umfassenderen Grundlage fortzuschreiten. So wird der leicht zugängliche, explizite Bewußtseinsinhalt, wie wir gesehen haben, von einem viel weiteren impliziten Untergrund umfaßt. Dieser wiederum muß offenbar in einem noch weiteren Untergrund enthalten sein, der nicht nur neurophysiologische Prozesse auf Ebenen umfassen mag, derer wir uns gar nicht allgemein bewußt sind, sondern auch einen noch weiteren Untergrund unbekannter (und in der Tat letztlich unerkennbarer) Tiefen der Innerlichkeit, die jenem „Meer" der Energie analog sein mögen, das den sinnlich als „leer" wahrgenommenen Raum erfüllt. (20)

Wie diese inneren Tiefen des Bewußtseins auch immer beschaffen sein mögen, so sind sie doch die Grundlage sowohl des expliziten Inhalts als auch des Inhalts, der gewöhnlich implizit heißt. Obwohl diese Grundlage im gewöhnlichen Bewußtsein nicht aufzutauchen braucht, kann sie dennoch auf gewisse Weise vorhanden sein. Ebenso wie das ungeheure „Meer" der Energie im Raum für unsere Wahrnehmung als ein *Gefühl* der Leere oder des Nichts vorhanden ist, so ist der ungeheure „unbewußte" Untergrund des expliziten Bewußtseins mit allen seinen Implikationen auf ähnliche Weise vorhanden. Das heißt, er mag als eine Leere *empfunden* werden, ein Nichts, innerhalb dessen der übliche Bewußtseinsinhalt nur eine verschwindend kleine Anzahl von Facetten ist.

Wir wollen nun kurz darüber nachdenken, was sich in dieser Gesamtordnung von Materie und Bewußtsein über die Zeit sagen läßt.

Zunächst einmal ist es bekannt, daß die Zeit, wie sie direkt im Bewußtsein wahrgenommen und erlebt wird, höchst veränderlich ist und von den Umständen abhängt (z.B. kann eine bestimmte Zeitspanne von verschiedenen Menschen oder sogar von derselben Person je nach der inneren Anteilnahme daran als kurz oder lang empfunden werden). Andererseits erscheint die physikalische Zeit für die alltägliche Erfahrung so, als sei sie absolut und hinge nicht von Umständen ab. Es ist aber eine der wichtigsten Implikationen der Relativitätstheorie, daß die physikalische Zeit in der Tat in dem Sinne relativ ist, daß sie sich mit der Geschwindigkeit des Beobachters verändern kann. (Diese Veränderung fällt allerdings nur dann ins Gewicht, wenn wir uns der Lichtgeschwindigkeit nähern, und kann im Bereich der gewöhnlichen Erfahrung durchaus vernachlässigt werden.) Entscheidend ist im gegenwärtigen Rahmen, daß der Relativitätstheorie zufolge eine scharfe Unterscheidung zwischen Raum und Zeit nicht aufrechterhalten werden kann (es sei denn als eine Näherung, die nur für Geschwindigkeiten gilt, die im Vergleich zu der des Lichts klein sind). Da nun die Quantentheorie verlangt, daß räumlich getrennte Elemente in der Regel nichtkausal und nichtlokal miteinander verknüpfte Projektionen einer höherdimensionalen Realität sind, so folgt daraus, daß zeitlich getrennte Momente ebenfalls derartige Projektionen dieser Realität sind.

Offensichtlich führt dies zu einem grundsätzlich neuen Begriff vom Sinn der Zeit. Sowohl in der Alltagserfahrung als auch in der Physik hat man im allgemeinen die Zeit als eine primäre, unabhängige und universell gültige Ordnung angesehen, als die vielleicht grundlegendste, die uns bekannt ist. Nun sind wir zu der These gelangt, daß sie sekundär ist und gleich dem Raum (siehe Abschnitt 5) als eine besondere Ordnung von einer höherdimensionalen Grundlage abgeleitet werden muß. In der Tat kann man darüber hinaus sagen, daß sich viele solcher besonderen, miteinander verknüpften Zeitordnungen für verschiedenartige Abfolgen von Momenten herleiten lassen, die materiellen Systemen mit unterschiedlichen Geschwindigkeiten entsprechen. Diese jedoch hängen alle von einer multidimensionalen Realität ab, die vom Standpunkt irgendeiner Zeitordnung bzw. einer Menge solcher Ordnungen aus nicht vollständig erfaßt werden kann.

Auf ähnliche Weise gelangen wir zu der These, daß diese multidimensionale Realität in viele Ordnungen von Momentabfolgen im Bewußtsein hineinprojizieren kann. Hierbei haben wir nicht nur die oben besprochene Relativität der psychologischen Zeit im Sinn, sondern auch sehr viel subtilere Implikationen. So können sich beispielsweise Menschen, die einander gut kennen, für eine lange Zeit trennen (gemessen an der von einer Uhr angezeigten Abfolge von Momenten) und sind dabei doch oft in der Lage, „den Faden dort wieder aufzunehmen, wo sie ihn abgeschnitten hatten", als ob die Zeit stillgestanden hätte. Wir schlagen hier vor, Abfolgen von Momenten, die Zwischenräume „überspringen", als ebenso zulässige Formen von Zeit anzusehen wie solche, die kontinuierlich zu sein scheinen. (21)

Das Grundgesetz ist folglich das der ungeheuren multidimensionalen Grundlage, und die Projektionen von dieser Grundlage aus bestimmen, was für Zeitordnungen es geben kann. Natürlich kann dieses Gesetz so aussehen, daß die Ordnung der Momente in gewissen Grenzfällen annähernd dem entspricht, was von einer einfachen Kausalgesetzmäßigkeit bestimmt wäre. Oder die Ordnung wäre in einem anderen Grenzfall derart hochgradig komplex, daß sie sich, wie im Kapitel 5 dargelegt, einer üblicherweise Zufallsordnung genannten annäherte. In diesen beiden Alternativen erschöpft sich zum größten Teil das Geschehen im Bereich der gewöhnlichen Erfahrung wie auch in dem der klassischen Physik. Im Quantenbereich hingegen sowie im Zusammenhang mit dem Bewußtsein und wahrscheinlich auch mit dem Verständnis für das tiefere, innerlichere Wesen des Lebens werden sich solche Näherungen als untauglich erweisen. Man muß dann zu einer Betrachtung der Zeit als einer Projektion einer multidimensionalen Realität in eine Abfolge von Momenten übergehen.

Eine solche Projektion kann eher als schöpferisch denn als mechanisch beschrieben werden, denn schöpferisch meint ja eben, daß ein neuer Inhalt sich in eine Abfolge von Momenten zu entfalten beginnt, die nicht völlig aus dem ableitbar sind, was ihnen in dieser Abfolge oder einer Anzahl solcher Abfolgen vorausging. Wir behaupten also, daß Bewegung im Grunde ein solches schöpferisches Anbrechen eines neuen Inhalts ist, wie er von der multidimensionalen Grundlage projiziert wird. Mechanisch ist im Unterschied dazu eine relativ autonome Sub-Totalität, die sich von einer grundsätzlich schöpferischen Entfaltungsbewegung abstrahieren läßt.

Wie sollen wir demnach die Evolution des Lebens betrachten, wie diese im allgemeinen in der Biologie dargestellt wird? Zuerst muß darauf hingewiesen werden, daß das Wort „Evolution" selbst (das wörtlich ein „Ausrollen" bezeichnet) einen zu mechanistischen Beigeschmack hat, um in diesem Zusammenhang gute Dienste zu leisten. Wie wir bereits oben ausgeführt haben, sollten wir vielmehr sagen, daß sich verschiedene, aufeinanderfolgende Lebensformen schöpferisch entfalten. Später auftretende Glieder lassen sich nicht völlig durch die Annahme eines Prozesses, bei dem eine Wirkung aus einer Ursache entsteht, aus früheren ableiten (obwohl ein solcher kausaler Prozeß gewisse begrenzte Aspekte der Abfolge mit einiger Näherung erklären kann). Die Gesetzmäßigkeit dieser Entfaltung kann nicht wirklich verstanden werden, wenn man nicht die ungeheure multidimensionale Realität in Erwägung zieht, deren Projektion sie ist (außer in einer groben Näherung, bei der die Implikationen der Quantentheorie und dessen, was jenseits dieser Theorie liegt, vernachlässigt werden können).

Unser gesamtes Vorgehen hat also Fragen nach der Natur des Kosmos, der Materie im allgemeinen, des Lebens und des Bewußtseins zusammengebracht. Alle diese wurden als Projektionen einer gemeinsamen Grundlage betrachtet, die wir die Grundlage von allem was ist nennen können, wenigstens insofern wie dies in der gegenwärtigen Phase unserer Bewußtseinsentfaltung von uns wahrgenommen und erkannt werden kann. Obwohl wir keine genaue Wahrnehmung oder Kenntnis dieser Grundlage besitzen, ist sie dennoch in gewissem Sinne in unserem Bewußtsein eingefaltet, und zwar auf die von uns umrissenen Weisen wie auch vielleicht auf andere Weisen, die es noch zu entdecken gilt.

Ist diese Grundlage der absolute Endpunkt aller Dinge? Nach den von uns vorgeschlagenen Anschauungen von der allgemeinen Natur der „Totalität von allem was ist" betrachten wir selbst diese Grundlage insofern als eine bloße Stufe, wie es im Prinzip darüber hinaus eine unendliche Weiterentwicklung geben könnte. Jede derartige Menge von Anschauungen, die in dieser Entwicklung zu einem bestimmten Moment auftritt, wird höchstens einen *Vorschlag* darstellen. Sie darf nicht als die *Annahme* über eine vorgeblich letzte Wahrheit angesehen werden und noch weniger als eine Schlußfolgerung über die Natur einer solchen Wahrheit. Dieser Vorschlag wird vielmehr selbst zu einem *aktiven Faktor* in der Totalität des Daseins, die uns selbst wie auch die Gegenstände unseres Denkens und unserer experimentellen Nachforschungen umfaßt. Alle weiteren Vorschläge zu diesem Prozeß müssen, wie auch die bereits gemachten, *lebenstüchtig* sein. Das heißt, man wird von ihnen verlangen, daß sie sowohl allgemein in sich als auch in Bezug darauf, was im Leben als ganzem aus ihnen hervorgeht, konsistent sind. Durch den Druck einer noch tieferen, innerlicheren Notwendigkeit in dieser Totalität mögen neue Sachverhalte auftreten, in denen sowohl die Welt, wie wir sie kennen, als auch unsere Ideen von ihr einen unendlichen Prozeß noch weiteren Wandels durchmachen können.

Damit haben wir im wesentlichen die Darlegung unserer Kosmologie und unserer allgemeinen Vorstellungen von der Natur der Totalität zu einem natürlichen (wenn auch selbstverständlich nur vorübergehenden) Haltepunkt gebracht. Von hier aus können wir das Ganze weiter überblicken und vielleicht einige der Einzelheiten ergänzen, die in dieser notwendig umrißhaften Behandlung ausgelassen wurden, bevor wir neue Entwicklungsschritte von der oben angedeuteten Art unternehmen.

Anmerkungen

1 Fragmentierung und Ganzheit

(1) Siehe zum Beispiel Jiddu Krishnamurti: *Einbruch in die Freiheit*, Frankfurt/M. — Berlin — Wien 1973 (Englisch: *Freedom from the Known*).

2 Der Rheomodus — ein Experiment mit Sprache und Denken

(1) In Wirklichkeit ist das lateinische Grundwort zu „dividieren" nicht „videre" — „sehen", sondern ein nur in Zusammensetzungen bezeugtes Verb „videre", das „Trennen" bedeutet. Es scheint sich also um eine zufällige Übereinstimmung zu handeln. Es ist jedoch ganz im Sinne des Rheomodus, sich dieses Zufalls zu bedienen und die Division in erster Linie als einen Akt der Wahrnehmung statt als einen körperlichen Akt des Trennens aufzufassen.

(2) Wenn wir im Rheomodus von dem Grundverb ein Wort mit einem Präfix wie etwa di-, ko-, kon- usw. bilden, so trennen wir dieses Präfix vom Grundverb durch einen Bindestrich ab, um damit anzuzeigen, daß das Verb auf diese Weise entstanden ist.

(3) Man beachte, daß wir von nun an der Kürze halber im allgemeinen keine derart vollständige Beschreibung der Bedeutung der Grundform liefern, wie wir es bis jetzt getan haben.

3 Realität und Wissen als Prozeß

(1) Alfred N. Whitehead: *Prozeß und Realität*, Frankfurt/M. 1979 — (Englisch: *Process and Reality*).

(2) *Duden Bd. 7: Etymologie. Herkunftswörterbuch der deutschen Sprache*, Mannheim 1963. (Anm. d. Übers.)

(3) Jean Piaget: *Das Erwachen der Intelligenz beim Kinde*, Stuttgart ^{2}1973.

4 Verborgene Variablen in der Quantentheorie

(1) David Bohm: *Causality and Chance in Modern Physics*, London 1957.

(2) Siehe Johann von Neumann: *Mathematische Grundlagen der Quantenmechanik*, Berlin 1932 (Reprint 1981); Werner Heisenberg: *Die physikalischen Prinzipien der Quantentheorie*, Leipzig 1930 (Mannheim 1958); P.A. Dirac: *Die Prinzipien der Quantenmechanik*, Leipzig 1930 — (Englisch: *The Principles of Quantum Mechanics*); Paul Arthur Schilpp (Hrsg.): *Albert Einstein als Philosoph und Naturforscher*, Stuttgart 1955 (Braunschweig 1979) — (Englisch: *Albert Einstein: Philosopher-Scientist*), vor allem Kapitel 7, wo Bohrs Standpunkt diskutiert wird.

(3) Ebd.

(4) Von Neumann: a.a.O.

(5) A. Einstein, N. Rosen und B. Podolsky: *Phys. Rev.* 47 (1935), S. 777.

(6) David Bohm: *Quantum Theory*, New York 1951.

(7) Bohr legt seinen Standpunkt dar im Kapitel 7 von Schilpp: a.a.O.

(8) David Bohm: *Phys. Rev.* 85 (1952), S. 166, 180.

(9) Louis de Broglie: *Comptes Rendus* 183 (1926), S. 447 und 380; ders.: *La Physique nouvelle et les Quantas*, Paris 1937 — Englisch: *Revolution in Modern Physics*).

(10) David Bohm und Jean-Pierre Vigier: *Phys. Rev.* 96 (1954), S. 208.
(11) Für eine genauere Erörterung siehe Bohm: *Causality and Chance in Modern Physics*, Kapitel 4.
(12) Bohm und Vigier: a.a.O.; Bohm: *Causality and Chance in Modern Physics*.
(13) Bohm: *Phys. Rev.* 85 (1952), S. 166, 180; Bohm und Vigier: a.a.O.; Bohm: *Causality and Chance in Modern Physics*.
(16) G. Kallen: *Physica* 19 (1953), S. 850; *Kongelige Danske Videnskabernes Selskab, Mat.-fys. Medd.* 27, 12 (1953); *Nuovo Cimento* 12 (1954), S. 217; A.S. Wightman: *Phys. Rev.* 98 (1955), S. 812; L. van Hove: *Physica* 18 (1952), S. 145.
(17) Ebd.
(18) Persönliche Mitteilungen.
(19) Persönliche Mitteilungen.
(20) Van Hove: a.a.O.; persönliche Mitteilung.
(21) Ein ähnliches Ergebnis erhält man, wenn man die makroskopischen Eigenschaften einer Masse behandelt, die eine große Anzahl miteinander interagierender Teilchen enthält. Man gelangt zu Kollektiveigenschaften (z.B. Schwingungen), die sich selbst nahezu unabhängig von den Details einzelner Teilchenbewegungen bestimmen. Siehe D. Bohm und D. Pines: *Phys. Rev.* 85 (1953), S. 338 und 92 (1953), S. 609.
(22) Diese Analogie wurde zum erstenmal von Fürth für den Fall der Brownschen Bewegung eines Teilchens gezeigt. Siehe Bohm: *Causality and Chance in Modern Physics*, Kapitel 4.
(23) Bohm und Pines: a.a.O.
(24) Max Born: *Vorlesungen über Atommechanik*, Erster Band, Berlin 1925 (Reprint 1976); Herbert Goldstein: *Klassische Mechanik*, Frankfurt/M. ^{7}1983 − (Englisch: *Classical Mechanics*).
(25) Ebd.
(26) Born: a.a.O.
(27) Persönliche Mitteilung.
(28) Beispielsweise wird ein synchroner Elektromotor in der Regel phasengleich mit dem Wechselstrom vom Generator laufen. Es gibt in der Theorie nichtlinearer Schwingungen zahllose andere solcher Beispiele. Eine umfassendere Besprechung nichtlinearer Schwingungen geben H. Jehle und J. Cahn: *Am. J. Phys.* 21 (1953), S. 526.
(29) Born: a.a.O.
(30) Man kann auch etwas allgemeinere lineare Verbindungen nehmen, aber sie werden lediglich die Darstellungsweisen komplizieren, ohne das Problem in seinen Grundzügen zu verändern.
(31) D. Bohm und Y. Aharonov: *Phys. Rev.* 108 (1957), S. 1070.

5 Die Quantentheorie als ein Hinweis auf eine neue Ordnung in der Physik. Teil A

(1) Dieser Ordnungsbegriff wurde zuerst von dem bekannten Künstler Charles Biederman in einem persönlichen Gespräch an mich herangetragen. Für eine Darstellung seiner Ansichten siehe Charles J. Biederman: *Art as the Evolution of Visual Knowledge*, Red Wing, Minnesota 1948.
(2) M. Born und N. Wiener: *J. Math. phys.* 5 (1926), S. 84-98; N. Wiener und A. Siegel: *Phys. Rev.* 91 (1953), S. 1551.
(3) Dieser Gedanke ist in den Kapiteln 1 und 3 von einem anderen Gesichtspunkt aus erörtert worden.
(4) Für eine Erörterung dieses Punktes siehe Bohm: *Quantum Theory*, New York 1951.
(5) Für eine ausführliche Erörterung dieses Effektes siehe ebd., Kapitel 22; ein späterer Standpunkt zu diesem Thema findet sich bei J.S. Bell: *Rev. Mod. Phys.*

38 (1966), S. 447.
(6) Niels Bohr: *Atomtheorie und Naturbeschreibung*, Berlin 1931.
(7) Johann von Neumann: *Mathematische Grundlagen der Quantenmechanik*, Berlin 1932 (Reprint 1981).

6 Die Quantentheorie als ein Hinweis auf eine neue Ordnung in der Physik. Teil B

(1) Eine sehr klare Darlegung dieser Ansicht findet sich bei Thomas S. Kuhn: *Die Struktur wissenschaftlicher Revolutionen*, Frankfurt/M. 1973 — (Englisch: *The Structure of Scientific Revolutions*).
(2) Jean Piaget: *Das Erwachen der Intelligenz beim Kinde*, Stuttgart ^{2}1973.
(3) Siehe D. Bohm, B. Hiley und A. Stuart: *Progr. Theoret. Phys.* 3 (1970), S. 171, wo diese Beschreibung eines wahrgenommenen Inhalts als Überschneidung zweier Ordnungen betrachtet in einem anderen Zusammenhang behandelt wird.
(4) Siehe zum Beispiel Dudley E. Littlewood: *The Skeleton Key of Mathematics*, London 1960.
(5) Siehe zum Beispiel ebd.

7 Einfaltung und Entfaltung von Universum und Bewußtsein

(1) Siehe *Re-Vision* 3, 4 (1978), wo sich dieser Gegenstand anders behandelt findet. (Veröffentlicht in 20 Longfellow Road, Cambridge, Mass. 02148, USA.)
(2) Siehe Kapitel 2 von Bohm: *Causality and Chance in Modern Physics*, London 1957, wo dieser Punkt näher besprochen ist.
(3) Für eine ausführliche Erörterung dieses Punktes siehe zum Beispiel D. Bohm und B. Hiley: *Foundations of Physics* 5 (1975), S. 93.
(4) Für eine ausführliche Erörterung dieses Versuchs siehe Bohm: *Quantum Theory*, New York 1951, Kapitel 22.
(5) Siehe Kapitel 2 von Bohm: *Causality and Chance in Modern Physics* für eine Erörterung dieses „indeterministischen Mechanismus".
(6) Siehe Bohm und Hiley: a.a.O. und Bohm: *Quantum Theory* für eine ausführlichere Behandlung dieses Zuges der Quantentheorie.
(7) Mathematisch leitet man alle Eigenschaften des Systems von einer $3N$-dimensionalen „Wellenfunktion" ab (wobei N die Anzahl der Teilchen ist), die sich nicht im dreidimensionalen Raum allein darstellen läßt. Physikalisch findet man die oben beschriebene nichtlokale, nichtkausale Beziehung zwischen voneinander entfernten Elementen wirklich vor, die sehr gut zu dem paßt, was die mathematischen Gleichungen verlangen.
(8) Besonders unter solchen, bei denen die „Wellenfunktion" der Verbindung annähernd in die Faktoren zweier getrennter, dreidimensionaler Wellenfunktionen zerlegt werden kann (wie gezeigt in Bohm und Hiley: a.a.O.).
(9) Dies ist nur ein Beispiel für die im Abschnitt 2 beschriebene Verbindung von Wellen- und Teilcheneigenschaften der Materie.
(10) Diese Art von Berechnung wird vorgeschlagen in Bohm: *Causality and Chance in Modern Physics*, S. 163.
(11) Im Abschnitt 8 werden wir sehen, daß die Zeit ebenso wie der Raum auf diese Weise eingefaltet werden kann.
(12) Vergleiche mit dem Gedanken von Sub-System, System und Super-System, der unterbreitet wird in Bohm und Hiley: a.a.O.
(13) Diese Vorstellung wurde bereits auf eine vorläufige Weise im Kapitel 3 angeregt.
(14) Siehe Karl H. Pribram: *Languages of the Brain*, Englewood Cliffs, N.J. 1971;

(15) Gordon G. Globus u.a. (Hrsg): *Consciousness and the Brain*, New York 1976.
Wie etwa im Abschnitt 3 gezeigt, kann eine linear geordnete Schar von Tropfen auf eine solche Weise zusammen eingefaltet werden, daß diese Ordnung in der ganzen Menge der Gesamtheiten von Tintenteilchen noch immer versteckt andauert.
(16) Wie im Anhang zum Kapitel 6 über die implizite Ordnung gezeigt, ist das grundlegende Rechenverfahren eine *Algebra* und nicht die Analysis.
(17) Für eine eingehendere Erörterung siehe den Anhang zu David Bohm: *The Special Theory of Relativity*, New York 1965.
(18) Siehe ebd.
(19) Dieses Trugbild ist im wesentlichen das in den Kapiteln 1 und 2 besprochene, demzufolge die gesamte Existenz als aus im Grunde statischen Bruchstücken zusammengesetzt gesehen wird.
(20) In mancher Hinsicht ähnelt diese Idee eines „unbewußten" Untergrundes der Freuds. Jedoch Freuds Ansicht nach hat das Unbewußte einen ziemlichen eindeutigen und begrenzten Inhalt und läßt sich von daher nicht mit der Unermeßlichkeit des Untergrunds vergleichen, den wir vorschlagen. Vielleicht käme Freuds „ozeanisches Gefühl" dem etwas näher, als es sein Begriff des Unbewußten tut.
(21) Dies entspricht der quantentheoretischen Forderung, daß Elektronen vom einen Zustand im Raum in einen anderen übergehen können, ohne Zwischenzustände zu durchlaufen.

Index

A
Achtsamkeit, Bewegung der 65
Äther 248, 249
Aharonov, Y. 278
Akkommodation: Assimilation und A. 188; A. von Fakten innerhalb von Theorien 188-190
Algebra für die implizite Ordnung 214/215, 222-224; A. und Holomovement 215-217
Analyse 170-172; Beschreibung und A. 171/172; Ursprung des Wortes 170
analytische Beschreibung und Heteronomie 207
Ansicht, Theorie als 22, 23, 38, 39
Aristoteles 32, 34, 92, 154, 155, 156, 186, 196, 199
Aristotelische Logik 92
Assimilation und Akkommodation 188
asynordinate Erscheinungsformen der Struktur 203/204
atomistische Einstellung den Worten gegenüber 68
Atomtheorie 28-30
Autonomiegruppe 221

B
Bell, J.S. 278
Beobachter und Beobachtetes 29, 40, 54, 179-181, 185, 190
Beschreibung und Analyse 171/172
Bewegung 258-263; fließende, bruchlose B. 31/32, 75; ihre abstrakte Darstellung 261; implizite Ordnung und B. 262/263; ihre wirkliche Erfahrung 9/10
Bewußtsein: als Abstraktion vom universellen Fluß 83; seine expliziten und impliziten Inhalte 263/264; implizite Ordnung und B. 254-267; als Projektion 269/270; „Strom des B.s" 10, 31; sein unbewußter Untergrund 271, 280; Zusammenhang mit der Materie 254-275
Biedermann, C. 278
Bienentanz 85/86
bildende Künste: ihr Maß 44
Bohm, D. 277, 278, 279, 280
Bohr, N. 100, 121, 149, 178, 277, 279; seine Lösung für das Paradoxon von Einstein, Rosen und Podolsky 108-112
Bohr-Sommerfeldscher Satz 134, 142

Born, M. 278
Broglie, L. de 112, 136, 277
Brownsche Bewegung 144, 146, 173, 278; Indeterminismus und B.B 102/103, 113; Ordnung darin 161, 165/166; in der Relativitätstheorie 172/173, 182

C
Cahn, J. 278
Carroll, L. 58
Compton-Effekt 146, 147

D
Demokrit 28, 248
Denken: als Ansicht 27, als Beitrag zur Erfahrung 265; Gedächtnis und D. 79/80, 89/90, 265/266; Gedankeninhalt und Denkvorgang 40/41; implizite Ordnung und D. 263-265; bei Kindern 87/88; seine Kreisbewegung 90; als materieller Prozeß 82, 89, als mechanischer Prozeß 80, 82; Nichtd. und D. beim primitiven Menschen 87/88; als Prozeß 79-86; als Tanz des Geistes 86, 91; mit der Totalität zum Inhalt 86, 88, 94/95; seine unbewußte Fragmentierung 93; Zusammenhang mit Intelligenz (*s.d.*) 82/83; Zusammenhang mit der Realität 9/10, 22, 83-86, 90/91
Descartes, R. 254/255
Determinismus: seine Grenzen in der Quantentheorie 101; Trend weg vom D. 121
Ding: als Abstraktion 75, 85; Ursprung des Wortes 84; *siehe auch* Realität
„Ding an sich" 84
Dirac, P.A. 100, 277
Diracsche Gleichung für Fermionen 151
Divergenzen in der relativistischen Quantenfeldtheorie 120, 129/131, 151
Di-vidation/di-vidieren 63/64, 66
Dualismus Welle-Teilchen 14, 15, 29, 174, 177, 246/247; seine Erklärung in der Theorie verborgener Variablen 132

E
Eichinvarianz 221/222
Einfaltung und Entfaltung 234/235, 239, 241, 242, 245/246, 251
einheitliche Feldtheorie 169, 171, 172, 183, 227/228

Einstein, A. 25, 29, 40, 47, 48, 53, 166, 167, 169, 170, 172, 173, 183, 227, 277; *siehe auch* Paradoxon ...
Elementarteilchen: abstrahiert von einer Bewegung auf tieferer Ebene 78, 204/205, 226/227, 240; Analogie von der Tinte in einer Flüssigkeit für die E. 239; als Projektionen 243-245
Entfaltung, *siehe* Einfaltung und Entfaltung
Epizykeln, Ptolemäische 24, 154, 157, 166, 181, 187, 189
Erfahrung und Wissen 25
Erinnerung, *siehe* Gedächtnis
euklidisches Ordnungs- und Maßsystem 165; seine mathematische Beschreibung 209/210, 218, 220, 221
Evolution des Lebens 273
explizite Ordnung: kartesische Koordinaten und 199, 230; ihre Mathematisierung 209/210

F
faktieren 71
Faktum: Akkommodation innerhalb von Theorien 188-190; im Rheomodus 70-74; Theorie und F. 191; Ursprung des Wortes 189; Wahrheit und F. 70-71
Farbe in einer Flüssigkeit, *siehe* Modell ...
Feldgleichungen, Nichtlinearität von 136, 227
Feldvariablen, überabzählbare unendliche Menge von 122-124; in der Theorie verborgener Variablen 125/126, 130/131, 140
Fluß, universeller: Bewußtsein und Materie als Abstraktionen davon 82/83; als Grund der Intelligenz 82; nur implizit erkennbar 32, Realität (Welt) als u. F. 30, 78, 90; *siehe auch* Holomovement
formale (formgebende) Ursache 33-35, 36; f.U. alles Meßbaren 49; f.U. der Fragmentierung 41
Fragmentierung 11, 19-50; F. des Denkens 93; F. im Einzelmenschen 19/20; ihre formgebende Ursache 41; in der Gesellschaft 20, 37/38; F. in der wissenschaftlichen Forschung 22, 36/37
Freud, S. 280

G
Galilei, G. 155, 167, 170, 172, 186, 187, 195, 196
Gammastrahlen-Mikroskopversuch, Heisenbergscher 146, 184, 195; abgewandelter G. 175-180; implizite Ordnung und G. 205
Ganzheit: Bedeutungsfeld des Wortes 21; G. und Fragmentierung 27; das Hologramm als ihre Veranschaulichung 193-195; östliche und westliche G.auffassungen 10, 42-50; in der Quantentheorie 180/181; in der Relativitätstheorie 170
Gedächtnis: Denken und G. 79/80, 89/90, 265/266; Gehirn und G. 268
Gehirn: Information darin eingefaltet 256, 268
Gesetz, physikalisches 165; implizite und explizite Ordnung im p.G. 208-224
Globus, G.G. 280
„Goldener Schnitt" 44
„goldenes Zeitalter" 21
Goldstein, H. 278
Grammatik 53-69
Gravitation, universelle 23, 34, 43
Gravitationsfeld 170; seine Wellen-Teilchen 247
Greensche Funktion 211, 212
Grenze und Maß 161/162
griechischer Maßbegriff 42, 44/45

H
Hamiltonsche Funktion 131
Handlung, Konditioniertheit der 81/82
Heisenberg, W. 100, 120, 175, 176, 177, 178, 179, 277
Heisenbergsche Unschärferelation 104, 116; ihr Beweis 146; Bohrs Deutung 109/110; Gammastrahlen-Mikroskopversuch, *siehe* Gammastrahlen-Mikroskopversuch, Heisenbergscher; H.U. in der Theorie verborgener Variablen 126-130, 141-145, 145-147
Heraklit 77
Heteronomie und analytische Beschreibung 206/207
Hiley, B. 279
Hologramm: als Beispiel für eine Ähnlichkeitsmetamorphose 211/212; H. und Gehirnstruktur 256; als Veranschaulichung der ungeteilten Ganzheit 193-195, 231/232, 245
Holomovement 199-208, 232, 246, 252/253; seine Algebra 215-217, 223; *siehe auch* Fluß, universeller
Holonomie 207, 216, 220, 236, 242
Holonomiegruppe 221, 222

Hove, L. van 278
Hypothesen 24

I
„Implikationsparameter" 203, 213
implizite Ordnung 17, 197-224; Bewegung und i.O. 262/263; Bewußtsein und i.O. 254-267; als Grundlage 240/241; innig i.O. 238; Kosmologie und i.O. 246-250; Leben und i.O. 251-253; manifeste Welt und i.O. 241/242; ihre Mathematisierung 212-224; der mechanistischen Ordnung in der Physik gegenübergestellt 226-233; Modell von der Tinte in einer Flüssigkeit, *siehe* Modell ...; multidimensionale i.O. 242-246; Notwendigkeitsdruck und i.O. 253, Relativitätstheorie und i.O. 217-220, 220/221; Struktur der Materie und i.O. 233-242; ihre Wahrnehmung beim Musikhören 257/258
Indeterminismus in der Quantentheorie: seine Deutung 101-104, 121, als irreduzible Regellosigkeit 104-108; mechanistische Ordnung und I. 229
innig implizite Ordnung 238
Intelligenz 80-83; als unbedingter Akt der Wahrnehmung 82; Zusammenhang mit Denken (*s.d.*) 82/83

J
Jehle, H. 278

K
Kallen, G. 278
kanonische Transformation 123, 131, 139, 140
Kant, I. 25, 84
kartesische Koordinaten 16, 155/156, 196; k.K. und explizite Ordnung 199, 230
Kausalität 32, 157; K. und physikalisches Gesetz 165
Kepler, J. 155, 186, 187
Kernzerfall 101
Kinderdenken 87/88
klassische Physik: Ordnung, Maß und Struktur darin 165/166; *siehe auch* Newtonsche Mechanik
Klein, F. 209
kollektive Koordinaten 130/131, 141
Komplex 218/219
Konditioniertheit des Handelns 81/82
Konstanten der Bewegung 130-133, 134, 135, 139
Kon-statation/kon-statieren 72/73

Kontinuum 219
Koordinaten, *siehe* kartesische bzw. kollektive Koordinaten
Kopernikus, N. 155, 186, 187
Kosmologie 10; K. und implizite Ordnung 346-350
Krishnamurti, J. 50, 277
Kuhn, T. 279

L
Leben: seine Evolution 273, implizite Ordnung und L. 251-253
Leibniz, G.W. 267
Levation/levieren 166-168, 173, 182
Linguistik 57
Linse: als Anschauungsbeispiel für den Zusammenhang von Instrumentarium und Theorie 192, als Grenzfall des Hologramms 194; mechanistische Ordnung und L. 230/231
Littlewood, D.E. 279
Lorentz: L.sches Bezugssystem 136, 137; L.-Transformation 137

M
manifeste Welt und implizite Ordnung 241/242
Maß 161-163; ausgedrückt durch ein Verhältnis 43-45; euklidisches M. 165; Grenze und M. 161/162; in der klassischen Physik 165/166; östlicher M.begriff 46-49; Struktur und M. 163/164; westlicher M.begriff 42-45
Materie: als Abstraktion vom universellen Fluß 32, 83; ihr Begriff im Altertum 22/23, 153/154; ihr Begriff im Quantenbereich 110, als Projektion 269/270; ihre Struktur und die implizite Ordnung 233-242; Zusammenhang mit dem Bewußtsein 10, 254-275
Mathematik und Physik 208
Mathematisierung der physikalischen Sprache 208-224
mechanistische Ordnung in der Physik: der impliziten Ordnung gegenübergestellt 226-233; Quantenunbestimmtheit und m.O. 228/229, Relativitätstheorie und m.O. 227/228
Meditation 42, 43, 48, 49
Mehrkörperproblem 117, 130; Diracsche Gleichung für Fermionen 151
Metamorphose 210-121; Ähnlichkeitsm. 211
Mikroskopversuch, *siehe* Gammastrahlen-Mikroskopversuch, Heisenbergscher
Modell von der Tinte (Farbe) in einer

Flüssigkeit 198/199, 245; Mathematisierung der impliziten Ordnung und das M. 213; Relevation der impliziten Ordnung und das M. 201-206; Struktur der Materie und das M. 233-241, 251/252
Molekularbiologie 35
Moment als Grundelement der Realität 267
Monaden 267
Multiplex 219, Gesetzmäßigkeit im M. 220-224
Musik: M.erleben 257/258; Maß in der M. 44, 46; Struktur in der M. 164

N
Neumann, J. von 99, 100, 279; seine Argumente gegen verborgene Variablen 105/106, 118; die Voraussetzung hinter diesen 115
Newton, I. 23, 24, 34, 43, 156, 157, 167, 170, 172, 186, 187
Newtonsche Mechanik 23, 109, 110, 113, 166, 173; als annähernd gültig 199; „Normalfälle" des Wellenfeldes 171; *siehe auch* klassische Physik
Notwendigkeitsdruck in der impliziten Ordnung 236, 253, 264, 270, 274
„Nullpunktsenergie" 123, 246, 247

O
östliche Ganzheitsauffassung 46-50
Ordination/ordinieren 65/66
Ordnung (Ordnen) 65/66; Akkommodation des Faktums in Theorie und O. 188-190; allgemeine O.svorstellungen 153-157; einfache Abfolgeo. 65, 65, 236/237, 238; explizite O., *siehe* explizite Ordnung; O.sgrade 159-161, 165; implizite O., *siehe* implizite Ordnung; innig implizite O. 238; in der klassischen Physik 165/166; krummlinige O. 170; O. von Momentabfolgen 272/273; in der Quantentheorie 173-186; in der Relativitätstheorie 166-173; Sprache als O. 68/69; Struktur und O. 163/164; von unendlich hohem Grad 161; O. der ungeteilten Ganzheit 170; veranschaulicht durch eine geometrische Kurve 159-161; Vorhersagbarkeit und O. 161; ihr Wesen 157-161
Organismus, die Welt als 34, 154, 156

P
Paradoxon von Einstein, Rosen und Podolsky 99, 106-112, 116, 124, 175, 180, 183, 229, 242, 244; Bohrs Lösung 108-112; in der Theorie verborgener Variablen 149/150
Parmenides 248
Physik: Gesetz der P., *siehe* Gesetz, physikalisches; Mathematik und P. 208
Piaget, J. 188, 266, 277, 279
Pines, D. 278
Plancksche Konstante 127, 128, 132, 179
Platon 84
Podolsky, B. 277; *siehe auch* Paradoxon ...
Pribram, K. 256, 280
primitiver Mensch: sein Denken 87/88
Projektion: Bewußtsein und Materie als P. 269/270; Elementarteilchen als P. 243-245; Zeit als P. 273
Protagoras 45
Prozeß: Bild für den P. 77/78; Denken als P. 79-86; Realität als P. 77/78; Wissen als P. 78-97
ψ-Feld, Schwankungen im 113-115; *siehe auch* Quantenschwankungen
Psychologie 36
Ptolemäische Astronomie 24, 154, 181

Qu
Quantelung in der Theorie verborgener Variablen 130-145; Eindeutigkeit der Uhrenphasen und Q. 137-140; ihre Erklärung 135-145
Quantenalgebra 214/215, 217, 218
Quantenfeldtheorie, relativistische 122/123; Divergenzen darin 120, 129/130
Quantenpotential 113, 114, 116, 117
Quantenschwankungen 123, 124-126, 129/130; *siehe auch* ψ-Feld ...
Quantentheorie 13/14, 29; Begriff der Materie darin 110; Deutung des Indeterminismus darin 101-104; auf Felder angewandt 247, *siehe auch* Quantenfeldtheorie, relativistische; Grenzen des Determinismus darin 101; ihre Hauptzüge 100/101; als Hinweis auf eine multidimensionale implizite Ordnung 242-246; Indeterminismus, *siehe* Indeterminismus in der Quantentheorie; mechanistische Ordnung und Q. 228/229; Ordnungsbegriffe darin 173-186; Relativitätshteorie und Q. 16, 175, 180-184, 229/230; verborgene Variablen darin, *siehe* Theorie verborgener Variablen

R
"ratio" 44, 159, 186, 215; *siehe auch* Verhältnis
Raum als voll 248/249
Realität: Nichtdenken und R. 89; als Prozeß 77/78; als undefinierbarer Fluß 90; Ursprung des Wortes; Zusammenhang mit Denken 9/10, 22, 83-86, 90/91
Relativitätstheorie 29, 30, 107; allgemeine R. 170, 172, 221; implizite Ordnung und R. 217-220, 220/221; mechanistische Ordnung und R. 227/228; Ordnungsbegriff darin 166-173; Quantentheorie und R. 16, 175, 180-184, 229/230; Signale darin 168, 182-184, 186; spezielle R. 172, 220; starrer Körper darin 30, 168
relevant/Relevanz/relevieren 58-61, 67, 200/201
Renormalisierungstechniken 120, 123, 181
Rheomodus 13, 55-75; Ausdrucksform dafür 58-69; seine Auswirkungen auf die Weltanschauung 74/75; Wahrheit und Faktum im R. 69-74
Rosen, N. 277; *siehe auch* Paradoxon ...

S
S-Funktion 131, 132/133; ihre Deutung in der Theorie verborgener Variablen 135-145
S-Matrizen 181
Schilpp, P.A. 277
Schrödinger, E. 100; S.sche Gleichung 113, 114
Selbst-Weltbild 21, 28, 36, 37, 38, 40, 42, 49
Siegel, A. 278
Signale in der Relativitätstheorie 168, 173, 182-184, 186, 220/221
Simplex 218/219
Singularitäten des Feldes 169, 170, 180/181, 185
Spezialisierung 19, 20
Sprache: Mathematisierung der physikalischen S. 208-224; als Ordnung 68/69; als ungeteiltes Feld 68; Untersuchung der S. 52-57; Weltanschauung und S. 74/75
starrer Körper in der Relativitätstheorie 30, 168
statistische Gesetze 102-104
stoffliche Ursache 33
"Strom des Bewußtseins" 10, 31
Strudel: Bild der Fragmentierung 41; Teilchenmodell 30/31
Struktation/strukturieren 163/164
Struktur: in der klassischen Physik 165/166; als Weiterentwicklung von Ordnung und Maß 163/164
Stuart, A. 279
Subjekt-Prädikat-Objekt, Schema 12, 53, 56
subquantenmechanische Ebene 103, 104, 113-115, 122, 130; Versuche zu ihrer Ergründung 145-150; *siehe auch* Theorie verborgener Variablen
Supraleitfähigkeit 245
synordinate Erscheinungsformen der Struktur 203/204
Synthese 170/171

T
Teilen als Denkweise 20/21
Theorie verborgener Variablen 99-152; erklärt den Dualismus Welle-Teilchen 132; die Heisenbergsche Unschärferelation in der T. 126-130, 141-145, 145-147; T. und kritische Einwände 116-121; von Neumanns Argumente dagegen, *siehe* Neumann; Paradoxon von Einstein, Rosen und Podolsky in der T. 149/150; ihre physikalischen Hauptideen 134/135; Quantelung, *siehe* Quantelung in der Theorie verborgener Variablen; Vergleich mit der üblichen Vorstellung 114-116; ihre vorläufige Deutung 112-116; ihre Weiterentwicklung 151/152; Zeugnis für die Möglichkeit einer T. 118/119
Theorien, wissenschaftliche 22-24; Akkommodation von Fakten darin 188-190; als Ansichten 22, 23, 38/39; ihr Falschwerden 24; Fragmentierung und T. 26/27; Wortursprung 22
Tinte in einer Flüssigkeit, *siehe* Modell ...
Totalität: als Inhalt des Denkens 86, 88, 94/95; T. und Ordnung des Bewußtseins 11/12
Transformationen, geometrische 210

U
"Uhren", lokale: in der Theorie verborgener Variablen 136-145; Eindeutigkeit ihrer Physen 137-140; ihre innere Bewegung 140
unbewußter Untergrund des Bewußtseins 271, 280
undefinierbare Symbole 214

Unermeßliche, das 46, 47, 48, 49
Unordnung 161; *siehe auch* Ordnung
Unschärferelation, *siehe* Heisenbergsche Unschärferelation
„Urknall"-Theorie 249
Ursachen, die vier Aristotelischen 32/33

V
Vakuumzustand: in der Theorie verborgener Variablen 124/125, 144; Voraussetzungen darüber in feldtheoretischen Berechnungen 123
Veränderung 264/265; *siehe auch* Bewegung
Verb als primär 12, 54/55
Verhältnis: Maß ausgedrückt als V. 43, 162; Vernunft und V. 157
Verration/verrieren 70
Vidation/vidieren 62-64, 66
Vigier, J.-P. 112, 278
Volle, das 248/249
Voraussetzungen der Untersuchung, unausgesprochene 52/53
Vorhersagbarkeit und Ordnung 161

W
Wahrheit: als Eigenschaft von Aussagen 69; Faktum und W. 70-72; funktionale W. 69; im Rheomodus 69/70
Wahrnehmung, Akt der 34, 80/81; Intelligenz als unbedingter A.d.W. 82; W. als poetisch 156
Wellenfunktion 100, 101, 135; als Ausdruck eines reellen Feldes 112; als Beschreibung von Möglichkeiten 174, 184; als bloßes mathematisches Symbol 111
Wellengleichung, Linearität der 184/185
Weltanschauung (Weltbild) 10, 12, 13, 14, 28-32; Auswirkungen des Rheomodus darauf 74/75
„Weltenröhre" 30, 168/169, 182/183
westliche Ganzheitsauffassung 42-45
Whitehead, A.N. 77, 95, 96, 267, 268, 277
Wiener, N. 166, 278
Wightman, A.S. 278
„Winkelvariablen" 131, 141
Wirkungsquantum: seine Unteilbarkeit 121, 130, 174
Wirkungsvariablen 133, 134, 140, 141, 147
Wirkungsursache 33, 34, 35, 40

Wissen: Erfahrung und W. 25; als Prozeß 78-97
wissenschaftliche Forschung: Fragmentierung darin 22, 36/37
wissenschaftliche Theorien, *siehe* Theorien, wissenschaftliche Wortursprünge, Erforschung der 84, 162

Z
Zeit 271-273; als Projektion 273
Zenon 9, 248, 260
Zweckursache 33/34, 35

MORRIS BERMAN

WIEDER VERZAUBERUNG DER WELT

AM ENDE DES NEWTON'SCHEN ZEITALTERS

dianus
trikont

Brown'sche Bewegg. - 166